巨石文化遗址　在英国东南部索尔兹伯里的白垩质平原上，留下了作为古老历史见证的史前巨型石柱群。它们在直径30米的范围内呈环状排列，有二重环状列石群和二重马蹄形列石群，其中，许多石柱高达四五米，重约数十吨。这是欧洲著名的巨石文化（Big Stone Civilization）遗迹，距今已有三四千年的历史。

母狼与孪生子　传说罗马城是特洛伊神话英雄埃涅阿斯的后裔罗慕洛和勒莫二人所建，因他们兄弟俩由母狼哺育而成，所以慈爱的母狼不仅成为古罗马人的图腾，而且母狼育婴的铜铸雕像成为罗马帝国的象征。

维林多夫的维纳斯　灰石小圆雕高约10厘米，宽5厘米，发现于奥地利摩拉维亚的维林多夫山洞中，距今约三万年。这是迄今为止所发现的最早的雕塑杰作，被公认为是人类雕塑艺术的开端。

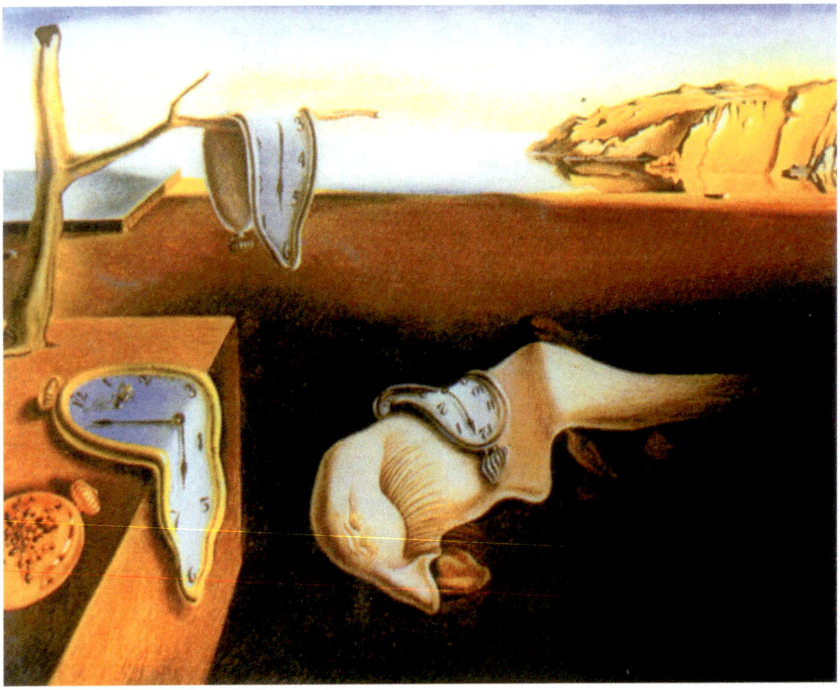

记忆的持续　画中的主体多是弗洛伊德式想像中的事物。超现实主义画家达利（Salvador Dali, 1904～1989）一生充满着迷恋、幻想、恐怖与狂妄，他说："我毫无选择地、尽可能准确地记录下我的潜意识、我的梦幻的口授——由弗洛伊德所打开这一黑暗世界的表达……"

亚当与夏娃 在这件祭坛屏板画作品中，裸体的亚当与夏娃的形象带有明显的古典风格倾向。作者丢勒（Albrecht Durer，1471 ～ 1528）生于纽伦堡，是德国文艺复兴时期最伟大的画家，他以科学的态度对待艺术，追求一种美与和谐的思想。

花神 威尼斯画派提香所描绘的女神弗罗拉（Flora）在罗马神话中象征着青春。她神情典雅，体态丰满，体现出清纯少女特有的牧歌情调，这种自然美与古典美的有机统一为人文主义者的崇高追求。

朱庇特与忒提斯 古典主义大师安格尔将神话中的威严天神描绘成一头震怒的雄狮，而忒提斯对朱庇特表现出百般的温柔。朱庇特与海神涅柔斯的女儿忒提斯曾热烈地恋爱过，但因神谕说忒提斯将会有一个比父亲更强大的儿子，朱庇特便再三拒绝她的求爱，而将她许配给世间凡人珀琉斯。

本书获得江苏省“十五”
哲学社会科学规划项目基金资助

西方文化史

WESTERN CULTURAL HISTORY

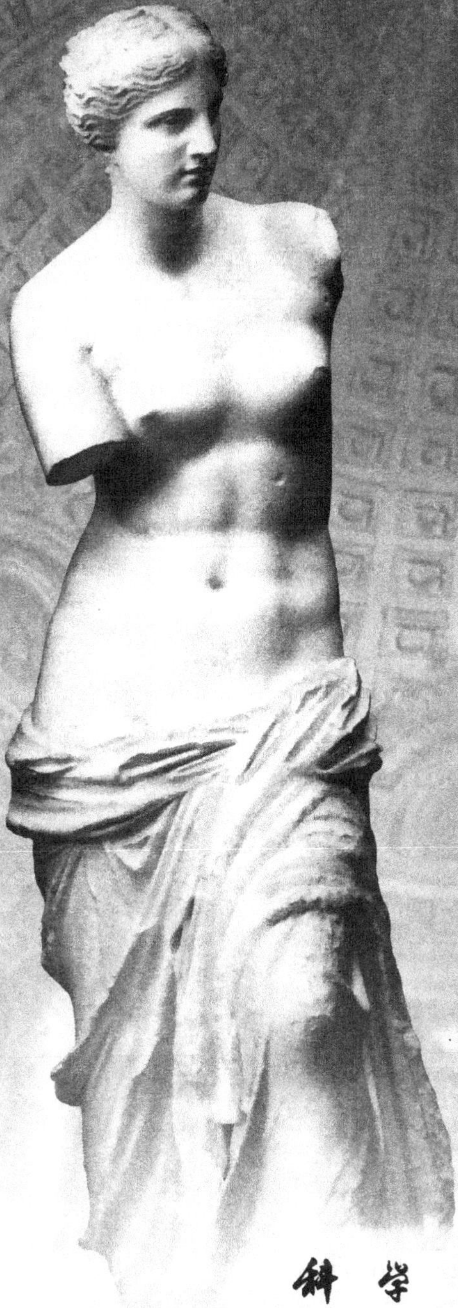

姜守明 洪霞◎著

科学出版社
北京

图书在版编目（CIP）数据

西方文化史 / 姜守明，洪霞著．—北京：科学出版社，2004
ISBN 978-7-03-013146-1

Ⅰ．西… Ⅱ．①姜…②洪… Ⅲ．文化史－西方国家
Ⅳ．K103

中国版本图书馆 CIP 数据核字（2004）第 032996 号

责任编辑：侯俊琳 李 奖 邱 璐 王剑虹 / 责任校对：朱光光
责任印制：徐晓晨 / 封面设计：张 放

科学出版社出版
北京东黄城根北街16号
邮政编码：100717
http://www.sciencep.com
北京凌奇印刷有限责任公司印刷
科学出版社发行 各地新华书店经销
*
2004年10月第 一 版 开本：B5（720×1000）
2021年6月第十三次印刷 印张：21 1/2 插页：2
字数：450 000
定价：58.00元
（如有印装质量问题，我社负责调换）

序

姜守明和洪霞两位同志合作，写出一部《西方文化史》，这是他们在世界史研究漫长的学术追求中浇灌的新成果，对他们新的努力，我表示由衷的祝贺!

历史如何面对现代?这是史学工作者面临的挑战。中国有长期治史的传统，在中国文化中，历史不仅是知识，而且是智慧，它记载着古人的成功与失败，所谓“以古为鉴，可以知兴替”。因此中国传统历史学偏重政治史，目的是以史资治。外国历史学也不乏这种倾向，从古希腊到启蒙运动，政治史总是主题。在前现代社会，社会各种关系相对简单，统治者控制着文化话语权，因此把历史变成了统治者统治的历史。但这部历史是不完整的，历史的许多内容被隐蔽了，生活、生产、文化、社会、普通男女、衣食住行等等，都在历史的尘埃中深深地湮没下去，成了忘却中的记忆。随着现代社会的进展，相对简单的状态消失了，社会变得日益复杂，人们对社会的认识也日益深刻，懂得社会的现象是非常复杂的。于是，由现在而回望过去，人们意识到：历史并非只是政治史，过去的社会也不简单。除了政治生活之外，经济生活、文化生活、精神生活、社会活动、艺术创造、休憩闲散等等，都是历史。于是各种新的历史内容就出现了，历史学要适应现代社会，反映现代的社会观念，它必须把历史看作是全面的历史，看成整个社会。这样，就有了20世纪的新史学。文化史是新历史内容中重要的一部分，它记载人类的精神创造。把西方的文化史介绍给中国，这也是中国历史学者应该做的工作之一，姜守明和洪霞两位同志在完成博士学业后，很快把注意力转向西方文化史，花了几年时间完成这项工作，这是很值得赞赏的。

中国史学工作者面临的另一项挑战是如何面对读者。中国的史学传统是下笔生动，从《史记》开始，历史都写得如同文学作品，构思精细，笔法优美，所以从来就有人说“文史一家”。但近半个世纪中历史被变成枯燥的说教，多数历史书不仅无味，而且公式性叙述，无论历史自身如何生动，如何如故事一般引人入胜，历史书上却只是干巴巴的几条，一种叙述，处处套用，从始皇初元到光绪末世，千年一面，万世一孔。这么一来历史就写死了，谁都不愿去读，事实上也没什么好读。于是在一两代人心中留下一个错觉：历史没有内容，只有两三个现成的结论，薄薄几本中学教材就可以把历史说得一干二净！不争气的是，这几十年中形成的文风，又把有些历史学者教养得只能写干巴巴的文字，从干瘪到干瘪，八股气十足，就是怕别人能读出兴趣来。所以说，历史学弄到如今濒危的地步，虽说大环境是主要原因，却也有它自身的不争气，需要史学工作者深切反思，练一些笔墨上的功夫。姜守明和洪霞在写这部书时努力磨练文字，力图把历史写得很生动，让读者感兴趣，为此，在选材和格式上都动了不少脑筋，使书显得“好看”。这一点，也是非常可取的。

值此书出版之时，我谨写这些简单的文字，希望这本书的出版能够为普及西方文化史知识做出贡献，也为推进我国的世界史研究做出贡献。

钱乘旦
南京大学博士生导师
国务院学位委员会历史学科组成员
中国英国史研究会会长
英国皇家历史学会通讯会士

2004年7月23日于南京

目　　录

导言

西方文化的意义

一、文化史上的西方概念

探索西方文化，离不开对“西方”进行物质环境的考察。从时空的角度看，“西方”原本是一个特定的方位词，指太阳落山的地方。当你面对北方时，你的右手指向东方，左手指向西方。作为一个地理概念，“西方”与“东方”相对而言，指西半球或西半球和欧洲。英国有则谚语说得好：“极东便是西”。古诗文中也常使用英文 occident 一词，它与 orient 相对，可直译为“西洋”。而 occidental 一词则表示西洋的、西方的、西方人的、西方文化的含义，或者指西方人、欧美人①；所以 occidentalism 一词可以指西方文化、西方文明、西洋风味，如西洋画、西洋景、西洋参。中国元朝时，今天的“南海”或“南中国海”②以西（约自东经 110°）的海洋及沿海各地，甚至远达印度及非洲东部，一律被称为“西洋”。明末清初以后，中国人所谓的“西洋”仅指大西洋两岸的欧美各国。

早在腓尼基人和亚述人时代，地理学上还没有出现欧洲和亚洲的明确分界，欧罗巴（Europa）和亚细亚（Asia）只是两个用来表示地理方位的概念。由于对外殖民扩张的结果，希腊人的眼界已经越出地中海区域，扩大到黑海以远的东方。自从地中海这个国际性海洋变成罗马帝国的内湖以后，欧亚大陆才有了大致准确的分界线。中世纪早期，西班牙最著名的历史学家、塞维利亚城主教伊西多尔（Isidore of Seville，560～636）在《语源学》一书中较早地描绘了假想的世界地图。在这幅地图上，他以《圣经》为权威依据，不仅颇为具体地指出了伊甸园的位置，而且将地球划分为亚洲、欧洲和非洲三个部分，每一个部分被分给了诺亚(Noah)的三个儿

---

① oriental 被用以指代东方的、东方文化的或东方人。在亚洲人看来，这是一个含有贬义的称呼，出现于 17 世纪英国向东方扩张之时，“意思是看起来充满神秘和异国气息的、有着塌鼻梁和黑头发的人”。（参见《参考消息》2000 年 4 月 27 日）

② 大致的范围为东南至菲律宾，南至加里曼丹，西南至越南和马来半岛等地。

子，即闪（Shem）、雅弗（Japheth）和含（Ham）[①]。伊西多尔将亚洲放置在地图上部的东方，地图的左下部为欧洲，非洲则是从欧洲越过地中海、尼罗河以西的地方。亚细亚洲是因“闪的后裔”亚细亚女皇而得名，“那里有27个民族；……阿非利加洲的名称来自亚伯拉罕（即含）的后裔阿弗，有30个民族，360个城镇”；而欧罗巴洲则由神话中的欧罗巴而得名，“那里居住着雅弗的子孙15个部族，有120个城市”[②]。显而易见，“亚细亚”在地理上指东方的广大地区，“欧罗巴”则指西方即地中海以北的区域。亚细亚和欧罗巴这两个词都起源于古代闪米特人语言，前者指东方日出之地，后者指西方日落之地。

今天，人类文化被武断地分为“西方文化”和“东方文化”不是非常准确的，即使在西方和东方的各自区域内，也存在着不同的文化现象。其实，“西方”本身是一个发展的概念，它既有时空上的变化含义，又有文化史上的指向意义。本书涉及的不仅仅是地理学上的“西方”，也理所当然地指历史学上的即文化意义上的“西方”。古代的西方是指以希腊罗马文化所代表的文明区域，中世纪的西方是指基督教信仰所及地区，所谓的“基督教大世界”（Christendom）；近代以来，西方特指天主教势力和新教势力直接统治下的欧美地区。在现代国际政治中，“西方”概念更偏重于历史文化含义，主要指工业发达国家，不但包括欧洲和北美的工业发达国家，也可以包括澳洲的澳大利亚、新西兰，亚洲的日本、新加坡等国。

二、欧罗巴与西方文化

根据希腊神话传说，美丽的东方公主欧罗巴同欧洲起源之间有密切的关系。早在距今3000多年以前，遥远的地中海东岸有个文明古国叫腓尼西亚或腓尼基（Phoenicia），其地理位置大致相当于今天叙利亚和黎巴嫩的沿海地带。腓尼基人是个优秀的古代民族，他们在海上活动、商业贸易、海外殖民方面产生过巨大影响，对人类文化发展史做出了重大的贡献。国王阿革诺耳生有一对儿女，王子名叫卡德摩斯[③]，公主名叫欧罗巴。兄妹俩天真活泼，经常在山谷中游戏玩耍，不知道人间有什么忧愁的事情。离山谷不远的地方是一片浩

① (荷)李伯庚著《欧洲文化史》，赵复三译，上海：上海社会科学院出版社，2004年，第111页。

② (美)布尔斯廷著《发现者：人类探索世界和自我的历史》，严撷芸等译，上海：上海译文出版社，1992年，第149页。

③ 传说阿革诺耳是海神波塞冬（Poseidon）和埃及公主利比亚（Libya）的儿子。卡德摩斯（Cadmus）奉太阳神阿波罗之命，建立底比斯城，为底比斯王；他首创了字母，发明了书写方法。

瀚无垠的大海，山谷中还有许多茂盛的草场。牧童们常坐在树阴下嬉戏聊天，或者倾听邻近那悠扬的牧笛声，或者聆听老牧人讲述一个个悲壮慷慨的英雄故事，一个个哀婉奇丽的恋爱故事，他们会情不自禁地为故事中的人物落泪。真是好一派温馨的田园牧歌式生活。

一天夜里，欧罗巴做了一个奇怪的梦，梦见有两个女人在激烈地争夺，她们都想占有她。其中一个是亚细亚，她长得跟当地人完全一样。亚细亚温柔又热情，她要求得到欧罗巴，说是她把欧罗巴从小喂养大的，是欧罗巴的母亲；另一个女子长得非常漂亮，可是很陌生，她一边强行抓住欧罗巴的胳膊，一边又温柔地对欧罗巴说："跟我走，亲爱的，我带你去见宙斯。"当欧罗巴从梦中醒来后，她寻思着："究竟是天上哪一位神仙将我带入这个奇怪的梦境？梦中的那个陌生漂亮的女人是谁呢？宙斯(Zeus)又是谁呢？"

清晨，明媚的阳光抹去了夜色。这天上午，卡德摩斯上山去了，欧罗巴像往常一样，和女伴们到海边牧场上嬉戏玩耍，很是开心。这时，主神宙斯恰好从这儿经过，他在云端里发现了人间还有天仙一般美丽的欧罗巴。虽然宙斯没有创造人类、创造宇宙万物的非凡才能，而且对人类存有偏见，但是他却像喜欢女神一样喜爱人间美女。他曾与多位女神，甚至与多个人世间女子恋爱，这是他极易犯的错误之一[①]。这次好像小爱神厄洛斯（Eros，即罗马神话中的丘比特）又向宙斯射出了致命的爱情金箭，使他极欲下凡接近欧罗巴。宙斯威力无比，是诸神和人类的主宰。他手中常持有节杖或霹雳棒，能随意降祸赐福。但为了接近美丽的欧罗巴，他施展法力，化作一头白色的公牛，混在牛群中。

由宙斯变成的那头膘肥体壮的公牛，有纯净洁白的牛毛，棕黄色的眼珠，显得格外好看。欧罗巴天真烂漫，她惊讶这头公牛的温顺、驯良和美丽，并将花草伸到他的嘴边。此刻，宙斯自然感到心中喜悦，尽情地吻着欧罗巴那双软软的酥手，还不时发出一声欢叫。他和她耳鬓厮磨着，还柔顺地低下头来，让她戴上花环。天真无邪的欧罗巴情不自禁，竟大胆地骑到了宽阔的牛背上。宙斯驮着一个绝代佳人，真是既兴奋又紧张，好像得到糖果的小孩不愿将糖果一口吞下去一样，他故意在草地上来回踱着步子，女伴们簇拥在公牛后面为欧罗巴拍手欢笑。宙斯背着欧罗巴，走着走着就来到了海边。顷刻之间，他已经踏上了海波，欧罗巴这才惊恐起来，

① 文化现象看似简单，其实比较复杂，不可轻易做出判断。由于神学与道学之间并不存在必不可少的联系，神灵不会遵从那些约束人类行为的法则。古典诗歌和艺术多表现出严肃的特征，突出道德的教化作用，然而它们赖以为基础的神话却与社会责任感相去甚远。由于希腊神话本身是虚构的，它们只是对客观事物的一种解释，不具备权威性，当然不可与人伦道德同日而语。

她用双手紧紧地抓住公牛角，就这样被劫到大海对岸。这时，卡德摩斯赶下山来找妹妹，已经无处寻觅她的踪影。

欧罗巴只好认命，她被宙斯带到了克里特岛①。在这里，欧罗巴所梦见的那个女子出现了，就是司爱与美的女神阿佛洛狄忒（Aphrodite）。她告诉欧罗巴："把你带走的公牛就是天神宙斯，你也成了地上的女神，你的名字将与世长存。从此以后，收容你的这块土地，就按你的名字称作欧罗巴。"宙斯恢复了原形，和欧罗巴生了两个儿子，他们是米诺斯（Minos）和拉达曼提斯（Rhadamanthus）。后来，欧罗巴嫁给克里特王阿斯忒里俄斯。她和宙斯的儿子米诺斯长大后也做了克里特王②。所以，根据"欧罗巴与白牛"的故事，米诺斯是西方天神宙斯与东方公主欧罗巴相结合的产物。这就是早期希腊文明的起源。

三、西方文化与东方文化

地中海（Mediterranean）意为陆地之间的海，因为它位于欧、亚、非三块大陆之间，德国哲学家尼采称之为"最人性化的海"。地中海的平均深度为 1430 米，面积 251 万平方公里，周长 4.6 万公里，有数百条河流注入其中。"在地中海及其周围地区诞生并发展起来的人类文明，就是目前西方文明的核心和源泉。地中海上的航行，曾经是各个民族之间思想、艺术和文化交流的载体。虽然目前地中海地区已经不再具有远古时期重要的地缘政治地位，但是它仍然是联系周边居民的重要纽带。"③在地中海区域，希腊人在青铜时代创造的爱琴文明是西方文明的摇篮，它包括克里特文明和迈锡尼文明两个部分。

一部西方文化史，几乎就是欧洲文化发展史。欧洲不仅是一个地理名词，也是一个具有丰富内涵的文化概念，它在近代以前则是西方的代称。在探索西方文化时，本书不追求系统全面，而是着重考察以欧洲为核心的西方精神文化，同时也涉及西方物质文化，探讨西方文化的阶段性特点以及与东方文化相对照的独特性。西方文化本身并不是无源之水，而是与东方文化之间有着密不可分的联系性。"光来自东方"，这则著名的希腊谚语客观地反映了古老的东方文化对西方文化的影响。公元前 750～公元前 650 年，在这整整一个世纪

---

① 克里特（Crete）位于东部地中海，为希腊世界最大的岛屿，是爱琴文明的发祥地，著名的米诺斯"迷宫"之所在。

② 参见郑振铎编著《希腊罗马神话与传说中的恋爱故事》，北京：外国文学出版社，1982 年。

③《参考消息》2003 年 11 月 10 日。

中，希腊文化从其产生的那一刻起，就受到了东方文化的强烈影响。黑格尔曾说："东方世界是希腊世界的基础"。鉴于史实，1993年英国学者穆瑞首次提出了"东方化时代"（the orientalizing period）的概念，第一次从本质上肯定了东方文化对希腊文化的影响作用①。希腊由于其地理位置，更容易接近东方文明。事实上，希腊人活动的地中海世界，既包容着西方，又涵盖着东方，东方文明遂成为希腊文明产生和发展的重要源泉之一。

第一，克里特地处希腊和亚非交往的中心，最先接受外来影响，孕育了希腊的早期文明。爱琴海中的这一富饶的岛屿，以盛产葡萄酒、橄榄、羊毛和纺织品而闻名于世，各地商路在这里汇合。虽然克里特文明是希腊文明的源头，它的起源却离不开东方文化的影响。从"欧罗巴与白牛"的神话故事中可以得知，"欧洲"名称正是得自于东方的腓尼基人。

第二，爱琴文明时期，小亚细亚②西海岸被囊括在希腊文明圈之中。公元前12世纪前半期，希腊迈锡尼诸城邦为了掠夺东方的土地和财富，对小亚细亚城市特洛伊发动了规模空前的侵略战争，形成古代世界东西方文明之间的第一次大冲突。有记录的希腊历史的最早开端，正是从《荷马史诗》中叙述的特洛伊战争开始的。

第三，继爱琴文明之后，希腊本土和小亚西海岸文明蓬勃发展起来。向海外拓殖过程中，希腊人在地中海沿岸建立了许多殖民地，他们的影响随着殖民活动而进入意大利地区，所以意大利南部和西西里岛因较多的希腊移民获得了"大希腊"(Magna Graecia)的称号。

第四，希腊人在与东方交往的过程中，创造了西方各国文字先导的希腊拼音字母。根据古代文献和近代考古资料，希腊文明正是在西亚和北非文明影响下发展起来的。法国启蒙思想家伏尔泰指出：迦太基人把腓尼基字母加以改变，后来又变成了希腊字母③。

第五，希腊民族是一个善于学习的民族，许多希腊学者或出生于东方，或游历过东方，接受了东方文化的熏陶。爱奥尼亚(Ionia)位于小亚西部，希腊的哲学史正是从爱奥尼亚自然哲学家登上历史舞台之日开始的。著名数学家和哲学家毕达哥拉斯曾在埃及向当地的祭司学过数学，唯物主义哲学家赫拉克里特是小亚西部以弗所王室的后裔，大诗人荷马出生于小亚西海岸某地，西方"历史之父"希罗多德的故乡也在小亚细亚。

---

① 引自张广智主编《西方史学史》，上海：复旦大学出版社，2000年，第4页。

② 小亚细亚(Asia Minor)，即土耳其的亚洲部分，位于平均海拔高度1000米的安纳托利亚高原上。在土耳其人占领之前，它是连接东西方贸易的重要通道，是著名的"丝绸之路"的必经之地。

③ (法)伏尔泰著《风俗论》(上册)，梁守锵译，北京：商务印书馆，1995年，第55页。

虽然希腊人继承和发展了东方文明，尤其是东方的农业耕作、冶金加工等生产技术以及书写方法等技能，但是他们却在政治、艺术和知识领域进行了发明创造，形成了独特的思维方式和文化成就，从而使希腊世界成为西方文明的故乡。“不过，希腊人所借用的，无论是埃及的艺术形式还是美索不达米亚的数学和天文学，都烙上了希腊人所独有的智慧的特征。这些特征归结起来，就是虚心、好奇多思、渴求学习、富有常识。”[①]公元前3～公元前2世纪，罗马人作为希腊文明的继承者，征服了整个希腊世界。他们堪称师承希腊的典范，同时在许多方面也受到了东方文化的影响。他们在希腊字母基础上创造的拉丁文，作为欧洲上层社会的语言文字，仅在中世纪就使用了1000年，后来又逐渐演变成拉丁语系的意大利语、法语、西班牙语、葡萄牙语、罗马尼亚语等民族语言。近代以来，欧洲古典文化精神进一步丰富了西方文化内容。

西方文化像东方文化一样博大精深，它是人类文化宝库的重要组成部分，也像东方文化一样有强大的生命力，根本原因就在于：它能不断吸收、容纳不同的文化因素，使自己不断获得更新、发展。希腊人同地中海东岸的小亚细亚人交往频繁，使他们的文化具备了东方文化的某些特色。中世纪长达200多年的十字军东侵，再一次使欧洲人接触到先进的东方文明。新的植物种类和新的纺织品，诸如香料、柠檬、杏子、西瓜、棉布，以及其他高级奢侈品，诸如丝绸、锦缎、茶叶、瓷器等，还有先进的东方科学技术成就，诸如阿拉伯人的航海技术、阿拉伯数字、代数学，中国的罗盘、火药和造纸术等，先后传入欧洲，促进了现代西方文化的发展。

四、文化的意义与分类

文化是人类在社会实践过程中所获得的能力和创造的成果。在西方语境中，“文化”（culture）一词的最初含义是指人对自然界的有目的的影响，以及人类自身的教育、训练与培养。它来自拉丁词汇“耕耘”，而英语中的“农业”（agriculture）则由拉丁文“田地”（ager）和“耕耘”(colore)两个词结合而成。显然，从语源学的角度看，“文化”原意为耕耘（土地）和（栽培）植物，后来引申为对人的身体和精神两个方面的关注、培养。正像种植庄稼一样，只有经过辛勤的劳动，人才能成功地形成良好的修养。中国古代典籍中的“文化”一词有两个含义：一是“文治”或“文德”（virtue），它们与“武功”（military accomplishments）相对；二是教化（civilize）或教育

① (美)斯塔夫里阿诺斯著《全球通史：1500年以前的世界》，吴象婴、梁赤民译，上海：上海社会科学院出版社，1992年，第212页。

(educate)。"文化"在现代汉语中也有广义与狭义之分，前者指受教育水平，后者指社会科学领域中的一个学术概念。

人类既是世界的创造者，也是世界文化的创造者。结合语源意义和学术内涵，由于文化是人类作用于自然的结果，因而可以理解为一种人为的环境。一方面，文化就是人化，有了人才有文化，没有人便没有文化；另一方面，只有在创造文化的过程中，人类才脱离动物界，变成真正意义上的人。一块原本纯天然的石头，只有经过人的加工打磨，形成不同类型的石器时，才具有了文化的意义。我们知道，善于思考与善于创造是人类区别于地球上任何生物的根本特征。人总是通过一定的文化来显现自己的能力，因为人不仅创造着代表文明发展水平的文化成就，而且通过文化提高了自身的创造能力。在人的认识和创造的过程中，被描述的现实世界和被创造的精神与物质对象，往往体现着人类独特的创造性。随着人的创造力的提高，人类所创造的文化成就也越来越丰富、越来越复杂。

文化中的积极成果被称为"文明"，它是人类进步和开化状态的标志。"文明"（civilization）一词起源于拉丁文 civilis，意思是公民的、国家的、社会的，用以表示社会与国家的进步状态。在这种意义上，文化与文明是相通的。文化本身是一个有机的整体，它有广义与狭义之分。狭义的文化指精神生产能力和精神劳动产品，涵盖一切社会意识形式；广义的文化包括人类物质生产与精神生产的能力，以及物质的与精神的全部产品。物质文化代表一个民族一定时期所达到的生产力水平，如旧石器文化、新石器文化、青铜器文化、铁器文化、农业文化、工业文化等；精神文化主要构成人类精神活动或思维活动所创造的精神财富的总和。从唯物主义立场来看，物质为第一性，精神为第二性，物质决定精神，精神反作用于物质。而在人类形成之初，要想简单地判别究竟是物质文化在先还是精神文化在先，并不是一件容易的事情，可以说它们几乎是同时发生的。最初的人类开始制造工具时就已经存在着语言和思维，而且远古人类都有表达喜怒哀乐的特定方式，载歌载舞和宗教仪式都是他们的精神生活的典型表现。然而，有一点是不容置疑的，那就是精神文化的高度发展相对于物质文化而言要晚得多，至少要到文字产生以后才成为可能。也许正是这个原因，系统的科学与文化知识的发展，即在实践基础上形成的各门学科，总是滞后于具体的社会实践活动。

文化是思想和行为的一种模式，但文化本身可以有各种区分方法。从存在的形式上，有物质文化、精神文化和制度文化几种形式；从时间顺序上，有史前文化、历史（传统）文化、古代文化、近现代文化、当代文化等多种形式；从地理区域上，有世界文化、中国文化、东方文化、西方文化等归类；从强弱态势上，有霸权文化、强势（主流）文化、弱势（非主流）文化、亚文化等分野。当然，还可以有不同的区分角度，如有宗教文化与世俗文化的不同，也有本土文化与外来文化的差异，还有城市文化与乡村文化、先进文化与落后文化等差别。由于文化是“一个民族通过长期体力和脑力劳动所取得的物质的、精神的全部成就”，著名历史学家周一良先生认为可以从狭义、广义和深义三个层次来考察人类社会各个时代、世界各民族的文化现象。

第一，狭义的文化指哲学、文学、美术、音乐、宗教以及科技、教育等可与政治、经济相对而言的文化形态。

第二，广义的文化指政治生活中的典章制度，经济生活中的生产交换，社会生活中的衣食住行、婚丧嫁娶等风俗习惯，以及各种生产工具、生活用具，它们都标志着民族的文化成就与劳动结晶。

第三，深义的文化指在某几个不同领域，或在狭义和广义文化之外的领域中，进一步综合、概括、集中、提炼、抽象、升华，得出一种较普遍地存在于这许多领域中的共同的东西，亦即一个民族文化中最为本质或最具特征的东西①。

五、西方文化的内涵

历史是一条奔腾不息、滚滚向前的长河，从古流到今。远古人类创造了一个又一个无比辉煌的文化成就，好似一颗颗璀璨的明珠，照耀着原初的漫漫黑夜。古华夏文化、古巴比伦文化、古埃及文化、古希腊文化、古罗马文化……都是现代文明的源头，为人类做出了巨大贡献。通过对“西方”、“文化”、“文化类型”进行初步的界定，以及对西方文化的“东方化”的一般辨析，我们知道西方文化是一种独特的历史文化现象。

像灿烂辉煌的东方文化一样，西方文化也源远流长。所谓的“西方文化”，古代指以爱琴海地区的文明为基础发展起来的欧洲文化，近现代主要指以大西洋或西欧为核心的西方文化，当代则指更广泛意义上的西方文化。这样的界定有利于考察西方文化发展的脉络，探究西方文化的本质特征。我们认为，西方文化主要由希腊—罗马文化、犹太教—基督教文化、日耳曼文化和资本主义文化，以及东方文化等多种因素所构成。早期西方文化或欧洲文化以希腊、罗马文化为主要表现形式，如果离开希腊罗马文化来谈论西方文化，简直是无源之水、无本之木。希腊民族是最先进入文明时代的欧洲民族，罗马人则是古典文明的集大成者。希腊罗马文化开欧洲文化之先河，它们的影响贯穿于

---

① 周一良著《中外文化交流史》，郑州：河南人民出版社，1987年，前言。

整个西方文化发展的过程之中。近代以来，特别是在文学、艺术、哲学和教育领域，欧美国家无不受到古典文明的影响。1793~1863年，美国国会大厦采用了罗马建筑风格；1818~1819年，德国柏林宫殿则模仿了希腊风格。即使在今天的欧洲，西方文化与古典文化之间还存在着千丝万缕的联系，人们还是言必称希腊、言必称罗马。可以毫不夸张地说，一个西方人如果对希腊、罗马文化缺乏了解，便不能成为一个真正有教养的现代文明人。

从起源上看，以希腊文化为代表的地中海文化，显然晚于两河流域文化、尼罗河流域文化、印度河流域文化等东方文化。然而，希腊人后来居上，他们在与东方诸民族的长期交往中，特别是在同北非和西亚居民的交往中，容纳了小亚细亚人、埃及人、波斯人、印度人等多种文明与先进文化的因子，创造出高度发达的希腊文明与独具特色的希腊文化（hellenism），尤其在文学、艺术、科学和哲学等领域达到了古代世界的巅峰。

从人种上看，如果说来自地中海东岸的欧罗巴孕育了希腊民族的话，那么小亚的特洛伊人无疑就是罗马人的祖先，希腊人和罗马人的血管中都流淌着东方人的血液。随着庞大的世界帝国的建立以及罗马人为帝国周边的“蛮族”所征服，欧洲民族构成更加复杂，他们的东方情结也更加深厚。

从语源学上看，欧洲属于“印欧语系”（Indo-European language family）或“雅利安语系”（Aryan language family），包含着欧洲的母语希腊语，还有拉丁语、凯尔特语、日耳曼语和斯拉夫语等，而东方的梵语（Sanskrit）、波斯语（Farsi）等也和欧洲语言有着密切的联系。

从宗教上看，希腊人、罗马人所信奉的多神教和自然崇拜，抵不过东方神秘的一神教，最终为犹太教和基督教取而代之。在“黑暗的”中世纪，古典文明失去了自己的辉煌，而基督教文明就成为西方文明或欧洲文明的代名词。在统治欧洲的一千年中，直到文艺复兴时代来临，作为官方的宗教信仰和正统的统治思想，基督教使其他一切宗教、哲学、神学和科学都成为恭顺的婢女。

从地理上看，欧洲从属于欧亚大陆，是亚洲向西端的延伸部分。它濒临北冰洋和大西洋，隔地中海与非洲相望，东部以乌拉尔山、乌拉尔河、里海、高加索山脉、博斯普鲁斯海峡、达达尼尔海峡为界，与广袤的亚洲分开。欧洲好像是伸入大西洋中的一个大半岛，海岸线曲折，多岛屿和半岛，主要有冰岛、不列颠岛、爱尔兰岛、西西里岛和斯堪的纳维亚半岛、伊比利亚半岛(比利牛斯半岛)、亚平宁半岛（意大利半岛）、巴尔干半岛(希腊半岛)。主要的大河有多瑙河、莱茵河、伏尔加河、泰晤士河，最高山脉是高加索山脉的主峰厄尔布鲁士山（海拔5600多米），气势雄伟的阿尔卑斯山的平均海拔在3000米左右。

从本质上看，希腊人从科学理性的角度，教导人们理应辨别真假与美丑；

罗马文化从社会契约的角度，告诫人们必须区分合法与非法；基督教文化则从宗教伦理的角度，劝告人们务必明辨是非、善恶；日耳曼文化从原始习俗的角度，提醒人们完全沿袭历史传统，而东方文化从社会伦理的角度，要求人们应当遵守行为规范；资本主义文化则从虔诚敬业的角度，倡导一种竞争与创新的开拓精神。如果撇开东方因素不谈，西方文化的基本内涵可以概要地表述为：第一，包括语言文学、哲学、历史学、建筑、艺术、法律和政治制度在内的希腊—罗马文化；第二，以虔诚信仰为核心的犹太教文化和基督教文化；第三，给欧洲社会带来风俗习惯和民主传统的日耳曼文化；第四，伴随着商业交往、宗教热情和殖民冒险发展起来的资本主义文化。所以，在东方人的观念中，西方充满着浪漫与理性、热情与诚信、冒险与智慧。

当代西方思想文化的发展变化，始终与以科学理性、工具理性(目的理性或技术理性)为中心的现代工业文明相伴随。经过两次世界大战，特别是随着现代高科技的发展和无限的可能性、选择性以及自由度的增大，现代西方文化已经暴露出重理轻文的偏颇、低级庸俗的颓废，更表现出快餐文化的消极媚俗、大众文化的拜金主义和“粗文化”反文化。毫无疑问，西方文化并不是完美无缺的。随着全球化进程的加快，西方文化越来越受到来自美国单边主义的文化霸权的挑战。欧洲人引以自豪的容忍、平等、博爱的信条，自由、民主、公正的观念，尊重人权与传统的价值观，无不面临着被摧毁的危险。同样，多元化的世界正面临着全球化的压力，而多元的人类文化又存在着被解构、被消灭的危险。

在对外交往频繁，世界经济日益走向一体化的今天，全球化、现代化已成为全人类面临的共同课题，任何民族都不能在自我封闭中追求发展。改革开放的中国需要重新认识世界的历史与文化，需要正确地对待西方的历史与文化。“文化这种作为人的规定性的本质内涵，并不总是能清楚地为人们所认识，而必须通过文化的历史才能准确把握。”①认识世界、走向世界的最佳途径，就是学习其他民族的文化与历史，这样可以借鉴他人所长，弥补自己所短。多极的世界需要中国的参与，多元的文化需要中华民族去培育。探索西方文化的意义不仅在于认识它的起源、内涵与特质，也不仅在于唤起一种文化忧患意识，而且在于培养一种公民意识、现代意识，学习一切先进的外来文化，弘扬优秀的传统文化，促进中华民族早日走向文明、民主、繁荣与富强。

姜守明　写于南京月光书斋

2004年1月18日

---

① 郑敬高编著《欧洲文化的奥秘》，上海：上海人民出版社，1999年。

第一章

魅力永恒的古代希腊文化

第一节　希腊文化：理性与辉煌

在碧波万顷的地中海东部，美丽的希腊（Greece）世界以其宜人的气候、绮丽的风光和魅力永存的文化，吸引着追求物质与精神文明的各个古代民族。希腊是一片充满神奇的土地。古代希腊不是一个国家的概念，而是一个地区的称谓，至多是个民族或文明区域的名称。作为欧洲文明的发源地，希腊是西方文明的摇篮。其地理范围主要指以巴尔干半岛及其周围岛屿的希腊本土为中心，北及黑海沿岸，南达北非的埃及地区，东至亚洲西部的小亚细亚，西到地中海的亚平宁半岛、西西里岛、马赛利亚（今法国的马赛），直达伊比利亚半岛最南端与非洲隔海相望的直布罗陀。

图 1-1 《萨莫色雷斯的胜利女神》 约公元前 200 年，巴黎罗浮宫藏。

希腊具有优越的地理位置，它的东部位于东西方之间的连接处，由爱琴海（Aegean Sea）诸岛和小亚沿岸构成。由于它靠近文明程度较高的东方诸国，因而在经济、文化、思想各方面可以得文明风气之先。由于爱琴海地区最早进入文明状态，爱琴文明遂成为全部希腊文明乃至整个西方文明的源头。在长期的民族迁移、殖民扩张和对外交往的过程中，希腊人创造了丰富而璀璨的文化艺术瑰宝，对欧洲文明的发展产生了深刻的影响，有“言必称希腊”说。大哲学家黑格尔说过：一提到希腊这个名字，在有教养的欧洲人心中，自然会唤起一种家园之感。千百年来，希腊文化素养哺育了一代又一代欧洲人，他们的遗传密码信息中无不包含着古老的希腊文化因子，希腊文化无疑是西方人的精神家园。所以，西方一直流传着“希腊是西洋文化之母”的说法。

希腊民族是最早探索人类、人的思想和灵魂的民族，他们不但追根溯源，寻求宇宙万物的源头与规律，用理性来描绘、把握自然而美好的物质世界，而且探究社会的正义与公理，诘问人生的目的与价值。他们追求精神与物质的原始统一，这是一种极度完善的和谐之美。幸福与快乐的人生理想，以及对人本主义与理性精神的不懈追求，是希腊文化的最根本特征。

第二节　英雄时代的《荷马史诗》

公元前 13 世纪后半期，爱琴文明衰落，迈锡尼①诸城邦组成联军，劫掠小亚细亚的富裕城市特洛伊②。这是迈锡尼人的最后壮举。经过 10 年的劳师远征，虽然他们攻陷了特洛伊城，但也元气大伤。公元前 12 世纪，巴尔干半岛北部多利亚人南下，引起希腊各部族的大迁移和迈锡尼文明的毁灭③。特洛伊是爱琴世界的最后根据地，它的毁灭意味着爱琴世界的终结。随之而来的是所谓“黑暗时代”，又称“荷马时代”或“英雄时代”，因为这个时期希腊人留下的最重要的文化遗产《荷马史诗》描述的都是“英雄”故事。

在有教养的希腊人中，以口头传承的《荷马史诗》是最高雅的文学作品，也是政治、宗教、道德、历史、语言的教科书。它篇幅宏大，由盲诗人荷马（Homer）写成，包括《伊里亚特》（*Iliad*）和《奥德赛》（*Odyssey*）两个既彼此独立又相互联系的姊妹篇章。一般认为，最初的《荷马史诗》为口头流传的民谣，后经许多行吟诗人（aeidos）和诗朗诵者（rhapsodos）的不断加工，逐渐形成了环绕中心事件的叙事诗（achilleid），约定型于公元前 8 世纪左右④。相传吟诵诗人荷马大约生活在公元前 9～公元前 8 世纪，这是一个没有成熟的书面文字，或者书面文字已经失传的时代。当特洛伊大战在地中海世界爆发时，希腊人还没有和东方腓尼基人通商，希腊文字是后来在腓尼基字母基础上

---

① 迈锡尼(Mycenae)位于伯罗奔尼撒半岛东北部，是南部希腊的著名古城；《荷马史诗》中记载的阿加绵农(Agamemnon)即为迈锡尼王。

② 特洛伊（Troy 或 Troia），位于小亚细亚西北部，今土耳其之希沙立克（Hissarlik）。1870 年，德国考古学家谢里曼博士（Dr. Schliemann，1822～1890）发掘特洛伊城遗址，特洛伊的真实存在开始得到确认。

③ 多利亚人（Dorians），构成古代希腊的四个主要民族之一。南下的多利亚人处于原始社会阶段，他们毁灭了文明程度较高的迈锡尼文化，这是希腊世界的重大灾难和历史的大倒退。

④ 茅盾先生认为，雅典僭主庇西特拉图（Pisistratus，公元前 560～公元前 527）曾召集一批文人代为编写。参见茅盾著《世界文学名著杂谈》，天津：百花文艺出版社，1980 年，第 3 页。

创造出来的。大概是盲歌手荷马把史诗最后整理完成的，所以《荷马史诗》的真正作者可以看作是整个希腊民族。

图 1-2 民间吟游诗人荷马

神话（myths）与史诗（epic）是一面镜子，反映了史前时期原始初民的社会生活。在历史学产生以前，由于史诗包含着极其丰富的历史内容，希腊人就是把史诗当作历史来看待的。具体来说，史诗产生于文字尚未形成以前的神话传说（folklore）时期，它是叙述英雄传说或重大历史事件的长诗，多以远古的英雄传说为内容，结构完整，气势恢宏，充满着幻想和神话色彩。其中，以特洛伊战争为主要内容的《荷马史诗》正是这样一部英雄史诗和神话传说。历史的灵魂在于真实。修昔底德认为，战争的根源是迈锡尼城邦争夺海上霸权和阿加绵农的侵略野心①。神话则不然，它是最原始的口头传承史料，可以抛弃理性的是非曲直，按照人的意志表现唯美的一面，因而充满浪漫主义色彩。根据希腊神话传说，特洛伊战争起因于特洛伊王子帕里斯（Paris）劫持斯巴达王墨涅拉俄斯（Menelaus）王后海伦（Helen），希腊人远征和试图夺回海伦一事。海伦是希腊世界最美丽的女人②，曾被忒修斯（Theseus）劫走，许多希腊英雄都是她的追求者，她后来嫁给了斯巴达王。最终在阿佛洛狄忒女神的帮助下，帕里斯乘墨涅拉俄斯外出之机，再次劫走海伦，从而引起持续十年之久、给交战双方造成重大创伤的希腊世界大战。

诗篇《伊里亚特》共分为 24 卷，计 15 693 行。由于希腊人把特洛伊城称为“伊利翁”（Ilion），“伊里亚特”的含义是“关于伊利翁的故事”。它描述了希腊联军远征第十年中的一段故事，内容集中于战争结束前 51 天中发生

---

① 参见(古希腊)修昔底德著《伯罗奔尼撒战争》，谢德风译，北京：商务印书馆，1960 年，第 9 页。

② 什么样的女人才算完美无缺？欧洲国家曾在瑞士洛桑举行研讨会，专门就“完美的女性”这一令人迷惑的问题进行探讨。通过比较鉴别，认为完美的女性应当具有：意大利人的头发、埃及人的眼睛、希腊人的鼻子、美国人的牙齿、泰国人的颈项、澳大利亚人的胸脯、瑞士人的手、北欧人的大腿、中国人的脚、奥地利人的声音、日本人的笑、英国人的皮肤、法国人的曲线、西班牙人的步态……所有这些还不够，完美的女性还应具有德国夫人的管家本领、美国姑娘的时髦装束、法国女人的精湛厨艺、中国女性的醉人温柔……然而，这一切绝不可能集中于一个人之身。与会者达成共同的结论说，真正完美无瑕的女性根本不存在，她只不过是人们心目中的虚幻形象而已。参见《参考消息》2001 年 12 月 21 日。

的事情。其中，第1~9卷叙述了斯巴达王之兄弟、迈锡尼国王阿加绵农担任远征联军统帅，他夺走阿喀琉斯（Achilles）宠爱的女奴，导致阿喀琉斯愤然退出战场，希腊人连遭败绩。阿喀琉斯是希腊人中最英勇善战的将领，“阿耳戈斯英雄”珀琉斯（Peleus）与海洋女神忒提斯（Thetis）的儿子。他出生时被母亲抓住脚踵倒浸在冥河之中，除没有浸水的脚踵外，浑身上下刀枪不入。他应伊大卡国王奥德赛之邀，参加特洛伊远征。第10~18卷叙述了阿喀琉斯的挚友帕特洛克罗斯（Patroclus）借用他的盔甲和武器出战，被特洛伊主帅赫克托耳（Hector）杀死。阿喀琉斯深受刺激，他懊悔之余，决心抛弃私怨，重返战场。第19~24卷叙述了阿喀琉斯英勇善战，所向披靡，用长枪刺死赫克托耳，战胜特洛伊人。整个故事以特洛伊王普里阿摩斯赎回赫克托耳王子的尸体、举行隆重的葬礼而结束[①]。

与《伊里亚特》一样，诗篇《奥德赛》也分为24卷，共有12 110行。它同样取材于特洛伊战争，叙述了希腊联军中足智多谋的英雄奥德赛(Odyssey)(或译俄底修斯）在战争胜利后渡海回乡、历经磨难的冒险故事。奥德赛热爱他的祖国希腊，热爱他的家乡伊大卡，热爱他的忠实妻子珀涅罗珀（Penelope）。在前12卷中，奥德赛与“神灵”顽强拼搏；在后12卷中，他与“敌人”坚决斗争。经过十年的艰苦战争和十年的海上漂泊，奥德赛凭借着智慧与勇气，终于回到了故乡。他与他的儿子一起，对一伙长期对他的妻子纠缠不休的贵族进行报复，最后一家人得以大团圆。《奥德赛》突出强调了人由求生本能所造就出来的冒险精神，这是笛福的《鲁滨逊漂流记》和海明威的《老人与海》的最早原型；它热情颂扬了人的伟大与尊严，这是西方文化中人本主义思想的最早源头。

《荷马史诗》是研究希腊历史的重要史料，展示了文明初期的社会图景[②]。从文明发展阶段上而言，荷马时代希腊处于父系氏族阶段即原始社会末期，落后于迈锡尼文明所处的城邦时期，这是一种历史的倒退。然而，从生产力发展水平上来看，荷马时代希腊人已由青铜时代过渡到铁器时代，比迈锡尼阶段前进了一大步。根据《荷马史诗》的内容，其中既有关于迈锡尼时代的神话和传说，又有荷马时代社会生活的反映。由于荷马时代还未形成国家，原始社会末期的部落或部落联盟之间的战争已经走向经常化。在原始社会组织中，氏族长

---

① 普里阿摩斯（Priams），特洛伊人末代国王，据说，他有妻妾多人，与赫卡柏（Hecuba）生了50个儿子和50个女儿，其中以赫克托耳、帕里斯和卡桑德拉(Cassandra)最著名。

② 美国得克萨斯大学深海考古研究所深海探险家在东地中海距离塞浦路斯20海里的海底，距离水面约3公里处，搜寻一艘失踪的以色列潜艇时，意外发现一艘2300年前的希腊沉船残骸，船上尚保留着装载葡萄酒的酒瓮。这个发现不但证明《奥德赛》中描述希腊水手远渡重洋航行活动的故事属实，也使《荷马史诗》中描述的古希腊英雄事迹获得进一步证实。参见《扬子晚报》2000年4月2日。

老会议（Boul）、人民大会（Agora）和军事首长（Basileus）三种机构并存，实行“军事民主制”管理。随着氏族内部分化加剧和掠夺战争的频繁，土地在公社成员之间分配，氏族贵族占有更多更好的土地，希腊社会已出现私有制萌芽。荷马时代，军事首长和部落长老（贵族）的地位日益增长，他们的军事统帅权和政治特权逐渐扩大，人民大会的民主色彩不断受到削弱，希腊人已经处于氏族制度瓦解和国家产生的门槛上了。

第三节　希腊的神话传说

一、希腊神话传说的价值

马克思认为，每一个时代的固有性格都在儿童般的天性中得到纯真地复活。大多数古代民族，或者属于“粗野的儿童”，或者归于“早熟的儿童”。人类的童年时代，往往在发展得最完美的地方显现出永久的魅力。面对变幻莫测、奇妙无穷的自然界，早期人类以无边无际的想像力，为其生活抹上了绚丽的色彩。神话是人类幼年时期通过幻想而虚构的动人故事，它好像一面镜子，反映了原始状态下人类的文学、史学、艺术、哲学、宗教等最初的意识形态。希腊人属于正常发展的儿童，他们的神话传说“对我们所产生的魅力，同在其中生长的那个不发达的社会阶段并不矛盾。它倒是这个阶段的结果，并且是同它在其中产生而且只能在其中产生的那些未成熟的社会条件永远不能复返这一点分不开的。”由于“任何神话都是用想像和借助想像以征服自然力，支配自然力，把自然力加以形象化；因而，随着这些自然力之实际上被支配，神话也就消失了。”①而“神话渐渐演进，作为神话里主人公的神渐近于人性，叙述这渐近于人性的主人公神的事迹的，就是所谓传说。”②传说里叙述的，或是古代的勇武英雄，或是天上的痴情男女，或是关于万物起源的问题。神话与传说并没有严格的区分，传说也往往被当作神话。实际上，传说已随着文明的进步，逐渐排斥神话中过于朴素野蛮的成分，代之以较合理的人情味的构想与安排。但可以肯定的是，在人类的早期，神话传说作为原始文化结晶都被视为一种“真实”，因而它就必然真实地表现了原始先民们真实的思想感情和精神境界，并为后人探索神秘的人类历史提供了丰富的材料。

古代神话传说的起源、发展是与人类语言的发展、叙事能力的增长同步并进的。“古代各族是在幻想中、神话中经历了自己的史前时期”③。在蛮荒时

---

①《马克思恩格斯选集》(第 2 卷)，北京：人民出版社，1972 年，第 114 页。

② 袁珂著《中国古代神话》，北京：中华书局，1960 年，第 27 页。

③《马克思恩格斯选集》(第 1 卷)，北京：人民出版社，1972 年，第 6 页。

代，早期人类对于自然的认识能力极为有限，不但在强大的自然力面前显得无能为力，而且无法科学地解释生老病死、暴风骤雨、电闪雷鸣、昼夜更替等自然现象及社会现象。他们只能借助于幻想，把神秘莫测的自然拟人化。既然自然现象被人格化，最初的神就产生了。和世界上其他文明区域一样，希腊世界最初充满了神话传说。它们是希腊文学艺术所赖以发展的源泉，既反映了骄傲的"荷马时代"的社会生活面貌，也反映了人们崇拜自然和征服自然的愿望。在希腊的史诗、诗歌和戏剧中，夹杂着大量的神话传说，而希腊的造型艺术，如陶瓶画、壁画、雕刻等，大多系于希腊神话。

根据希腊神话，塞浦路斯王皮格马利翁(Pygmalion)擅长雕塑，他精心雕塑了一尊少女雕像，美丽动人。他和塑像说话，还深深地爱恋着她。阿佛洛狄忒女神看到塞浦路斯王情真意切，于是就给雕像以生命和灵气，使他们结为伉俪。这个美丽的神话成就了心理学上著名的"皮格马利翁效应"，即人们的行为往往与别人对他或她的期待相对应。希腊神话作为世界文化宝库中魅力永存的瑰宝，是希腊人留传下来的一份丰厚的历史遗产。它不仅培育了灿烂的古代希腊文明，而且成为后来欧洲文艺创作，以及西方文化的内涵、经典的重要源泉。

宗教观念和神话传说是希腊人最为古老的意识形态，是他们在继承被征服、被同化的希腊半岛原始居民的精神遗产，在兼收并蓄埃及、两河流域、小亚细亚等先进文明区域的诸多文化因素的基础上逐渐发展起来的。当代历史学家杜兰指出："希腊人把哲学献给东方，东方人把宗教献给希腊；由于哲学是少数人的奢侈品，宗教是多数人的安慰物，所以宗教得到胜利。在信与不信、神秘主义与自然主义、宗教与科学周期性交替的历史中，宗教再度得势，因为宗教承认人类的孤独与无助，且能给予灵感与诗章；一个前途幻灭、遭受剥削、为战争所苦的世界乐于重新信仰及抱持希望。"①虽然超自然的力量可以支配一切，但是当希腊人面对无数自然之谜时，他们并不是无所作为，而是借助于想像力来丰富自己的精神生活。正是多种多样的自然力的表现形式，造就了形形色色的希腊诸神，如天神、太阳神、月亮神、星神、山神、海神、风神、树神、花神、睡神、梦神等。

二、希西阿德与希腊神话谱系

人类最初的文化形态是神话和宗教。希腊神话是古希腊诗人、悲剧作家、哲学家、预言家和艺术家一直利用的形式，并且不断补充新的内容，使之得以长期传承不衰。"最初希腊宗教采取自然崇拜的形式，后来发展为多神教，创造了神仙社会，在这里有诗人所想像的一群过着历史生活的神仙。在宗教领域

---

① (美)杜兰著《世界文明史》(第2卷)，幼狮文化公司译，北京：东方出版社，1999年，第752页。

里，思考和批判的精神也发挥作用，使宗教带有伦理和理性的色彩。”[①]最初集中地记录希腊神话的作品，是诗人希西阿德的《神谱》（*Theogony*）和荷马的《伊利亚特》和《奥德赛》，以及许多古代英雄传说和歌颂众神的诗歌。

希西阿德(Hesiod, 公元前750～公元前700)是古希腊第一位个人作家，出生于中部希腊波俄提亚的一个农民家庭。他所生活和创作的年代，据希罗多德推算是公元前9世纪中叶，现代学者则倾向于公元前8世纪上半叶。无论如何，希西阿德把有关世界的起源、诸神的由来、神与神之间存在的家族关系的神话，比较完整地编纂在《神谱》一书中。它第一次尝试将神话系统化、体系化，使其所保存的神话传说具有纯朴的原始风貌。现代欧洲人试图用科学合理的方法来解释希腊神话，他们从不同角度研究希腊神话，形成了象征派、自然派、人类学派、人种学派、语源学派等流派。

按照古希腊人的说法，最初的宇宙是混沌（Chaos，最古老的神）一片，然后才区分为天、地和水，正是从混沌之中产生了大地女神该娅（Gaea）。该娅是万物和众神之源，她从自身生出了天神乌拉诺斯（Uranus），乌拉诺斯与母亲该娅结合，即天与地相交[②]，生下了六男六女共12个提坦（Titan）巨神：俄刻阿诺斯（Oceanus）、科俄斯（Coeus）、克里琉斯（Crius）、许珀里翁（Hyperion）、伊阿珀托斯（Iapetus）、克洛诺斯（Cronus）、忒伊亚（Theia）、瑞娅（Rhea）、忒弥斯（Themis）、摩涅莫绪涅（Mnemosyne）、福柏（Phoebe）、忒提斯（Tethys）。此外，乌拉诺斯与该娅还生了三个独眼巨怪和三个百手巨怪，这六怪就是世界上各种怪物的始祖。

在大地女神该娅的教唆下，其子克洛诺斯阉割了第一代神界主宰乌拉诺斯[③]，从他的血液中生出了两个巨人、复仇三女神厄里倪厄斯(Erinyes)以及爱神阿佛洛狄忒[④]。克洛诺斯又与自己的妹妹瑞娅结婚[⑤]，生了海神波塞冬(Poseidon)、冥王哈得斯（Hades）、天神宙斯、天后赫拉(Hera)、灶神和家室女神赫斯提亚(Hestia)、谷物女神得墨忒耳(Demeter)。克洛诺斯不愿重蹈他父亲的覆辙，惧怕被自己的儿子推翻，所以瑞娅每生一个孩子他就吃掉一个，无一遗留。瑞娅奉老祖母该娅之命，在生最后一个孩子宙斯时逃往克里特岛，只给克洛诺斯吞下一块用

---

① (美)梯利著《西方哲学史》，葛力译，北京：商务印书馆，1999年增补修订版，第5～6页。

② 从单性生殖到最早的类似克隆现象，或许反映了早期人类紊乱的婚姻关系，即尚未排除不同辈分之间的杂婚关系。

③ 这既可以视为人类婚姻关系中夫妻之间冲突的开端，又可视为“俄狄浦斯情结”的起源。

④ 根据希西阿德《神谱》记载，第一代天神界乌拉诺斯的血液被抛到海里后，从中生出了爱与美的女神，所以阿佛洛狄忒意为“浪花所生的”。她又被称为“地中海女神”，文艺复兴时期佛罗伦萨画家波提切利的《维纳斯的诞生》就表现了这种美的意境。

⑤ 排斥了不同辈分之间的杂婚关系，反映人类婚姻关系的一大进步。

尿布包裹起来的石头，才使宙斯得以幸免于难。宙斯在克里特岛长大成人，推翻了他父亲克洛诺斯的统治，还让克洛诺斯吐出了他最后吞下的那块石头以及其他兄妹五人。这样，新秩序终于在奥林匹斯山（Olympus）重新建立起来。

希腊神话的主体部分和丰富阶段开始于宙斯确立起他在奥林匹斯神系中的统治地位之时。宙斯与赫拉、得墨忒耳及宙斯的若干子女组成一个大家族，这便是奥林匹斯神系的由来。奥林匹斯众神实行一夫多妻制，主神宙斯先后娶过七个妻子：

（1）与他的堂妹，聪明的水神墨提斯（Metis）生雅典娜女神[①]。宙斯因惧怕她生出的儿子将比自己强大，便把她活活吞进了肚里。墨提斯要分娩时，宙斯头痛难忍，便请求匠神赫淮斯托斯(Hephaestus)劈开他的脑袋，从中生出了一个全副武装的雅典娜，而墨提斯仍留在了他的肚里。

图 1-3 《海神波塞冬》

约公元前 460 年，这件青铜塑像是为纪念希腊人取得阿特米西翁海战胜利而作。另一说法认为他或是强大无比的万神之王宙斯。今美国纽约联合国总部大厦大厅存放着这尊塑像的复制品。

（2）与他的姑妈，光彩照人的正义和法律女神忒弥斯生时序三女神荷莱依(Horae)和命运三女神摩伊赖(Moerae)。

（3）与他的姐姐，丰产的谷物女神德墨忒耳生冥王哈得斯的妻子珀尔塞福涅（Perse phone)。

（4）与他的姑妈，美发的记忆女神摩涅莫绪涅生文艺九女神缪斯(Muses)。

（5）与他的堂姐，海洋之神俄刻阿诺斯的女儿，漂亮的欧律诺墨(Eurynome）生美惠三女神格瑞斯(Graces)。

（6）与提坦巨人科俄斯和月亮女神的女儿勒托（Leto）生太阳神阿波罗(Apollo)和月神阿尔特弥斯(Artemis)。

---

① 雅典娜(Athena)同她的伯父海神波塞冬争夺对雅典城的庇护权，海神用三叉戟敲击雅典城岩石，岩石上跳出一匹用于纷争的战马；智慧女神雅典娜则用长枪敲击岩石，岩石上长出了象征和平的橄榄树。众神判定，雅典娜女神比波塞冬更有智慧，她把“世界上第一枝橄榄枝”献给了爱好和平的雅典人，这也是全人类最需要的东西。于是雅典就成了雅典娜的庇护地，她就成了雅典城的保护神。女神还以自己名字为这座城市命名，称“雅典”。公元前 580 年，雅典人在阿雷斯山顶为自己的女神建立庙宇，雅典娜神庙就成为智慧的雅典人热爱和平的象征。

（7）与他的姐姐，天后赫拉生青春女神赫柏（Hebe）和战神阿瑞斯(Ares)。由于不和，赫拉未和宙斯结合便生了匠神赫淮斯托斯。

在希腊神话中，宙斯作为奥林匹斯山上的统治者，是个出了名的“风流天神”，除了七个妻子外，他还有不少艳遇，如宙斯与伊娥(Io)、宙斯与塞墨勒(Semele)、宙斯与阿尔克墨涅(Alcmene)的故事等，更增添了神话的浪漫色彩。

图 1-4 《宙斯和赫拉》

意大利学院派画家卡拉齐（Annibale Carracci, 1560～1609）认为自然本身是不完美的，需要艺术家加以创造，使其理想化。这幅画取材于希腊神话，作者把俩兄妹宙斯与赫拉处理成一对热恋中的情侣。

三、希腊神话传说的特点

希腊神话的根本特征是神人同形、同性，即神的拟人化，这也是人类原始神话特征的最主要表现。早期希腊人的生活离不开富有想像力的宗教故事、英雄传说，希腊神话长期口头流传，内容不断充实，其中关于神界的故事极为丰富，叙述描写极为多彩。几乎全部来自于自然现象的众神，不管人们喜爱与否，实际上代表了人类世俗性格的一面。可以不无夸张地说，古代世界很难找到任何民族的神祇像希腊诸神那样充满了强烈的人性倾向。“全部希腊文明的出发点和对象是人。它从人的需要出发，它注意的是人的利益和进步。为了求得人的利益和进步，它同时既探索世界也探索人，通过一方探索另一方，在希腊文明的观念中，人和世界都是一方对另一方的反映，即都是摆在彼此对面的、相互照映的镜子。”[①]在希腊神话中，众神拟人化，或自然力量人格化，主要体现在以下几个方面：

第一，希腊诸神具有强烈的世俗性特征。凡是宗教发展较为成熟的民族，其神话就较少地表现出世俗性文化特征。虽然基督教的上帝被称为“至高无上的”、“全知全能的”和“完美无缺的”造物主，但他没有具体的形象和真实的分量。当亚当和夏娃违反禁令，在伊甸园里偷吃禁果时，他们只能听到上帝的声音，却无法看到上帝的模样[②]。《圣经》中记载的耶稣和上帝一样，其实都是宗教教义的化身，都是人的观念的具体化。与此形成鲜明对照的是，希腊

① 张广智著《克丽奥之路：历史长河中的西方史学》，上海：复旦大学出版社，1989年，第9页。

②《旧约全书·创世纪》3：8～10。

神话中的众神，没有一个是全知全能和完美无缺的。毫无疑问，希腊神话世界是荷马时代的缩影，客观上反映了希腊父系世族社会生活。奥林匹斯山诸神组成像人一样的大家庭，宙斯就是这个大家庭的家长。他召集众神举行会议，如同人间国王召集贵族或文武大臣开会一样。众神俨然生活在一个等级森严的国度里，他们被划分成不同的等级，享有不同的威仪。虽然他们住在奥林匹斯圣山上，却与俗人自由交往。他们还像人一样，具有人的形象、人的长处和人的弱点。在复杂的神灵社会中，众神们无不有七情六欲，有爱美之心、嫉妒之心、复仇之心，世俗化倾向十分明显。他们不但结婚、生育、宴会、打仗，甚至也常常干出些荒唐的事情。所以，希腊诸神只不过是希腊人心目中理想的英雄，大写的“人”而已。

第二，希腊诸神表现出强烈的人本色彩。在希腊神话中，神性成为人性的精妙表现。神的存在是为了人，人是目的，而神是手段。虽然神创造万物，一切却是为了人能在自然界存在与生活。神与人之间还有割舍不断的姻缘关系，他们可以娶漂亮的人间女子为妻，生育子女，繁衍出无比优秀的英雄人物。如果说众神与人类有什么根本不同的话，那就是：其一，神具有漂亮的外貌，喜欢美丽的人类，其中以宙斯最为典型；其二，神皆力大无比，具有超人的力量和鲜明的个性；其三，神吃仙家美食，饮琼浆玉液，可以长生不老[①]。希腊诸神通过预言、托梦、幻想、启示、变形等方式，与人类频繁交往。他们各司其职，参与管理人间事务。主神宙斯并不是整天游手好闲，专事猎艳的，他经常观察人间事情，体恤民情；当凌晨之神打开天门时，时序女神已把太阳车准备好；太阳神阿波罗每天准时上班，驾一次太阳车，为人类提供光明。火神和工匠之神照管人间锻造武器，谷物女神掌管农业生产，月亮女神负责畜牧业，酒神负责酿酒，海神主管海洋事业，还有司商业、司交通的各种神灵。

第三，希腊神话富于深刻的哲理性。哲学本身是关于世界和人生的学问，它与文化、神学相互渗透，给人启迪、给人智慧。今天，人们所享有的自由是在经历了漫长的与信仰的斗争、妥协、调和后获得的果实。从理性的角度看，希腊神话传说基本上是以人为中心的现世的宗教，这是正统的希腊宗教观念。它启发人们思考，关注整个自然界和人类社会的命运。希腊人既是追求自由幸福的乐观主义者，又是为自我满足而奋斗的利己主义者。他们确信人生只有为自我目的而活着才具有实际意义，那种把追求死亡当成愉快解脱的想法和做法都是不切实际的，毫无意义的，也是极其愚蠢的。至于人死后如何，那是很遥

---

① “希腊人为什么要这样强调神灵的不死和天福呢？因为他们不愿意死，不愿意无福。什么地方你听不见悲歌人世的无常和苦恼，什么地方你也就听不见人歌颂不死的和幸福的天神。人心中的泪水，只有在幻想的天界里蒸发消散，化为神灵的云雾。”参见(德)费尔巴哈著《费尔巴哈哲学著作选集》(下卷)，荫庭等译，北京：三联书店，1962年，第465页。

远的事，他们并不关心。英雄阿喀琉斯就曾说过，他宁可做一个世间穷困主人的奴隶而不做一个阴间之王，因为人死后到阴间只是个阴影而已。希腊人崇拜的是有限和自然，而不是崇高和脱俗的理想境界。他们强调诸神愿意帮助人，但他们所信仰的众神并不是像上帝那样无所不能。在希腊神话中，理性认识与无能为力的现实之间充满着既无法规避又不可克服的矛盾，希腊人认为有一种神奇的能力既主宰着人又主宰着神，这就是“命运”（moira）。不论众神还是人类，都已经预见到事情的注定的进程，承认命运处于重要的位置，却从不屈服于命运，如宙斯、普罗米修斯(Prometheus)、赫拉克勒斯(Heracles)、俄狄浦斯(Oedipus)都是与命运抗争的典型。这就是希腊神话的重要意义之所在。

第四，希腊的宗教和神话兼而有之。从本质上来说，宗教是一种崇拜，它应当有教义、祭祀、庙宇、仪式等，但不一定有情节。宗教不准亵渎神灵，当然也不能丑化、取笑神祇，否则要受到最严厉的惩罚。在大多数东方宗教中，神是万能的、神秘的和遥远的，他们使人类产生恐惧感、赎罪感。而神话同宗教密不可分，它是关于神灵和英雄的、有情节的故事。希腊的宗教信仰和神话传说之间保持着密切关系，希腊人是泛神论者，信奉多神教。他们在神话中描绘的神灵往往都是一个个实实在在的、拥有男人和女人具体形象的神，并且还是可以与之平等交往的神，因而根本不具备东方神灵的神秘性，与人类也没有现实距离感，诸神被丑化、取笑的现象随处可见。《神谱》和《伊利亚特》第 14 卷第 294 ~ 314 行关于宙斯生活不检点、有很多艳遇和私生子的事情多有描述，《奥德赛》也叙述了战神阿端斯和阿佛洛狄忒女神的不正当关系。这一切绝不会出现于古代东方的宗教信仰中。

第五，希腊神话带有原始崇拜（自然崇拜和图腾崇拜）的痕迹。人类在从自然界获取食物、制造工具时，必然要同自然界发生关系，从而促使人们设法认识自然、适应自然和改造自然。由于认识能力和改造能力的限制，人类的生存条件极其艰苦，他们只能通过幻想来征服自然。自从有了人类，就产生了关于神与英雄的神话传说，神话本身正是早期人类与自然界斗争生活的“真实”记录。希腊神话包括神的故事和英雄传说两部分，其中关于神的故事涉及开辟天地、神的产生、神的家谱、神的活动和人类的起源等。由于神话是人类通过幻想征服自然的产物，它必然地带有自然崇拜和图腾崇拜的痕迹，如苍天、大地、太阳、月亮、河流、山川、森林、风雪雷电等自然现象，都被赋予神性和神奇的力量。对动物的崇拜，如半马神是人头马身，半牛神是牛头人身，管森林的潘神是人脸、羊角、山羊胡子，还有米诺牛、狮身人面像①等，都是图腾崇拜的反映。英雄传

① 关于人与动物同体现象，参见谢选骏著《神话与民族精神》，济南：山东文艺出版社，1986 年，第 2 章。

说起源于祖先崇拜。古人怀念自己的部落首领等英雄人物，他们在发挥想像力的基础上，创造出许多半人半神的英雄形象。英雄传说以智勇双全的英雄人物为中心，他们同情人类，敢于同恶势力作斗争，为人类造福。希腊神话英雄是诸神与人间女子相结合的产物，如赫拉克勒斯、阿喀琉斯、奥德赛、忒修斯、珀琉斯、俄狄浦斯、伊阿宋(Jason)等，他们或英勇顽强、或品格高尚、或智慧绝伦。英雄传说同时也含有神话化的历史事件，反映了远古时期的社会生活及人与自然的斗争。

虽然希腊神话产生于其特定的土壤，有其独具的特色，但与中国神话相比，两者之间却存在许多相近之处，这从一个侧面反映出东西方文化的共同点。首先，希腊人把空间分为天堂、陆地和地府三大块，他们认为人死后灵魂脱离躯体而存在；而中国神话中也有上苍天国和阴曹地府之说，也有灵魂不灭、灵肉分离一说。其次，希腊神话中的神界是荷马时代社会的缩影，而中国神话中的天国具有浓厚的政治色彩和现实意义。希腊神话中的神人恋爱故事，如宙斯化作金雨，同阿耳戈斯国王阿克里西俄斯(Acrisius)的公主达那厄（Danae）幽会，生下大英雄珀耳修斯（Perseus）；宙斯变作牝牛劫走欧罗巴公主，生下米诺斯和拉达曼提斯；宙斯变为天鹅与斯巴达王后丽达亲近，生下娇艳无比的海伦。同样，中国的神话传说牛郎织女、天仙配等，也都是家喻户晓的神、人的爱情故事。

当然，在对待诸神的态度上，希腊神话与中国神话相去甚远。希腊神话“以人为本”的观念主要表现为神与人同形同性，神可以跟人自由相处，和睦相住；凡人对神灵表示敬意的外在形式，一般局限在祈祷许愿、洁净灵魂、抵偿罪恶、祭供和捐赠等方面。难怪有人认为，希腊神话就是“人话”的不自觉的艺术加工形式，是众神家族活动的艺术概括。相反，中国神话宣传神灵高高在上，认为神具有神圣不可侵犯性，具有人类所没有的超自然能力；神与人之间的界限根本无法逾越，即人类必须绝对地敬畏神、崇拜神和服从神，不可对其有任何冒犯之处[①]。

第四节　希腊的悲剧与喜剧

一、古希腊悲剧的起源

如果说希腊古典悲剧是现代舞台剧的先导，那么，希腊民间歌舞就是希腊戏剧艺术的原始胚胎，“酒神颂歌”（dithyrambus）则是希腊古典悲剧的源头。希腊人信仰多神教，民间流传着一系列与神灵有关的神话，其中对酒神狄俄尼索斯(Dionysus)的信仰、颂歌和祭祷仪式（dionysia），直接导致了希腊悲

① (德)施瓦布著《希腊古典神话》，曹乃之译，南京：译林出版社，1996年，译者前言。

剧的产生。狄俄尼索斯是天神宙斯和大地女神塞墨勒的儿子，他不仅是戏剧的守护之神，也是象征着五谷丰登、人畜兴旺的增殖之神。他原来是蔬菜植物之神，首创了用葡萄酿酒技术，并把种植葡萄和采集蜂蜜的方法传播到各地。他深受广大人民的敬仰和喜爱，被奉为酒神和农作物的保护神。

希腊城邦是古典时期一个具有独立的政治生活、自足的经济生活和丰富的文化生活的共同体。每年春秋播种和收获季节，希腊城邦的人们都要举行祭祀酒神仪式，歌颂狄俄尼索斯的丰功伟绩。酒神为人们崇拜的偶像，他所传授的酿造技术可以丰富人们的物质生活，给人们带来欢乐和灵感。后来，这种祭祀活动逐渐演变成固定的酒神节（3~4 月），尤其在雅典发展成为隆重的全民性国家节日。每当严冬过去、新春到来之时，葡萄园藤蔓上长出嫩芽，田野里出现点点花朵；每当报春花带来春天的消息，酒神节如期而至之时，希腊人都兴高采烈地走上街头，载歌载舞，用充满喜悦和崇敬的心情，庆祝狄俄尼索斯的降临。

为了表示对酒神的敬意，感谢他唤醒沉睡的大自然，使大地重新焕发生机，人们高唱着“酒神颂歌”狂欢游行。“葡萄美酒夜光杯”。他们开怀畅饮之后，他们的歌唱得更加美妙动听，舞跳得更是多姿多彩。在游行队伍中，许多能歌善舞的民间歌手自动组成 50 人左右的合唱队(chorus)。歌手们扮演成半人半山羊的“森林之神”①，走在队伍的最前面，合唱着“山羊之歌”（酒神颂歌）。

原先，酒神颂歌既没有音乐变化，又没有戏剧表演，仅有合唱队合唱而已。后来增加了一个演员（歌队长），由他朗诵关于酒神的神话，并和合唱队对答台词。这种“对白”与唱歌、舞蹈一起，共同构成戏剧艺术表演的要素。相传，雅典人忒斯庇斯(Thespis)是希腊第一个悲剧诗人，公元前 534 年他首先用一个演员来表演酒神颂歌。显然，希腊悲剧是在“酒神颂歌”的基础上逐渐形成并发展起来的。在希腊文中，“悲剧”一词写作 tragoidia，意为“山羊之歌”。这些颂歌一开始就带有神话般的悲剧色彩，歌词内容除了歌颂酒神的种种奇遇外，还包括讲述狄俄尼索斯的苦楚，以及人生的悲欢离合。

图 1-5 酒神节祭祀

约公元前 460 年，希腊祭祀容器彩绘画中一名妇女在倒酒，她和一个同伴在分享琼浆，另一个在吹着长笛。

希腊古典文化与民主政治有着密切关系，雅典的悲剧随着民主制度的

① 森林之神（Satyr）是狄俄尼索斯的同伴，他们以山羊皮作装束，胸前佩挂着山羊角，头上戴着常春藤编织的花冠，脸上贴着槲树叶做的胡须。

图 1-6 民主派领袖伯里克利

十将军委员会首席将军，执掌国家政权，使雅典的政治、经济和文化呈现出从未有过的繁荣景象，这是希腊历史上的黄金时代。

建立而发展起来。公元前6~公元前5世纪，希腊人迎来古典悲剧的黄金时代。戏剧演出不仅是一种隆重而庄严的宗教性盛典活动，也是一种颇具吸引力的艺术比赛和发表政见的方式。每年“酒神节”期间，雅典城都要举行悲剧比赛，三大悲剧诗人(即埃斯库罗斯、索福克勒斯、欧里庇得斯)多次获得剧本奖。伯里克利时期，城邦政府还向公民发放“观剧津贴”，鼓励人们看戏、参与城邦政治生活①。当时有人在看完戏后曾感慨道：“假如你未见过雅典，你是一个笨蛋；假如你见到雅典而不狂喜，你是一头蠢驴；假如你自愿把雅典抛弃，你就是一头骆驼。”②这种说法不免偏激，但从一个侧面反映了希腊悲剧的强烈吸引力和雅典的辉煌。公元前4世纪，希腊悲剧开始衰落，公元前160年以后宣告终结。

由于人生有诸多困难，希腊人认为他们无法避免人与怀有敌意的神的矛盾、人与敌对的人的矛盾以及人类与无法超越的大自然的矛盾。后来，这三重矛盾发展成为希腊悲剧的三大主题，即人与神的抗争、人与大自然的抗争以及人与命运的抗争。因此，人的自由意志与命运的冲突，构成希腊古典悲剧的主旋律。经过不断发展，希腊悲剧形成了以下几个特点：一是始终带有宗教色彩；二是题材多为神话和英雄传说；三是布景简单的露天剧场。悲剧表演本身是一种庄严、隆重的宗教典礼，它是整个城邦人民对神灵的宗教性祭祀活动。根据当时的剧场条件，亚里士多德为希腊悲剧确定了时间、地点和剧情一致的“三一律”，奠定了悲剧的理论基础。他还对悲剧进行了界定：“悲剧是对于一个严肃、完整、有一定长度的行动的摹仿”（《诗学》第六章）。如果仅从字面上来理解古希腊“悲剧”，可能会使人误解，因为希腊悲剧不在“悲怆”，而在“严肃”③，主要表现为强大的震撼力，而与中国古典悲剧所表现出来的“同情心”相区别。

---

① 民主派领袖伯里克利（Pericles，公元前495~公元前429）曾连续担任十将军委员会首席将军，他的理想和抱负是使雅典城邦登上希腊世界霸主地位，成为“全希腊的学校”。正是在伯里克利时期，雅典民主政治被推向发展高峰。

②（苏）塞尔格叶夫著《古希腊史》，缪灵珠译，北京：高等教育出版社，1956年，第242页。

③《古希腊悲剧经典》，罗念生译，北京：作家出版社，1998年，第636页。

二、“悲剧之父”埃斯库罗斯

埃斯库罗斯（Aeschylus，公元前525～公元前456）出生于阿提卡(Attica)西部埃琉西斯的一个贵族家庭，他谦称为“荷马伟大宴席上的残屑”，恩格斯尊其为“悲剧之父”。童年时期，埃斯库罗斯曾在葡萄树下梦见酒神狄俄尼索斯叫他写作悲剧。他从梦中醒来后，真的爱上了悲剧的创作与表演。他在剧中增加了第二个表演者，使剧情更多动作，更接近生活和观众。公元前5世纪初，他第一次参加雅典戏剧比赛名落孙山。他首次获得戏剧比赛奖时已经41岁，可谓大器晚成。但他是一个多产作家，一生创作70部剧本，生前得奖13次，死后又有4次。他的传世剧本有《阿加绵农》、《奠酒人》、《降福女神》、《波斯人》、《救援女》、《被缚的普罗米修斯》、《七将攻忒拜》等七部，其中前三部反映了母权制的失败和父权制的胜利。

埃斯库罗斯是一位值得称颂的爱国主义者，他为做一个雅典公民而倍感自豪。他重视战功甚于创作，并于希波战争（公元前500～公元前449）爆发后参加希腊军队与波斯人作战。公元前490年，他在马拉松战役中英勇负伤，十年后又重返战场，参加了萨拉米海战。为了捍卫民族的独立与尊严，他将自己的生命置之度外，并在战争期间写下了墓志铭：

> 此地是埃斯库罗斯的墓窖，
> 他是欧福里翁之子，也是基拉地方的骄傲，
> 马拉松圣地称道他作战英勇无比，
> 长发的波斯佬更清楚地知道。

他追求庄重和谐、气魄宏伟的艺术风格，对人类与命运抗争的天性给予充分肯定与热情歌颂。他的作品《波斯人》慷慨激昂，是现存的唯一以当代事件为题材的希腊悲剧，该剧上演后引起巨大轰动，并获得了一等奖。他从抗击波斯人侵略的民族战争的经历中获得创作源泉，描绘了波斯舰队被击溃的战争场面，讴歌了希腊民族的英雄主义气概和爱国主义精神。

他谴责战争，同情妇女，不仅第一个在戏剧中给凡人以地位，而且喜欢在自己的作品中把高贵者降低，把卑下者提高。作为一个怀疑主义者，他认为“思想是一道看不透的深渊，人的命运更是莫测而可怕，是祸是福在所难逃。”无论是神还是人都无法抗拒命运，任何矛盾冲突的根源都在于命运女神的巧妙安排。这种宿命论思想一直支配着他的创作。他通过悲剧所表现出来的中心思想，就是个人的自由意志与不可抗拒的命运之间的永恒冲突。他的代表作《普罗米修斯》通过表现人类与天神冲突的主题，歌颂了人类为争取自由、解放与命运抗争的不屈精神，表达了命运接近于神性的基本主张。他不懈努力，探求人生哲理，从哲学的高度认识自由和幸福等社会问题，提

出了人类最高的道德规范，那就是为了自由和幸福可以不敬天神、不畏神威。马克思高度评价埃斯库罗斯的哲学思想，称他是“哲学日历上的最高尚的圣者兼殉道者”。

希腊人认为，非凡之人必有非凡之死。埃斯库罗斯在69岁那年死于一次飞来的横祸，是由于一只老鹰的错误判断导致了他的不幸辞世。原来，那只老鹰想吃肉，当它把捉到的一只大乌龟从高空抛到地面时，怎么也没料到，地面上那块光秃秃的地方不是石头，而是诗人的光头脑袋，他就这样不幸地被砸死了。后来，人们在埃斯库罗斯遇难的地方——西西里岛上的基拉城立起一尊塑像，表示对这位伟大诗人的永久纪念。

三、“悲剧界的荷马”索福克勒斯

索福克勒斯（Sophocles，公元前496～公元前406）出生在雅典西北郊的科洛诺斯乡，少年时期由于勇敢、英俊和音乐才能而被选入歌唱队担任领唱，公元前440年又当选为雅典十将军委员会成员。他也是一位多产的剧作家，共为酒神节创作了123个剧本，其中先后获奖24次，但只有《埃亚斯》、《安提戈涅》、《俄狄浦斯王》、《厄勒克特剌》、《特拉客斯少女》、《菲罗克忒提斯》、《俄狄浦斯在科隆诺斯》等七个剧本完整地流传下来。他的艺术创作具有典雅的风格和深邃的思想，他同情有弱点的人类，在悲剧中深化了希腊神话关于自由意志与命运冲突的不朽主题。公元前468年，他胜过埃斯库罗斯，首次获得戏剧创作奖。

索福克勒斯的代表作《俄狄浦斯王》是一部两千多年来一直强烈地震撼着人们心灵的古典悲剧。它深刻地反映了命运与报应的观念，表明了命运的不可抗拒性根本不能抹杀人的天性的主导思想。虽然个人的坚强意志敌不过命运之神，但人类必将在与命运的冲突中实现自我价值。这便是希腊古典悲剧的魅力之所在。

图1-7 德尔菲神庙遗址

神谕的发源地，因有太阳神阿波罗神庙而著名。对于希腊人而言，这是世界的中心和最荣耀的地方之一。

根据希腊神话，忒拜城（Thebae或Thebes，旧译底比斯）国王拉伊俄斯（Laius）和王后伊俄卡斯忒（Jocasta）婚后多年未有子女。因为像大多希腊人一样，拉伊俄斯相信神谕，太阳神阿波罗神谕说他的妻子将生一个儿子，但命运女神规定他必死在自己儿子的手里。虽然国王与王后十分相爱，他们却不得不长期分居。可是，最终他们还是在复杂的感情中生了一个可爱的儿子。当他们抱起这个婴儿时，又不禁想起难违的神谕。为了摆脱不幸命运的折磨，他们竟将这个新生儿两脚踝刺穿后，用皮带捆绑着，让牧人把他扔到喀泰戎(Cithaeron)山谷里去。而这个牧人却偷偷地把这个孩子交给另一个名叫波利布斯（Polybus）的牧人收养，取名为“俄狄浦斯”，意为“肿痛的脚”。长大以后，俄狄浦斯常听别人说自己是个养子。阿波罗神谕也告诉他，说这一切都是真的，而且预言他命中将要杀父娶母。听到可怕的神谕后，他再也没有回到养父的家中，而是朝忒拜城方向走去，想弄清自己的身世，最后竟应验了神谕。《俄狄浦斯王》留给人们的箴言是：“当我们等着瞧那最末的日子的时候，不要说一个凡人是幸福的，在他还没有跨过生命的界限，还没有得到痛苦的解脱之前。”

在索福克勒斯的悲剧中，命运是存在于人类之外的抽象概念，而俄狄浦斯的悲剧是人类与命运冲突的反映。希腊人尊敬索福克勒斯，称其为世界和谐与安定的歌手；罗马演说家西赛罗则把他比喻为“悲剧界的荷马”。伯罗奔尼撒战争（公元前 431 ~ 公元前 404）即将结束之际，索福克勒斯逝世。当时以雅典为首的“提洛同盟”与以斯巴达为首的“伯罗奔尼撒同盟”交战正酣。斯巴达人听到他的死讯，特地宣布停战，让他的尸体归葬故乡，以示对其敬仰之意。

四、“舞台上的哲学家”欧里庇得斯

欧里庇得斯（Euripides，公元前 480 ~ 公元前 406）出生于阿提卡东部佛吕亚城的一个贵族家庭，接受过良好教育。他秉承了希腊人天性，酷爱体育与艺术，学过摔跤、拳击和绘画。非凡之人，必有非凡之死。传说他应邀到马其顿王宫中作客，被马其顿王宫中的猎狗咬死。史学家修昔底德盛赞欧里庇得斯的奇才，为他写下了墓志铭：

全希腊世界是欧里庇得斯的纪念碑，
诗人的遗骨在客死之地马其顿永埋，
诗人的故乡本是雅典——希腊的希腊，
这里万人称赞他，欣赏他的诗才。

欧里庇得斯性格恬静，喜欢思考，曾在阿那克萨哥拉[①]门下听自然哲学演讲，自己也时常在剧中讨论哲学问题。他从 18 岁开始写戏，一生共创作了 92 个剧本，其中 5 个获奖，18 个留传了下来。他不仅才华出众，具有创作技巧和丰富的想像力，而且观察敏锐、富有同情心。他的作品《美狄亚》、《特洛伊妇

① 阿那克萨哥拉（Anaxagoras，约公元前 500 ~ 公元前 428），古希腊物理学家、天文学家和唯理论哲学家，是伯里克利的老师和朋友。他认为宇宙的形成，万物的有序，乃是“宇宙理性”（nous）作用的结果，宇宙理性是“万物中最纯净、最精美的东西”。他在晚年受到“渎神”（asebeia）罪的指控，被放逐出雅典。他的墓志铭写道：“墓中躺着伟大的阿那克萨哥拉，他的灵魂超升到最高的真理。”

女》、《伊菲革涅亚在奥利斯》等反映了当时人们所关注的一系列重大社会现实问题，如神性与人性、崇拜的意义、自然法、妇女权利、两性关系及家庭等。

作为希腊悲剧重要的一环，欧里庇得斯在艺术创作方面具有双重性：他一方面是个冷酷无情的现实主义者，另一方面又是个富有想像力的音乐大师。如果说埃斯库罗斯和索福克勒斯所刻画的都是英雄人物，他们笔下的主人公都具有崇高、伟大形象的话，那么，欧里庇得斯的作品中的主人公主要是普通人，这标志着希腊“英雄悲剧”的终结。他所描绘的普通人并无什么光辉业绩可言，却真切、朴素地表现了人类高尚行为与卑劣激情之间的矛盾冲突，进一步升华了悲剧主题。他认为，命运就在人类自身，它“是人间绝大不幸的根源”。

在欧里庇得斯的作品中，人同命运的斗争主要表现为人类的自我冲突。他的代表作《美狄亚》（*Medea*）是一部被称为“破碎的妇女心灵的悲剧”，取材于希腊神话传说“金羊毛”的故事。伊俄尔科斯国王埃宋（Aeson）被他的弟弟珀利阿斯（Pelias）篡夺了王位。王子伊阿宋在父亲死后不得不逃到喀戎（Chiron）那儿，因为他的存在会对珀利阿斯的王位构成威胁。喀戎是一个上半身为人、下半身为马的半人半马怪物，他心地善良，教导过赫拉克勒斯、阿喀琉斯、珀琉斯、提修斯、奥德赛等许多希腊英雄，后来他以放弃永生为条件，换得普罗米修斯的解放。

20年以后，伊阿宋结束流亡生活，回国后要求叔父归还属于他作为合法继承人的王位，但珀利阿斯王提出让他取回金羊毛（golden fleece）的交换条件①。这是一种纯金的公山羊毛皮，被钉在科尔喀斯（Colchis，今格鲁吉亚）的库塔伊西境内一棵树上，由毒蛇和喷火龙看守着。为了觅取“金羊毛”，伊阿宋赶造“阿耳戈斯”号大船，率领赫拉克勒斯、珀琉斯、提修斯、俄狄浦斯、珀耳修斯(Perseus)、俄琉斯(Oileus)诸位英雄前往目的地。科尔喀斯国王埃厄忒斯（Aeetes）设置种种障碍，要求阿耳戈斯英雄用火牛耕地，并把龙牙种到地里。看来要得到金羊毛并非易事，但是科尔喀斯公主美狄亚却非常愿意向他们提供帮助。今天，格鲁吉亚街头还竖立着美狄亚塑像。

然而，悲剧已经开始。因为在见到伊阿宋的那一刹那，美狄亚的心已经被丘比特射出的爱情之箭击中，深深地爱上了勇敢而英俊的伊阿宋。但是，美狄亚提供帮助却是有条件的，就是事情成功之后伊阿宋必须娶她为妻。这样，伊阿宋等阿耳戈斯英雄在美狄亚的帮助下，按科尔喀斯国王的要求一一做到了。埃厄忒斯却自食其言，仍不愿交出金羊毛。结果，美狄亚用杜松小枝把神异的露水洒进毒龙的眼里，又念神咒使它熟睡，才使伊阿宋得以觅取金羊毛。美狄亚是地狱女神和幽灵与魔法女神赫卡忒（Hecate 常以三头三身出现）神庙的女

① 距今两千多年前，高加索山区的格鲁吉亚盛产黄金，当地人已经学会了羊毛淘金法。今天，当地的斯凡人还采用羊毛淘金技术，淘金用的羊毛大概就是古代金羊毛的最初原型。

祭司，精通巫术。她施展魔力，用计杀死了奉父王之命前来追赶她的弟弟阿布绪尔托斯（Absyrtus），随后和阿耳戈斯英雄一起逃走了。伊阿宋取回金羊毛，篡位的珀利阿斯王依然不肯交出王位。美狄亚再次用计杀死珀利阿斯，并和伊阿宋逃到另一个国家科俄托斯。伊阿宋实践了自己的诺言，娶美狄亚为妻，生了三个孩子。后来，伊阿宋抛弃美狄亚，另娶底比斯王克瑞翁（Creon）的女儿格劳刻（Glauce），从而给美狄亚复仇提供了条件。

五、喜剧作家阿里斯托芬

悲剧和喜剧都是古典时代富有智慧的希腊人给后世留下的历史文化遗产。“喜剧”（komoidia）一词来自狂欢游行（komos）和歌（oide），字面意思是指狂欢游行时唱的歌，英文“喜剧”（comedy）一词就来源于此。喜剧比赛正式开始于公元前 487 年，它推动了喜剧在雅典的发展。喜剧同悲剧一样，起源于祭祀酒神的狂欢歌舞和民间滑稽表演，亚里士多德将喜剧定义为对丑的和滑稽的事件和人物的摹仿。

雅典实行直接民主，凡是公民（polites，意为“属于城邦的人”）都有参政权，所以他们比别的城邦公民更关心国家大事。喜剧有较强的政治性，主要与民主政治有关。喜剧内容自由，题材广泛，涉及日常生活中的一切事务和琐事，而喜剧表演轻松愉快，正好给人们提供了一个参政、议政、理解政治的机会。如果说悲剧的特点在于引起怜悯和恐惧，达到净化感情和震撼灵魂的作用的话，那么，喜剧的最大特点在于用字、造句、分场、设景等方面，它比悲剧体现出更大的自由度，把严肃凝重的话语转变成愉快轻松的说笑表演。喜剧不但登场人物比悲剧多，而且化妆面具也更丰富多彩。从表演语言上看，喜剧不一定符合文学语言规范，但通俗易懂，接近于日常会话，能够引起观众的共鸣。喜剧的舞蹈动作显得特别放纵狎昵，所以妇女和儿童往往不能临场观看演出。另外，作者的个性表现得更加突出，他还能以演员的身份登场向观众说话，产生良好的戏剧效果。

阿里斯托芬（Aristophanes，公元前 450 ~ 公元前 388）是一位出生于乡村的喜剧大师，但在雅典城内度过了一生的大部分时间。他喜爱交游，广泛结识社会名流，拥有渊博的学识，对《荷马史诗》、希腊悲剧都有深邃的理解。他以公民的社会责任感，关注雅典现实，并在旷日持久的希腊内战——伯罗奔尼撒战争的岁月中开始登上戏剧舞台。他的喜剧多取材于社会生活，他的思想具有一定的丰富性和深刻性。他充分理解人生的意义，看到喜剧在社会生活中的积极作用。他把主持正义、挽救城邦和教育人民即以天下为己任，因而作品的斗争性很强，恩格斯称他为“有强烈倾向的诗人”。

阿里斯托芬用诙谐的笔调和生动的舞台语言，触及当时一切重大的政治和社会问题，讽刺雅典社会普遍存在的巧言善辩胜于事实的不良现象，反映雅典城邦奴隶制民主政治危机时期的思想意识。他在喜剧艺术创作上形成了独特的风格：其一，具有强烈的时代特色；其二，具有艺术性的形式美；其三，包含了无穷无尽的机智；其四，实现了悲剧、喜剧和抒情诗①三种情调的有机结合。他一生共完成了44个剧本，保存下来的有《鸟》、《和平》、《财神》、《云》、《地母节妇女》等11个剧本，可以分为三类：①热爱祖国、热爱和平的作品；②揭露各种丑恶行为的作品；③妇女追求解放的愿望的作品。

第五节　希腊的著名哲学家

哲学是人们对世界的总的认识，最能反映出一个时代的社会心理和精神面貌，掌握时代精神的主要途径就是掌握哲学思想。希腊人在数百年间取得了他们的同时代人和后世无不为之惊叹的文化成就，哲学是古典时期希腊人智慧和精神文化成就的集中体现。“哲学”这个概念源于希腊语 philosophia，由 philos（爱）和 sophia（智慧）两个希腊词组成，意为“爱智慧之学”。在中文中，“哲”字与“智”字也是相通的。而希腊文 philosophos（哲学家）一词意为“爱智者”，引申义为“智慧之友”，这正代表了希腊人热爱智慧的民族性格。从历史角度看，博大精深的希腊哲学可以分为三个阶段：

第一，自然主义哲学时期（公元前5世纪中叶以前）。希腊哲学是从探究客观世界的本质开始的。哲学家从理性的思考出发，注意探索自然界(自然哲学)，提出了第一个大问题——什么是自然，因而什么是人类?

第二，实用主义哲学时期（公元前5世纪中叶~公元前320年）。从智者学派开始，希腊哲学的兴趣从自然转向人类，提出了第二个大问题——什么是人类，因而什么是自然？这种兴趣转移导致对人类精神问题的研究，即研究人类思想和人类行为，研究逻辑学、伦理学、心理学、政治学和诗歌。

第三，希腊哲学终结时期（公元前320年~公元529年）。希腊化时期，哲学从世俗的斯多噶主义和伊壁鸠鲁主义走向神圣的宗教神学，将“注意力更特别集中于伦理问题：什么是至善？什么是人生的目的和目标？伦理学成了主要课题，研究逻辑和形而上学是为了帮助解决道德问题。最后，上帝和人同上帝的关系问题，即神学问题，占有显著地位，希腊哲学像它开始一样，乃归结于宗教。”②

一、米利都学派

人类的早期，科学与哲学是一个不可分割的整体。科学指发现、积累并运

---

① 抒情诗（lyric）一词来源于七弦琴（lyre），因为诗是配乐吟唱的。

② (美)梯利著《西方哲学史》，葛力译，北京：商务印书馆，1999年，第8页。

用公认的普遍真理或定理，是系统化和公式化了的知识；哲学指世界观的学说，是对自然知识和社会知识的概括和总结。无论从思维方式上，还是从研究的广度和深度上，哲学都是最高级知识，因为它在科学、宗教、文学、艺术等知识之上。由于哲学追求的是存在与真理，求知的理智就成为人类哲学精神的核心。希腊爱智者富于理性智慧，他们要求人们服从于自然法则，并根据对自然法则的理解和诠释的变化而改变自己的行为；他们以追求知识和真理为崇高使命，把自然现象、人的思想和灵魂等问题联系在一起，得出各自的结论。

马克思指出："自然现象和总联系还没有在细节方面得到证明，这种联系对希腊人来说是直接的直观的结果。……在希腊哲学的多种多样形式中，差不多可以找到以后各种观点的胚胎、萌芽。"①爱奥尼亚哲学家开始摆脱原始宗教与神话观念对于世界起源的解释，主张世界万物都产生于某种特殊的物质，从而形成了著名的自然哲学派别。米利都学派（公元前7～公元前5世纪）产生于小亚细亚的米利都（Miletus），这是人类对自然界进行理性探索的开端。他们所关心的主要问题是发现物质世界的本质，认为一切事物都可以还原为原始的物质，而这些物质是世界万事万物和人类的本原。他们的质朴看法打破了长期以来希腊人所坚持的关于世界起源的神秘观念，代之以科学的理性解释，奠定了唯物主义的基础。

(1) 泰勒斯（Thalēs，公元前640～公元前562）出生于希腊殖民地米利都，是"希腊七贤"②之首和米利都学派的奠基人。作为希腊哲学的始祖，他是著名的政治家、数学家、天文学家。他准确地预测到公元前585年5月28日发生的日食，还把几何学引入希腊。他认为宇宙（cosmos）万物皆源自水，最后也归于水。他摆脱了长期主宰人们精神生活的神的观念和宗教意识，促进了科学思想的诞生，创立了一元论自然哲学。

(2) 阿拉克西曼德（Anaximandros，公元前611～公元前545）与泰勒斯的物理学派不同，他否定关于水是物质本原的理论，倾向于更抽象的思维形式，因而提出宇宙的根源是宇宙元素"无限"（apeiron）——无穷的、永恒不灭的实体的主张，开创了数理学派。如果把某种具有固定形态的物质看作是万物的本原，那就无法解释千变万化、复杂多端的自然界。他认为，"万物的本原是无限者……一切生自无限者，一切都灭入无限者。"③他还认为，寒冷和湿气凝聚成了土地和云层，而热气和干燥则形成了火环，这就是太阳、月亮和星辰；生命产生了地面上一种温湿的黏性物质，包括人在内的陆地动物起源于海洋生物。

---

①《马克思恩格斯选集》（第3卷），北京：人民出版社，1972年，第468页。

② 指梭伦、齐洛、泰勒斯、毕埃斯、克莱奥布鲁斯、毕达库斯和潘利恩德尔。参见（意）乔万尼奥里著《斯巴达克思》（易新农节写），广州：广东人民出版社，1982年。

③ 北京大学哲学系编《西方哲学原著选读》，北京：商务印书馆，1986年，第16页。

(3) 阿拉克西曼尼（Anaximenes，公元前585~公元前525）是阿拉克西曼德的弟子，他用绝对有限的自然界元素“大气”（aer）代替“无限”。他认为大气是包罗万象、结合万物的根源，扁平的大地为空气所支撑着；空气围绕着整个世界，万物都是由气的稀散化和凝聚化两种运动方式所生成的。运动产生变化，而运动是永恒的。稀薄的空气变成火，浓缩的空气则生成风、云和水，而水进一步浓缩就变成了泥土和岩石。他否定了关于伊瑞丝（Iris 彩虹）是一个女神的神话传说，指出它是由阳光照射在密集的空气上所产生的结果，从物理学上解释了神奇的彩虹现象。

二、毕达哥拉斯学派

从毕达哥拉斯学派（公元前6~公元前4世纪）开始，希腊哲学远离丰富多彩的物质世界，转向玄妙的形而上学。希腊最早的唯心主义哲学家毕达哥拉斯（Pythagoras，公元前580~公元前500）是这个学派创始人，他出生于靠近地中海东岸的萨摩斯岛，后移居意大利南部的希腊殖民地克罗顿城邦。他受阿拉克西曼德和阿拉克西曼尼的影响较大，曾用演绎法证明直角三角形的勾股弦定理，是当时最有学问的人。作为希腊第一个美学家，他认为美体现着合理的或理想的数量关系，美的本质就是和谐；和谐是杂多的统一，是对立面的协调和统一，是不协调导致的协调；人与人之间的友谊就是一种和谐的平等；一切立体图形中最美的是球形，一切平面图形中最美的是圆形。

毕达哥拉斯学派以克罗顿为活动中心形成社团，他们像“一个大家庭那样同吃同住，穿同样的衣服，专心从事艺术和工艺，又研究音乐、医学，特别是数学。通常它的成员都要经过一段学徒时期，格言是先倾听后理解。”[①]该学派的中心思想是数论（Number Theory），他们坚持用数学来解释世界，从而挑战米利都学派的宇宙观。他们认为，奇数与偶数、有穷与无穷、有限与无限构成实在的本质；“数学的本原就是万物的本原”，“数目的元素就是万物的元素”。毕达哥拉斯提出“数的和谐说”，指出自然界甚至人类社会也是对立面的结合，即奇与偶、一与多、左与右、男与女、直与曲、善与恶、正方与长方、静止与运动、光明与黑暗、有限与无限的结合。既然万事万物都是数学关系所导致的结果，这样他们就把数理学派推向了唯心主义。

在毕达哥拉斯看来，爱情、友谊、正义、德性、健康等都是建立在数之上的，爱情和友谊的本质是和谐，它们可以用数字“8”来表示，因为八个音度是和谐。宇宙本身包含着一种内在的数学秩序，整个自然界的差别就在于各种不同的数与量的差异；宇宙的和谐是由数决定的，整个天体就是一种和谐。由于“数”是一切存在的最高根源，万物皆流，唯有数始终不变。他还提出“灵

① (美)梯利著《西方哲学史》，葛力译，北京：商务印书馆，1999年，第16页。

魂轮回说”，把人的肉体和灵魂区分开来，认为人死而灵魂不灭，并可发生转移，附着于任何物体或肉体上。该学派把人生比作奥林匹亚赛会，说有人追求光辉和桂冠，有人追求利润，而真正的哲学家却以宇宙万象为乐。他们宣扬思辩的生活最幸福，提出人生最高的目的就在于研究哲学和数学；人类只有在清除自身肉体的邪念恶欲的条件下，才能达到思辩生活那种崇高境界。毕达哥拉斯学派的学说对古典哲学和基督教思想的发展产生了很大影响。

三、赫拉克利特

小亚细亚以弗所人赫拉克利特（Heraclitos，约公元前535~约公元前475）出生于贵族家庭，长期隐居山野，专心苦修思索，被世人称为“流泪贤人”。他轻视希西阿德、毕达哥拉斯、色诺芬尼以至荷马，却发展了米利都学派的唯物主义思想。他指出，宇宙不是任何神或任何人所创造的，“火”是万物之本原。“火”一直是、现在是、将来也永久是活跃着的万有之一，它有规律地燃烧，也有规律地熄灭。世界上没有一成不变的东西，所谓一切皆流、无我常住。运动是永恒的，太阳每天都是新的。他断言，万事万物都将遵照命运而来，命运就是必然性。“他以短小精悍的形式写成的作品难于理解，使他获得‘晦涩的赫拉克利特’的别号。”①

作为辩证法的奠基人，赫拉克利特给后人留下许多发人深省的名言，诸如：互相排斥的东西结合在一起；不同的声调造成最美的和谐；人不能两次踏进同一条河流；永恒的事物永恒地运动着，暂时的事物暂时地运动着；死亡就是人们醒时所看见的一切，睡眠就是人们梦寐中所看见的一切；更伟大的死获得更伟大的奖赏；看不见的和谐比看得见的和谐更好；最美丽的猴子与人类比看起来也是丑陋的；清醒的人们有着一个共同的世界，然而在睡梦中人人各有自己的世界；眼睛和耳朵对于人们乃是坏的见证，如果他们有着粗鄙的灵魂的话；在圆周上，起点与终点是重合的；智者、愚者的差别就在于：智者力求全面，而愚者只满足于片面；笨驴情愿吃草而不要金子，对于驴来说，它不善于综合，根本没有什么高尚目的，所以草比金子更可贵。这些至理名言代表了希腊人的智慧，给人以启迪。

四、埃利亚学派

埃利亚学派（公元前6~公元前5世纪）得名于意大利南部的埃利亚城（Eleatics），他们把毕达哥拉斯学派数学思维中的逻辑应用到哲学论战中，对米利都学派的宇宙单一起源论提出了挑战。如果说赫拉克里特注意变化和运动现象的话，那么埃利亚学派则否认现实世界的任何变化，而且进一步抽去毕

---

① (法)加亚尔等著《欧洲史》，蔡鸿滨译，海口：海南出版社，2002年，第68页。

达哥拉斯学派的数量关系，只承认不变的“存在”，认为这是一个最普遍、最一般的哲学范畴。该学派后来对柏拉图唯心主义哲学思想影响很大。

(1) 色诺芬尼（Xenophanēs，约公元前565～约公元前473）是吟游诗人、神学家和埃利亚学派先驱，出生于小亚细亚，后移居意大利南部。他认为神是整个的有生命的自然，神就是全部宇宙；他提出“神是惟一、不动的、无生无灭的”的主张，批判希腊神话关于神人同形同性的看法，抨击荷马和希西阿德贬抑诸神的做法，为埃利亚学派的形成奠定了基础。他的宇宙观为他的学生帕门尼德斯所发展和完成。

(2) 帕门尼德斯（Parmenides，公元前515～公元前？）是埃利亚学派的真正创始人，出生于埃利亚城的一个富裕家庭，到过克罗顿城，晚年游历过雅典。他发展了他的老师色诺芬尼“神是惟一”的宇宙观，提出“存在”是不动的“一”的学说，形成了形而上学派别。他认为，现实世界是一元的、永恒的、无变化的；宇宙没有历史、没有将来，只有现在，现在就是思想，终古如斯，常住不变；人们是通过大脑而不是感官去认识现实世界，通过理性而非经验去认识真实存在；由于感官会导致错误的认识，真理只有通过抽象思维才能求得。他坚信，凡是同思维有矛盾的，就不可能真实；哲学的使命、价值和目的就在于：使感觉的世界潜入超感觉的世界之中。

(3) 芝诺（Zenon Eleates，约公元前490～约公元前436）是帕门尼德斯的学生，在埃利亚城度过一生，仅在成名之后到过雅典。他以善于诡辩而享有盛名，正如他的同时代人所形容的那样：“芝诺有双刃的舌头，其威力之大攻无不克；不管他攻击什么，他的争辩总能自圆其说。”[①]在哲学上，芝诺认为不变的“存在”是万物的本原，假定有杂多和运动，我们就会陷入矛盾之中。为了论证运动的不真实性，他提出了“四个悖论”[②]。尽管结论是错误的、形而上学的，但命题本身是关于事物的内在矛盾问题，它推动了辩证法的发展，因而亚里士多德将芝诺称为辩证法的创始人。芝诺的“飞矢不动”命题认为，飞行中的箭矢在每一瞬间都在空间占有一个固定位置（点），在每一点上都停留、都静止，而许多停留和静止的点综合起来，仍然是静止不动的，因此，运动是一系列静止的总和。这个结论的诡辩性错误在于：混淆了绝对静止与相对静止的辩证关系，不承认运动本身的矛盾性，即运动着的物体在每一瞬间既在这个地方又不在这个地方。此外，他的命题“阿基里斯与乌龟”辩解认为，善于跑步的阿基里斯首先必须到达乌龟出发的地点，这时乌龟已经向前走了一段路；于

---

① (古希腊)普鲁塔克著《希腊罗马名人传》(上册)，陆永庭等译，北京：商务印书馆1995年，第464页。

② 指两分法、阿基里斯与乌龟、飞矢不动、一半等于一倍。前两个悖论假定时空是连续的，后两个悖论假定时空是分立的，前一组第一个悖论论证绝对运动不可能，后一组第一个悖论论证相对运动不可能。

是阿基里斯又必须赶上这段路，而乌龟又向前走了一段路。结果，跑步者总是愈追愈近，可始终追不上乌龟。芝诺只看到事物有间断性的一面，而否认其不间断性的另一面，忽视了事物的整体性联系，否认了运动的真实存在性。

五、原子唯物论学派

原子唯物论学派（公元前5～公元前4世纪）反对埃利亚派学说，他们承认变化是现实的，并在米利都学派唯物主义的基础上，提出世界万物是由原子（atoms）和虚空（vacuum）构成的理论。留基伯（Leucippos，公元前500～公元前440）和德谟克里特（Dēmocritos，约公元前460～约公元前370）是原子唯物论学派的创立者，前者来自米利都，在埃利亚跟芝诺学习过，他认为原子和虚空是世界的本原；后者生于色雷斯沿岸的阿布德拉城，是留基伯的学生和朋友，也是第一位百科全书式的学者。他对数学、物理学、医学、天文学、语言学和音乐都有较深的研究，并使希腊古典时期的科学和哲学知识系统化、理论化。后来，希腊晚期哲学家伊壁鸠鲁、罗马哲学家卢克莱修进一步发展了原子唯物论学说。

德谟克里特认为，一切事物的本质是原子和虚空，它们是组成宇宙万物的两种基本实体。原子是不可分的微粒，数量无限，只有大小和形状的区别，而性质不变；虚空是原子运动的场所，也是客观的存在。运动是原子的固有属性，无限的原子在无限的虚空中作涡旋运动，由此聚合成万物，所以万物的差异即在于构成此物的原子有形状、次序及位置的区别。这是世界无限多样性的根源。“灵魂是由最细致、最圆、最灵敏和炽热的原子所组成。这种原子散布于整个身体，促成身体运动。每两个原子之间夹杂着一个灵魂原子。身体的某些器官掌管特殊的精神作用。脑是思想的器官，心是忿怒的器官，肝是欲望的器官。”[①]关于道德思想，德谟克里特留下了许多发人深省的名言：应该热心地致力于照道德行事，而不要空谈道德；正当的爱是追求美而不亵渎美；让别人来称赞比自己称赞好；不要企图无所不知，否则你将一无所知；当人过度时，最知音适意的东西就变成了最不适意的东西。

六、诡辩学派（智者学派）

希腊语“诡辩”（sophia）一词的本意是“智慧”、“才智”，诡辩学家本指聪明而有才能的“智者”，后来才逐渐含有贬义，用以指那些具有似是而非理论的人。诡辩学派（公元前5～公元前4世纪）是雅典公民社会民主政治高度发展的产物，他们都是智慧和雄辩术的教师，游历于各城市之间，经常在公共节日和集会上发表即兴演讲。他们认为，探索宇宙的基本规律是徒劳无益

① (美)梯利著《西方哲学史》，葛力译，北京：商务印书馆，1999年，第37页。

的，因为这超越了人的认识能力；如果将理性运用到对公民权利与责任及国家管理上，应能提高公民素质，改善城邦状况。他们依靠巧妙的思想，大胆的引论和出色的演说，深深地打动着和吸引着热情向上的青年人。在对自然界的探索中，早期自然哲学家如毕达哥拉斯学派和埃利亚学派创造了抽象理性的武器。他们认为哲学要解释的重点，既不是自然界也不是神灵，而是人。于是，古典学者转向对人类社会的理性认识，这个过程正是由那些以传授修辞、语法、诗学、体操、数学和音乐为职业的诡辩学者开始的。

普罗塔哥拉斯（Protagoras，公元前 481～公元前 411）是最有名的诡辩论学者，也是民主派政治家伯里克利的挚友。他旅居希腊各地，从事教师工作 40 多年；晚年受到"不敬神灵"的指控，被逐出雅典，部分著作被焚。他对以前的思想家那种关于人类通过理性可能获得真理的看法持怀疑态度，认为他们忽略了人的认识的局限性；他主张人的感觉是知识的唯一源泉，思想是认识过程中的重要因素，一切认识都具有主观性，因而只对具有这种认识的人才有实际意义。他的结论是，任何超人性的认识和真理，连同宗教的真理在内，都是不存在的。在他看来，人因具有理性智慧和创造性而高于其他动物，人为保存自己而结成社会；在人看来是合理的，事实上就是合理的。普罗塔哥拉斯不但是个不可知论者，还是个相对主义者。他认为一定的时空条件是真理存在的依据，没有绝对真理和永恒不变的正确标准；每件事情都有相反的两个方面，如疾病对于患者是恶，对于医生是善，而这两种判断同样是合理的。普罗塔哥拉斯最早把人置于宇宙的中心，提出了人本主义的主张："人是万物的尺度，是存在的事物存在的尺度，也是不存在的事物不存在的尺度。"[①]这种认识对西方伦理思想发展产生了重要影响，后来成为文艺复兴和启蒙时代资产阶级理论家批判封建神学教条的有力武器。

七、苏格拉底

苏格拉底(Socrates, 公元前 469～公元前 399)曾受希腊诡辩学派的影响，试图通过教育手段，达到提高个人素质的目的。但他又和诡辩学派不同，认为诡辩学派仅能传授技艺，而对什么是幸福，什么是正义，什么是人们赖以生存的价值观念，生活的目的是什么，以及怎样才能达到自我完善等实质性问题缺乏理解。苏格拉底以教授哲学和道德知识为生，关注的中心问题是个人品德的完善和人的道德所能达到的最高境界。他认为，对自然的研究不能引导人走向崇高的道德境界，因而自然科学的结果没有价值。在他看来，人是宇宙的中心，理性是人的中心，"思维的人是万物的尺度"。

---

① 北京大学哲学系外国哲学史教研室编《古希腊罗马哲学》，北京：商务印书馆，1962 年，第 138 页。

在西方哲学史上，唯心主义哲学的奠基者非苏格拉底莫属，他无疑是第一个将精神与物质明确对立起来的人。他不仅明确地将灵魂看成是与物质有本质不同的精神实体，而且认为世界的本原是神，客观世界的一切都是神根据自己的目的安排的。他认为，理性是人生的根基，知识是最高的善行；美德基于知识，教育则是美德和知识的源泉；哲学的主要任务就在于探讨与人生幸福有关的伦理道德问题。人不应该依靠自己的理性去认识世界，而只能认识自己。人类由于愚昧无知才常犯错误，人的认识过程应该从认识自我开始。苏格拉底的座右铭是："我只知道我自己一无所知。"所以，在德尔菲（Delphi）的帕拉苏斯（Parnassus）山坡上，阿波罗神庙前就镌刻着古希腊七贤的至理名言："人啊！认识你自己。"

图 1-8 大哲学家苏格拉底

不论对于个人还是民族，也不论对于科学还是学说，自我反省都是必需的；通过反省可以总结经验、教训，解放思想，获得新的发展。苏格拉底认为，有系统的问答是科学的教学与求知的方法，真正的教育就是积极地、批判性地运用理性去发现价值观，启发人们去自我反思。他把自己的教育活动看作是帮助学生产生思想的"助产术"（maietica），认为教育的目的不在于仅仅教授知识，更重要的在于激发学生的求知欲望；教师就是助产婆，教育过程就是引导学生自己去寻求知识，解决矛盾。他通常采用问答式教学方法启发学生，在和学生的交谈中发现他们的思想矛盾，并将他们的认识引到自己的观点上去，这就是所谓"辩证法"。

苏格拉底认为治国不应由众人，而应由那些属于少数人即"智者"、"能者"、"善者"，这是精英政治思想的最早渊源。当时有人攻击他玩世不恭，在政治上拥护贵族制度，其学说危害国家的生存和民主制度的基础。实际上，苏格拉底是个真正的爱国者，他曾两度随雅典步兵参战，并主张使雅典城邦的生活置于坚实可靠的道德基础之上。但是，"具有可悲的嘲讽意义的是，这样一位具有奉献精神的理想主义者竟死在他本国同胞手中。"[①]公元前 399 年，他受到"不尊敬城邦所尊敬的诸神、并引进新神"和"败坏青年"的指控。许多判官表示可以赦免他，但要他保证不得再追求知识、爱惜知识、探求哲学。

① (美)勒纳等著《西方文明史》(第 I 卷)，王觉非等译，北京：中国青年出版社，2003 年，第 118 页。

然而，苏格拉底受到不公正判决的真正原因，是雅典在伯罗奔尼撒战争中的悲剧性结果。可他宁愿接受不公正的死刑判决①，也要坚持自己的信念，维护自由思想。据说他的门徒和亲友都劝他交纳赎金或乘船逃亡，或者放弃自己的观点，他仍执意不从，视死如归。他甚至认为这样的建议也是可卑的，而且违犯国家法律。色诺芬见证说："他表现了英勇不屈的精神；因为自从他认定了，对他来说，死比继续活下去更好以来，他就一直坚定不移地面向着死亡迎上前去，即使是对别的美好的事情也没有这样坚定，他从来没有对于死亡表现过任何软弱，而是极其高兴地、耐心地等待着，终于献出了自己的生命，"②苏格拉底本人没有留下任何著作，他的思想大部分是由他的学生柏拉图、色诺芬等人的著述而流传于世的。

八、柏拉图学派

柏拉图（Platon，公元前 427 ~ 公元前 347）出身于贵族家庭，他的祖先特鲁斯做过雅典国王，母亲的世系可以追溯到著名政治家梭伦（Solon，公元前 638 ~ 公元前 559）那里。作为古希腊唯心主义哲学的集大成者，柏拉图具有渊博的文学和诗歌才能，曾写过讽刺短诗、酒神狄俄尼索斯颂歌和悲剧。20 岁那年，他拜年逾六旬的苏格拉底为师，开始转向严肃的哲学研究。苏格拉底死后，柏拉图离开雅典，先躲避到中部希腊的麦加拉(Megara)，后游历埃及和小亚细亚，访问意大利南部，结识了一些自然科学家和数学家。40 岁时，他返回雅典，在近郊的阿卡德米体育场创办"学园"③，免费收徒，后来形成了柏拉图学派（公元前 5 ~ 前 4 世纪）。这所名校存在了近千年，直到公元 529 年为东罗马皇帝查士丁尼下令查封时为止。

柏拉图是希腊第一个创造包罗万象的唯心主义体系的哲学家，理念论④是他的思想核心。他认为世界可分为理念世界和现实世界两个部分，由于现实世界变幻无常、不可认识，因而是虚幻的、不真实的；理念世界则是可以凭借人的悟性、直觉去认识的，因为它是唯一真实的、非感觉的、永恒常驻的存在。他主张宇宙的基础是神、思维或观念，现实世界只不过是理念世界微弱的、不完全的反映，而理念世界才是现实世界的真正本原；经验是不可靠的、变动不定的，理念的内容却是稳定的、可以认识的真理。要认识真理，就必须具备特定的前提，就是要抛弃一切物质的东西，闭目反省，努力去回忆创造性的幻想

---

① 法庭调查和辩论后，500 名陪审团成员加上 11 名执政官表决，结果以 281 比 220 的多数，判决苏格拉底有罪。

② (古希腊)色诺芬著《回忆苏格拉底》，吴永泉译，北京：商务印书馆，1986 年，第 196 页。

③ "学园"(academia) 得名于英雄阿克德摩斯（Academus），"学院"（academy）一词即起源于此。

④ "理念"(idea)又可译为"观念"、"模式"。

和理念的产物，所以他提出“知识就是回忆”的先验论主张。他还认为人的躯体是灵魂的牢狱，人要达到善和美必须借助于哲学以摆脱躯体的束缚，使人的欲望和情感服从于人的理智。他的认识论带有神秘色彩，进一步发展了苏格拉底的唯心主义。青出于蓝而胜于蓝。柏拉图曾说过：“我连什么不知道这一点也不知道”，“不知道自己的无知，乃是双倍的无知。”

在社会思想方面，柏拉图把客观唯心主义学说运用于社会政治领域，反对民主制，赞成贵族制，为苏格拉底精英治国论辩护。他将人类的理性和智慧道德化，要求理性和智慧起领导作用，主张哲学家成为政治家，政治家成为哲学家。他把人分成三个等级，认为只要三个等级各尽其职，社会就可以达到“正义”。第一等级哲学家是国家的统治者，他们富有智慧的品德；第二等级武士是国家的保卫者，他们具有勇敢的品德；第三等级农民、手工业者、商人等从事体力劳动的自由民，是国家的劳动者和供养者，他们拥有节制的品德。柏拉图极力创造一个贵族阶级的理想社会，在这个社会中，有权者无私产，有私产者无权；第一和第二等级不得拥有家庭，不得蓄有私产，不得持有金银，他们的生活所需完全由第三等级供养；第三等级可以保留私有财产，但亦受到一定限制，防止过度的贫富分化。

如果说柏拉图的老师苏格拉底一生是述而不作，那么柏拉图本人则勤奋笔耕，著述颇多。他一边教学一边写作，是一个留下了大量著作的希腊人。他的《理想国》是西方最早的系统政治学著作，它以斯巴达为原型，塑造了完美的共和国模式，这是欧洲乌托邦思想的最早渊源。其中，它涉及了哲学、伦理学、教育学、文艺学、政治学等多方面的内容。在作者所设想的理想国中，人们没有私有财产，没有家庭，婚姻和生育都要受到国家的限制。“人人的儿女都属于公家的，父母不认识儿女，儿女不认识父母。”柏拉图不仅在《理想国》中为奴隶制的贵族寡头政治高唱颂歌，而且在《对话集》中为后人留下了抽象神秘的唯心主义哲学元素，从而为后期希腊哲学思想和中古基督教神学思想的发展提供了理论支柱。

九、逍遥学派

亚里士多德（Aristotelēs，公元前 384～公元前 322）出身于斯塔吉拉城(Stagira)，他的父亲当过马其顿国王腓力二世的父亲阿岷塔斯二世的宫廷御医。少年时期，亚里士多德刻苦用功，勤奋好学。据说每逢夜读时，他手里就拿一个球，打盹时球落入下面的铜制容器中，发出叮咚响声，以此策励自己学习。他 17 岁时进入雅典“学园”，跟随导师柏拉图学习各科知识长达 20 年之久。他的名言是：“吾爱吾师，吾更爱真理。”他从 42 岁起受聘马其顿宫廷，担任13 岁的亚历山大王子的老师八年。亚历山大十分敬重他，并对别人说："生我身者吾父母也，生我智慧者吾师亚里士多德也。"[①]返回雅典后，亚里士多德像他的老师柏拉图一样设坛讲学，地点选在东郊阿波罗神庙附近的圣吕客翁（Lyceion）体育场。他的教学与研究工作深得马其顿国王的热情支持，据说亚历山大派了很多人给他当听差，有打猎的、捕鱼的、养蜂的、喂鸟的等，还有上千名雇员在各地帮助他搜集研究资料。他的学生分为上午、下午班，上午为高级班，学习哲学、物理学、辩论术等；下午为普通班，学习修辞学、政治学等。因亚里士多德经常率领弟子们在校园林荫道上散步，边走边讨论问题，形成了著名的"逍遥学派"（Peripatetic School）。他之所以名垂青史，首先是因为他创立了自己的学派。

柏拉图哲学体系的最大弱点在于否认世界的真实性，这种本末倒置的玄学思想为亚里士多德所无法接受，他说过："真理和师友皆吾所亲，然不得已时定舍友情而保全真理。"这就是"真理高于吾师"的千古美谈。在哲学的基本问题上，亚里士多德提出宇宙万物由其物质的印记形式所组成，这是对柏拉图主义和纯粹的唯物主义的一种折中。他经常动摇于唯物论和唯心论、辩证法和形而上学之间，是个典型的"二元论"者。但是，他的"运动说"是其自然哲学中最有趣和最有力的一部分。他认为生命就是运动，世界就是运动；没有运动便没有时间，没有物质，没有生命，没有世界。他承认物质的存在和运动，万事万物都有其目的形式；形式是存在的基础，生命是物质倾向于定形的努力。例如，花为具备极度完美的形式而努力，树为树的形式而努力，人为人的形式而努力等。形式与内容的理念的结合，与其说是常规，不如说是例外；这种结合只能在艺术作品中实现，艺术的真谛恰恰就在于补充、扩大、加深现实世界，而不是对现实世界的单纯描写。他主张最高的善在于人的自我实现以及灵魂与肉体的和谐，其途径是保持身体健康，适当控制情绪，从而反对柏拉图关于身体是灵魂的禁闭室和物质欲望本身为邪恶的说法。

亚里士多德撰写了一系列相关著作，如《动物的生殖》、《动物的形态》、《动物的构成》、《动物志》、《植物学》等，奠定了动植物学的学科基础，因而他被称为"动物学之父"。他还创立了形式逻辑[②]。逻辑讨论的是人的语言（思维方法），亚里士多德的《工具篇》（*Organon*）一书专门研究逻辑和方法论问题，奠定了中世纪经院哲学的理论基础，因而成为他的著述中最为流行的经典作品。毫无疑问，亚里士多德是一位多产作家。据说他和他的

① 阎国忠著《古希腊罗马美学》，北京：北京大学出版社，1983年，第123页。

② 即一种根据特定前提必然推导出正确结论的推理形式，就是所谓的"三段论"。这是一个比较完整的演绎推理的理论，人们常常加以引证的一个实例是：人都是要死的（大前提、全称判断），苏格拉底是人（小前提，特称判断），所以苏格拉底必有一死（结论）。

弟子共写过185篇关于希腊各城邦体制的记叙文，其中《雅典政制》详细探讨了民主政治发展脉络等社会政治问题。他把政体分为合理的和不合理的两大类：合理的政体包括君主政体、贵族政体和共和政体三种形式；不合理的政体也包括三种形式，即专制政体（或僭主政体）、寡头政体和民主政体。同一种政体可能是好的，也可能是坏的，百利而无一害的政体是没有的，要依具体情况而定。在他的理想中，共和政体（温和的民主政体）就是雅典最良好的政治制度。亚里士多德也是个精英治国论者，他不仅持“蛮族”天生就是奴隶的看法，而且说“男人是天生的政治动物”，女人与政治无关，她们也不能与男人享受同等的幸福。

亚里士多德堪称名副其实的百科学者，古典文化的集大成者。人们怎样高度评价其博学多才都不会过分，因为他的研究领域十分广泛。除哲学、政治学外，他还涉猎伦理学、逻辑学、修辞学、诗学、数学、医学、物理学、动物学、植物学、经济学、历史学等方面，全面地、创造性地总结了古希腊各科的学术成果。据说，他的著术多达400卷或1000卷，现存有47部经典著作。

十、希腊化时期哲学

希腊化时代[①]，虽然奴隶制没有改变，但是古代国家体制已经由城邦发展到王国和帝国，统治方式已经由民主制度或寡头制度进入中央集权制，而且“它打破了历史上形成的东、西方各自独立的模型，使它们合二为一。”[②]这个时期，落后的马其顿王国和先进的近东各国，都感受到了希腊思想文化的强烈影响。当然，希腊化绝不是单向的，而是双向的，而且希腊文化本身就包含着一定的东方文化因素。希腊化就是全球化的古代表现形式之一。“如果说希腊古典文化是一种城邦文化，那么希腊化时期的文化就是一种走向帝国的、带有世界性的文化。”[③]希腊化文化可以归结为以下几个特点：第一，雅典的公民意识和自由观念在衰退，希腊城邦的社会颓败和失望情绪却在增长，以雅典为代表的希腊文化精神无可挽回地走向了衰落。第二，希腊城邦社会的经济和文化中心开始向东方转移，并取得了精神文化的辉煌成就，主要表现为希腊一体化和地方多元化相结合、消极颓废的个人主义与视野开阔的世界主义相结

---

① 希腊化（hellenization）是希腊历史的最后阶段（公元前337～公元前146），主要表现为西方人的希腊文化在亚历山大东征的基础上对东方文化的影响作用。实际上，希腊化的显著特点是希腊文明与东方文明相互碰撞、交流与融合。

② (美)斯塔夫里阿诺斯著《全球通史：1500年以前的世界》，吴象婴、梁赤民译，上海：上海社会科学院出版社，1992年，第226页。

③ 孙义学、王永本主编《高校世界历史配套教材》(古代史卷)，北京：高等教育出版社，2001年，第29页。

合。第三，希腊文明与东方文明发生碰撞、交流与融合，主要体现为希腊文化传播到近东地区，同时，包括巴比伦、埃及、希伯来、波斯等在内的东方传统传播到希腊世界。第四，哲学和科学的发展开始分道扬镳，哲学逐渐从世俗主义的哲学走向厌世脱俗的宗教神学，从而为人们提供了心灵慰藉的避难所。

亚历山大东征的出发点是民族主义，然而它的真正结局却是类似斯多噶派所倡导的世界主义。这是全球化在古代世界的起点。事物的本性是什么？人们应该采取什么态度？这种态度会带来什么好处？这是希腊化时期为了寻求幸福生活所必须弄清楚的三个问题。从希腊化时期开始，在痛苦的社会现实面前，希腊哲学开始摆脱智者学派以来形成的传统，即对灵魂、理念、至善至美等伦理问题的关注，日益脱离社会实际，走向宗教哲学的归宿。这个时期，最有影响的哲学流派有犬儒学派、伊壁鸠鲁派、斯多噶派、怀疑论学派，他们把“本性”同个人的自身利益等同起来，这种消极的伦理学思想是对希腊城邦理想破灭和现实世界扩大的反映。

(1) 犬儒学派(Cynicism)是一个崇尚自然主义的哲学派别，创始人是苏格拉底的学生安提斯梯尼（Antisthenes, 公元前 440 ~ 公元前 366）。他反对政府、宗教、婚姻、私有财产、奢侈与感官快乐，主张摈弃一切礼俗伪饰，提倡顺应自然，过猪狗那样粗野的生活。后来，犬儒学派成为流浪教师和通俗哲学家的松散团体，他们自愿过着下层人的清贫生活，与中世纪天主教托钵僧相似，也和 20 世纪 60 年代西方嬉皮士或颓废派运动接近，反映了社会生活中那种失意甚至绝望的心态。犬儒学派的重要代表人物是克兰特兹（Crates，公元前 449 ~ 公元前？）和狄奥根尼斯（Diogenes，公元前 404 ~ 公元前 323）。他们向穷苦人说教，教导人们藐视一切惯例和习俗，而在实际行动中又往往表现出惊人的粗俗和不顾体面。如狄奥根尼斯穿着破烂的衣服，住在一只桶里，以乞食为生。克兰特兹则放弃了大量财产去当云游四方的乞丐，过一种逆来顺受的贫困生活。犬儒主义以怪诞的、禁欲苦行的方式处世，以自足、坦率和不顾体面为基本原则，在哲学上追求虚无主义的自我满足，在政治上宣传世界主义的乌托邦理论，其重要意义在于它是斯多噶主义产生的母体结构①。

(2) 伊壁鸠鲁学派(Epicurean Shool)创始人伊壁鸠鲁（Epicuros，公元前 341 ~ 公元前 270）生于萨摩斯岛，公元前 306 年在雅典创办了一所花园学校，其中既有男学生也有女学生，还有奴隶，他们过着一种全新的生活方式。他以早期的原子理论作为自己的哲学基础，具有唯物主义倾向：一方面，他根据德谟克里特的感官知觉论，论证感觉的可靠性；另一方面，他从原子论的宇宙观出发，抨击灵魂不灭的宗教思想。在伦理哲学方面，他的学说的核心范畴

---

① (美)萨拜因著《政治学说史》(上册)，盛葵阳、崔妙因译，北京：商务印书馆，1986 年，第 174 ~ 175 页；沈之兴、张幼香主编《西方文化史》，广州：中山大学出版社，1997 年，第 45 页。

是快乐。追求快乐和趋善避恶是人的天性，快乐就是无痛苦、无烦恼、无奢望，就是至善和最高幸福。精神快乐大于肉体快乐，精神痛苦比肉体痛苦更甚。任何人都有追求快乐、享受幸福的权利。伊壁鸠鲁的快乐论不是纵欲说，而是建立在至善的基础上的。“快乐不能靠肉体享受和恣情纵欲来实现，快乐是同柏拉图、亚里士多德和斯多噶学派都推崇的德性，即聪慧、勇敢、节制和正直联系在一起的。”①他的最著名的崇拜者和追随者是卢克莱修（Lucretius Carus，公元前 99～公元前 55），这位罗马诗人在他的诗篇《物性论》中解释了原子唯物论思想。

(3) 斯多噶派(Stoics)最初是犬儒学派的一个流派，公元前 3 世纪成为雅典最大的，也是最受尊重的学派。它的代表人物芝诺（Zenon Kitieus，公元前 336～公元前 264）生于塞浦路斯岛的西提姆，曾跟随父亲经商，后因海上遇险、失去全部家产而弃商从学，留居雅典研究哲学。公元前 294 年，芝诺在雅典集市北部的画廊（希腊语称 Stoa Poikile）开办学校，有许多追随者，斯多噶派由此得名。“芝诺以品格高尚、生活朴素、谦虚和蔼并推崇道德而为人尊敬”，最后却以自杀结束了自己的一生。早期斯多噶派是唯物主义的，后期逐步转向了唯心主义。他们都把主要兴趣集中在伦理学方面，承认事物是物质的和运动的，但又认为世界理性“逻各斯”（道）即神性和命运是事物发展、变化的决定因素。他们强调整个宇宙是有组织的、有理性的、井井有条的，宇宙是一切事物的和谐的统一体，因而是美好的。在社会伦理上，他们认为，作为宇宙体系的一部分或小宇宙，人是由肉体和灵魂组成的。德性产生于人的本性之中，不但德性是至善、快乐和幸福的基础，而且也是人类的出发点和归宿，获得快乐的唯一途径是做一个有德行的人，即一个“顺应自然而生活”的人。斯多噶派还强调天赋法律、天赋人权，重视人与宇宙的本质联系和为宇宙理性服务，并打破狭隘的城邦观念，提出世界国家的想法：“一个人要履行他作为世界公民的责任，同样他有参与社会和政治生活的义务，为自己的国家和人民谋福利。”这就是斯多噶学派的世界主义。

(4) 怀疑论学派(Skeptics)的创始人皮浪（Pyrrhon，约公元前 365～公元前 275）主张放弃理论判断，否定认知任何事物的可能性，追求恬淡寡欲的所谓“精神宁静”状态②。自从希腊哲学产生以来，怀疑主义传统一直受到挑战。早期自然哲学家从认识自然开始，试图证明人类理性能够认识真理；从智者学派起，哲学家们开始把关注的目光从自然界投向了人类社会，努力揭示人生的真谛；希腊化时代，怀疑主义的传统再度复活，哲学知识本身的真理性及其价值受到怀疑。像犬儒主义、伊壁鸠鲁主义和斯多噶主义一样，怀疑主义也是一

---

① (美)梯利著《西方哲学史》，葛力译，北京：商务印书馆，1999 年，第 109 页。

② (美)梯利著《西方哲学史》，葛力译，北京：商务印书馆，1999 年，第 111 页、122 页、126 页。

种失败主义哲学。怀疑论学派形成于希腊化初期，它把早期普罗塔哥拉斯的相对主义推向极至，标志着希腊哲学贫困化的开端。希腊化后期，失败主义哲学为神秘主义和宗教神学开辟了道路。

第六节　希腊的建筑和雕刻艺术

古希腊人是一个爱好智慧、热爱和平与追求自由的民族，他们充满着爱国主义情感，具有开放特征和主人翁意识。他们推进奴隶制民主政治的同时，造就了乐于进取、积极向上的民族精神。希腊“城邦国家对公民的要求，包括两个不可分割的方面：心灵的完善和体格的健美。希腊人把关心集体的利益、积极参与社会生活、心绪宁静、善于克制自己的公民美德，作为心灵完善的标准。同时认为，完善的心灵应寄寓在强健的体魄中。”①他们追求健康的体魄和完善的心灵，一方面以主人翁的责任感，积极参加城邦节日活动、体育竞赛和其他户外活动，另一方面注重建造庙宇、市场、广场、剧场、运动场等公共设施。追求完美的理想主义，则构成鼎盛时期希腊艺术的最重要特点。

一、希腊的建筑艺术

如果说希腊古典哲学博大精深，那么可以说希腊古典艺术美妙绝伦，尤其是以神庙为代表的建筑艺术达到相当高的水平，给后人留下了宝贵的文化遗产。作为城邦生活的重要标志，希腊神庙不仅是神的栖身之处，也成为自由民从事祭祀和集会等公共活动的重要场所。神庙建筑既能为祭神者遮风避雨，又能保护庙宇墙壁，在希腊建筑史上始终占有主导地位。从符合审美标准和实际需要的角度看，古风时期建造了不同风格的“围柱式”神庙建筑。

第一，多利亚式(Doric)：柱头采用厚重而质朴的四方形垫板，很少装饰，石柱下部粗壮，上部狭窄，自下而上逐渐缩小，圆柱无柱础，柱体排列着许多凹沟。粗壮简单的外表具有阳刚之气，展示了粗犷纯朴的多利亚民风和庄严典雅的艺术风格。代表作有奥林匹亚的赫拉神庙（公元前7世纪）、科林斯的阿波罗神庙（公元前6世纪后半期）、帕特农神庙（公元前447~公元前438）、帕埃斯图姆的海神波塞冬神庙（公元前5世纪后半期）等。产生于伯罗奔尼撒半岛，与迈锡尼建筑传统有较多联系，主要流行于希腊本土、希腊西部包括西西里岛和“大希腊”等地。

第二，爱奥尼亚式(Ionic)：柱头正面和背面各有一对秀美的蜗卷，有柱础，柱身纤细，上下变化不大，线条匀称秀丽，尽显阴柔之美，表现了古典时

---

① 王琦主编《欧洲美术史》，上海：上海人民美术出版社，1985年，第18页。

期希腊人的成熟、智慧与理性。代表作有萨摩斯岛的赫拉神庙（公元前6世纪前半期）、以弗所岛的阿尔特弥斯女神庙、雅典的胜利女神庙等。产生于爱琴海诸岛以及希腊东部爱奥尼亚人集居的小亚细亚沿岸，与东方腓尼基、波斯的建筑关系较为密切。

第三，科林斯式(Corinthian)：不仅像爱奥尼亚式一样有柱基，而且柱头雕有精美的叶状装饰，看上去繁复夸张、雍容华贵，风格华丽，恰似一只盛开的花篮。代表作是奥林匹亚的宙斯神庙（公元前468~公元前460），它是整个希腊奥林匹亚竞技赛会的中心。由爱奥尼亚式发展而来，公元前4世纪出现于科林斯地区，主要流行于希腊本土、叙利亚、埃及、巴比伦、波斯等地。

公元前5世纪前半期，希腊人取得“希波战争”胜利，捍卫了自己的“土和水”，把波斯侵略者赶出爱琴海地区，从而激发了民族自豪感和爱国热情，为民主政治、奴隶制经济和文化艺术繁荣创造了良好条件。主神宙斯神庙和海神波塞冬神庙极富盛名，都属于多利亚风格，体现了希腊民族征服海洋的气魄，为后人赞叹不已。古罗马建筑师维特鲁威(Vitruvius)认为，多利亚式比例取自“刚强的男性”人体，爱奥尼亚式造型模仿了“柔和的女性”人体[①]。正如历史学家普鲁塔克所指出的：“一座座建筑拔地而起，显得异常宏伟……每一件工程都十分完美，立刻成为古迹，但是又万古常新，直到今天仍像刚刚建成一样。它像是永世开放的鲜花，看来永远不受时间的触动，仿佛这些作品都被注入了永不衰竭的气息和永不衰老的灵魂。”[②]

雅典卫城坐落在一个近百米高的山冈上，由当时最著名的雕刻家、建筑家菲狄亚斯（Pheidias，活跃于公元前448~公元前432）担任艺术总监。这是古典时代希腊最辉煌的建筑群，由山门、帕特农神庙、厄瑞克忒翁神庙、胜利女神庙等建筑物组成。作为希腊多利亚式神庙建筑的杰作，帕特农神庙位于卫城最高处，它既是卫城的中心建筑，也是世界艺术史上最完善、最

图 1-9 《远眺雅典卫城》

① 王琦主编《欧洲美术史》，上海：上海人民美术出版社，1985年，第32页。

② （古希腊）普鲁塔克著《希腊罗马名人传》（上册），陆永庭等译，北京：商务印书馆，1995年，第474~475页。

图 1-10 《帕特农神庙》

灿烂的伟大建筑之一。神庙东西两端各有 8 根立柱，两侧各有 17 根。神庙长 70 米，宽 31 米，围柱高 10.4 米，用优质的云石建筑，大量的镀金青铜加以装饰，气宇轩昂，突出了朴素匀称、典雅别致、秀逸和谐的建筑特色。希腊语“帕特农”（Parthenon）意为处女神庙，这是雅典人献给城邦守护神雅典娜的庙宇。神庙诞生之日，正是希腊艺术创作走向鼎盛之时。公元 5 世纪以后，神庙被改为基督教堂、清真寺或军火库，17 世纪毁于战火，如今只剩下 30 多根石柱和残垣断壁，但它依然是雅典的骄傲，更是希腊精神的象征和希腊历史的见证。

二、希腊的雕刻艺术

希腊古典雕刻是人类文化宝库中一颗璀璨夺目的明珠。没有一个古代民族的雕刻艺术能达到希腊古典雕刻那般完美的程度，它们对于人们的眼睛、心灵和情感时时刻刻发生着直接的影响，并在人们的心目中培育着美、和谐与崇高的感情。希腊文化对西方艺术的馈赠，是一种对于人类肉体美（人的自然属性）的爱，即合乎比例的自然主义的裸体人像雕塑。美是和谐的秩序、庄严的理性和永恒的自然的有机统一。“希腊人竭力以美丽的人体为模范，结果竟奉为偶像，在地上颂之为英雄，在天上敬之如神明。”[①]雕塑是古希腊的中心艺术，完美的雕像形式充分表达了艺术家丰富的思想内涵。古典前期，希腊艺术家雕刻刀下的凡人往往具有崇高的英雄气概，似乎像神一样不可企及。古典后期，艺术作品所表现的众神开始走下高不可攀的神坛，体现出一种强烈的世俗化倾向。鼎盛时期，希腊产生了三大古典雕刻家，他们的艺术特色主要体现为：塑造理想的人，“使他既富有智慧，又表现出和谐，具有尽善尽美的现实感觉。”[②]

卓越的雕刻家菲狄亚斯领导过许多著名的美术装潢，并为此获得了崇高声

---

① (法)丹纳著《艺术哲学》，傅雷译，北京：人民文学出版社，1983 年，第 46 页。

② (法)德比奇等著《西方艺术史》，徐庆平译，海口：海南出版社，2002 年，第 35 页。

誉。除了为雅典卫城装饰外，他还创作了两件重要的神像作品。其一，卫城广场上的《雅典娜神像》，高达 12 米，用黄金和象牙装饰而成。处女神雅典娜身着战士的戎装，一手握矛，一手持盾，正好矗立在卫城的中轴线上，体现了战神气宇轩昂的形象。然而，神像体态丰盈，眉宇清朗，双目炯炯有神，又表现了智慧女神万般庄严典雅、宁静安详的气质。作品传达了这样一个信息，就是雅典城邦的繁荣昌盛。其二，同样用黄金和象牙材料雕刻的《宙斯神像》，即作者最重要的雕塑作品，是为奥林匹斯山宙斯神庙而建造的。宙斯是生命的赐予者和世界的主宰者，神像不仅使同时代人赞叹不已，也让后代人叹为观止。现代法国雕塑家罗丹不无夸张地说，“任何艺术家永远不会超过菲狄亚斯”。

雅典人米隆（Myron，活跃于公元前 490 ~ 公元前 430）在希腊艺术史上占有重要地位。希腊雕塑是以人体——世界上最美的东西为主题的艺术表现形式，多借助于体育来传达艺术语言，而米隆的《掷铁饼者》（Discobolos）是古典雕刻中现实主义的杰作。如果说神话为雕塑提供了美学思想，那么体育运动则为雕塑艺术提供了美的载体。米隆精于人体解剖，善于表现运动与健美的人。“美的灵魂寓于美的体魄”。他抓住投掷过程中的一个瞬间动作，使掷铁饼者凝固为永恒的形象。这件作品点铁成金，尽善尽美，突破了艺术时空的局限性，使紧张和从容这两种相互矛盾的气氛实现了统一和谐。观众不仅可以看到这位优秀运动员完成动作的连贯性和节奏感，而且可以体会到作者所推崇的强健体魄的审美意识和夺取胜利的坚定信念。

图 1-11 《掷铁饼者》 这是一件青铜塑像，原作已遗失，现存的大理石仿制品藏于希腊奥林匹亚博物馆。

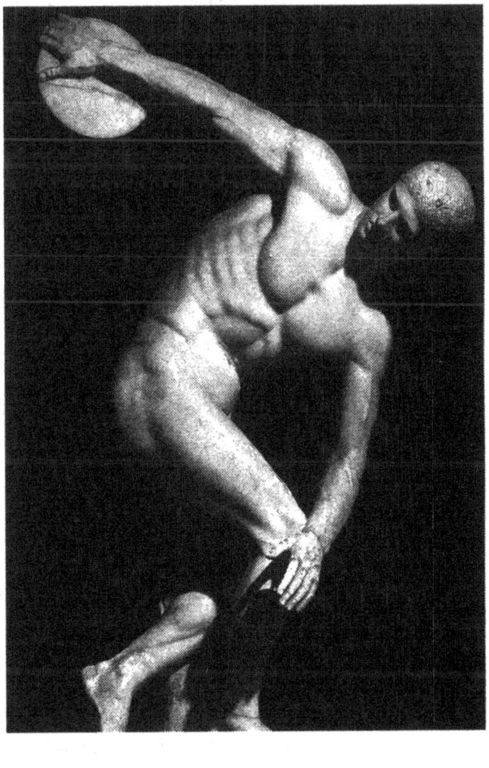

普拉克西特列斯（Praxiteles，公元前 390 ~ ?）是最先描绘女子裸体的最著名雕刻家之一，他把人的肉体的完美看作神明的特性，他的作品《尼多斯的阿佛洛狄忒》（约公元前 350 年）是古希腊最早的女性裸体雕像。这件流传于世的艺术瑰宝（现为罗马摹制品），是他为尼多斯城（Knidos）而创作的。据说，他以他的情人芙留娜为模特儿，生动地刻画了女神入浴前一刹那的形象。他通过优美的曲线、简洁的轮廓，勾画出阿佛洛狄忒的轻盈体态，再现了女神的美丽丰腴和青春活力。希腊讽刺作家琉善（Lucianos，约 120 ~ 180）评价说：“她微启朱唇，泛起优美的微笑”，“双眸柔

图 1-12
《拉奥孔》

美含情，闪烁着晶莹而欢快的秋波。”[1]从此以后，无数雕刻家通过冷冰冰的裸体塑像，热情地描绘着体现女性的温柔、美丽和永恒青春的爱与美的女神。

希腊化时代，希腊雕刻“着力表现极端的自然主义与未加任何矫饰的奢华”[2]，从而诞生了三件不朽的大理石雕刻作品。

第一件《萨莫色雷斯的胜利女神》原先安放在萨莫色雷斯岛（Samothrace）海边的悬崖上，现存放在巴黎罗浮宫博物馆。雕像高 2.44 米，表现的是面向海洋、吹响号角的胜利女神（Nike）形象。她好像刚从碧波潋滟的大海凌空而降，昂然屹立于船首，海风吹动着她的衣衫，昂扬、舒展、富有韵律的动态，展示了胜利者奋发进取的时代精神。

第二件《拉奥孔》是一组裸体群雕，出自艺术家阿格桑德罗斯（Ageandros）、波利多罗斯（Polydoros）和阿典诺多罗斯（Athanodoros）之手，16 世纪发现于罗德岛（Rhodes），现藏于罗马梵蒂冈博物馆。根据希腊神话，拉奥孔（Laocoon）是太阳神阿波罗在特洛伊城的祭司，他警告特洛伊人不要放希腊人的“木马”（Trojan Horse）进城，结果触怒了雅典娜女神。后来在一次向海神波塞冬的献祭中，从海里游出的两条巨蟒把拉奥孔和他的两个儿子一起缠死。这尊雕像体现了人类在同邪恶的、不可理喻的超自然力量作斗争时的紧张、痛苦和悲剧精神，“拉奥孔”因而成为美学的代名词。作品代表了希腊艺术的理想之美，即“高贵的单纯和静穆的伟大”。德国著名诗人莱辛曾以《拉奥孔，或论诗与画的界限》为题写出他的美学名著，阐述了文艺创作的基本原则。

第三件《米洛斯的维纳斯》是千古绝唱式的经典之作，俗称“断臂的维纳斯”，雕刻家把它推崇为“生命的凯旋门，真理的桥梁和优雅的饰环”。德国美术史家温克尔曼说过，男性裸体可以表现性格，而只有女性裸体才能表现美感。裸体的女性形象与孕育生命和生产万物的大自然有密切关系，正如法国著名雕塑家马约尔所说的，“女人的身体就是大自然的缩影，宇宙的全部奥秘在女子的身体上都可以找到它的印证：身体表面的凹凸纹沟似山、似丘、似海、似河流。女子的秀发飘拂如奔腾流泻的溪水瀑布；起伏的肌肤、丰臀、乳峰都令人想到大自然的造化。”[3]法国散文作家夏多布里昂更是以一段优美酣畅的文字，描绘了维

① 范景中编译《希腊古代雕刻》，天津：天津人民美术出版社，1985 年，第 9 页。
② (美)勒纳等著《西方文明史》(第 I 卷)，王觉非等译，北京：中国青年出版社，2003 年，第 157 页。
③ 左庄伟著《西方裸体艺术鉴赏》，长沙：湖南美术出版社，1988 年，第 2 页。

纳斯女神的古典美的神韵：“她具有无比的美，神化了的美，看那纯洁的裸身与女神一般的优柔，典雅而且壮丽，具有希腊风格的本质，而混合着那些古代的理想和近代的忧愁。她并不以其肉体为骄傲，她永远是属于哲学的，属于柏拉图式理想的，她能使人做着无限的梦。”①维纳斯是美丽、纯洁与神圣的象征，但是她的“断臂”却令人忧伤。许多艺术家曾倾注心血为“她”再植双臂，但始终未能使人遂愿。而评论家则安慰说，维纳斯的双手是可想而不可及的，这种残缺的美只能诉诸想像而不是感官。据说，发现于米洛斯岛（Melos）的维纳斯的手，与圣母玛丽亚的手，还有蒙娜丽莎的手，被称为西方美术史上三双最美丽的手。

第七节　希腊的科技与史学

一、希腊的科学技术

在古代东方科学文化的影响下，希腊的自然科学从哲学中分离出来，形成为独立的学科，并取得了重大成就。在天文学领域，第一个著名自然科学家泰勒斯不仅最早测定了太阳从冬至到夏至的运行，提出了月亮只有太阳的1/120大小的看法，而且最早撰写了自然科学论文。第一个发明日晷和第一个绘制地图的人是阿拉克西曼德，他最早提出地圆学说，并认为球形的大地和太阳一样大，大地的位置在世界的中央，这是“地心说”的萌芽。毕达哥拉斯学派成员菲洛劳斯（Philolaus of Croton，约公元前450～公元前400）提出“中心火”学说，认为整个宇宙系统包括地球、月亮、水星、金星、太阳、火星、木星和土星这八个天体，它们从西往东围绕“中心火”旋转。这是“日心说”的先导。他发现了岁差，测量了月球与地球的半径、月地距离与地球半径之比。萨摩斯岛的阿里斯塔克（Aristarchos of Samos，公元前310～公元前230）有“希腊化时期的哥白尼”之誉，他留下的唯一著作是《论太阳同月球的大小和距离》，其余均已失传。他最早试图测量日月与地球距离之比，以及日月与地球大小之比，也最早提出了“日心说”。尼西亚的希帕卡斯（Hipparchus of Nicea，公元前190～公元前120）曾利用三角学解释太阳表象运动，提出了影响长达十几个世纪的“地心说”，这一学说后来为托勒密所发展。

托勒密是埃及裔希腊人，终生在希腊化时代的亚历山大里亚从事学术研究②，在天文、地理、几何、光学、测量、历算方面都有突出的贡献。托

① 范景中编译《希腊古代雕刻》，天津：天津人民美术出版社，1985年，第2页。

② 托勒密（Claudius Ptolemaeus或Ptolemy，公元100～公元170）是希腊化时期最伟大的天文学家、地理学家和数学家，区别于另一个同姓氏者。后者在亚历山大逝世后成为埃及总督，后又自立为王，建立了在埃及统治三个世纪的托勒密王朝（公元前304～公元前30）。

勒密体系主导欧洲天文学一千三百年之久，足见其影响之大。在托勒密以前，古希腊天文学经历了一段时期的发展，泰勒斯曾提出大地是浮在水上的一个圆盘或圆筒的看法，开始了天地结构的探讨，后来逐渐形成了四个学派：米利都学派、毕达哥拉斯学派、柏拉图学派和亚历山大里亚学派。古希腊天文学对天地结构有地心说和日心说两种基本看法，地心说易于为人们所接受，主要原因在于：在相当有限的科技条件下，人类只能立足于地球来观察天体的位置和运动，总以为自己所居住与活动的区域就是已知的世界的中心。托勒密在该书（13 卷）中所阐述的地心说，与人们的直观感觉相一致，而这种感觉在当时也是被当作科学常识来传播的。该书用古希腊文写成，827 年译为阿拉伯文，阿拉伯人称之为《至大论》。这是一部地心说的经典著作，它通过算术和几何学的方法来概括观察资料，提供了 1022 个恒星的位置表及其亮度，评论了推算日月食、确定行星位置以及演算历法的方法，论述了地球、太阳、月亮及行星的运动规律等，系统地总结了古希腊天文学的全部成就，堪称古代天文学的百科全书。托勒密运用圆周体系理论解释天地结构，构建了一个包含着错误结论的学科体系，但这个体系却是天文学发展的必经阶段。他认为大陆为球形，“地球在世界的中央，所有的重物都朝着它运动”①，球形的大陆本身静止不动。长期以来，他的《天文学大成》一书广泛流传，直到开普勒时代，一直是天文学的必读书目。在整个中世纪，托勒密的地心说理论构成基督教神学的重要支柱，直到文艺复兴时期哥白尼建立日心说后才得到纠正。在几何学、光学上，托勒密也有很深的造诣，他的《地理学指南》（8 卷）是古代地理学的权威著作。

在数学尤其几何学领域，希腊人同样取得了巨大成就。欧几里得（Euclid，约公元前 330 ~ 公元前 275）曾在雅典柏拉图学园接受教育，后来成为亚历山大里亚数学学派的奠基人。他的《几何原本》（13 卷）系统阐明了关于圆和直线的几何学知识，并把各种定理、命题和论证按逻辑顺序加以排列，使初等几何学知识形成一个严整的学科体系。直到 19 世纪，该书仍然是欧洲数学的基本教材。这部永垂后世的学术著作，也是我国最早翻译的西方名著。它的前 6 卷由明朝科学家徐光启（1562 ~ 1633）和西方传教士利马窦（Matteo Ricci，1552 ~ 1610）合译为中文，被近代学者梁启超(1873 ~ 1929)誉为“字字精金美玉，为千古不朽之作”②。

阿基米德（Archimedes，公元前 287 ~ 公元前 212）稍晚于欧几里得，是希腊后期最伟大的数学家和物理学家之一。他出生于西西里岛的叙拉古城，长期生活在亚历山大里亚和希腊殖民地叙拉古之间，后死于罗马士兵的刀下。作为力

---

① 林德宏著《科学思想史》，南京：江苏科学技术出版社，1985 年，第 44 页。

② 朱庭光主编《外国历史大事集》（古代部分．第 1 分册），重庆：重庆出版社，1986 年，第 380 页。

学、流体力学的奠基人，他发现了浮力定律，阐明了杠杆原理。“给我一个支点，我将转动地球！”这是阿基米德的至理名言。在数学方面，他有不少论著，最著名的是《论量圆》和《论球体和圆柱体》。他运用“穷竭法”（逐步近似求极限的方法）求出球体、圆柱体和更复杂立体的体积、表面积和周长的公式，并把圆周率精确到3.142 857 1和3.140 845 1之间，这是西方古代世界对圆周率最深入的研究。

在医学方面，古希腊的解剖传统对西方后世医学发展产生了很大的影响。据说有“医学之父”美誉的毕达哥拉斯学派的阿尔克芒（Alcmaeon of Croton，公元前6～公元前5世纪）最早从事人体解剖，他发现了视觉神经，认识到大脑是思维的器官，而亚里士多德却认为心脏才是思维的器官。此外，古希腊医生科斯岛的希波克拉底（Hippócrates of Cos，公元前460～公元前377）坚信各种疾病都是因生理失调和外界影响所致，从而把医学从巫术引向科学。他认为人体的生理状况是由黑胆液、黄胆液、血液和黏液的比例所决定的，四种体液调和则健康，四种体液失调则生病。他不但创立了“体液病理说”，而且，著名的“希波克拉底誓言”以誓言方式规定了医生的职业道德，至今仍被奉为国际医学界的道德准则。

二、古希腊史学传统

西方史学起源于古希腊。虽然《荷马史诗》不是历史著作，它却向人们展示了希腊人从蛮荒时代进入文明社会的过渡形态，流传下了最早的希腊史迹，和他们所具有的最初的人本意识。当时，希腊人有了关于历史发展的观念，著名诗人希西阿德在《工作与时日》（亦译作《田功农时》）中已经将历史区分为黄金时代、白银时代、青铜时代、英雄时代和黑铁时代。公元前6世纪后半期，受东方文化影响较深的爱奥尼亚地区，出现了许多用散文来写作的“纪事家”（logographer）①，他们大概是严格的希腊史家的先驱。希腊理性的批判精神起源于爱奥尼亚自然哲学，它开始将历史与神话分离开来，结果导致科学的历史学的产生。

希罗多德（Herodotos of Halicarnassus，约公元前484～公元前425）出身于爱奥尼亚城邦哈利卡纳苏斯，早年“环行过小亚细亚的全部沿岸，走遍了希腊的城市，访问过爱琴海的许多岛屿，熟悉大希腊（南意大利）、马其顿和色雷斯的各个地方，以及黑海的北岸和西徐亚人的地方。”②他喜欢探古览胜，漫游过埃及、巴比伦以及波斯帝国腹地，考察了各地的民情风俗。他生于马拉

① 郭圣铭编著《西方史学史概要》，上海：上海人民出版社，1983年，第14页。

② (苏)波德纳尔斯基著《古代的地理学》，梁昭锡译，北京：商务印书馆，1986年，第22页。

松战役之后5年和萨拉米战役之前5年。希波战争对希腊人的影响是至关重要的，希罗多德将希波战争的胜利归因于雅典民主政体的优越性，所以“《历史》一书是最早讴歌民主政体的一篇伟大的颂辞”[①]。在希腊人的理性觉醒的时代，他继承了爱奥尼亚纪事家注重收集、掌握素材的研究方法，以希腊和波斯的战争为中心内容，用夹叙夹议的方式，给人们留下的不朽的传世之作。“历史”一词源于希腊语，意为“询问”或“研究”，指通过调查研究获得的成果。《历史》（又名《希波战争史》）是第一部真正的历史著作，它“从记神事发展到记人事，从用虔诚的笔调记下神明的恩赐发展到用批判的精神记载人类的功业”[②]，是西方史学大厦的第一块基石，所以罗马哲学家西塞罗尊其为“史学之父”。

修昔底德（Thucydidēs，约公元前460～前400）自幼受过良好的教育。曾当选为十将军委员会成员，领导雅典军队参加伯罗奔尼撒战争，遭革职后被放逐达20年之久。“修昔底德之对于伯罗奔尼撒战争，正如荷马之对于特洛伊战争和希罗多德之对于希波战争。”[③]他以哲学家的那种追求真理的执著精神，通过冷静观察和比较，把神话传说摈弃在历史之外，得出历史上成败得失的原因在于人类自身的看法。他在没有最后定稿的《伯罗奔尼撒战争史》（共8卷）中，力求对错综复杂的伯罗奔尼撒战争做出科学的解释，探究雅典人失败的原因，他因此而成为第一位具有求真、求实精神和科学史观的历史学家。

大体上来说，各国史书采用三种不同的体例：以年代为中心的编年体；以人物为中心的纪传体；以事件为中心的叙述体。在西方古典史学中，虽然希罗多德和修昔底德基本上生活在同一个时代，但他们的治史风格迥异，各树一帜：希罗多德兼具学者和诗人之长，以人文史观为指导，运用华美生动的文词，开创了历史叙述体之先河；修昔底德则进一步推动人文史观发展，以严谨求真的治学态度和缜密细致的研究方法，运用严谨凝重的文笔，创建了编年与纪事相结合的正统史学传统。正如复旦大学教授张广智所评述的：“希罗多德的著作以内容宏富取胜，着意社会文化现象，尤其是《历史》的第一部分，更具文化史的性质，是为社会文化史之祖。而修昔底德则以内容集中见长，专记政治军事，思想文化只字不提，被称作‘政治史之父’”[④]。

色诺芬（Xenophon，约公元前430～354）出生于雅典富豪之家，与柏拉图同拜苏格拉底为师，政治上反对雅典民主政治，盛赞斯巴达的贵族寡头政体。

---

① (美)斯塔夫里阿诺斯著《全球通史：1500年以前的世界》，吴象婴、梁赤民译，上海：上海社会科学院出版社，1992年，第218页。

② 张广智著《克丽奥之路：历史长河中的西方史学》，上海：复旦大学出版社，1989年，第14页

③ 郭圣铭编著《西方史学史概要》，上海：上海人民出版社，1983年，第22页。

④ 张广智著《克丽奥之路：历史长河中的西方史学》，上海：复旦大学出版社，1989年，第27页。

由于色诺芬在历史学上的影响，人们把他和希罗多德、修昔底德并称为“古希腊三大史学家”。色诺芬是一位多产的作家，著述内容涉及历史、哲学、政治、经济等各个方面，重要的有《希腊史》、《远征记》、《居鲁士的教育》、《斯巴达政体论》、《回忆苏格拉底》、《经济论》、《论税收》等。修昔底德的《伯罗奔尼撒战争史》只写到公元前411年，色诺芬接着写到公元前363年的曼提亚之战，书名为《希腊史》（7卷）。他根据自己在行军中的记录，完成了西方第一部军事理论名著《远征记》（7卷）。

波里比阿（Polybios，公元前200～118）生活于希腊化时代，希腊文化与罗马文化的交流在他身上得到了最初的体现。虽然罗马人在军事上征服了希腊，在文化上却为希腊人所征服，而他们所接受的主要是希腊化时期的希腊文化。波里比阿曾作为希腊“人质”客居罗马十多年，受聘后成为罗马大将西庇阿的家庭教师，亲眼目睹了公元前146年罗马军队最后攻陷并彻底摧毁北非古城迦太基的情形①。他的代表作《罗马史》（40卷）在详细论述罗马武力扩张及其政治制度演变的同时，认真总结了希腊史学成就，形成了一套比较完整的史学理论和史学方法。他继承和发展修昔底德的求真、求实的科学精神，追求历史记事载言的真实性、可信度，他的著作最符合科学方法的要求，所以他有“历史学家中的历史学家”之美称。他重视历史事件之间的因果关系，特别强调“要把根本动力、理由和触动原因分别开来”。他还认为，只有具备宏观眼光和世界意识，把罗马放到整个世界范围加以考察，才能正确理解罗马发展史。在古典史家中，在历史著作的数量与质量上，以及在影响作用上，波里比阿超过任何一位古希腊历史学家②。

普鲁塔克（Plutarch，46～120）是最重要的传记历史学家和伦理学家。他游历过希腊历史名城、埃及、小亚细亚以及意大利等地，广闻博览，通晓多种学问。由于为罗马皇帝图拉真、哈德良讲过课，他身居高位，而且返回希腊后还著述、做官两不误。相传他的著作有277种之多，代表作是由50篇人物传记集成的《希腊、罗马名人传》（又称《传记集》），其中涉及希腊、罗马的政治家、军事家、演说家、立法者等名人。由于他既熟悉希腊历史又谙悉罗马历史，就把其中46人分为23组，使一名希腊人对应一名罗马人，其余4人各有一传。普鲁塔克师承柏拉图、亚里士多德和斯多噶派哲学，是个注重实际的道德家，他通过历史人物的生平事迹来宣扬他的伦理学思想，对文艺复兴时期人文主义者产生了重要的启迪作用。

---

① 西庇阿·阿米利亚努斯（Scipio Aemilianus，公元前185～公元前129），古罗马著名的军事战略家、政治家和文学家，亦称“小西庇阿”。

② 杨豫著《西方史学史》，南昌：江西人民出版社，1993年，第56页。

第八节　希腊的奥林匹克盛会

古希腊人信奉多神教，主神宙斯、智慧女神雅典娜、酒神狄俄尼索斯和太阳神阿波罗在奥林匹斯神系中的地位最重要。“在希腊人的心目中，最美的生活就是和神的生活最接近的生活，那就是宗教祭祀节日中的活动，而最隆重的祭奠盛会，莫过于举行祭神歌舞、体育竞技和戏剧表演。”①荷马时代已经有了军事训练性质的竞技赛会，如《荷马史诗》中描绘了阿喀琉斯的好友帕特洛克罗斯葬礼上的竞技赛会情况；主要比赛项目有战车、拳击、角力、跑步、决斗、铁饼、射箭、投枪，奖品是以橄榄枝编织成的桂冠，这是优胜者的莫大荣誉。

为了强身健体和赢得战争的胜利，几乎每一个希腊城邦都设有练身场（体育场）。最初的练身场主要是军队出征前检阅和操练的场地，后来才逐渐演变为以强身健体为目的的运动场。由于大量而严格的体育训练是希腊人日常生活和教育的重要内容，参加体育活动已成为一种社会风尚，优秀运动员则被视为勇敢公民的英雄形象。如悲剧家欧里庇得斯一生酷爱体育运动，曾学习过摔跤与拳击。希巨昂城邦的克莱司铁涅斯为了能把他的女儿阿伽莉斯铁“嫁给他在希腊所能物色到的一个最优秀的人物”，专门为她的求婚者建造了赛跑场和角力场，以便让他们进行较量。

公元前776年，希腊举行了有文字材料记载的第一届奥林匹亚运动会，创始人是伊利斯国王伊菲图斯或英雄人物伯罗普斯。凡是参加奥林匹亚运动会的人，都必须具有希腊血统的自由民资格，奴隶、战俘和异族人是不能参加祭奠活动和竞技比赛的。如马其顿国王亚历山大参加奥林匹克运动会的请求就遭到了拒绝，因为人们对他的国籍产生了疑问。直到后来亚历山大证明自己是古希腊一个阿尔哥斯人，才取得了参赛资格②。由于裸体运动是古代奥运会的一大特色，妇女不仅不能参加奥运会，而且也不能观看竞技比赛，否则将从山顶上被推入深

图1-13　大理石浮雕　在教练的指导下，两个年轻人在体育训练场进行角力（约公元前500年）。

① 于克勤、章惠菁编著《古代奥运会史话》，上海：上海人民出版社，1986年，第22页。

② （古希腊）希罗多德著《历史》，王以铸译，北京：商务印书馆，1960年，第6卷，第126节、第5卷第22节。

渊，处以死刑。

奥林匹亚运动会每隔四年举行一次，一直延续到公元4世纪。每当举行大型的祭神仪式时，各城邦都必须遵守“神圣休战”的规定，任何战争都必须停止。有一种说法认为，早在公元前884年，伊利斯国王伊菲图斯和斯巴达国王力库尔斯之间就缔结了《神圣同盟条约》，规定人们要遵照神意举行最庄严的祭祀仪式、最健美的舞蹈和裸体竞技、最优美的文艺比赛、最震慑人心的悲喜剧表演等。

古代奥林匹亚村是希腊最著名的宗教祭祀圣地，这是对多片平地上的各寺庙与运动场的总称。奥林匹亚村最早是祭祀大地女神该娅的地方，后来发展成以祭祀主神宙斯为主的祭神场所，宙斯神殿是矗立在运动场旁的最重要建筑。奥林匹亚是一个神圣不可侵犯的非战区，凡是携带武器进入奥林匹亚的人，都是对神灵的叛逆，应当受到最严厉的惩罚。古希腊祭祀体育竞技既有强烈的宗教意义，又表达了人们反对战争、渴望和平的意愿，因而成为传播和平与友谊的盛会。在举行祭祀盛典之前，奥林匹亚所在的希腊南部伊利斯城邦要“派三名经过严格挑选的纯希腊血统的运动员，在宙斯神殿前的‘圣火坛’前，接过希腊少女经过宗教仪式用凹凸镜点燃的太阳火炬，跑遍希腊全境各个城邦，传谕联合城邦的告示……当火炬回到奥林匹亚村时，竞技赛会将在‘圣火’中宣布开幕，这‘圣火’按照神示，必须要到运动会结束时才能熄灭。”[①]这是现代奥运会开幕式上点燃“圣火”仪式的渊源。作为宗教活动的一个重要组成部分，奥林匹亚运动会表达了希腊民族自然主义的天性、热情奔放的情感和创造性的智慧。

公元前6世纪，祭祀体育竞技的普及程度达到顶峰。除了奥林匹亚运动会外，盛行的具有全民族意义的祭祀活动还有三个：

（1）皮提翁竞技赛会：这是公元前586年开始举行的太阳神阿波罗祭典活动，每四年一届，于奥林匹亚运动会后的第三年举行。阿波罗主管音乐、诗歌、青春，是宙斯和勒托的儿子，与月神阿尔特弥斯为孪生兄妹。传说他们出生于提洛岛(Delos)，这是宙斯为避免嫉妒天后赫拉伤害怀孕中的勒托下令升起的海岛。阿波罗长大后，用神箭射死了怪龙皮提翁，建立了德尔菲城和德尔菲庙，人们就用祭祀、音乐和体育比赛来纪念他。

（2）伊利玛斯竞技赛会：这是公元前582年开始举行的海神波塞冬祭祀活动，地点在科林斯的伊利玛斯，任何自由民都可以参加。赛会每两年一届，于奥林匹亚运动会后的第二年和第四年举行，主要有祭祀和赛马活动。

（3）尼米亚竞技赛会：每隔一年在阿加利城邦的尼米亚山谷举行一次，这是公元前582年开始的大力神海格拉斯祭典活动。

---

① 于克勤、章惠菁编著《古代奥运会史话》，上海：上海人民出版社，1986年，第50页。

第二章

传承文明的古代罗马文化

第一节　罗马文化：质朴与雄伟

千百年来，对于西方人来说，罗马一直是个震撼人心的名字。它是指一段古老而久远的历史，是指一个辉煌无比的帝国。罗马人是拉丁民族的一支，强大的罗马帝国的根基正是希腊人与东方人的后裔所建立起来的“永恒的”罗马城。早在王政时代(公元前 753 ~ 公元前 509)，罗马人就开始采用希腊字母，后来略加变通创造了拉丁字母。在共和初期的数百年中，他们主要以学习和吸收其他民族的先进文化为主。由于忙于对外战争，他们在文化上似乎没有什么特别的建树，倒是给人一种“略输文采”与“稍逊风骚”的感觉。从共和晚期开始，罗马古典文化逐渐形成了自己的民族特色。

西方古典文化起源于希腊，而发扬光大于罗马，罗马史则是古代西方世界的最后一环。如果说希腊人是古典文化的原创者，他们在史诗、戏剧、哲学、艺术、体育等领域里创造了前所未有的辉煌的话，那么，罗马人则是希腊文化的忠实继承者，他们在政治、军事、法律、建筑等领域的贡献堪与他们的老师希腊人相媲美。如果说希腊人是哲学家、科学家、文学家、艺术家的话，那么，罗马人就是军事家、政治家、法学家和工程师。“希腊可称为光荣，人类精神自由创造，自由思想，自由信仰之光荣；罗马可称为伟大，权力、纪律和一致之伟大。”[①]文化的传承不仅需要对历史遗产进行吸收继承，而且更需要在传承的基础上进行革新创造，只有创造者才是真正的继承者。

古代罗马同古代希腊并称，共同代表着昌盛的古典文明和西方文化传统。拉丁文中的“古典”（classicus）一词，原意指“第一流的”、“最上乘的”。罗马文化是西方古典文化的重要组成部分，与“第一流的”希腊文化之间有着千丝万缕的联系。无论从起源的时间上，还是从繁荣的程度上，罗

① 桑达克主编《西方文化史略》，台北：华岗出版社，1986 年，第 8 页。

马文化与原创性的希腊文化相比，似乎都要逊色得多。但自从登上历史舞台以后，罗马人就以勤奋好学的执着精神和坚忍不拔的坚强毅力，在学习其他民族文化的过程中，真正做到了兼收并蓄、东西相融。这一点是无可置疑的，也是非常难能可贵的，可以说是较早地、也较好地体现了“全球化”特色。尤其在高度发达的希腊文明面前，罗马人非常之谦逊，甚至虔诚到“言必称希腊”的程度。他们最初基本上是全盘继承希腊文化，后来逐渐形成自己的文化特色。他们还把从希腊人那里继承下来的科学、哲学、文学、艺术传授给其他民族。马克思指出：“没有希腊文化和罗马帝国所奠定的基础，也就没有现代的欧洲。”①在希腊文化与中世纪文化以及现代西欧文化之间，毫无疑问，罗马文化起着重要的桥梁作用。正如当代学者所指出的那样：“从世界文明史的全局看，罗马文明除了其固有的成就外，确实在西方文明的发展上起了承先启后、继往开来的关键作用。”②罗马之所以“永恒”，就在于它拥有或代表着西方文明的古典传统和灿烂文化，它像凤凰那样获得新生，像春雨那样滋润人间。

纵观全部古罗马历史，罗马文化可以分为三个发展阶段：第一，建立城邦之初，罗马人在各方面都是落后的。伊达拉里亚人③是能干的建筑工程师和城市设计师，罗马人从模仿、吸收的角度，开始城市建筑和公共工程。自古相传的宗教节庆和来自于伊达拉里亚的角斗，构成罗马人娱乐活动的核心内容，而在文学艺术等纯粹的精神领域，他们却处于空白状态。第二，从公元前 4 世纪起，他们随着对外扩张，一方面不断推进城市建设工作，加固和扩大城池，构筑广场、会堂、市场、道路、码头等公共工程，另一方面开始接触外来的东方文化、希腊文化，逐渐表现出既注重坚固实用，又追求美观造型的倾向。第三，共和后期到帝国初期，希腊语言和语言文化构成拉丁文化遗产的重要组成部分，以拉丁文学为标志的文艺创作开始起步，并走向繁荣，罗马人迎来了文化史上的“黄金时代”。

罗马人是希腊文明的传承者和古典文化的集大成者，在拉丁文化、伊达拉里亚文化和希腊文化及东方文化共同影响的基础上，把古典文化推向高峰。长期以来，罗马人在与他们的邻居的长期交往和斗争中发展着自己的城邦文化。

---

①《马克思恩格斯选集》(第 3 卷)，北京：人民出版社，1972 年，第 220 页。

②朱龙华著《罗马文化与古典传统》，杭州：浙江人民出版社，1993 年，第 2 页、第 401 页。

③伊达拉里亚人，或译埃特鲁里亚人（Etruscans，Etrurians）属于意大利半岛的非印欧语人或前印欧语人，曾在意大利中西部地区建立许多奴隶制城邦国家。公元前 6 世纪鼎盛时期，他们在亚平宁半岛建立塔克文王朝。后来，他们被希腊人打败，退出意大利中部地区。关于伊达拉里亚人的起源问题，自古典时代就有争论，主要有本土说、东来说和北来说三种看法。参见世界上古史纲编写组编《世界上古史纲》，北京：人民出版社，1981 年，第 60～61 页。

公元前8世纪左右，伊达拉里亚人进入托斯堪尼（Tuscany），在罗马城邦创建过程中发挥了积极作用，给意大利中部地区带来了统一，带来了先进的东方文化和希腊文化。伊达拉里亚人对罗马文化的影响作用，主要体现在生产技术、建筑风格、城邦制度、典章礼仪、凯旋式（Triumpe）、角斗表演、祭祀占卜、拖袈长袍（Toga）、宗教信仰和语言文字等方面。

地中海区域特殊的人文地理环境，是罗马文化迅速走向繁荣的重要条件。像希腊诸城邦一样，罗马也是以城邦形式起家的，而且受到希腊人的长期影响。希腊人通过殖民扩张很早就向意大利移民，他们对罗马的影响是直接的、全面的和深刻的。罗马和希腊在地理上相毗邻，罗马人在向海外扩张过程中，开始接触先进的希腊文化。公元前3世纪，罗马出现了“希腊热”，移居罗马城的希腊人充任教师、医生、使节、商人等，使罗马进入文化发展的新时期。

起初像其他民族一样，罗马人对大自然抱有宗教幻想，他们的原始宗教是多神教和自然崇拜，几乎每个事物、现象都成为他们信仰的对象。他们虔诚地相信，撒到地里的每粒种子都受到神灵的主宰，抽穗、开花、结果都受到相应的神灵的主宰。凡是忠实于神灵的农夫，必得到神灵的保佑和赋予，结果是其庄稼丰收，生活富裕；相反，凡是忽视或轻蔑神灵的人，势必受到神灵的惩罚，以至于面临洪水猛兽、人祸天灾。罗马神灵之多是难以想像的，诸如海神（Neptune）、战神（Mars）、火神（Vulcan）、月神（Luna）、酒神（Bacchus）、爱神（Cupid）、花神（Flora）、农神（Saturn）、界神（Terminus）、乡神（Faunus）、家神（Lares）、门神（Janus）、睡神（Somnus）、仓神（Penates）等，据说掌管婴儿生命的神灵就有43个，如第一声哭喊神、摇篮神、第九天神、走第一步神；每个人都有自己的本命神、保护神，每个家庭都有各自的女灶神或家室女神。

在伊达拉里亚人和希腊人的双重影响下，罗马人对宗教信仰的执着几乎达到了无以复加的地步，形成了世俗性与实用性并存的宗教特色。

首先，特殊的罗马城邦神和具有普遍意义的神共同存在，反映了罗马从原始部落走向国家的历史进程。他们使宗教情感与公民义务相融合，保持了罗马国家的凝聚力，具有严谨的组织性和浓厚的政治色彩，从而铸造了强烈的爱国主义精神。

其次，罗马人的宗教信仰没有不可逾越的教条，也没有神秘莫测的天堂来世说、因果报应说之类的教义。由于罗马人从神话走向历史的过程极其短暂，罗马的神灵没有具体的形象，缺乏希腊诸神的人情味，这一点与东方的神灵比较接近。后来在希腊多神教的影响下，罗马才出现了拟人神，表现出“神人同形同性”的倾向，如维纳斯女神极具自然主义的审美意向。

再次，罗马神实现了同希腊神的融合，几乎所有的罗马神在希腊神话中都可以找到他们的原型，几乎所有的希腊神都有了拉丁文名称。这样，对保护全体公民的主神朱庇特(Jupiter)的崇拜，被附会为对天神宙斯的崇拜；对战神马尔斯(Mars)的崇拜，被附会为对阿瑞斯的崇拜。朱诺(Juno)相当于神后赫拉，智慧女神米涅瓦(Minerva)相当于雅典娜。

最后，从共和国晚期到帝国初期，犬儒主义、怀疑主义、享乐主义和禁欲主义所关心的主要是个人幸福，而不是社会福利，表明罗马原来的多神教已经不再适应软弱无助的人们日益增长的宗教需要，反映了人们逃避现实的倾向。于是，“古典希腊的现世主义和理性主义现在让位于神秘主义和修来世”，东方的宗教信仰——犹太教、基督教则“大大促进了罗马帝国和中世纪欧洲的转变”①。

人类历史发展的显著特点之一是文明模式的多样化。如果说希腊人是理想主义者，那么罗马人则是实用主义者；前者在智慧和民主方面处于领先地位，而后者在武力和纪律方面更胜一筹。罗马史是一部不断对外兼并征服、侵略扩张的历史。与希腊诸城邦文明相区别，“罗马的伟大成就就在于它超越了城邦制狭隘的政治框架，创立一个将地中海世界的不同国家合为一体的世界国家……尽管古希腊的哲学家们曾经设想过一个世界共同体的可能性，然而，古希腊的政治却无法使之成型。但是，罗马却克服了城邦意识的局限性，发展了一种在整个帝国范围内通用的法律和公民制度。”②

罗马之所以能从一个小城邦发展为一个大帝国，是与这个民族的尚武精神分不开的。战争是他们的一项神圣而高尚的事业，它不仅是财富与地位的源泉，更是国家兴旺发达的保证。罗马军人纪律严明、装备精良，具有强烈的公民责任心和国家意识，这些都是战无不胜的法宝。他们继承斯巴达人和马其顿人的尚武精神，吸收伊达拉里亚方阵并加以改进，组成了规模适中、灵活机动的军团，在有经验的将军率领下冲锋陷阵。罗马骑兵、战马训练有素；步兵身着铁铠甲，腰佩短剑，手拿长矛和盾牌，这是当时世界上最为强大的军队。在共和国成长和建立霸权的过程中，罗马人同迦太基人进行了三次长期而残酷的“布匿战争”③，奠定了他们征服地中海区域的基础。由于整天忙于征战，罗马人根本无暇静下心来思考，他们作为胜利者从武力上战胜了希腊人，但在文化上却不得不以希腊人为师，还不自觉地将希腊文化传遍罗马统治的地中海世界。

---

① (美)斯塔夫里阿诺斯著《全球通史：1500年以前的世界》，吴象婴、梁赤民译，上海：上海社会科学院出版社，1992年，第224页、第226页。

② (美)佩里主编《西方文明史》(上卷)，胡万里等译，北京：商务印书馆，1993年，第149页。

③ 布匿战争（Punic Wars）发生于公元前3～公元前2世纪，因罗马人称地中海东岸的腓尼基人为“布匿人”，他们就用“布匿”一词来称呼腓尼基人殖民地迦太基，布匿战争也由此得名。迦太基(Carthage)位于非洲北部，今突尼斯地区，是古代世界著名的奴隶制城邦，公元前146年为罗马人所灭。

第二节 罗马建城的传说

地中海是孕育西方文明的摇篮。从欧洲南部伸入地中海的陆地有意大利半岛、比利牛斯半岛、巴尔干半岛三大半岛。其中，意大利半岛风光秀丽，山海兼胜，为罗马文明的发祥地。半岛长约1000公里，中部宽约150公里，南部离希腊约90公里，西西里岛离非洲大陆也只有约150公里。阿尔卑斯山脉横亘于半岛北部，亚平宁山脉由西北向东南纵贯全境，两者结合地区则形成了著名的波河（Po）平原。东部山势起伏较大，多急流浅滩，平原狭小，而西部土地广袤肥沃，有适宜于航行的亚诺河(Arno)、波河(Po)、台伯河（Tiber），交通十分便利。自台伯河口上溯20多公里，两岸为一处耸起的丘陵，罗马城就起源于拉丁姆（Latium）地区台伯河下游南岸那片离入海口不远的山冈上。

当罗马破天荒第一次出现于历史舞台上之时，它只是台伯河边乱草丛中的野兽出没之地！罗马是由台伯河畔的聚居地发展而来的，境内有帕拉丁(Palatine)、卡庇托林(Capitoline)、奎林纳尔(Quirinal)、阿芬丁(Aventine)、埃斯奎林(Esquiline)、凯里安（Caelian）和维米纳尔（Viminal）七个小山丘，所以又称“七丘之城”。罗马人继希腊人之后称霸地中海世界，将罗马城邦扩张为一个横跨欧、亚、非三洲的大帝国。在世界文明史上，西方古典传统始终与东方文化交织在一起。根据神话传说，罗马人是东方特洛伊人英雄与西方美女相结合的产物，他们是特洛伊王子安吉赛斯（Anchises）与阿佛洛狄忒女神的后代。公元前1184年，希腊城邦联军用“木马计”攻陷了特洛伊城。罗马人把特洛伊称为“伊利乌姆”（Ilium），或“达达诺斯”（Dardanus），后一个名称来自于朱庇特之子，即特洛伊人始祖和该城同名创建人达达诺斯。

罗马史起源于罗马建城，而罗马建城则与一只母狼喂养一对孪生子的美丽神话相联系。传说，埃涅阿斯（Aeneas）没有死，这位特洛伊英雄从劫难中逃了出来。他同他的父亲安吉赛斯历经千辛万苦，一路奇遇，终于来到意大利中部的拉丁姆海岸，在神的启示下定居下来。这样，通过阿佛洛狄忒与安吉赛斯这条线索，罗马人祖先不仅具有了女神的高贵血统，而且和希腊人、东方人都攀上了亲缘关系。拉丁姆是台伯河下流的一块多小丘平原，面积约为1500平方公里。土著人被埃涅阿斯称为拉丁人，他们的首领拉丁努斯（Latinus）热情地接待了特洛伊人，并将自己的女儿拉维妮亚（Lavinia）许配给了埃涅阿斯。后来，埃涅阿斯和拉维妮亚的儿子阿斯卡纽斯（Ascanius Julius）在拉丁区建立阿尔巴城（Alba Longa），繁衍生息。当王位传了12代，到努米特（Numitor）在位时，他的弟弟阿穆利乌斯（Amulius）不择手段，最终取而代之。僭位的阿穆利乌斯保留了哥哥的性命，却杀死了他的侄儿阿尔巴城王子。他还强行把侄女西尔维亚（Rea

Silvia）公主送到维斯塔[①]神庙作贞女祭司（Vestalis），使她保持童贞，以免她有后代与自己争夺王位。可是，西尔维亚奇迹般地怀孕了，阿穆利乌斯就以违反规定为借口，把西尔维亚打入牢狱。

西尔维亚如期生下了一对双生子，罗马人附会说战神马尔斯就是他们的父亲。阿穆利乌斯面对这两个“硕大健美，胜过凡人”的孩子感到很害怕，就下令把他们抛到了台伯河里。由于河水泛滥，奉命行事的仆人很难涉足到水深的地方，便把装着两个孩子的篮子放在水浅的地方就离去了。河水好像同情婴儿似的，盛婴儿的篮子被冲上了岸边，搁浅在一棵无花果树旁。此时，恰好有只母狼从附近的山上跑下来。“她”似乎通人性，看到嗷嗷待哺的婴儿，竟母爱般地低下头来，用长长的舌头舐干他们的身体，还用自己的奶水喂饱了他们。于是，听命战神驱使的野狼理所当然地成了罗马人的恩祖[②]。今天，罗马市民们仍对传说中那只可敬的母狼深怀感情，他们不仅在城徽上刻着可爱的母狼形象，而且在卡庇托林博物馆存放着一尊纪念母狼喂养两个婴儿的青铜塑像。“她”看上去沉着、坚定、警惕、顽强，是自强不息的罗马民族精神（Romanitas）的真实写照。在这个传说中，温良与慈爱的母狼赋予罗马人祖先以顽强的生命力，而狼的兽性和暴戾无疑又成为日后罗马人对外侵略、征服的基因。所以，罗马人自诩为战神马尔斯与爱神维纳斯的后代，拥有力量与美，表明神灵让尚武的罗马人与智慧的希腊人这两个优秀民族最完美地结合在一起，难怪历史学家蒙森称他们“本是一产双生”[③]的民族。

不久以后，国王的牧人法乌斯图鲁斯恰好路过河边，就把两个啼哭的孩子

图 2-1 《被维纳斯解除武装的马尔斯》

这是学院派绘画的一件杰作，法国新古典主义画家大卫描绘了光洁柔美的女人体，三个美神解除了战神的武装，小爱神给他解下鞋带，维纳斯则给他戴上了象征胜利的花环。

---

① 维斯塔女神为罗马神话传说中的女灶神或家室女神，侍奉神庙的女祭司不得结婚，称为圣女（Vesta Virgins）。

② “知其母不知其父”是早期人类原始婚姻形态的表现，说明当时还处于不开化的母系氏族社会阶段。中国历史传说中也有许多附会性说法，试图证明皇统的神圣性。参见《史记》殷本纪、周本纪、秦本纪、高祖本纪，袁珂著《中国古代神话》（北京：中华书局，1960年）。

③（德）蒙森著《罗马史》（第1卷），李稼年译，北京：商务印书馆，1994年，第2页。

带回去交给他的妻子拉伦娣娅抚养，并给他们取了名字，一个叫罗慕洛斯（Romulus），另一个称雷慕斯（Remus）。时光流逝，兄弟俩逐渐长大，知道了自己的不平凡身世，并决心杀死篡位的阿穆利乌斯。事成之后，他们不愿意留在阿尔巴，而是在把王位交还给他们的祖父努米特后，决定在帕拉丁山冈建立一座新城。这里近靠台伯河，为的是纪念那位收养他们的牧人和那只哺育他们的母狼。可兄弟俩为给城市命名问题发生了争执，结果，罗慕洛斯盛怒之下杀死雷慕斯，用自己的名字为新城命名，称“罗马”①，他们的人民是为“罗马人”（Romanus）。对于罗马来说，有能力建立新城并抵御邻邦攻击的人，就是所谓“有力量的人”。战神和母狼都是罗马人的保护神和图腾，因为他们都有力量；罗慕洛斯也因为有力量，终于成为罗马统治者。“因为你臣服于诸神，所以你能统治世界。”②在罗马城奠基仪式上，“这位罗马城的创建者，先给犁装上一个黄铜犁铧，再套上一头公牛和一头母牛，就亲自赶着牛，绕着城市的界线，犁出了一条深深的垄沟。”③传说罗马建城这件事发生在公元前753年4月21日，罗马人每年都纪念这个伟大的日子，全部罗马史就这样开始了。

好像台伯河水始终在潺潺流淌一样，关于母狼、双生子与罗马建城的传说逾千年而不衰。为了证明自己出身的神圣性，罗马帝国第一代君主奥古斯都正式承认了这个传说，著名诗人维吉尔还把它编写成罗马英雄史诗。虽然现代许多学者都认为这个传说不足为信，但考古发掘业已证实了阿尔巴城的存在；而且，罗马城所在的帕拉丁山冈，恰好是第一批移民最早出现的地方。神话的背后必定存在着一些历史的真实，母狼育婴的故事，一定程度上保留了罗马氏族起源于狼图腾的历史痕迹；渴求发展的罗马需要强大力量的保护，罗马人把象征着武力的战神与母狼作为崇拜的偶像，这是顺理成章的事情。

由于罗马人从落后状态过渡到文明时代不久，作为民族崇拜的图腾母狼兽行不改，反映了罗马人尚未完全脱离原始的蛮荒状态，而野狼的暴戾无情则成为罗马人血液中躁动的不安分成分的渊源。或许，正是由于野蛮的兽行和不安分的因素，驱使罗马从台伯河畔一个小村庄、小城邦，走向一个环绕地中海的泱泱大帝国。即使在罗马帝国衰落后，从6世纪直到今天，罗马人的后继者们也竭力追寻着昔日帝国的光荣与梦想，因而欧洲历史上不断演绎出一个又一个罗马帝国：东罗马人的拜占庭帝国、法兰克人的查理曼帝国、德意志人的神圣罗马帝国、土耳其人的奥斯曼帝国、伊比利亚人的西班牙帝国、东斯拉夫的俄

① 关于罗马名称的起源有各种说法，古希腊传记作家普鲁塔克认为“最令人信服、且广为流传的说法”是“罗慕洛斯建城说”。参见《希腊罗马名人传》(上册)，陆永庭等译，北京：商务印书馆，1995年，第38~41页。

② (英)巴洛著《罗马人》，黄韬译，上海：上海人民出版社，2000年，第238页。

③ (古希腊)普鲁塔克著《希腊罗马名人传》(上册)，陆永庭等译，北京：商务印书馆，1995年，第51页。

罗斯帝国、法兰西人的拿破仑帝国、英吉利人的大英帝国、德国人的希特勒帝国和美利坚人的新罗马帝国。

第三节 罗马共和体制的确立

西方有则谚语："伟业非一日之功"（Rome was not built in a day），这句话可直译为"罗马不是一天建成的"。罗马是一座"永恒之城"，以它为基础的全部罗马史可分为王政、共和和帝制三个阶段。从罗马建城到公元前509年，罗马人推行"王制"，先后有七个王统治。当时，所谓的"王"(Rex)并不是后来享有至高无上权力的专制统治者，而是统领众人作战、体现城邦共同体利益的德高望重者。

罗马（Roma）一词源于希腊文"Ro-me"，意即"力量"（power），指罗马开国君主罗慕洛斯（公元前753～公元前717）是个有力量的人。据说，他用计让罗马人抢劫邻近的萨宾人（Sabine）妇女，使之与拉丁族人通婚，结果招致了萨宾人的激烈反抗。虽然"抢婚制"在一定程度上解决了罗马人口不足和兵源匮乏的难题，却导致了双方大动干戈。不久，萨宾人攻入罗马，试图夺回自己的妻子和女儿，而那些被抢来的萨宾女子则以自己的血肉之身勇敢地隔开了交战双方的刀枪，当然也就成功地劝阻了这场杀气腾腾的战争。现在，无论哪一方都是她们的亲人，况且萨宾女子已经心甘情愿地做了罗马人妻子。罗马人与萨宾人之间化干戈为玉帛的和亲故事，反映了罗马同化被征服者、实现合并的武力政策。

努玛（Numa Pompilius，公元前716～公元前673）是世代居住在罗马的萨宾人，继罗慕洛斯之后称王。此时，罗马已经发展成为一个相对和平安定、丰衣足食的城邦国家。从老塔克文（Lucius Tarquinius Priscus，公元前616～公元前578）起，伊达拉里亚人开始统治罗马城邦。他一方面致力于对外扩张，另一方面重视罗马城的规划与发展，因而在市民中享有很高威望。但是，王政时代末王高傲者塔克文（Lucius Tarquinius Superbus，公元

图2-2 《抢劫萨宾妇女》

意大利古典主义画家科尔托纳（Pietro da Cortona，1596～1669）是最夸张、最舞台化的绘画流派，他的作品取材于罗马建国时期部族和亲的神话，绘画色彩鲜艳而极富动感。

前534～公元前510）却在罗马史上留下了篡位者、暴君的骂名。他的妻子塔力雅是第六代王塞尔维乌斯（Servius Tullius，公元前578～公元前535）的女儿，极爱慕虚荣。高傲者竟气死了他的岳父、政绩卓著的塞尔维乌斯；塔力雅不仅第一个向他表示祝贺，而且还驾着马车从她父亲的尸体上碾过去。人们为了不忘记这一暴行，很长时间都把这条街称为“恶人街”。

高傲者独断专行，在罗马实行恐怖政策。加上连年对外用兵，激起罗马人的强烈不满，最终被驱逐出罗马，王政时代结束。公元前509年，公民们在百人团会议上推举布鲁图斯和柯拉提努斯两人担任执政官(consul)，由他们共同治理罗马。这个新生的共和国(Republica)是建立在权力分散的原则之上的：公民大会选出拥有行政权的执政官，由执政官任命的元老院负责财务和对外政策。共和政体的建立是罗马贵族的胜利。

第四节　拉丁文的演化发展

罗马人使用的字母文字拉丁文（Lingua Latina）是由居住在台伯河畔拉丁姆平原上的拉丁族人创造出来的。他们最先吸收的外来文化是发展水平较高的伊达拉里亚文化。公元前7世纪，伊达拉里亚人开始统治罗马，给早期罗马文化打上了自己的烙印。虽然伊达拉里亚文化不像希腊文化那样使罗马人容易认同，但伊达拉里亚人的统治造成了“先入为主”的局面。他们带给罗马人的教益，既有自己独创的文化因素，也有他们从希腊人那里移植过来的文化因素，这双重因素在拉丁文字的创制上表现得最为明显。在对希腊字母进行改进的基础上，伊达拉里亚人创造出伊达拉里亚字母，又把这些字母传授给包括罗马人在内的拉丁诸族，由此演变为广为流传的拉丁字母。

拉丁语是拉丁族语言，属印欧语系意大利语族，同属这一语系的还有古代印度语（梵语）、希腊语、斯拉夫语族、日耳曼语族等，拉丁语本身就含有梵文、希腊语及古高卢语等音调。“古典拉丁文有23个字母，其中21个是从埃特鲁里亚人的文字派生出来的。中世纪时，字母I分化为i和j，v分化为u，v和w，这样就产生了26个罗马字母。”[①]罗马人习惯用一根细长的金属制成的芦管状书写工具，醮着墨水写字。先是写在树上、内树皮上，或写在涂了蜡的木片上，后来则写在皮革、纸草、亚麻纸或羊皮纸上。他们极为重视语言的实用性，所以拉丁文发音简短而尖锐，句子之间的从属位置规律性较强，便于阅读和连写。事实上，拉丁文继承并发展了希腊文字形体上简单、匀称、美观的基本特点。

---

① 杨共乐、杨俊民著《璀璨的古希腊罗马文明》，北京：中国青年出版社，1999年，第387页。

拉丁族建立罗马国家后，他们大肆对外扩张，首先征服了意大利半岛，继而，“几乎将它的统治一直扩展到当时西方人所认识的整个世界，同时也将它的语言——拉丁语，作为思想与政治统一的重要工具，强加给它所奴役的各民族人民。几乎整个西方世界都打上了罗马文化的烙印，拉丁语成为帝国的官方语言。”①从严格意义上说，拉丁语有书面语（文言拉丁语）和口语（通俗拉丁语）的差别。研究古代拉丁语作家的作品，可以认识文化人使用的文言拉丁语演变的情况。帝国时期，由于首都与各地区间的经济、贸易及其他方面的交往频繁，罗马文化是帝国统一的文化，稳定而语法严谨的文言拉丁语则是统一帝国的语言典范。但是，拉丁语并不是帝国境内唯一的语言，因为帝国东部除拉丁语之外，还有以希腊语作为行政管理上的正式语言。

当罗马文化与高度发展的希腊文化接触后，希腊的科学、哲学和艺术给罗马人带来了巨大的影响，许多希腊词汇进入了拉丁语。罗马征服希腊后，在希腊医学随之传入罗马的同时，希腊医生所创造的术语逐渐拉丁化，而当时所有医学文献也都是用拉丁文书写的。拉丁语文学全盛时期（公元前 2 世纪后期 ~ 公元 1 世纪后期），罗马出现了恺撒、西塞罗、李维、普林尼、塔西陀、维吉尔、奥维德、贺拉修斯等一大批著名的拉丁语政治家、科学家、作家和诗人，他们为后人留下了不少拉丁语的传世之作，对现代欧洲文化产生了积极的影响。

中世纪时期，拉丁语仍然是欧洲各国学校、教会及文学、立法、外交领域的用语，大多数科学著作也是用拉丁语写成的②。“在诸时代中，拉丁语之灵活性使之始终适于任何用途：用于礼拜仪式和基督教神学，用于写作自然科学和哲学的学术著作，用于小册子和书信往来、打油诗（limericks）、报纸、教皇通谕（encyclicals）以及学术和社会交往、文明生活所包含的一切目标。”③但是，如果将中世纪拉丁语作品与古典作家的作品加以对比，人们就会发现，文言拉丁语已经发生了很大变化。然而，在历史、哲学、科学、文学等学术研究中，拉丁语知识却具有特别重要的意义。

与文言拉丁语相比，通俗拉丁语具有简便、自由以及没有严格的语法规则的特点，主要由士兵、商人等带到帝国各地。罗马疆域辽阔，民族众多，通俗拉丁语虽然可以沟通思想，实际上却千差万别。况且，拉丁语在同化各地区、各民族的方言文化的同时，也不可避免地受到它们的影响。西罗马帝国瓦解后，各地区之间的交往减少，统一的罗马文化受到破坏，拉丁语不再享有日常用语的地位，因而逐渐失去其作为社会交流工具的作用。当然，拉丁文的实际寿命要比罗

---

① 王军、徐秀云编著《意大利文学史：中世纪和文艺复兴时期》，北京：外语教学与研究出版社，1997 年，第 6 页。

② 宋清茂、杨建珍编著《拉丁语语法》，长沙：湖南科学技术出版社，1984 年，第 1 ~ 2 页。

③ (英)巴洛著《罗马人》，黄韬译，上海：上海人民出版社，2000 年，第 121 ~ 122 页。

马帝国长得多。随着日耳曼人的到来，失去约束的通俗拉丁语与各地区、各部落的土语相结合，日益演变为各自不同的新的独立语言，诸如意大利语、法兰西语、西班牙语、葡萄牙语、罗马尼亚语等，它们统称为“拉丁语系”方言。如果称它们为拉丁语的变体，或“现代拉丁语”，也不过分。在英语等其他欧洲语言中，有相当数量的单词是由拉丁语变化而来的，甚至俄语中也有许多单词借自拉丁语。因此，拉丁语不仅是西方“拉丁语系”各国语言的母语，而且许多其他非拉丁语系语言，包括汉语在内，都采用了拉丁字母注音。

拉丁文是人类优秀的文化遗产。对于了解西方文化和学习西方语言文学的人来说，学习拉丁语是一条重要的途径，正如学好古汉语是学好现代汉语和认识中国文化的基础一样。文艺复兴时期，人文主义者倡导复古主义传统，积极恢复已经变化了的古典拉丁语。18～19世纪，拉丁语还是欧洲公认的学术和外交等方面的基本书面语言；许多杰出的欧洲学者，如莫尔、培根、笛卡儿、斯宾诺莎、哥白尼、伽利略、牛顿等都用拉丁语写作。马克思用拉丁语完成了自己的博士论文，列宁著作中也常用拉丁语的格言和成语。现在，拉丁语作为重要的工具，依然发挥着统一各学科术语的作用。在生物学领域中，拉丁语常被用来描述动物及植物的形状、特征，有关学术论文一般要求用拉丁语书写前言。1895年世界医学者共同做出了以拉丁语为医药界国际用语的决定，临床术语、药物名称、疾病名称以及解剖、生理、病理、微生物、寄生虫等学科名词大都以拉丁语书写，各国也常用拉丁语书写正规处方。虽然拉丁语已经不作为口语使用，但有些重要的国际事务文件还以拉丁文发表，如1955年世界各国首都市长会议和1956年国际青年学生会议的决议，均用拉丁语予以公布①。直到今天，拉丁语还是罗马天主教会的正式语言。

第五节　罗马文学的辉煌

一、罗马文学的起源

起步阶段的罗马文学主要是介绍和模仿希腊文学，最初的表现形式则是民间诗歌。安得罗尼库斯（Livius Andronicus，公元前284～公元前204）首次将《荷马史诗·奥德赛》译成拉丁文，这是罗马第一部文学教材，从而使他享有“罗马第一位诗人”、“拉丁文学之父”的称号。尼维阿斯（C. N. Naevius，公元前270～公元前200）在英雄史诗《布匿战争》中记述了罗马人在向海外扩张过程中最顽强、最残酷的一段战争经历。喜剧诗人普劳图斯（T. Maccius Plautus，公元前254～公元前184）大约有

---

① 肖原编著《拉丁语基础》，北京：商务印书馆，1983年，第3页。

20 部完整的作品传世，其中贯穿着同情穷人、嘲笑权贵的民主倾向。

卢克莱修（T. Carus Lucretius，公元前 99 ~ 公元前 55）是共和末期的一位不得志的哲学家，他最后以自杀方式结束了自己的生命。他留下的唯一著作《物性论》是一部哲理诗，这也是古典时期流传至今唯一的系统而完整的哲学长诗。作者把哲学、科学和文学熔为一炉，用优美的诗句阐述希腊晚期哲学家伊壁鸠鲁的原子唯物论学说。卢克莱修认为物质是由原子组成的，原子的不同形式的排列组合造成了世界的多样性；有感觉的东西是由无感觉的东西构成的，人的肉体、灵魂和心灵都不过是一种物质，因为人自身就是自然的产物。他告诫人们不要追逐奢侈与虚荣，而要“以健全的推理作为生活的指导”，“知足地过淡薄的生活”①；他反对宗教迷信，主张以一种积极进取的态度对待人生，人类要依靠理性去生活。

共和末期，罗马文学在表现技巧和表现形式上有了明显进步。政治家、演说家、修辞学家和哲学家西塞罗（Marcus Tullius Cicero，公元前 106 ~ 公元前 43）出身于贫寒之家，他依靠杰出的雄辩才能登上了政治舞台，被称为“罗马雄辩之父”，后来却成为“三头政治”的牺牲品②。他的传世著作很多，包括 57 篇演说辞和 900 篇书信，代表性的主要有《论善恶的定义》、《论神的本性》、《论共和国》、《论法律》、《论雄辩术》、《论友谊》、《论老年》，涉及政治、哲学、伦理等问题。在政治思想上，他介绍了斯多噶派的自然法学说，这一学说后来传给了罗马法学家和基督教神学家。西塞罗的伦理哲学是建立在希腊斯多噶主义基础之上的，但他比斯多噶派更倾向于过积极的政治生活。他提出美德是构成幸福的基础，清心寡欲是最高理想的人生哲学。作为最早的拉丁文作家之一，他为罗马人确定了拉丁文哲学术语，罗马人最初主要是通过他了解希腊哲学的。他的作品被后世奉为拉丁文学典范，因而有“拉丁文奠基人”之赞誉。

元首制（Princeps Senatus）时期，罗马文学发展史分为两个阶段。一是黄金时代：作品成于屋大维统治时期（Octavian Augustus，公元前 27 ~ 公元 14）；二是白银时代：作品成于公元 1 世纪。从屋大维开始，罗马人基本上停止了大规模对外用兵，迎来了所谓的“罗马和平”（Pax Romana）。帝国

---

① 阎国忠著《古希腊罗马美学》，北京：北京大学出版社，1983 年，第 224 页。

② 在贵族派与民主派斗争的腥风血雨中，罗马独裁者苏拉（Sulla）死后，克拉苏（Crassus）、庞培（Pompey）和恺撒三个人为了对抗元老院，在民主外衣的掩盖下，于公元前 60 年结成“三头同盟”，形成事实上的“三头政治”独裁。根据约定，恺撒担任公元前 59 年执政官，三人共同统治罗马，从而成为不公开的罗马政府。公元前 45 年恺撒遇刺，恺撒的部将安东尼(Anthony)、恺撒的骑兵队长雷必达(Rapid)和恺撒的养子屋大维结成新的“三头同盟”。前后两个“三头同盟”都是罗马内战的产物，都是军人寡头统治或独裁政治。公元前 30 年，屋大维成为唯一的统治者，结束了罗马历史上的“三头政治”时代。

图 2-3 罗马开国皇帝屋大维

经济繁荣、百业兴旺，一派太平盛世的景象。屋大维在政治上加强专制主义的同时，拉拢宠幸诗人、学者和艺术家，让他们为帝制歌功颂德，为帝国粉饰太平。于是，罗马文坛上出现了维吉尔、贺拉修斯和奥维德三大著名诗人，他们的共同特点是追求表达形式的完美和强调作者的内心感受。

二、爱国人维吉尔

维吉尔（Vergilius Maro，公元前 70～公元前 19）是奥古斯时期的“桂冠诗人”，也是罗马文学史上最卓越的文学家。他出生于北意大利曼图亚的农民家庭，参加过恺撒的军队。曾在米兰、罗马等地学习，先学法律、演说、修辞，后来改攻哲学和文学。最后定居于那不勒斯乡间，终身未婚。维吉尔是奥古斯都延揽的大诗人，他的乡村经历使他对农夫和田园生活怀有深厚感情。作品主要有《牧歌》、《田园诗》和《埃涅阿斯记》，深刻而典型地反映了时代的心声，反映了人民厌恶内战、追求和平、向往爱情和幸福生活的美好愿望。

定居那不勒斯[①]期间，维吉尔创作的《牧歌》由 10 首短歌组成。牧歌体裁的诗歌最初由希腊人创作，流行于“大希腊”（南部意大利和西西里）一带。维吉尔在希腊田园诗的影响下，通过对乡村自然景色和田园风光的赞美，描绘了一个与自然和谐一致的理想化梦幻世界，这是作者现实主义思想感情的自然流露。正值和平降临帝国，屋大维着手国内建设之际，维吉尔发表了田园气息浓厚的《田园诗》（4 卷）。这是他的第二部作品，他把人民对国泰民安的和平生活的向往，变成对新时代的美好憧憬，配合了崇古复礼、整饬风气和以农为本、休养生息的统治政策，升华了热爱家乡的情感。《田园诗》每卷有 500 多行，分别描写怎样种植谷物，怎样栽培橄榄和葡萄，怎样放养蜜蜂和驯养牲畜等农业生产技术，热情歌颂了劳动人民的辛勤、意大利的自然资源和“劳动战胜一切”的思想。罗马有着伟大的土地和伟大的人民，维吉尔的职责就是讴歌在意大利土地上劳动的罗马人，就像希西阿德和荷马为希腊人吟唱一样。通过对乡村牧歌般田园风光和泥土味淳朴生活的描述，维吉尔表达了内心深处蕴藏着的爱国主义情怀。

从公元前 29 年开始，历时 10 余年，维吉尔把全部精力投入到罗马史

① 那不勒斯（Naples）是位于意大利南部的希腊殖民城邦，受希腊文化的影响最大。

诗的创作中，直到逝世时尚未脱稿。《埃涅阿斯记》（Aeneid）计 12 卷近万行，它是《荷马史诗》的模仿之作，人工雕琢的痕迹较重，但其中也有不少艺术再创造的成分。希腊民族史诗中的英雄人物性格自然而任性，喜欢感情用事。维吉尔则把社会责任赋予英雄人物，使他们承担着开拓未来的历史使命。虽然《埃涅阿斯记》中的人物形象缺乏鲜明的个性，但它的戏剧性效果更明显，不失为一部伟大的英雄史诗和拉丁文学典范，因而在西方文化史上占有重要的地位。前六卷模仿《奥德赛》海上漂流情节，描写了劫难以后的特洛伊王子埃涅阿斯背井离乡，在海上漂泊多年的故事。他率领一部分人逃到西西里岛，因受到天后朱诺的安排，只好流落到北非古城迦太基。朱诺与特洛伊人为敌，特意安排埃涅阿斯与迦太基女王狄朵（Dido）相爱结婚，阻挠王子到意大利半岛建功立业。后六卷模仿《伊利亚特》的战争内容，描写了埃涅阿斯忍痛离开狄朵女王的故事。埃涅阿斯来到意大利半岛，受到拉丁姆王拉丁努斯·福那斯的盛情款待，并娶拉维妮亚公主为妻。但是，此事激怒了早先曾向公主求婚的鲁图利亚王图尔努斯。最后，埃涅阿斯在决斗中杀死图尔努斯，史诗至此结束。

根据埃涅阿斯成为罗马人祖先和罗马开国之君的神话传说，维吉尔在史诗中把埃涅阿斯的儿子阿斯卡纽斯·朱利乌斯写成罗马帝国朱利亚家族的远祖，目的在于把出身于朱利亚家族的恺撒和屋大维（恺撒的甥孙）加以神化，试图以此证明他们都是希腊神话英雄的后代，而奥古斯都的统治乃是天命所为。所以，《埃涅阿斯记》是一部反映罗马民族形成、传承希腊文明的爱国史诗，主题是追忆罗马人祖先建立功勋的光辉业绩，歌颂神圣的奥古斯都和罗马帝制，激发罗马人的爱国精神与民族情感，因而富有深刻的教育意义。所以，维吉尔在西方文学史上的地位与我国的屈原相类似：“中国的《诗经》和西方的《荷马史诗》都是集体创作，到屈原和维吉尔才有诗人个人创作的真正巨著，而屈原的《离骚》和维吉尔的《埃涅阿斯记》中都贯穿着某种忠于使命和悲天悯人的宏大气魄，尽管其主题和哲学内涵是不同的。”①

三、抒情诗人贺拉修斯

屋大维统治时期，贺拉修斯（Horatius Flaccus，公元前 65 ~ 公元前 8）是仅次于维吉尔的著名文学家，既是讽刺诗人、抒情诗人，又是文艺批评家。他出生于南部意大利的维努西亚的释放奴隶家庭，但自小接受了良好的教育，年轻时曾赴希腊深造。他的早期作品《长短句》（1 卷 17 首）和《闲谈集》（《讽刺诗集》2 卷 18 首）不仅极富哲理性，而且无情地揭露了上层阶级道

---

①《古罗马诗选》，飞白译，广州：花城出版社，2001 年，第 73 页。

德败坏、生活腐朽、尔虞我诈和追逐金钱的丑恶现象，反映了作者希望过上和平、安宁生活的共和思想。

如果说维吉尔的诗歌博大精深、文采飞扬，侧重于弘扬爱国主义精神的话，那么贺拉修斯的作品则恬静温馨、才思隽永，专注于人性理想与人生哲理。他把丰富多彩的希腊诗体移植到罗马，拓宽了罗马诗歌题材的范围："从个人情感到社会生活，从政论到哲理，从沉思到雄辩，从个人化到非个人化。"①他的早期作品以短歌抒情诗见长，后期作品转而为奥古斯都歌功颂德，并反映罗马民族精神。他劝导青年人应当保持心灵的平静："正直的人心胸坦荡，无私无畏，既不为一切邪念左右，也不会去花天酒地……既不怕莫测的深渊，也不怕高空的闪电。"②《颂歌》（4卷）和《书札》（2卷）围绕着醇酒、恋爱、诗歌与友谊的主题，反映了个人享乐的中心思想。罗马帝国第一个修辞学教授昆体良(Marcus Fabius Quintilianus, 约公元35～公元95)对《颂歌》给予高度评价，称它是"罗马最上乘之作"。《颂歌》以颂为名，内容却非常广泛，其中最动人的是那些歌咏田园乡村的优美恬逸、人情的温馨、道义的崇高的篇章。作者自信地宣称：

我建成一座纪念碑，比青铜耐久，
比帝王的金字塔更崇高巍峨。
贪婪的雨、粗野的北风都不能
把它摧毁，时间的飞逝、无穷的
岁月的纪年对它也无可奈何。③

贺拉修斯还是罗马最主要的文艺批评家，他在《诗艺》中提出了一整套古典主义文艺思想和创作原则，正如他所说的："诗是有机的整体，诗的语言和诗的每个局部都应服从整体的完美。诗人应到生活中去寻找模特和汲取语言。诗的表现应当适宜，恰如其分。诗要有魅力，能打动读者的心；而最好是能把愉悦和教益结合起来。诗人的天才必须和勤学苦练结合。"④他主张以希腊古典文学为形式，以罗马民族精神为内容创作新诗歌；在文艺创作方法上，他提倡以理性为标准，注重文学作品的社会效果。他认为作家应该拥有生活上的感受，他们的作品要有一定的教育意义，做到寓教于乐。总之，他的《诗艺》是继承亚里士多德的现实主义文艺传统的杰作，在西方文艺理论史上占有重要地位。

---

①《古罗马诗选》，飞白译，广州：花城出版社，2001年，第105页。
② 朱龙华著《罗马文化与古典传统》，杭州：浙江人民出版社，1993年，第192页。
③《古罗马诗选》，飞白译，广州：花城出版社，2001年，第143页。
④《古罗马诗选》，飞白译，广州：花城出版社，2001年，第107页。

四、爱情诗人奥维德

奥维德（Ovidius Naso，公元前 43 ~ 公元 17）出生于中部意大利图尔沙一个古老的骑士家庭，从小接受良好的教育。父亲曾把他送到罗马城学习演说辞，想把他培养成一名律师。但是事与愿违，奥维德对诗歌却情有独钟，于是产生了强烈的学习欲望，而根本不喜欢父亲为他选定的职业。他在罗马诗坛上的影响仅次于维吉尔和贺拉修斯，是黄金时代作家中的最后一位代表，其早期作品有《爱》、《爱的医疗》、《爱的艺术》和《女英雄书信集》等。

奥古斯都统治后期，罗马的和平环境滋长着奢侈享乐之风。奥维德所擅长的爱情诗内容轻佻，风格纤巧，反映了富有阶级生活骄奢淫逸的社会现实，很受年轻人欢迎，而与早期罗马那种纯朴、严谨、节制的纯朴民风和奥古斯都竭力倡导的复古风气格格不入。爱情本是人生的积极因素，也是古典作家予以重视的一个基本主题。但在奥维德的笔下，崇高而神圣的爱情却成为一种艺术、一种技艺，或者是一种轻浮甚至荒诞的滑稽游戏。他自称为"情爱大师"，并认真地向人们传授所谓的"爱经"，即爱的艺术。

在奥维德的情爱诗中，既有对妇女爱情心理的细腻描绘，也有对社会道德改革的大胆嘲讽，而他的反传统、反体制之举触犯了屋大维的"澄清风俗"和"恢复古风"的统治政策。结果，他在 50 岁那年被流放到遥远的黑海之滨，最后病死于托米斯。在被放逐以前，他还撰写了哀体诗《罗马岁时记》，按月记载了罗马的宗教节日、天文现象、历史事件和神话传说，有助于人们了解罗马的历史、文化与风俗习惯。

在漫长的流放生涯中，奥维德完成了《悲歌》、《本都来书》和《变形记》三个作品，给他自己、也给罗马文坛增添了异彩。《变形记》（15 卷）的创作手法不同凡响，表现出狂放、怪诞、直率的特征，从而成为最受欢迎的罗马文学作品。这是一部古代希腊罗马神话的汇编，由 250 个奇丽动人、雅俗共赏的神话故事组成，从开天辟地一直写到当代罗马。作者根据古希腊大哲学家毕达哥拉斯关于一切生物死后灵魂相互转移的观点，从思想上和内容上把各个故事联系起来，让故事人物无不变异为飞禽走兽、花木神异，甚至还有顽石。为了歌颂自己心目中的英雄，奥维德还把恺撒神化为天空中的星辰。作者通过大胆的想像，丰富的语言和独创的技巧，为世界文化史做出了重要贡献。文艺复兴时期，但丁、莎士比亚、歌德等著名作家在不同程度上受到了他的作品的熏陶。

第六节　罗马民族精神与建筑艺术

一、民族精神与建筑特点

随着奴隶制经济繁荣，罗马人开始越出传统的地中海范围，走向欧、亚、非更广阔的活动舞台。他们在为罗马文化繁荣提供物质基础的同时，也使罗马文化深深地打上了时代的烙印。除了法律之外，包括文字、语言、宗教、建筑、艺术、礼制，以及手工业和商业在内的一切，或多或少地都吸收了被征服民族的优秀成果。当罗马人通过军事征服统一意大利半岛，登上古代世界霸主的地位时，他们在不自觉中形成了以虔诚敬神、粗犷豪放和阳刚血气为美的尚武精神，以淳朴求实、纪律严谨和讲究实用为特征的社会风尚，以忠诚正直、甘于牺牲和热爱祖国为理想的民族气质，这一切构成了古罗马民族精神的核心内容。

如果说希腊人是崇高精神的创造者和思想深刻的理想主义者，那么罗马人则理所当然地成为物质世界的建设者和注重实际的功利主义者。希腊文化表现的是恬静之美，即精神与物质的原始统一，而罗马文化展示的则是凝重之力，即偏向于过度发展的物质力量。希腊人追求科学与理性的精神，他们善于哲学思考，崇尚体育竞技，热爱艺术创造，在古代世界表现出无与伦比的智慧和谐之美；而罗马人强调团队力量和集体主义精神，他们崇尚武力与野蛮，其充满霸气的“粗文化”体现着血肉横飞的阳刚之气和残忍之美。除了实用主义的生活态度之外，战争几乎成为罗马人唯一的艺术追求。希腊人为自由而战，他们把胜利奉献给神灵；罗马为扩张而战，他们把胜利奉献给自己。

希腊人建筑追求的是典雅与和谐，而罗马人崇尚的是庄严与豪华，所以有“希腊的光辉与罗马的宏伟”一说。罗马人不但创建了古代世界最完备的国家机构，建立起完善的军事组织和政治制度，而且把古代建筑艺术发展到空前完善的程度。就罗马民族精神而言，在任何地方可能都不如在公共工程和建筑艺术上得到了淋漓尽致的表现。他们在学习和模仿其他民族优秀成果的基础上，在建筑、雕刻和绘画三大领域内逐渐形成了自己的独特风格，尤其在建筑艺术方面达到了古典时期的最高水平。希腊建筑的特点是以水平线为基线，水平线与垂直线形成黄金分割的四与六之比，加上阔大平整的造型，给人的感觉是明快的、稳定的。罗马建筑的特点，从建筑风格上看，主要体现为圆拱、拱顶和圆屋顶的样式；从根本内涵上看，明确体现了军事性与实用性的统一；从整体艺术效果上看，中部向上隆起，垂直线具有一定的独立性质，产生一种崇高、轻巧的感觉①；从功能上看，古罗马建筑可以分为城防建筑、宗教建筑、公共

① 阎国忠著《古希腊罗马美学》，北京：北京大学出版社，1983年，第203页。

设施、纪念建筑和娱乐场所五种类型。

二、城防建筑与宗教建筑

古罗马城防建筑（城墙和城市要塞）奠基于公元前753年罗马建城。比较而言，罗马早期建筑造型庞大，结构简单，工艺粗糙；而晚期建筑富丽堂皇，渗透着奢侈豪华、强大无比的帝王之气。罗马城防起初是建立在土垒、壕沟和石墙的基础之上的，城墙用长方形大块岩石制成的石砖垒砌起来。公元前6世纪，罗马人又在罗马城内用石砖筑成卡庇托林山岗城堡。从共和国后期起，由于军事上的成功，他们以各种建筑形式炫耀其强盛的国力。恺撒和奥古斯都时代，他们开始用庄严高雅的大理石代替粗糙笨拙的砖石建造城墙。让屋大维“完全可以自豪的是，他接受的罗马是一座砖城，但他留下的罗马却是一座大理石的城市。”①他还在罗马城内的帕拉丁山岗上建造了一座豪华的宫殿，后来“帕拉丁”就成为皇宫的通称，英文“palace”一词就来源于此。

图2-4 图拉真纪功柱

在宗教建筑（神殿和神庙）方面，罗马人多模仿伊达拉里亚样式和希腊样式的庙宇建筑。卡庇托林大神庙（Capitol）为一种木石结构建筑，公元前509年左右建于最神圣的卡庇托林山岗，用以供奉最受崇拜的朱庇特主神、朱诺女神和米涅瓦女神。它的建筑风格属于伊达拉里亚式，呈正方形，与长方形的希腊神庙建筑相区别。伊达拉里亚建筑样式几乎是正方形的，而且有很深的柱廊。而希腊样式多为长方体柱式建筑，柱廊与柱廊之间的距离缩短了；根据神庙柱顶的不同，又可以区分为简单质朴的多利亚式、典雅柔和的爱奥尼亚式和雍容华贵的科林斯式。

相比之下，罗马建筑属于混合型，没有固定的样式。共和国晚期以后，罗马人受希腊风格影响日甚，其宗教建筑也有许多高大的石柱环绕，并由正方形向长方形过渡。他们还从亚洲以及埃及带回了拱形建筑风格，以拱门、拱顶和圆顶为标志的建筑样式，唤醒了长期受正统的希腊直线形压抑的早期朴素传统。这样，他们不仅崇尚大理石材料，还创造了属于自己的曲线式建筑，实现了实用、力量与美三者之间的和谐统一。这是古朴典雅与野蛮武力相融合的产物。其中，罗马女灶神维斯塔神殿是独具特色的圆形神庙建筑的代表作。罗马建筑风格既粗

① 参见（古罗马）苏维托尼乌斯著《罗马十二帝王传·奥古斯都传》，张竹明等译，北京：商务印书馆，1995年。

犷野蛮，又极富创造性，充分体现了罗马人崇尚权力、宣扬战功的民族精神。他们偏爱庞大豪放、崇高骄傲与堂皇典雅融为一体的帝国风范，供奉朱庇特等神的万神殿（Pantheon）就是神庙建筑的杰作。它最初由奥古斯都的女婿阿格里巴所建，118～128年哈德良皇帝（Publius Aelius Hadrian，117～138年在位）则予以重建，由原来的长方形改变为通体浑圆的穹隆式殿堂，拱顶形成完美的球面状。万神殿圆顶之下除了边墙外，地上没有任何支撑物，给人以高大空旷、出神入化的奇妙感觉。这是空间跨度最大（直径42米）的古代建筑，是天下一统的罗马帝国威力的象征。文艺复兴以后数百年间，万神殿一直是西方建筑竞相模仿的对象①。

三、公共设施（公共工程）

公共设施（道路、桥梁、水道、集议场和浴池）在罗马建筑中享有盛名。由于长期战争和国内政治的需要，罗马人非常注重公共工程建设，其建筑风格不尚美丽典雅，而是考虑朴素严谨、坚固实用。早在公元前312年，他们就开始用硬石灰石砌成第一条长达16公里的地下引水道工程，把泉水从东郊引至罗马城内，解决城市用水不足的矛盾。为了农业灌溉的需要，他们又在城郊修建了最有特色的市政设施——地上引水道工程（水道桥），形式如同一般建筑，下面有许多半圆形拱门，上面是一条带凹槽的水沟，可以将水从一地输送到另一地，有效地解决灌溉用水问题。罗马人还十分重视道路建设，过去为群山和荒野阻隔了的大陆，现在开拓出无数条纵横交错、四通八达的“罗马大道”。借助于连接各地和跨越欧、亚、非三大洲的公路大动脉，罗马成为向四周辐射的交通网络的中枢。西方谚语说“条条大路通罗马”（all the roads lead to Rome），本意就是指罗马大道把整个帝国连成一个整体。大道沿线每隔1罗马里（约1000步）即设一标志牌，标明距离下一座城市的里程等信息。公元2世纪，帝国境内有372条大道，总长度约为8万公里，可以环绕地球一周。其中有两条代表了古罗马道路建设的最高水平，一是罗马直达卡普亚的阿庇乌斯路，全长212公里；另一条是弗拉米里乌斯路，长达368公里。

罗马人非常重视集议场（城市中心广场）建设，公元前7世纪末6世纪初就修建了罗马广场。广场南面的帕拉丁山是贵族聚居区，平民们经常在广场东北角元老院附近的一块空地上举行集会，所以“广场”（forum）一词便有了“论坛”、“讲台”的含义。后来，在罗马广场旁边陆续兴建了许多广场，很讲究布局结构：“在市中心，有两条主轴线：南北和东西，成直角相交。在交

---

① 美国人对古典文化尤其罗马文化的崇拜，大大地超过了他们的欧洲前辈，现代美国社会生活中有许多这种膜拜的痕迹。除了把首都华盛顿市中心的国会山和国会大厦称为“Capitol”，以及把古典文化列为学校的必修课外，在崇尚武力和霸权主义方面，他们是斯巴达人和罗马人的忠实信徒。

点上建造广场：城市生活最主要的地点。广场呈长方形，周围有大门，在门的周围根据一个严格的轴，分布着神庙（宗教中心）、会堂（商业和司法中心）和元老院（政治中心）。”[①]为了纪念战胜布鲁图斯[②]，替恺撒复仇，奥古斯都广场中心树立起马尔斯神庙，因为战神决定了战争的胜负。广场一个比一个豪华气派，广场附属建筑更是凝聚了建筑艺术的精华，“既展示了罗马建筑和艺术的发展脉络，又体现了古典精神的内蕴”[③]。从考古发掘出来的庞培古城遗址来看，集议场建筑在十字路口，虽然不是很大，但它的布局、造型和结构蔚为壮观[④]。奥古斯都广场为白色的大理石柱廊所环绕，柱廊间、殿堂里、半圆形凹廊中，耸立着一系列罗马历代英雄人物塑像，突出了爱国主义教育的政治意义。

图 2-5 罗马水道桥工程

浴池是一种典型的罗马发明和富有特色的公共设施之一。人类有着悠久的沐浴文化历史，罗马人具有良好的卫生习惯，几乎每一个城市都修建了公共浴池，而罗马城一地就有 16 座大型公共浴室，这是古代世界罕见的。罗马浴池的概念不仅仅是沐浴的场所，它往往是一座结构复杂而又豪华的建筑，具有多重功能。如它有供浴前运动或游戏的回廊，有湿度不同的暖气房，供洗浴用的浴池和日光浴室，还有酒肆、茶馆、餐厅、图书馆等，显然是健身、休息、与朋友聊天的绝佳去处。由于罗马贵族和平民都把公共浴池当作生活享受、社会交际和政治活动的重要场所，它更像是一个俱乐部。公元 3 世纪建造的卡拉卡拉大浴场是古罗马最大的建筑群之一，主体部分包括冷水浴、温水浴和热水浴三个大厅，此外还有花园艺廊、喷泉、图书馆、运动场、按摩室等场所。它的规模十分宏大，总面积达到 26 000 平方多米，可同时容纳上千人沐浴。而更大的戴克里先浴场，最多可以容纳 30 000 人。

---

① (法) 德比奇等著《西方艺术史》，徐庆平译，海口：海南出版社，2002 年，第 56 页。

② 布鲁图斯（Marcus Junius Brutus，公元前 85 ~ 公元前 42），罗马贵族派政治家，刺杀恺撒的主谋，与屋大维交战失败后自杀。

③ 沈之兴、张幼香主编《西方文化史》，广州：中山大学出版社，1997 年，第 75 页、第 77 页。

④ 公元 79 年 8 月 24 日，维苏威火山突然爆发，地球深处的岩浆等从裂缝中喷涌而出，西临那不勒斯湾，距维苏威火山只有 10 英里（约 16 公里）之遥的庞培城，两天以后就被灰尘、砾石和岩浆深埋地下。1748 年 3 月，古城遗址被发现。经过 200 多年的发掘，庞培城才得以逐渐重见天日。

四、纪念建筑和娱乐场所

图2-6君士坦丁凯旋门

这是现存最大的凯旋门，通向罗马的宗教中心卡庇托林亚山丘，为了纪念君士坦丁大帝（306～337年在位）对马克森提乌斯战争的胜利以及当政十周年而建。

成熟时期，罗马建筑具有实用、坚固和美观三个基本要素。罗马人好大喜功，他们用冰冷坚硬的大理石建造神殿、庙宇和公共设施，既表现出庄严雄伟的艺术特色，又体现出重要的军事价值，因为高大坚固是绝好的战时工事。他们在很大程度上秉承了斯巴达人崇尚武力的遗风，在欣赏角斗场中残酷的肉搏厮杀的同时，不惜人力、物力，建筑象征权力和威严的宏伟纪念物（凯旋门和纪念柱），为凯旋的将士举行隆重的入城仪式，为远征归来的军事统帅歌功颂德。将军身披锦袍，头戴荣冠，乘上战车，元老为其前引，公民夹道欢迎。凯旋式是对赢得胜利的将帅们的最高褒奖，也是对公民爱国热情和尚武精神的最好激励。81年，提图斯皇帝（Titus，公元79～公元81年在位）为纪念镇压耶路撒冷犹太人起义的胜利，在罗马首次建筑了提图斯凯旋门。起初，凯旋门只是临时修建起来的木质结构建筑物，共和国晚期，尤其是帝国时期，演变为用大理石构造的永久性纪念物，成为奢侈豪华，特别是宣扬战功的象征。为了庆祝征服达西亚（今罗马尼亚），图拉真皇帝（Trajanus，公元98～公元117年在位）让最著名的建筑师阿波罗多鲁斯在罗马修建了一个规模宏大的图拉真广场，中央矗立着“图拉真纪功柱”。圆形大理石石柱通体高达40米，顶部是图拉真立像，下面四周雕刻了23圈螺旋形浮雕饰带，总长度为200米，上面刻画的人物形象超过2500个。

由于受希腊文化的影响，罗马人建筑了许多剧场、角斗场等娱乐场所。公元前55～公元前52年，庞培城的石造剧场是最早的露天剧场。帝国时期，罗马奴隶制经济走向全面繁荣。80年，罗马人在尼禄皇帝（Nero，公元54～公元68年在位）“金殿”的废墟上建成科罗西姆（Colosseum）圆形大剧场，这是古罗马最宏伟的建筑工程，它的外墙高48.5米，长188米，宽155米，总面积约达29 000平方多米；观众席位环绕舞台而设，舞台长86米，宽57米，是现代体育场馆建筑的雏形。虽然它比希腊化时代的希腊剧场5～10万人的规模要小，但依然可以容纳5万名观众同时观剧，超过古典时代希腊剧场1～3万人的容量。剧场四周有80座拱门，将它们隔开的立柱都饰有凸起一半的壁柱。一、二两层采用巨型石柱、石墙，既有多利亚式，又有爱奥尼亚式，还有科林斯式；三、四层全部用水泥砌成，坚固程度自不必说。所以，罗马谚言说：“科罗西姆永不倒”。

图 2-7 科罗西姆竞技场

科罗西姆大剧场的作用不仅用来观剧，而且也被当成角斗表演的场所，又称“角斗场”。古罗马是依靠武力建立起来的奴隶制大帝国。为了保证奴隶来源，保持奴隶制经济活力，罗马人在对外战争中俘虏了大量奴隶。大部分战俘奴隶被广泛运用于社会生产的各个领域，而那些身强体壮的奴隶往往被送进角斗士学校，充当供奴隶主阶级观赏表演的角斗士。罗马时代，奴隶完全不被当人看待，他们仅是主人的私有财产，没有任何生命保障。在角斗场上，奴隶们之间不得不相互厮杀，同时还被迫与狮子、老虎、豹、熊等野兽搏斗。由于全身裸露，肉体没有任何保护，角斗士不是被同伴刺死，就是被野兽咬死。据说科罗西姆大剧场落成庆典时，曾连续举行一百天角斗表演，其中一天之内竟有 9000 头动物被杀，另一天有3000 名角斗士死于非命。罗马统治者公开宣称，这种角斗表演可以激励公民们“以受伤为荣、视死如归”的尚武精神。大剧场建成后，经历了一次火灾、三次大地震，见证了罗马帝国的衰亡。当时又有一则罗马谚语说：“圆形大剧场倾覆之日，将是罗马帝国灭亡之时。”

第七节　罗马的法学、史学与科技

一、罗马法与罗马法学

法（jus）是社会生活中最重要和最高的法律行为规范，即在一定范围内为维护所有者利益而对个人行为规定限度的强制性规范。罗马法律（lex）和法学理论（jura）是罗马民族最宝贵的制度文化财富，也是他们对世界文化史的最卓越贡献。他们继承和发展希腊人的思想，认为法律体现了社会的正义与道德，法律的目的是为了使人类“正直生活，不害他人，各得其所”。罗马帝国是农业文明阶段上最典型的军事官僚集权制国家，它的奴隶制度达到相当完备的程度，奴隶制法制建设构成国家机器的核心内容。罗马法的产生和完善，标志着人类文明的巨大进步。

罗马法有广义和狭义之分，广义的罗马法指罗马历史上的整个法律制度，狭义的罗马法仅指罗马民法。罗马法本身包括了三个不同层次的内容。

第一层次，从形式上可以区分为成文法（jus scriptum）与不成文法（jus non scriptum 即习惯法）两种形式。王政时期以来，罗马只有习惯法，没有成文法，在法律和习惯之间没有明显区分，法官往往因循旧例裁判。由于平民在城邦政治生活中没有发言权，习惯法只是拥有特权的贵族阶级意志的体现。公元前 451 ~ 公元前 450 年公布的《十二铜表法》（*Twelve Tables of Law*），虽然是简单、保守的法律，但在一定程度上限制了贵族阶级的司法专横行为，体现了以法治国的精神，标志着罗马人从习惯法走向成文法的开端，具有重要的历史意义。

第二层次，从性质上可以区分为公法（jus publicum）和私法（jus privatum 即民法）两种形式。所谓“公法”是指保护整个国家和公共利益的法，即有关国家稳定的法，具体的有调整宗教祭祀活动和罗马国家机关活动的法律规范。所谓“私法”是指保护一切私人利益的法，即涉及个人利益的法，主要指调整所有权、债权、家庭婚姻与继承关系的法律规范。

第三层次，从私法的角度可以区分为民法（jus civile 或 civil law）、万民法（jus gentium 或 law of nations 或 law of peoples）和自然法（jus naturale 或 natural law）三种不同的形式。

民法（市民法或公民法）是罗马及其公民的法律，主要用以调节罗马公民（市民、自由民）之间的关系，包括习惯法、《十二铜表法》和一些新制定的法律，缺乏完整的体系。起初，罗马人主要借助于习惯法来调整人与人之间的关系，解释习惯法的权力操纵在贵族手中。后来，平民掀起反对贵族的斗争，通过屡次的集体退出公民公社和罗马军队的“撤离”运动，迫使贵族逐渐做出让步，《十二铜表法》就是对贵族滥用职权、随意解释习惯法行为的限制。

随着早期政治斗争的深入，罗马不断公布新法案，也就使法律日益得到修改和充实。罗马制定法律主要通过两个途径：一是百人团会议（comitia centuriata）立法。先由高级官员拟定法律申请书，再由百人团会议做出议决，最后经元老院批准，并以提交法律草案的官吏的名字命名。二是平民会议（concilium plebis）立法。公元前 287 年的《霍尔滕西法》（Lex Hortensia）确认平民会议决议具有普遍的法律效力，从而使它成为罗马最主要的立法机关。帝国时期，立法程序已经发生改变，不仅元老院形同虚设，公民会议无法召开，而且立法大权完全由皇帝独揽，大法官也唯命是从。皇帝的敕令就是主要的法律来源，包括他对全国发布的有关公法和私法的各种命令，关于法官裁判案件的指示，对官吏的训示以及就公民询问的法律事项所做出的批示等。从内容和涉及范围来看，公元前3世纪中叶以前，罗马法律都属于民法，其中公法内容居多，具有比较原始、注重形式和范围狭窄等特点。

万民法是适用于帝国境内各民族以及外籍人的法律，是在罗马奴隶制经济高度发展条件下形成的法律规范，主要调整以所有权和契约关系为核心的财产关系，实际上是罗马帝国统治范围内的国际法，因而具有普遍的意义。随着帝国的扩张和殖民政策的推行，罗马对异邦人的统治越来越重要，而古老的罗马民法难以适应新的形势的要求。公元前366年，罗马设置最高裁判官（大法官），专门负责受理罗马公民之间的民事诉讼。公元前242年又增设一个最高裁判官，专门受理罗马公民与外邦人、外邦人与外邦人之间的诉讼案，于是出现了同时并存的城市裁判官（praetor urbanus）和外事裁判官（praetor peregrinus）两种职位。内事裁判官依据体现“公平合理”原则的“最高裁判官法”进行民事裁决，外事裁判官所依据的法律也只能是过去的民法。由于民法中公法的内容较多，而外事裁判多与公法内容无涉，民法就朝着更加独立完善的方向发展。共和国末年，异邦人经过长期的斗争，特别是经过“同盟战争”，终于迫使罗马元老院同意将公民权[1]向所有意大利人开放（公元前89年），并继续扩大适用范围。这样，内事裁判与外事裁判逐渐合流，民法逐渐成为普遍适用于帝国境内一切自由民的法律，称为“万民法”[2]。

3世纪以后，罗马法在内容上并无新发展，只是在形式上进行归纳总结，主要特点体现在法典编纂上。早期编纂工作由法学家私人承担，其中以《格列高利恩鲁斯法典》最为著名。从东罗马（拜占庭）皇帝狄奥多西二世（408～450年在位）起，官方开始编纂法典，438年罗马帝国颁布第一部正式法典《狄奥多西法典》（*Codex Theodosianus*，16卷），主要是4世纪初以来诸皇帝的法令集成。拜占庭皇帝查士丁尼（527～565年在位）极力重振昔日罗马帝国的雄风，一方面积极实行改革，缓和阶级矛盾；另一方面设立专门委员会，编纂罗马法，形成了包括四种法律文献在内的《民法大全》（*Corrpus Juris Civilis*）[3]，使罗马法朝着系统化方向发展。

《民法大全》是欧洲历史上第一部系统完备的法典，它维护奴隶制度

---

① 罗马公民权的内容，通常可分为公权、私权、家族权三个方面。公权是公民参政之权，主要包括选举权与被选举权；私权则指婚姻、财产、遗嘱、诉讼等权，公民凭此可在私法中得到国家的全面保护；家族权包括家长之权、夫权和收养子女之权，它是罗马特别重视家族的法权传统的体现。

② 朱龙华著《罗马文化与古典传统》，杭州：浙江人民出版社，1993年。

③（英）尼古拉斯著《罗马法概论》，黄风译，北京：法律出版社，2000年；
（意）彭梵得著《罗马法教科书》，黄风译，北京：中国政法大学出版社，1992年；
（意）格罗索著《罗马法史》，黄风译，北京：中国政法大学出版社，1994年。

和私有财产制度；它把君权和神权结合起来，宣称君权神圣化，并规定皇帝有保护东正教的特权，于是拜占庭逐渐发展成神权君主国。罗马法不仅严格界定法律主体的权利和义务，而且阐明了相关法理，即为人们提供了行使权力和承担义务的法律依据。罗马法学多与罗马私法相联系，赤裸裸地表明自己是维护罗马自由民阶级利益的法律。罗马私法把每个公民的私人权利看成国家和社会生活的最高准则，并将私人权利当作公权的要素和基础。成熟的罗马私法通常被分为人法、物法和诉讼法三大部分，其中物法是私法的核心，确立了私有财产不可侵犯的法律地位。

作为法学理念和哲学思想的产物，自然法是自然和社会的理性和正义的秩序，理论上是关于包括人类和所有动物在内的全部生物界同受支配的法则。“它不是司法实践的产物，而是哲学的结晶。”①罗马法精神主要来源于古希腊哲学中的自然观，自然理性本身蕴含着为罗马政治生活所需要的法的原理和戒律。公元前146年，罗马人正式将希腊变成罗马帝国的海外行省之一。从此，他们更直接、更广泛地接受希腊文化的影响，把希腊人文精神改造成为适应帝国需要的统治形式，从而形成了严格的法律原则。罗马斯多噶派哲学家们敏锐地认识到，在人类之外存在着一种必须服从的、单独或集体的力量，罗马精神的重要标志就是服从意识；人们应当在伦理上追求符合“自然理性”的道德生活，在政治思想上追求世界国家的政治理想：人人生而平等，都享有为任何人不能剥夺的一些基本权利；人人都以兄弟相称，都是世界公民。西塞罗将古希腊的自然法学说引入罗马法学之中，他自认为是斯多噶派的门徒，主张自然界存在着一种普遍法则（清规戒律），它具有永恒不变、与自然并行不悖、适用于所有人的正确性；自然状态是一种为理性所控制的和谐状态，而理性是人人所共有的一种属性，并非罗马公民所独有；罗马法以追求“公平合理”为最高原则，同样适用于天下万民。罗马时期的文学作品，也反映了希腊哲学中的人文精神和罗马法中的“天赋观念”。

完整的罗马法体系不是通过正常的立法程序，而是通过法学家和法律学说推动而完善起来的。罗马人崇尚法治，法律是他们的治国之本。古罗马流行着这样一句谚语：“法学家创造了罗马法。”罗马很早就出现了律师和法学家，并产生过许多法学派，以盖约、巴比尼安、包鲁斯、乌尔比安、莫特斯丁，即“法学五杰”最为著名。他们所完成的《法理概要》等法学专著是罗马法的重要来源之一。罗马产生了世界上最早的律师制度，也推动了罗马法的发展。帝国前期，罗马法学家开始以律师身份参与司法实践活动，向当事人提供法律帮助。庭审中新引入的程式诉讼让诉讼当事人双方都能比较自由地充分陈述意见，辩论就成为决定诉讼结果的重要因素。1135年《民法大全》在意大利得以发

① (美) 勒纳等著《西方文明史》(第Ⅰ卷)，王觉非等译，北京：中国青年出版社，2003年，第189页。

现，被保存下来的罗马法开始复兴。作为重要的历史文化遗产，罗马法是以私有制为基础的法律的最完备形式，对现代西方社会产生了广泛而深远的影响。它是构成现代大陆法系的重要基础，如 19 世纪初拿破仑皇帝正是以罗马法为依据颁布了《法国民法典》。虽然包括英国、英联邦国家、美国在内的英语国家与罗马法之间没有直接的渊源关系，但不列颠法系也从罗马法有关契约、债务和继承制度等内容中吸取了营养。不论大陆法系还是不列颠法系，它们都吸收了罗马法的陪审制度、律师制度以及诉讼原则。正如一个美国法学家所承认的那样："尽管罗马帝国的人口或许为 5 千万，但现在有 8 亿 7 千万人生活在由罗马法所造就体系之下。"①

二、秉承传统的历史学

罗马人是个朴素的、讲求实际的民族，他们从立国到公元前 3 世纪中期以前的 500 年间，竟没有出现过一个从事精神文化研究的历史学家，而在丰富多彩的希腊文化遗产面前可谓是坐享其成。不仅最初的罗马史是由希腊史学家撰写的，早期罗马史学家也是用希腊文来写作的。在超越意大利本土的布匿战争期间，罗马人在面临着生死存亡的严重关头，开始了民族的自我反思，这就是罗马史学产生的社会背景。"最古老的历史家"毕克托（Fabius Pictor，约公元前 254 ~ 公元前?）用希腊文撰写《罗马史》，内容始于神话传说中的埃涅阿斯，并对第二次布匿战争（公元前 218 ~ 公元前 201）进行了详细记载。正是在这次战争中，罗马人才开始大规模地吸收希腊文化。当公元前 2 世纪中叶地中海成为罗马的大内湖时，已经没有一个大国能与罗马相抗衡了。作为罗马征服地中海的结果，成千上万的受过教育的希腊人却被迫沦为罗马的奴隶。"这一人口流入加速了早在罗马与南意大利的希腊城邦接触时就已经开始的希腊化进程。"②

罗马史学的真正奠基者是贵族出身的加图（Marcus Porcius Cato，公元前 234 ~ 公元前 149），又称老加图或监察官加图。他热爱罗马，奉行"罗马至上"，坚定地维护罗马的文化和传统，激烈反对希腊文化和生活方式的影响，首开拉丁史学之先河。他用拉丁文写作撰写的《罗马历史起源论》或称《创世纪》（7 卷），被称为第一部真正的罗马史著作。

在早期罗马史家中，政治家与军事家恺撒（Julius Caesar，公元前 100 ~ 公元前 44）占有一席之地。他擅长演说，文笔优美，是才华出众的散文作家。他以第三人称的形式，假他人之口，写作了《高卢战记》（8 卷），委婉、曲折地为自己的海外战事辩白，目的在于标榜作者在高卢地区的武功文治。由于

① （英）巴洛著《罗马人》，黄韬译，上海：上海人民出版社，2000 年，第 227 页。
② （美）佩里主编《西方文明史》（上卷），胡万里等译，北京：商务印书馆，1993 年，第 160 页。

他以客观冷静的态度来叙述事实，《高卢战记》不愧为一部信史和战争实录，尤其关于日耳曼人的记录更是不可多得的原始资料。他的《内战记》（3卷）一书记述了他战胜庞培及其党羽的经过，其史料价值比《高卢战记》稍有逊色。

李维（Titus Livius，公元前59～公元17）是罗马帝国初期最著名的史学家，出生于意大利北部的帕多瓦城。他以毕生的精力完成鸿篇巨制《罗马自建城以来的历史》（简称《罗马史》，共142卷），开创了西方历史著作的通史体例。它上起罗马立国，下止屋大维逝世，时间跨度近800年，是一部名副其实的“罗马人的全史”。他的著作具有很高的史料价值，是研究罗马史的必读参考书。他像老加图一样，把历史当作一面镜子，认为历史的功用在于垂训后世[①]。作者在序言中说：“必须穷本溯源，追叙七百多年的史事；而罗马的史事，初如涓涓细流，继则为滔滔江河，终于汇成汪洋大海，其瑰伟奇谲，亦难以尽述。”[②]他在《罗马史》中极力颂扬罗马英雄人物和民族精神，激发人们的爱国热情。

图2-8 政治家与军事家恺撒

曾任高卢总督，是罗马帝制的重要开创者和独裁统治者，后遇刺身亡。

塔西佗（Publicus Cornelius Tacitus，55～120）是古罗马最伟大的历史学家之一，其地位相当于希腊历史上的修昔底德。他的父辈属于富有骑士阶层，他本人历任财务官、大法官、执政官和外省总督等要职。他的著作主要有五种：（1）《关于雄辩术的对话》采用西塞罗风格讨论了文风演变及其与罗马政治的关系；（2）《阿古利可拉传》为他的岳父、曾任罗马执政官和不列颠总督的阿古利可拉歌功颂德；（3）《日耳曼尼亚志》是第一部关于日耳曼人的专著，涉及日耳曼诸部落的起源、分布地区、社会生活、宗教习俗等情况，具有很高的史料价值；（4）《罗马史》（12卷）基本上是一部信史实录，年代范围起于公元68年尼禄皇帝之死，止于图密善皇帝（Domitian，公元81～公元96年在位）去世；（5）《罗马编年史》记述了公元

① 李维、塔西陀和撒路斯提乌斯（Sallustius，公元前84～34）合称为古罗马三大史学家，后者的传世之作是《喀提林阴谋》和《朱古达战争》。

② 郭圣铭编著《西方史学史概要》，上海：上海人民出版社，1983年，第43页。

14年提比略皇帝（Tiberius，14～37年在位）继位到尼禄之死的史事。作者文笔含蓄凝练，以简洁的语句表达深刻的思想。他认为历史写作贵在真实，历史的最高职能在于赏善罚恶，作家不应以个人的好恶而有所偏私。现代史家认为，《罗马史》和《罗马编年史》最能反映塔西陀的史学观点和写作风格。从李维到塔西陀的发展，犹如希腊从希罗多德到修昔底德的演变，而塔西陀直接继承和发展了古希腊史学中修昔底德的正统史学。

三、蓬勃发展的科技事业

帝国初期，罗马奴隶制经济以农业为主，农业科技非常发达，从而造就了三位著名农学家。

（1）老加图出身于意大利的图斯库鲁姆的一个富裕农民家庭，从小生长在农村。他不仅是著名的政治家、演说家、历史学家和拉丁散文奠基人，也是第一位罗马农学家。他的保存完整的唯一著作《论农业》（*De Agriculture*）是罗马第一部关于农业的专著，总结了农业生产经验，提供了有关罗马奴隶制经济、罗马人日常生活和风俗习惯的宝贵资料。同时，它也是保存至今最古老的罗马拉丁语散文著作。

（2）瓦罗（Marcus Terentius Varro，约公元前116～公元前27）晚年专心治学，颇有成就。他力图用罗马精神改造他所掌握的希腊文化宝藏，一生写出著作74种620卷，涉及天文、地理、航海、算术、语言、历史、哲学、宗教、农学、医学，成为一位无所不通的学者，被称为古罗马著名的语言学家、史学家、诗人、农学家和数学家。80岁那年，他为他的妻子完成了三卷本对话体农业专著《论农业》（*Rerom Rusticarum*），在吸收许多实践经验的基础上，总结了罗马农业科技成果，着重反映了公元前50年代前后的农业状况，提出了农业问题的有关见解，在农业经济史上占有重要地位。

（3）罗马化的西班牙人科路美拉（Lucius Junius Moderatus Columella）是公元1世纪的农学家，他在西班牙和意大利拥有庄园，对农学和畜牧学颇有研究，并在旅行各地、观察实验的基础上，写成12卷本《论农业》（*De Re Rustica*）。这部农学专著不仅涉及农牧业生产技术和管理经验，也论述了社会经济关系，对中世纪的庄园管理产生过影响。

在医学方面，盖伦（Claudius Galenus，130～200）对后世有较大的影响。他出生于小亚细亚的帕加马，对解剖学、生物学、病理学、治疗学、药物学均有研究，生平著述据说有131部之多，现存83篇。他先在亚历山大学医，后到罗马行医，出任过奥勒略皇帝（Marcus Aurelius，161～180年在位）的宫廷御医。他把古希腊的解剖学与医学知识加以系统化，将神经区分为运动神经、感觉神经和混合神经三类，提出“三灵魂说”，即认为“生长灵魂”为一切生物所共有，“感觉灵魂”为一切动物所拥有，而“理性灵魂”为人类所特有。“三灵魂说”又称为“三灵气说”（自然灵气、活力灵气和灵魂灵气），是最早的关于人体生理机制的理论，它在以后1500多年中一直支配着西方医学界。当时，罗马统治者禁止进行人体解剖，盖伦在对猕猴等猴类动物做解剖实验的基础上，写成《解剖过程》、《身体各部的机能》等解剖学著作，对人体结构做出科学的分析。他是古典医学理论的集大成者，对中世纪欧洲和阿拉伯医学产生了支配性影响。

百科全书式作家老普林尼（Gaius Plinius Secundus，23～79）在综合研究方面值得一提。他出生于意大利北部的中等奴隶主家庭，属于骑士阶层。完成学业后，他既为仕途而忙碌，又勤奋著述，似乎是当官做学问两不误，但却终身未娶。他后来前往维苏威山区了解火山大爆发情况，因含硫气体中毒而死（79年8月24日）。按照他的遗嘱，罗马政治家和作家、他的外甥小普林尼（Gaius Plinius Secundus，61～113）被指定为他的养子。老普林尼一生手不释卷，学习刻苦，善于观察和思考，勤于记录和积累资料。他死后留下的笔记有160卷之多，皆以蝇头小字抄录。其一生完成了《关于骑兵投掷长矛》、《演说术初阶》（3卷）、《费解的词》（8卷）、《在日耳曼的战争》（10卷）、《波姆波尼乌斯·塞孔都斯的生平》（2卷）、《续阿乌菲迪乌斯·巴苏斯所著历史》（31卷）和《自然史》（37卷）等七部书，除《自然史》外，其余六部或已散失，或仅存残篇。《自然史》鲜明地体现了帝国繁荣时代科技文化发展的特色，几乎把当时所知的各科知识都囊括其中。它记录了包括从天文学、物理学到地理学，从生物学、医药学到人类学，从动物学、植物学到农学，从绘画、雕刻到冶金等领域的近2万种事物，摘引、参考的古代文献达到2000多种，提到的罗马作家146位，非罗马作者327位。由此可见，罗马人是古代世界文化的集大成者。

第三章

神秘的中世纪基督教文化

第一节　基督教文化：神圣与超脱

“中世纪”由两个拉丁文词 medium 和 aevum 结合而成，英文称之为 middle ages，法国人则翻译为 moyen age，意思都是“中间的时代”。长期以来，中世纪几乎成为蒙昧、落后、倒退与黑暗的代名词，所以又称为“黑暗时代”（dark ages）。每一种文化无不打上深深的时代烙印。“中世纪”概念最早出现于文艺复兴时期，它是由佛罗伦萨人文主义史学家比昂多（Flavio Biondo，1393～1463）等人首先提出来的。当时，意大利人文主义者把古典文化与文艺复兴之间的历史时期看作两个文化高峰中的低谷。但是，中世纪的基督教文化和日耳曼文化，与古代希腊罗马文化一起，共同构成欧洲现代文明的源头。

在中世纪的一千多年历史中，以人本精神为核心的古典文明衰落，希腊罗马文化中体现出来的世俗价值逐渐被虚无飘缈的天国理想取而代之，富于智慧的哲学思考让位于以宗教关怀为特征的基督教神本精神；在基督教占主导地位的中世纪，人们拥有一个共同的、有形的现实世界，但是无形的理想世界却有无数个，它们主要存在于每个虔诚的宗教信仰者的心中。如果说人本、理性是古典文化核心的话，那么，神本、迷信则是以信仰为基础的基督教文化的主要特质。对于欧洲人而言，基督教是神圣的和崇高的，基督教精神文化具有独特的救赎作用，它们在某种程度上成为解释全部西方文化现象的关键因素之一。

人文主义者是希腊罗马古典文化的崇拜者，他们认为迄今为止人类发展经历了希腊罗马和文艺复兴这两个伟大时期，而中世纪（中古）则是这两个文化高峰之间的一个插曲。事实上，中世纪是西方历史发展的一个必经阶段。它承上启下，连接古代与近现代，现代性正源于欧洲的中古性，而现代文化和社会形态的特质相当程度上得益于中世纪的基督教精神文化①。可以说基督教作为

① （德）施皮茨莱编《亲吻神学：中世纪修道院情书选》，李承言译，北京：三联书店，1998年，中译本导言。

古典文明的继承者和保存者，是中世纪欧洲文明的核心内容。从文艺复兴时期开始，人们把整个世界史分为古代、中世纪、现代几个不同的发展阶段。从18世纪起，中世纪这一概念被西方学术界沿用下来。《大英百科全书》指出，中世纪标志着欧洲作为一种文化的出现，标志着一种独特的基督教文明的兴衰。

第二节　早期基督教的起源

基督教是信仰耶和华上帝为全知全能的和独一无二的神，信奉耶稣为“救世主”，信仰《新旧约全书》为基本经典，以及信仰“三位一体”说为基本教义的各个教派的统称，是世界三大宗教之一。“基督教”（Christianity）一词最初见于2世纪初安提阿的《致马格尼西亚教会书》①，特指尊奉耶稣为救世主的教派，与希伯来人的犹太教（Judaism）相区别。

1世纪初，基督教首先在巴勒斯坦的犹太人（Jews）中间出现，后来在叙利亚、小亚细亚和埃及一带广泛传播。早在基督教产生之前一两百年间，犹太下层居民中就开始出现笃信“救世主”（The Savor）的秘密教派，他们宣传“救世主”观念，相信耶和华（Jehovah，希伯来语“上帝”）将派“救世主”把贫困的、受奴役的人们从苦难中拯救出来。基督教大概就是从这些教派中形成的。希伯来语“救世主”称“弥赛亚”（Māshiah），古希腊语读作“基督”（Christos），所以“基督”就成为耶稣的称号，称耶稣基督或基督耶稣（Jesus the Christ）。

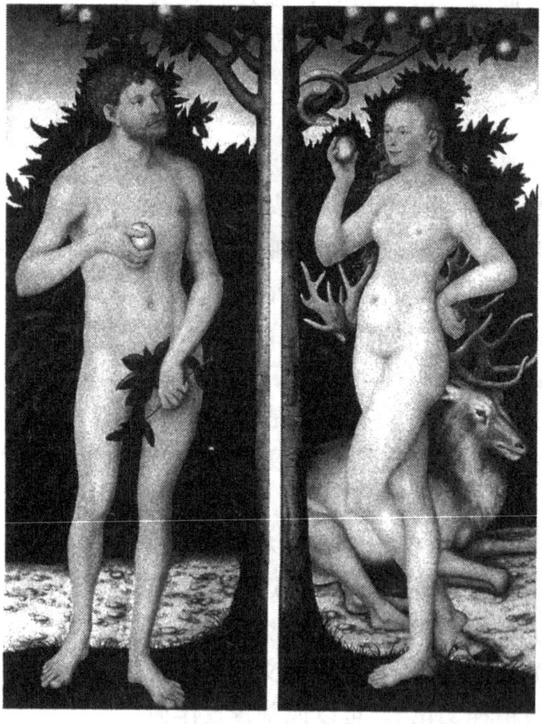

图3-1《亚当与夏娃》《圣经》说上帝为了有人帮助他照管伊甸园(Eden)而创造了最初的人类，可是亚当和夏娃经不住魔鬼的诱惑，偷吃禁果后被上帝逐出伊甸园。在这幅画中，德国画家克拉纳赫(Lucas Cranach the Elder, 1472~553)描绘了柔和的人体及与人物融为一体的背景。

根据《新约全书》四福音书，“太初有道，道与神同在，道就是神”。②耶稣是亚伯拉罕的后裔、大卫的子孙，从亚伯拉罕到耶稣共经过了42代。耶稣的母亲圣玛丽亚（Mary the Virgin）已经许配了约瑟（Joseph），但还没有迎娶过门，就从圣灵怀了孕。迦百利（Gabriel）天使分别向约瑟和圣母显现，说必有童贞女蒙神恩怀孕生子，人要称他的名为“以马内利”，意即“神与我们同在”；她从圣灵怀孕，将

①尼西亚（Nicaea），位于小亚细亚西北部的城市，即今土耳其的伊兹尼克（Iznik）。

②《新约全书·约翰福音》1:1。

要生一个儿子，取名为耶稣①。公元前6年罗马帝国进行人口普查，以此作为征缴人头税的依据。残酷的犹太王希律（Herod）下令，要求境内所有臣民必须在规定日期内回原籍进行注册登记，约瑟和玛丽亚家住巴勒斯坦北部加利利（Galilee）山区的拿撒勒村（Nazareth），他们不得不前往南方小镇伯利恒（Bethlehem，大卫王的故乡）登记。那里是约瑟的老家，位于耶路撒冷（Jerusalem）东南8公里处。当时，伯利恒市郊旅店已经客满，结果临产的玛丽亚把耶稣生在了一间破旧的马棚里。受父母信仰的影响，耶稣从小就成了一名犹太教徒。12岁那年，当他到耶路撒冷后，对在那里看到的犹太教感到失望，于是转向思考新的宗教信仰。30岁左右，他受新宗教先驱者约翰的启发，接受了“施洗者”约翰施行的“洗礼”，并逐渐形成了以“博爱”（fralernity）为核心的基督教信仰。这种新的宗教克服了犹太教的狭隘性和封闭性，深受处于苦难之中的下层群众的欢迎，因而很快传播到整个巴勒斯坦和小亚细亚。

第三节　《圣经》和三位一体教义

长期以来，教会宣称基督教产生于罗马皇帝奥古斯都和提比略统治时期。宣称耶和华上帝降圣灵于圣母，玛丽亚不婚而孕，把耶稣生在伯利恒的一个马棚里。传说，耶稣就是犹太人早先所预言的救世主，他作为神的化身和独生子，创立了基督教。为了拯救世人，耶稣由童贞女借着圣灵受孕而降生。他在巴勒斯坦地区传教，行了许多神迹，并在许多追随者中招收了12个门徒。耶稣说，一切忍受苦难的人死后都会升入天堂，而富人和剥削者升天堂比骆驼穿过针眼还难。他的传教活动引起罗马总督和犹太上层分子的恐慌，因而他受到亵渎上帝和自立为“犹太人的王”②的指控。33年4月3日，罗马派驻犹太地区第五任巡抚彼拉多（Pontius-Pilate，26~36年在任）逮捕年仅36岁的耶稣，并将他钉死在十字架上③。然而奇怪的是，根据《圣经》（*Holy Bible*）的记载，耶稣死后3天又复活，40天又升天了。他还要重新降临人间，审判死人和活人。4世纪，《尼西亚信经》认可这些关于耶稣生平事迹的说法，从而构成基督教主要教义的基础。

基督教崇拜上帝和耶稣，信守《圣经》，宣传博爱思想，它把教徒与上帝

---

①《新约全书·马太福音》1:1，1:17，1:20~21，1:23；《新约全书·路迦福音》1:28，1:30~31。

②《新约全书·马太福音》27:3；《新约全书·马可福音》15:26。

③十字架（Crucifix）作为基督教的标志，用两根木料交叉而成，原是罗马人用以折磨、拷问、处死叛逆者、奴隶和异教徒的刑具。如公元前1世纪斯巴达克起义失败后，约有6000多奴隶被钉死在罗马城大道的十字架上。自从耶稣受难后，十字架遂成为耶稣代人类受过的标志和爱人类的信物，也成为基督教信仰的象征，有“十字架的福音”之称，所以划十字礼就表示信仰、祈祷、献身或祝福的意义。

图3-2
《基督诞生》
取材于《圣经》故事，描绘了基督诞生的情景。作者尼德兰著名宗教画家康宾（Robert Campin，1378~1444）注重画面上的全部细节刻画，虽然缺少逼真的空间感觉，其画风却较为和谐。

之间订立的契约称为《新约全书》（*New Testament*），而把来自于犹太教的《圣经》称为《旧约全书》（*Old Testament*），它们共同构成基督教的最重要经典。《旧约全书》形成于公元前6~公元前2世纪，陆续用希伯来文书写而成，共有39卷，可分为古经（律法）、历史、文苑和预言四大类：①古经（5卷），包括创世记、出埃及记、利未记、民数记和申命记。从上帝创造世界万物和人类到古代以色列的传说、律法与教规等，据传为希伯来人先知摩西[①]所作，通称“摩西五经”。②历史（12卷），记述了以色列民族的兴衰史，包括约书亚记、士师记、路得记、撒母耳记（上、下）、列王记（上、下）、历代志（上、下）、以斯拉记、尼希米记和以斯帖记。③文苑（5卷），是有关宗教的哲理、诗歌、格言等的文艺作品，以大卫和所罗门[②]的作品居多，包括约伯记、诗篇、箴言、传道书和雅歌。④预言（17卷），为先知们所作，包括大先知书（5卷）、小先知书（12卷），大先知书指以赛亚书、耶利米书、耶利米哀歌、以西结书、但以理书；小先知书指何西阿书、约珥书、阿摩司书、俄巴底亚书、约拿书、弥迦书、那鸿书、哈巴谷书、西番雅书、哈该书、撒迦利亚书和玛拉基书。

《新约全书》用希腊文按照所谓的上帝的默示写成。全书共有27部，可以分为福音书、使徒行传、书信和启示录四大类。其一，福音书主要是耶稣基督的传记，包括马太福音、马可福音、路迦福音和约翰福音，合称“四福音”。其二，使徒行传是一部福音传播史，路迦从基督升天后不久开始写起，直到保罗在罗马传教为止。其三，书信包括保罗致各地教会的13封书信和其他书信8封。

---

① 传说摩西（Mosheh）是个能面见上帝异像、聆听上帝谕旨和传达上帝律法的人。“摩西”意即“拉出”或“水中救起的”。他出生时，以色列人正在埃及为奴。长大后，他因打死欺负以色列人的埃及人而逃往西奈半岛的米甸，并在那里娶妻生子，为岳父放牧羊群。他在西奈山上蒙上帝召见后，便率以色列人逃出埃及，穿过西奈沙漠和旷野，返回美好的迦南，即“流着奶与蜜之地”。他还接受了上帝授予两块刻有“十诫”的石块，这就是以色列人必须遵守的诫律。

② 公元前1013~公元前933年，大卫（David）和所罗门（Solomon）实现巴勒斯坦地区以色列王国和犹太王国的合并，希伯来人势力达到极盛。这在希伯来人历史上是第一次，也是仅见的一次。

其四，约翰在启示录中根据在拔摩岛上所见异象，“望穿时空，预言未来”①。《圣经》这部未经详尽考订的古代百科全书，涉及人类已有知识的各个方面，反映了古代社会不平等的社会现实和人们渴望自由的思想，日后成为西方许多诗歌、小说、音乐、绘画、雕塑的素材来源，具有相当高的宗教、历史、文学的研究价值，所以是不可多得的原始资料集。

根据《圣经》，基督教教义可以简单地概括为“三位一体”说：上帝是圣父（God the Lord），耶稣（Jesus）是圣子（独生子），圣灵（Holy Spirit）是上帝的“道”；他们是一个神而不是三个神，有三个位格，却是同一个本体。“按照我们的神学家们的代数方程，一等于三，三等于一。”②这种“奥秘”不可从科学和理性的角度来理解，只能依靠信仰来领悟和接受，主要含义如下：

第一，独一论（Unique）。上帝（神、天主）是全知全能的、独一无二的神和造物主，无形、无体，超越时空，为宇宙间万事万物和整个人类的创造者。

第二，转化论（Translation）。上帝降圣灵于玛丽亚，圣母感孕，“道成肉身”，降为世人，取名耶稣。所谓“道成了肉身，住在我们中间，充充满满地有恩典，有真理。”③

第三，救赎论（Atone and Rescue）。上帝派遣他的独生子耶稣降临人间，代人类受过，拯救人类，体现了上帝对人类的慈悲仁爱。

第四，复活论（Resurrection）。耶稣基督因人的出卖而受难，被钉于十字架。到了第三天，当信徒们去祭扫墓地时，耶稣奇迹般地复活了，又回到了他们中间。40天以后，他最后完成了在人间的使命，在橄榄山顶上被接升天了④。

第五，末日论（Judgment Day, Doomsday）。耶稣基督在千年以后将重新降临人间，进行庄严的末日审判。

耶稣基督的个人品质、经历、受难、复活，对穷人的关注以及对整个人类的挚爱，深深地吸引着那些处于社会最底层的人们，为人们在宗教中找到精神寄托。基督教在继承犹太教上帝观和犹太人历史观的同时，突出了上帝仁爱慈悲的思想，更加关心人的内心世界。由于受到原罪的束缚，人们相信凭借自己的力量无法克服自私、傲慢与邪恶的本性，只有敬畏上帝、信仰耶稣，虔诚地赎罪，才能达到摆脱罪孽的目的。基督教让人们感受上帝的现实存在，鼓励直接与之交往，真正走上通向天国的救赎道路。

基督教一经产生就遭到官方的无情镇压，因为它宣扬平等和阶级对立的思想，认为穷人上天堂之路畅通无阻，而富人根本无法上天堂，这种激进的反叛思想

① 参见张久宣编《圣经故事》，北京：中国社会科学出版社，1982年，第1~4页。

② （法）霍尔巴赫著《袖珍神学》，单志澄、周以宁译，北京：商务印书馆，1972年，第35页。

③《新约全书·约翰福音》1:14。

④《新约全书·马太福音》27:35，28:7~9；《新约全书·马可福音》16:6，16:9。

图 3-3《末日审判》

意大利佚名画家取材于《圣经》，表现的是关于基督千年后将重新降临世间审判人类的恐怖景象。这幅中世纪教堂镶嵌画与大多数中世纪宗教画一样，由于受到神学思想的束缚，画面上的人物表情呆滞、僵化，缺少真实感。

危及到罗马统治。但是，基督教因其内在魅力和其客观因素而逐渐为各个阶层的人所接受，并于313年取得了合法地位，392年变成了罗马帝国国教。在走向合法化的过程中，早期基督教曾遭到罗马帝国的残酷迫害，主要有四个阶段：①64～250年。尼禄皇帝时期的迫害是局部的，没有酿成大杀戮。②250～260年，罗马皇帝戴克优斯（249～251年在位）、伽路斯（251～253年在位）和瓦勒良（253～260年在位）相继发布禁令，大肆迫害和屠杀基督徒。③260～313年。戴克里先皇帝（284～305年在位）掀起了一场最残酷的迫害运动，导致部分教徒放弃信仰，但同时也坚定了那些最虔诚信徒的决心，出现了许多新的皈依者。④313～390年。君士坦丁皇帝承认基督教的合法地位，狄奥多西皇帝（377～395年在位）则将它立为国教，加速了帝国境内基督教运动的发展。

“尽管基督教的创新、排他主义和罪恶理论在很大程度上有助于解释它的成功，但作为一种宗教，它最大的吸引力或许和它的其他特征有关，即基督教关于人类得救的观念，它的社会成分与组织结构。”[①]基督教从非法的地下宗教迅速发展为世界性宗教的真正原因主要有三点：第一，罗马帝国后期，社会生活相对安定，交通条件便利，使用希腊方言易于沟通感情。第二，希腊罗马文化活力逐渐衰退，这就为新的宗教思想的传播提供了客观条件。古典文化，尤其希腊文化中含有丰富的理性成分，但是它从来没有完全克服非理性因素，也不可能做到这一点。内心的反省和心灵的净化，同神秘主义思想相混合，给理性思考和科学发展造成阻力，却为具有神秘色彩的宗教意识传播奠定了哲学基础。尤其受希腊化时期犬儒主义、伊壁鸠鲁主义、斯多噶主义和怀疑主义的影响，神秘主义和宗教哲学在罗马帝国统治下的东方地区找到了适宜生存的土壤。第三，基督教是多种思想和精神因素相结合的混合物，具有普遍性、包容性的根本特点，这是它的内在吸引力。基督教继承了犹太教的“救世主”和一神思想，吸收了埃及、伊朗等东方国家的宗教思想，以及希腊人和罗马人的哲学思想。同时，它在吸收教徒方面不分种族、民族，不分财产状况，宣传平等、博爱的观

① （美）勒纳等著《西方文明史》（第Ⅰ卷），王觉非等译，北京：中国青年出版社，2003年，第207页。

念，为其发展成为世界性宗教奠定了更加广泛的社会基础和思想基础。

第四节　教派组织与各种制度

一、基督教三大教派

围绕着教义和教仪问题，基督教从形成之日起就产生了各种争论，并导致了几个结果：一是天主教信条逐渐固定下来，二是帝国东西部之间的分离加剧发展，三是罗马国家直接干预教会管理。基督教会又称公教会，在古代、中世纪、现代因教义和教仪之争而形成了多种不同的教派；及近代早期，基督教已经分裂为天主教、东正教和新教三大教派及若干其他小教派。

(1) 天主教（Catholicism）。1059年东西方教会大分裂，以教皇为最高统治者的罗马基督教沿用“公教”或“普世宗教”名称，中文译为“天主教”，以适应外来宗教本土化的现实需要。Catholicism一词源于希腊文Katholikos，意为“全世界的”、“普遍的”、“全基督教会的”，或“促进基督教团结的”。天主教特别强调炼狱，信守历次公会议信条。

(2) 东正教（Orthodoxy）。1059年与西方教会分裂后，自称为“正教”，源于希腊文Orthodoxia，意即“正统的”或“正宗的”宗教。信守前七次公会议信条。主要有君士坦丁堡、亚历山大里亚、安条克和耶路撒冷四大牧首区，中心最初为君士坦丁堡，后来转移到俄罗斯的基辅、弗拉基米尔和莫斯科。

(3) 新教（Protestantism）。从天主教脱胎而来，形成于1517年马丁·路德的宗教改革。倡导因信称义、人人都可为祭司和《圣经》具有最高权威的三大原则，根据各自情况确立了主教制（以安立甘宗为代表）、长老制（以加尔文宗为代表）和公理制（或称会众制，采取这种制度的有浸礼宗、公理宗、基督会）。新教是与天主教（旧教）相对而言的，在我国习惯地称为基督教。

二、世俗化的教阶制度

基督教是一种宗教信仰和组织，它通过一整套的教阶制度、组织机构，试图将全体社会成员即平信徒和神职人员纳入其中，形成一个稳固的文化共同体。基督教是一种具有普世意义的博爱宗教，基督教会把管理社会公益事业、个人伦理道德以及人生价值与追求等，都视为自己的神圣职责。为了体现上帝之爱，中世纪的教会还承担起慈善事业，除了在各地建立各类医院外，还设有专门的麻风病院、精神病院、孤寡收容所、盲人院、残废院等，用以关怀社会弱势群体，弥补本应由国家承担的社会福利的责任。

基督教产生后，最初有了僧侣与俗人的区分，随后才逐渐形成僧侣阶级内部的等级制度。一般的基督教徒称“平信徒”，他们平时在家须遵守严格的祷告和礼拜，也可以随时到教堂祷告、忏悔，每周还要到教堂集体礼拜一次，由专职神甫主持弥撒①。4世纪以前，基督教组织体制、崇拜仪式和圣礼基本上确定了下来②。

第一，从身份制度上看，基督教会神职人员可以区分为教士（Priest）和修士（Monk，Friar）、修女（Nun，Sister）两大类，“教士是指那些承拯救俗人灵魂、管理民众精神生活的”神职人员，他们分别主持和管理着大小不一的教区；修士（修女）是指离家出世，或在家索居，以苦行方式拯救自己灵魂的基督徒③。

第二，从管理体系上看，罗马教会形成了包括罗马教廷（Curia）、大主教区（Archdiocese）或教省（Province）、主教区（Diocese）、教区（Parish）等几个层次的管理机构。其中，教区是教会基层组织，一般只有一个教堂，负责周边村庄或城镇的宗教事务。如英国有坎特伯雷大主教区（下辖18个主教区）和约克大主教区（下辖3个主教区）。

第三，从等级制度上看，教皇（Pope，又称罗马教宗）与宗主教（Patriarch，东正教译称“牧首”）、大主教（Archbishop）或总主教（Primate）、主教（Bishop来自希腊文Episcopos）、大司祭（Archpriest大司铎）、神父或神甫（Priests）等，形成一套金字塔式结构。神甫主持教区弥撒并管理圣事，重要的教区还有助理神甫和教堂司事等神职人员。天主教（西派基督教）的中心在罗马，故称罗马公教或罗马基督教，核心机构教廷是设在罗马城西北角的“梵蒂冈城国”（The Vatican City State即教皇国）。

由于耶稣的门徒彼得和保罗都是在罗马殉道的，而且他们在基督教形成过程中起了重要作用，他们开创的事业据说由罗马大主教来继承，罗马大主教就被视为使徒事业的正统继承人和耶稣在世间的代表，其地位也在其他地区主教之上。大约从455年起，罗马大主教自称教皇。756年，罗马教皇在法兰克君主的支持下建立教皇国，加强了西方教会的地位。西欧各地的天主教会组织均

① “弥撒”（Mass）为天主教的重要仪式，是对圣体圣事的称呼，源于拉丁文Missa。开始为诵读《圣经》和讲道，然后为主要部分即圣餐，信徒领取无酵饼（耶稣的圣体）和葡萄酒（耶稣的圣血）。

② 基督教以城市为中心，每一重要城市设一位主教（又译监督），作为主教区负责人。主教之下设立长老（presbuteros，中国天主教译称司铎，东正教称司祭）和执事（diakonos）两级教职。主教之上，每一大城市设有都主教（metropolitans），其地位相当于今日西方各国所称的大主教，他对整个行省的牧师拥有统辖权。四世纪又出现了更高等级的“大主教”，“他们管辖那些最古老、最大的基督教区，诸如管辖罗马、君士坦丁堡、安条克、亚历山大里亚及其周围地区主教。……这种等级体制发展的最高峰，是罗马首席主教即教皇的兴起。”参见（美）勒纳等著《西方文明史》（第I卷），王觉非等译，北京：中国青年出版社，2003年，第211页。

③ 马世力主编《世界上古史纲》（上册）上海：上海人民出版社，1999年，第372~373页。

被视为隶属于罗马教廷的分支机构[①]，教廷由教皇和枢机主教团构成，教皇为最高首脑，由红衣主教团2/3多数选出其中一位红衣主教担任。

图3-4《罗马教皇与红衣主教》

在中世纪的大部分时间里，教皇不仅是位于亚平宁半岛的教皇国的君主，也是遍布各地的天主教会组织的最高首领，其宗教权力主要有两个方面：其一，由教皇与枢机主教组成的罗马教廷，是教会的最高管理与执行机构，主要职责是以罗马基督教最高法庭的名义发布政令、任命教职、征收赋税、实行司法仲裁等。其二，教皇拥有召开宗教会议的权力。宗教会议的权威性体现为阐述和决定宗教教义、商讨和处理有关教务的重大问题，其决议是在整个“基督教大世界”（Christendom）具有效力的通行法律。教皇主持或派代表参加的重要的宗教会议有许多次，第一次宗教大会（325年尼西亚宗教会议）的召集人为君士坦丁大帝，与会者是罗马帝国境内的300多名主教。会议制定了统一的信条，即后来的《尼西亚信经》，确认“三位一体”学说，将阿利乌斯派异端开除教籍。这次会议成为日后“基督教大世界”宗教会议的范本，意义十分重大。第四次拉特兰宗教会议（1215年）由教皇英诺森三世（1198～1216年在位）主持召开，有71名大主教、412名主教、800多名修道院长和副院长参加，德国皇帝及英王、法王都派了代表，规模空前，表明教皇的政治、宗教权力达到顶峰。会议对有关教会改革、教产使用、缴纳什一税等做了规定，还批准用“变体说”[②]解释“圣体”圣事（圣餐礼），谴责异端阿尔比派、华尔多派。

① 刘城著《英国中世纪教会研究》，北京：首都师范大学出版社，1996年，第3页。

② 变体说（Transubstantiation）是天主教神学圣事论学说之一，其实质就是要信徒相信耶稣的真实存在。作弥撒时，主礼神父要重复耶稣在最后晚餐上祝圣饼和酒时说过的话：“这是我的身体”、“这是我的血”。天主教认为，祝圣后的饼和酒只留下了五官所能感受到的外形，它们的本体已经转变成耶稣的体和血。

三、苦行僧的修道制度

罗马帝国末期，整个欧洲处于世风日下，物欲横流的混乱时代，基督徒为逃避世俗生活，追求内心宁静，逐渐转向一种超凡脱俗的隐修生活。他们希望专心致志和不受任何干扰地与上帝交流，以获得精神上的慰藉："凡为我的名撇下房屋或是弟兄、姐妹、父亲、母亲、妻子、儿女、田地的，必要得着百倍，并且承受永生。"[①]修道是几乎所有宗教都具有的一种追求灵性的行为，它既可以是个体的冥思默想的独居生活（离群索居），也可以是群体的苦修禁欲的寺院生活（聚居苦修），实质都要舍弃红尘滚滚、人欲横流的世俗生活，转向直接与神交通的精神生活。于是，修道实质上成为早期基督徒对于教会世俗化趋向的一种强烈反抗。

修道生活首先出现于帝国东部地区，修道者希望通过自我压抑和自我折磨证明其宗教热情，从精神上更加接近信徒们的简朴信念。埃及人圣安东尼（Antonius，251～356）是最早受出世思想影响的基督徒和东方地区修道院的创始人。他隐居于荒漠之地，过着与世隔绝的隐士生活。当他的圣洁的名声传出以后，成群的苦行潜修者围绕在他的周围，汲取其神圣灵感，形成了一个隐修团体[②]。圣本笃（Benedictus，480～550）出身于意大利的贵族家庭，18岁时离开腐败的罗马，在尼禄皇帝的乡村别墅废墟附近的岩洞里，开始了三年的索居隐修。他不仅是一位意志坚强的苦行僧，也是一位优秀的教会组织者。他在罗马与那不勒斯之间的卡西诺山顶建立起第一座隐修院或修道院（monastery），由此创立了本尼狄克修会（Benedictine Order，又称本笃派修会）[③]，从而成为西方基督教修道院制度(monachism)的创始人。他为本笃会设立了既简明扼要又具有约束力的会规，即修道共同体生活的制度化准则。早期修会组织以苦身修行为宗旨，以隐居独处或过集体隐修生活为特征。在以后几个世纪中，卡西诺一直是西欧修道生活的主要中心之一。教皇格列高利一世(590～604年在位)把自愿形成的修道院制度，纳入整个西方基督教制度体系之中，使其成为一种区别于大众化教会的精英式僧团。后来，较著名的修道院有法国南部的克吕尼修道院、巴黎圣母院等。

修道生活有三大信条：清贫、纯洁和服从。修道生活的基本特点是：摈弃个人私有财产，过共同生活，独身、不论婚嫁，绝对服从院长，从事强制性劳动。院长是由修士、修女选举产生的终身职务，但一切决定事先都必须与他们协商，并依照会规进行管理。日常的修道生活通常包括：一是从事集体祈祷，共同诵

① 《新约全书·马太福音》19:29。

② （美）霍莱斯特著《欧洲中世纪简史》，陶松寿译，北京：商务印书馆，1988年，第51页。

③ 修会（Orders and Congregations）是基督教修士、修女的组织，早期的修会源于隐修院、修道院，后来又形成了主张云游四方的托钵修会，16世纪还出现了不拘形式、广泛参与社会活动的耶稣会等"新制修会"。

经，抄录经典等精神活动；二是从事自食其力的耕种田地和家务劳动，以高强度的劳动达到磨炼意志、纯洁灵魂的目的。基督教修道院制度是西方传统文化的重要组成部分，具有文化、社会、经济和政治的功能，影响深远。由于修道院是古典文化的集中保存场所，当然地成为拉丁基督教文化的集中传授之地；修道共同体生活原则和自给自足的经济活动，分享与占有社会财富，促进了清贫劳动的经济伦理观①，同时也强化了人们的社会集体意识。

在苦行主义的修道生活中，禁欲主义占有突出地位，因为基督教一直对妇女持否定的态度。根据《圣经》，从人类祖先那里开始，女人就是用男人的肋骨创造出来的，正如亚当所说的："这是我骨中的骨，肉中的肉，可以称她为女人，因为她是从男人身上取出来的。"也许正因为如此，妇女不论在日常生活还是在婚姻生活中，均严格地处于从属地位②。苦行主义者认为，修道者应当是禁欲的楷模，最完美的人是严格的苦修者，最完美的男人是不近女色的。这是修道士远离尘世诱惑，逃避到沙漠、森林之中的重要原因。古代苦行主义者和西方拉丁教会"四大教父"③之一的杰罗姆比喻说："贞洁是小麦，结婚是大麦，通奸是牛粪。"鉴于人类不吃牛粪，他就允许他们吃大麦，因为俗人的婚姻主要是为了繁衍后代及让男人不再"亢奋"。于是，4世纪以后，教士不得结婚，必须谨守贞洁，独身和禁欲就成了基本义务，也是一条重要教规。

图 3-5 巴黎圣母院
这是一座典型的哥特式天主教堂，位于塞纳河畔，占地面积5500平方米。作为巴黎最负盛名的胜迹之一，庄严和谐的圣母院一直是宗教活动的中心。

查理曼（Charlemagne，约768～814年在位）帝国瓦解以后，西欧经过两个世纪的纷乱，基督教会权力和地位反而趁势得到了加强，但同时教会世俗化的倾向开始彰显，内部腐败现象盛行。神职人员违背宗教道德，不认真履行宗教职责，追求钱财，贪图享受，以及买卖圣职、偷情通奸、结婚生子、聚敛财富，这些丑陋现象的滋生，客观上威胁着修道生活的纯洁性，也使教会威信扫地。为了整顿纪律与纯洁教会，追求宗教皈依，使之更符合基督教理想，法国著

① （德）施皮茨莱编《亲吻神学：中世纪修道院情书选》，李承言译，北京：三联书店，1988年，中译本导言。

② 《旧约全书·创世纪》2:22～23；《新约全书·哥林多前书》14:34～35；《新约全书·以弗所书》5:22～24。

③ "教父"（Patres Ecclesiae）意为"教会的父老"，指在神学上具有权威的早期基督教著作家。"四大教父"指杰罗姆（Saint Jerom，340～420）、安布罗斯（Ambrosius，340～397）、奥古斯丁和格列高利一世。杰罗姆的最大贡献在于他把《圣经》从希伯来文和希腊文译成拉丁文，作为标准版本流行于整个中世纪。

名的克吕尼修道院由此发起了“克吕尼运动”。随着教会威信的提高和教廷权力的加强，12～13世纪出现了法兰西斯修会（Francis Order，方济各会即小兄弟会）、多米尼克修会（Domincan Order，多明我会即布道兄弟会）、加尔默罗会（Carmelites Order）、奥古斯丁会（Augustinian Order）等天主教托钵修会组织。

第五节 圣礼、纪年与节日

一、基督教圣礼

比较而言，罗马天主教、东正教在观念、教义、仪式上相对都很保守，两者差别不很明显；它们都崇拜偶像，实行教士独身制度、教阶制度和修道院制度。而新教则相对开放，反对偶像崇拜、教阶制度，废除修道院制和神职人员独身制。作为基督教徒，他们主要是通过祈祷、赞美、感恩、祝福、守斋、朝圣和七大圣礼来与神进行交流、沟通的。天主教和东正教均信守七大圣礼（Sacramentum，圣事），即圣洗礼、坚振礼或按手礼（坚定信仰、振奋人心）、圣体礼或圣餐礼、告解礼或忏悔礼（痛悔、告罪、补赎）、终傅礼（临终关怀，敷擦圣油）、神品礼或圣职礼（神职公为七品）和婚配礼或婚礼（Matrimony，圆满发展两性关系、自然延缓人类生命）。而新教仅保留七大圣礼中最重要的两项：第一，圣洗礼（Baptism）。这是基督教的入教仪式，受洗者可赦免其“原罪”和“本罪”，使其心灵与基督连合，成为加入上帝教会的信徒，因而有权参加宗教活动。第二，圣餐礼（Holy Communion，Lord's Supper）。起源于《圣经》中的“最后晚餐”，天主教称这种仪式为弥撒，东正教称圣体血，新教称圣餐。在圣餐礼中，由主礼神父或牧师对面包和葡萄酒进行祝祷，然后分发给教徒领受。

作为基督徒，他们还必须遵守“十诫”，即上帝为教徒制订的“十条诫命”：除了上帝之外，不可崇拜别的神；不可雕刻和崇拜其他神像；不可妄称上帝的名字；守安息日为圣日；孝敬父母；“不可杀人。不可奸淫。不可偷盗。不可作假见证陷害人。不可贪恋人的妻子；也不可贪图人的房屋、田地、仆婢、牛、驴，并他一切所有的。”①

二、基督教纪年

我们知道，“年”（year）是时间的一种计算单位，地球绕太阳公转一圈的时间称为一年。“纪年”（era）就是计算年代，又称“纪元”，属于历法的范畴，指历史上开始计算的年代。所谓“历法”（calendar）就是指推算年、

① 《旧约全书·出埃及记》20:3～17；《旧约全书·申命记》5:7～21。

月、日的方法。在人类社会中，往往以某件大事，如开国建元、王朝交替、皇帝即位等为起点作为元年或纪元，即从这里开始计算年代的顺序。

古代人的历法和纪年方法是多种多样的。中国已知有记载的纪年开始于西周时期的“共和元年”，即公元前841年。自西汉武帝“建元”元年（公元前140年）以后，历朝历代皇帝都立年号以纪年，如“贞观”是唐太宗的年号，“乾隆”是清高宗的年号。此外，中国从夏朝起就开始采用天干（甲、乙、丙、丁、戊、己、庚、辛、壬、癸）和地支（子、丑、寅、卯、辰、巳、午、未、申、酉、戌、亥）相配合的“干支纪年”方法，以60年为一个周期，称一个“甲子”。在古代印度，佛教从佛陀释迦牟尼（公元前563～公元前485）逝世那年开始了佛历纪年。伊斯兰教在阿拉伯半岛确立统治地位以后，阿拉伯人以穆罕默德由麦加迁往麦地那（徙志）的第二天（622年7月16日）作为伊斯兰教历（Moslem Calendar）纪年的起点，是为元年元旦。古希腊人曾以第一届奥林匹亚竞技会（公元前776年）为纪元开始，每四年为一个“奥林匹亚”年。罗马人则从罗马建城的那一年（公元前753年）开始纪年，他们还像希腊人一样，也用一年一度的执政官名表纪年。

在公元纪年产生以前，全世界没有通用的纪年方法，因而非常混乱，无法加以相互参照。但是，基督教纪年（Christian Era）产生后却解决了这个问题。6世纪，基督教会计算复活节周期时，附带创立了以耶稣基督降生的年份为起点顺序的计算年代的方法。按照基督教会的说法，复活节应在每年春分月圆之后的第一个星期天，但每年的复活节日期并不是固定的。为了计算出复活节的一个周期，525年教皇约翰一世(523～526年在位)要求天文学家狄奥尼修斯（Dionysius Exiguus，约470～540)、埃克西古乌斯主持这项工作。狄奥尼修斯编订教会年历表时，开始以传说中的耶稣基督诞生的年份作为纪元的开端，这种纪年方法后来为英国“历史之父”比德（Bede，673～735）加以推广。他在《英格兰教会史》一书中以耶稣诞生之年为基准，把那以前用英文称为Before Christ，简写成BC或B. C.，意思是基督以前；把那以后用拉丁文称为Anno Domini，简写成AD或A. D.，意思是“主的年代”、“我主纪年”。基督教纪年的最大优点在于，它为全世界提供了一个公认的纪年标准，使得各国混乱的纪年得以统一起来。基督教纪年在我国称为公元纪年或公元，现在多数国家都采用了这种纪年方法。

三、基督教节日

节日是重要的、值得庆祝或纪念的日子。最初的节日多与自然界的节气变化以及宗教崇拜的神灵庆典有关。“从古代流传到今天的节日通常是一些值得追忆或感恩的事件，基督教的节日都是隆重纪念最有意义或最受尊敬的人物的日子。”①基督教重要的纪念性节日有圣灵降临节、耶稣升天节、基督圣体节、万圣节、万灵节、圣母降临节、圣母圣诞节、圣母升天节、天使报喜节、主显节、圣烛节、圣心节、四旬节、忏悔节、祈祷节等，其中以圣诞节、受难节和复活节三大节日最为重要。

圣诞节（Christmas）：根据“福音书”记载，耶稣出生在伯利恒客店的马棚里，第八天时按照犹太人习俗行了割礼。但《圣经》中本无耶稣降生日期的说法，教会后来才推定12月25日为耶稣诞辰纪念日，这一天恰好与太阳神的生日相逢。太阳神生日原是由罗马皇帝奥勒略（270~275年在位）时期确定的，而这一传统的祭祀活动又与冬至节令相仿②。公元前283年，地中海的罗德岛的冬至大约出现在12月25日的日出时分，人们选择这一天祭祀太阳神。4世纪上半期，君士坦丁皇帝正式决定在这一天庆祝耶稣的降生，是为圣诞节的由来。一个世纪以后，圣诞节已经形成为一种固定的宗教习俗。1582年以后，西欧各国普遍采用格列高利历（当年10月5日改为10月15日），而东正教仍然沿用儒略历③，所以东正教国家通常在1月6日或7日庆祝圣诞节。

今天，圣诞节是基督教国家最重要的宗教节日。圣诞节庆典主要包括平安夜（24日夜~25日晨）弥撒、圣诞经文、圣诞马棚、圣诞颂歌、圣诞树等内容。由于现代社会宗教世俗化倾向显著，圣诞老人、圣诞礼物、圣诞聚餐、圣诞贺卡、圣诞游行也融入圣诞节庆祝之中。圣诞节期间（旧年12月25日~新年1月6日），人们常在一些常绿的杉树、柏树等“圣诞树”(Christmas Tree)上点缀一些蜡烛、玩具、缎带、礼物等小饰物，供人观赏，以增加节日气氛。圣诞节晚上，还流行“圣诞老人”（Santa Claus）前往各地给儿童赠送礼物的风俗。由于西方人以红、绿、白三色为圣诞色，传说每年圣诞之夜，白眉、白须、白领、红袍打扮的圣诞老人，驾着鹿拉的雪橇自北方而来，由烟囱进入各家，把糖果、玩具等礼物放在挂于壁炉前的新长袜内。白雪皑皑的冬天，和蔼可亲的圣诞老人给人们，特别是给孩子们带来了欢乐，带来了一种对美好未来的企盼。

受难节（Good Friday）：根据《新约全书》记载，传说耶稣12门徒之一的犹大为了30个金币而出卖了主，罗马统治下的犹太地区祭司长把耶稣捆起来，交给巡抚彼拉多。耶稣于复活节前第三天（星期五）受难，被钉死在十字

① 康志杰著《基督教的礼仪节日》，北京：宗教文化出版社，2000年，第159页。

②《参考消息》2003年12月25日。

③ 公元前46年，朱利亚·恺撒（旧译儒略·恺撒）根据天文学家沙锡齐尼（Sosigenes）的建议，废除罗马旧历（阴历），采用新编儒略历（阳历）。新历比回归年长11分14秒，到1582年积累了近13天误差。

架上，据推算这件事发生于公元30年。耶稣的罪名是要做犹太人王，而他甘愿受难是为了承担人类的罪孽，替世人赎罪。这是上帝的安排，也是基督教悲剧的中心内容。人们通过纪念耶稣受难，借着他的死亡，缅怀他的功绩与光荣。受难节的主要内容有圣道礼仪、拜十字架礼、领圣体礼。

复活节（Easter Sunday）[①]：传说耶稣受难的当天晚上，12门徒之一约翰用干净的细麻布将主的尸体裹好后，安放在石墓穴里。星期日天快亮的时候，有天使来报告说耶稣已经复活了，而且真的显现了。325年，尼西亚公会议规定了复活节时间，即每年春分月圆后第一个星期日。这个一年一度纪念耶稣复活的宗教节日，必须根据历法推算，因而日期年年不同，但基本上可以限定在每年3月21日~4月25日之间。东正教不仅强调“道成肉身”，重视崇拜圣母，而且节日繁多，其中以复活节最为重要。由于东正教仍然沿用儒略历，东正教国家的复活节就比采用格列高利历的天主教和新教国家推迟了两个星期。复活节是基督教的第二大节日，主要的庆祝内容有烛光礼（基督之光，世界之光）、祈祷、弥撒、复活颂歌、复活彩蛋（象征着生命与繁荣）。

万圣节（All Saints’ Day）：每年11月1日为万圣节（鬼节），源于对殉教者的纪念，后衍化为对一切升入天堂的圣徒的纪念。也有人认为万圣节来源于古代不列颠。公元前7世纪，不列颠的凯尔特人相信：死者一年后才能真正进入阴间，而一年之内，死者的灵魂会在某天出来寻找一个活人并附在他（她）身上。为了避邪、防止幽灵附体，他们每年举行一次假面舞会和化装游行活动，以确保全村人的安全。这种习俗后来与基督教万圣节纪念活动相融合，并随着大批移民定居北美，逐渐形成为一种传统节日。今天，万圣节不再以驱赶鬼魂为主要内容，而以娱乐喜庆为特色。万圣节前夕，人们便开始在商店里购买形形色色的假面具和服装，包括那些令人毛骨悚然的面具和服饰。一般家庭多采用骷髅、蝙蝠、蜘蛛和黑猫这些象征死亡、恐怖的形象作装饰品，其中人面南瓜灯是主要的装饰品。

第六节　中世纪教会文化专制

随着西罗马帝国的衰落，以人文精神为特征的古典文化跌入低谷，以神为中心的基督教文化取而代之。恩格斯指出：日耳曼“蛮族”的欧洲是从粗野的原始状态发展而来的。“它把古代文明、古代哲学、政治和法律一扫而光，以便一切都从头做起。它从没落了的古代世界承受下来的唯一事物就是基督教和一些残破不全而且失掉文明的城市。”[①]“古代留传下欧几里得几何学和托勒密太阳系，阿拉伯人留传下十进位制、代数学的发端、现代的数学和炼金术；基督

① 复活节名称来源于罗马神话中的黎明女神Aurora，即希腊神话中的Eos女神。

图 3-6 诺曼时期大修道院入口处

教的中世纪什么也没留下。”[①]西欧在政治上处于分散状态，各国的中央政权软弱无能，根本无法控制地方势力。与此形成鲜明对照，不仅基督教成为人们的精神支柱，而且教会由于发展成一种强大的国际组织，它是欧洲名副其实的最有势力的封建主。因此，罗马天主教会利用其至高无上的地位，使科学、哲学、文学和艺术都成为基督教神学的附庸和婢女。

基督教会在垄断文化和钳制思想时振振有词，它认为“信仰源于对所信仰东西的无知”、“只是由于信仰才产生知识，而不是由于知识才产生信仰”。教皇格列高利一世在其《对话录》一书中说得更明白：“不学无术乃信仰虔诚之母”。针对这些谬论，现代学者在谈到基督教信仰时曾深刻地讽刺说：“没有信仰就没有宗教，因而也就不能获救。它具有使人们沉浸于神圣的愚钝之中的力量，与这种愚钝同时产生的是信神的顽固性和对不信神的理性的深恶痛绝。”[②]

在文化发展阶段上，中世纪欧洲处于古典文明衰落，基督教文明兴起，教会竭力推行蒙昧主义的“黑暗时代”。“当时社会上只有神职人员能够读书和写字，能够以拉丁文写作，而普通无知的贱民只会说而已。”[③]由于僧侣阶级会读书识字，文化教育被垄断在教会和修道院中。欧洲陆续出现了一些教会学校，如修道院学校、教区学校和大主教区学校，目的是培养各种专门人才。1179 年，教皇规定所有教堂都要积蓄一笔基金，用于支付教师的薪水，让他们能免费教育所有那些希望接受教育的穷人和富人。当时，教会学校是实施教育的中心，它们根据自身需要设置了宗教和所谓“七艺”课程[④]，以文法、修辞、逻辑“三艺”（trivium）为初级知识，训练博学饱识的辩才，让他们学习和运用罗马教会语言（拉丁文）以传播基督教义，宣讲《圣经》理论，论证深奥难解的基督教命题；以算术、几何、天文和音乐“四艺”（quadrivium）为高级知识，以观察日月星辰的运转，确定时间节令的准确性，推算宗教纪念节日，编纂圣歌和祈祷词，谱写圣歌乐谱。当时，教会内部出现了许多作曲家、歌唱家和音乐理论家，罗马无

---

①《马克思恩格斯全集》（第 7 卷），北京：人民出版社，1959 年，第 400 页。

②（法）霍尔巴赫著《袖珍神学》，单志澄、周以宁译，北京：商务印书馆，1972 年，第 100 页。

③（英）哈伊著《意大利文艺复兴的历史背景》，李玉成译，北京：三联书店，1988 年，第 39 页。

④“七艺”（seven liberal arts）全称为“七种自由艺术”，也是中世纪早期欧洲学校开设的一般文化课程。

疑是欧洲最重要的音乐中心。在礼拜仪式和宗教典礼中，包括圣歌在内的宗教音乐是必不可少的，用以增加宗教气氛和艺术感染力。

基督教会宣传实行愚民政策，垄断文化和钳制思想，让人们“只知道一种意识形态，即宗教和神学”①。教会大施淫威，用暴力摧残人们的肉体，从而达到消灭人们思想的目的。早在391年，罗马皇帝狄奥多西就曾下令禁止一切异教，禁止学习数学、天文学知识。教会把古代文化知识视为“异教”而横加摧残，许多古代建筑、雕刻等艺术珍品和文化典籍遭到厄运。不但格列高利一世曾下令焚毁巴拉丁山冈上一座藏书丰富的罗马古图书馆，而且教会怂恿僧侣们刮去古代羊皮纸手稿上的字迹，抄上神学教义、信条、神奇故事和修道院编年史，致使大量古典学术著作散佚失传。教会甚至宣布数学是“魔鬼的艺术”，下令把数学家当作异教徒驱逐出境。由于科学发现与基督教真理形成对立，教会对一切世俗学术采取敌视的态度，不仅严禁思想自由，而且消灭有自由思想的科学家。391年，希腊科学家海帕西娅（Hypatia，370? ~415）因传播科学知识而遭到基督徒的袭击，最后世界上第一位女数学家、天文学家竟然被暴徒们用贝壳剥掉皮肤并活活烧死了。

中世纪的世界观本质上是神学的世界观。教会认为，凡与信仰无关的知识都是无用的，“智丰就是异端”，“知识就是罪过”。“异端”（heresy）原意为“选择”，指人的一种自由、自主的选择的权利和活动。一个人选择他的思想和行为时，不依靠任何权威，只依靠自己的理智和判断力。“异端”是基督教的伴随物，教会所谓的“异端”是相对于“正统”而言的，他们往往把任何一种与正统神学家相反的意见都视为异端，所以异端派别是同正统派别同时产生的。在基督教东西两派教会大分裂（Great Schism, 1054年）以后的五百年中，天主教会所指的“异端”，都具有否认罗马教皇权威的特征。1220年，教皇霍诺尼乌斯三世（1216 ~ 1227年在位）设立由天主教修会多明我会和方济各会主持的“异端裁判所”（Inquisition），这是宗教审判科学、愚昧审判理性的野蛮法庭。依照1252年教皇英诺森四世（1243 ~ 1254年在位）手谕，凡被控告为异端者（heretic），将受到秘密审讯，严刑拷打。1327年，意大利科学家阿斯科里因坚持古希腊哲学家的看法，认为地球是圆形的，结果被教会处于火刑；1611年，有一个主教说天上的彩虹是水滴反射太阳光的自然现象，结果被开除教籍，打入牢狱。

异端裁判所遍设于中世纪欧洲罗马天主教辖区内，关押异端的监狱通常设在修道院里。巴塞罗纳宗教裁判所地牢大判官托奎马达（Tomás de Torquemada，1420 ~ 1498）平均每天都要烧死一个“异教徒”，他的一生中有一万多人死于火刑。为了镇压异端思想和消灭异端分子，裁判所还制定了极其严酷的审

① 《马克思恩格斯全集》（第4卷），北京：人民出版社，1958年，第231页。

讯条例：①在法庭上，被告不能知悉原告和证人的姓名；②任何人，包括罪犯在内，都可以充当原告和证人；只要有两人作证，控告即可成立；③可反复用刑逼供，迫使被告认罪，并检举其同伙及可疑分子；④一切用于被告的证词都不能成立，任何有利于被告的行为都要予以严惩；⑤被告可不经审判予以处死；凡承认犯有异端行为并表示悔改者，量刑处以鞭笞、监禁及终身监禁等；⑥对于翻供的被告，不再审讯，即予以火刑处置①。

第七节　教父哲学与经院哲学

一、基督教教父哲学

“教父哲学”（Philosophia Patristica，Patristic Philosophy）是经院哲学产生以前欧洲占主导地位的基督教神学，是护教神学家们制订的基督教信条及其哲学解释。从希腊化时期开始，希腊罗马哲学思想逐渐向个人主义、怀疑主义、失败主义的方向发展，与东方神秘主义相互影响，相互结合，促进了基督教神学的兴起。从2世纪起，他们宣传基督教信仰，并使这种信仰日益朝着教义化、仪式化、统一化和组织化的方向发展。所以，这些基督教权威神学家被称为“师傅”或“教父”（拉丁文 Patres Ecclesiae），他们的神学理论被称为“教父学”或“教父哲学”。

北非希波大主教圣奥古斯丁（Aurelius Augustine，354～430）是教父哲学的最大权威，他毕生致力于探求基督教真理，认为真正的明智的俗人应当具备虔诚的信仰。他的著作《忏悔录》的前9卷以自传形式描写他入教前的经历，承认自己犯了许多罪，并表示向上帝忏悔；后4卷对《旧约全书·创世纪》进行诠释，歌颂了上帝创造世界万物的丰功伟绩。为了捍卫受到异教指控的基督教信仰，他在巨著《上帝之城》（22卷）中系统地阐述了自己的宗教思想和历史哲学，宣称天地间有两种“城”，一是地上之城，二是上帝之城。上帝之城就是天国之城，它是完美的、永恒的；地上之城就是人间之城，它是暂时的、会毁灭的。魔鬼与上帝之间存在着不可调和的斗争。最初上帝之城和地上之城浑然一体，后来人类因轻信魔鬼撒旦而造成了地上之城的罪孽。当基督耶稣千年后重新降临人间进行末日审判之际，正是地上之城毁灭、上帝之城胜利之时。《忏悔录》和《上帝之城》一样是奠定中世纪基督教神学的基础。由于奥古斯丁的神学思想在西欧基督教会居于最高权威的地位，他因此而被奉为“圣人”。

早期教父哲学的主要内容可以概括为：第一，一神论的上帝观。唯我独尊的上帝观是基督教一切教义、学说的理论基础。第二，三位一体的救赎观。人

① 参见张绥著《中世纪“上帝”的文化》，杭州：浙江人民出版社，1987年，第130～132页。

类由于始祖亚当和夏娃偷吃伊甸园中的禁果而犯了原罪，应当向上帝忏悔赎罪，只有这样才能得到上帝的宽恕。上帝出于对人类的爱，通过基督耶稣自我牺牲，代人类受过，救赎人类。第三，绝对论的《圣经》观。教父哲学家把《圣经》当作绝对的、至上的权威，区分真善美、假丑恶的标准，衡量万事万物的价值尺度。第四，合一论的教会观。天下只有一个教会，“神叫人同心住一家”，教会就是神的家。这是基督教神学一元论世界观的体现。从教会合一论推导出教会只有一个头，即作为“牧人”的耶稣，而基督徒都是迷途的羔羊，他们应当回到上帝的羊圈。基督把救赎人类的全权交给了使徒圣彼得，圣彼得则将天国的钥匙交给了其继承人教皇（罗马主教），从而确立了教皇在基督教大世界的至尊地位。第五，教义总纲是信、望、爱。“信是笃信上帝，望和爱乃是对上帝的祈祷。”教父神学家认为，基督教的伟大之处正在于笃信、盼望和热爱今生今世看不见的东西；人们只有信、望、爱看不见、摸不着的东西，才能耐心等候、努力追求；一切都看见了、实现了，也就无所谓追求了。[①]

二、基督教经院哲学

在 8～10 世纪查理曼帝国的宫廷学校、基督教大修道院和教区学校，教父哲学日益发展成“经院哲学”（scholastike，scholasticism）。它把基督教的“真理”作为思维的起点和统御原则，从亚里士多德的《工具篇》中孤立地、片面地抽出形式逻辑，作为神学论证的工具；它撇开事实和经验，从既定的教条出发，演绎出空洞的结论；它使基督教义构成关于人生和宇宙的理论，并成为繁琐的哲学体系，因而又被称为“繁琐哲学”。最后一个教父哲学家和第一个经院哲学家是意大利人安瑟伦（Anselino，1033～1109），他主张“应该由信仰进到理性，而不是由理性到达信仰。”而法国逻辑学家阿贝拉尔（Peter Abelard，1079～1142）在《是与否》小册子中收集了教会神父对 150 个神学问题的正反两方面的陈述，为经院哲学论证方法铺平了道路：先提出问题，再引经据典进行分析，最后做出判断。然而，经院哲学们探讨的一些神学命题，听起来却是那样荒唐可笑：上帝能否制造出连他自己也举不起的石头？上帝是不是灾难的创造者？天堂里的玫瑰花带不带刺？一个针尖上能站几个天使？天使是否睡觉？这些问题居然成为长篇神学论文的主题。

经院哲学不仅指学校的教学与学术方法，而且指一种独特的基督教神学世界观。中世纪全盛时期，希腊哲学和阿拉伯哲学与基督教信仰的结合导致了经院哲学的产生，并形成以希腊哲学传统为基础和以基督教神学为核心的两大势力。作为官方哲学和统治思想，经院哲学具有几个显著特点：第一，它用哲学的方法论证基督教问题，使基督教信仰系统化、理论化。哲学从属于神学，哲学为神学服

① 参见车铭洲著《西欧中世纪哲学概论》，天津：天津人民出版社，1982 年，第 21～29 页。

务。第二，它研究的绝对前提和理论依据是《圣经》和基督教教义。第三，它借助于形式逻辑（三段论法）进行神学推论，基本方法是引经据典和思辩分析。

阿奎那（Thomas Aquinas，1225～1274）是经院哲学的集大成者，他所生活的13世纪被中世纪文化的羡慕者夸张地称为“最伟大的世纪”。阿奎那出生于意大利南部，为多米尼克派僧侣。作为巴黎大学教授神学教授，他被誉为“天使博士”（Doctor Angelius）和“神学之王”。他在《神学大全》（*Summa Theologiae*，1270年）中用亚里士多德哲学论证神学的合理性，创立了“宇宙秩序论”的基督教神学体系。阿奎那认为，整个宇宙秩序是上帝按等级体系进行安排的，上帝是宇宙的终极目的，人们只能服从、不得改变这种安排；如果知识不以论证上帝为目的，则任何知识都是罪恶。《神学大全》调和了理性与宗教信仰，并将希腊哲学与基督教神学综合起来，被视为中世纪的百科全书。作者还认为，哲学和神学可以共存，理性和信仰可以共存，但神学高于哲学。因为神学是绝对真理，它的正确性来自于上帝的光辉；哲学虽然可以通过理性认识得到证明，它却会发生错误。

经院哲学要求理性为信仰服务，理性为信仰找合理的根据。如果找不到，就只能期待上帝的“启示”。经院哲学体系在阿奎那那里发展到顶峰，随后即出现了唯名论（Nominalism）与唯实论（Realism）两派之争，焦点是关于一般概念和个别事物之间的关系。唯实论是一种客观唯心主义，属于正统派。它认为一般概念是存在于个别事物之先的某种精神实在，是上帝的理念和他创造个别事物时所依据的原型。而唯名论属于非正统派，它认为个别事物先于一般概念而存在，概念只是事物的名称，即人的思维和语言的产物，用以表现事物的相似性。唯名论承认事物的第一性和概念的第二性，这是唯物主义在中世纪的萌芽。无论唯名论还是唯实论，本质上都是基督教神学，它们的分歧只不过是经院哲学的内部分歧通过对基督教正统教义的解释表现出来；而它们的神学观点几乎是相同的，只是在方法上略有不同而已。

牛津大学教授培根（Roger Bacon，1216～1292）是著名的唯名论哲学家、亚里士多德的忠实信徒。他博学多才，喜欢实验研究，在语言学、光学、炼金术以及天文学、数学等方面都有独到的见解。他一生写有多部科学和哲学著作，企图用科学知识占领大学讲台。他认为经验是认识现象的原因，认识必须依靠经验；他提倡实证科学，反对盲目崇拜权威，对英国科学思想发展产生了深远的影响。教会认为他有“异端邪说，标新立异”之嫌，便囚禁他长达14年之久。从科学与宗教两个角度看，培根的地位都是非常显赫的，以至于崇敬者称其为“奇博士”，憎恨者称其为“魔术师”，可他自称为“实验大师”。

第八节　中世纪的文学

一、中世纪文学的特点

任何一种文学都有其独特的思想文化影响。古希腊文学是欧洲文学的源头之一，它的特点表现为对人的世俗生活和个体生命价值的肯定，这是与希腊人的自然观、社会观以及根深蒂固的人本主义文化特征相联系的。古罗马文学直接继承了古希腊文学中的人本主义观念，其中所蕴含的关于“人”的思想广泛传播于后世。“由于罗马人崇尚文治武功，对人的崇拜往往表现为对正当与军事业绩的追求，继而转变为对集权国家和个体自我牺牲精神的追求。所以，古罗马文学比古希腊文学更富有理性意识和责任观念，在审美品格上更趋向于庄严和崇高的风格。”①

西罗马帝国消亡后，欧洲社会在封建等级制的基础上，确立了神学的主导地位。由于基督教获得对人的思想文化的绝对支配权，教会通过宣扬苦行主义、禁欲主义、神秘主义，试图与古典时代决裂，因而否定希腊罗马人所刻意追求的享乐主义、人本主义、自然主义。由于这种独特的思想文化背景，作为基督教文明重要组成部分的中世纪文学，在日耳曼因素、希腊罗马因素以及基督教因素的综合作用下，在发展与演变的过程中形成了自己的艺术特点。

图 3-7
中世纪贵族城堡之一

第一，在文化传统上，虽然基督教占据欧洲思想文化的支配地位，古典文化精神在中世纪文学中并没有彻底消亡。

第二，在艺术形式上，中世纪文学比古希腊罗马文学更成熟，尤其诗歌艺术取得了突出的成就。中世纪文学以诗歌为主，史诗、长篇叙事诗、抒情诗、民谣和骑士传奇等各种艺术作品相互影响、相互交融。

第三，在表现手法上，

① 蒋承勇主编《世界文学史纲》，上海：复旦大学出版社，2000 年，第 49 页。

中世纪文学突破了古典文学的单调倾向，广泛地运用写实性、寓言性、象征性、梦幻性、哲理性、浪漫与抒情的艺术手法，呈现出艺术思维及诗歌形式的多样化、复杂化。

第四，在心理活动表现上，根据人的愿望、情感、痛苦与欢乐等心理特点，中世纪文学描述宗教情结与世俗现实之间的矛盾，表现宗教压抑与生命欲望之间的冲突，尤其是许多爱情题材的作品，比古典文学更深入地展露了人的内心情感的波动性与内心世界的复杂性。

二、刻板的宗教文学

中世纪文学是沟通古代文学与文艺复兴文学的桥梁，主要有宗教文学、民间文学、骑士文学和市民文学四种表现形式。其中，宗教文学是被官方认可的“正统文学”，它从内容到形式都集中地体现出鲜明的宗教特色。由于基督教支配着精神文化，教会垄断着各种知识，并把一切世俗文化纳入为宗教神学服务的范畴，宗教文学当然地成为中世纪文学的主体。程式化和概念化倾向明显，以及缺乏艺术感染力，这是宗教文学的根本特征。文学作品多采用象征、梦幻、寓意、暗示等神秘主义手法，宣传基督教的真理，宣扬上帝的至高无上和基督的伟大，目的就是推行禁欲主义和来世主义的说教，让人们过着一种“三绝”（绝财、绝色、绝意）即安贫、守贞和服从的宗教生活。

基督教的全部教义和神学思想都是以《圣经》为依据的。《圣经》由于宣传宗教博爱主义人生的悲剧命运，本身含有很高的美学价值，这是宗教文学的闪光点。《旧约全书》是希伯来古代典籍的总汇，其中既有人类早期的神话传说、史诗和传奇文学，也有民族先知忧国忧民的文学作品；既有词藻华丽、颇具艺术特色的“雅歌”，又有风格质朴、引人入胜的历史故事。而《新约全书》是基督教关于耶稣及使徒们的传记、言行录和书信集，其中不乏思想深刻的“启示录”，更有富有哲理的智慧文学。如果说四部“福音书”是一种传记与传奇相结合的新颖文学体裁的话，那么可以说21封书信则开创了书函体文学的新样式。

宗教文学的作者多为教会神职人员，又被称为“僧侣文学”。赞美诗、祈祷文、基督故事、使徒行传、圣徒言行录、梦幻故事、奇迹故事、宗教戏剧等几乎完全取材于《圣经》。赞美诗是刻意模仿《旧约全书·诗篇》之作；祈祷文以《圣经》经文为基础，加上了个人的内心感悟；宗教戏剧更是生搬硬套使徒行传等《圣经》故事，没有创新。由于作者从宗教情感出发，功利色彩十分浓厚，因而作品缺乏深刻的思想性和艺术性，除《圣经》外，几乎没有什么佳作极品流传下来。

三、纯朴的民间文学

除了宗教文学外，中世纪民间文学广为流传，行吟诗人[1]巡游各地。他们用方言讲故事、唱民歌、演小戏、奏乐曲，以卖艺为生，使民间文学带有浓郁的民风民俗情调，深受下层人民的喜爱。主要代表作有英国的盎格鲁·撒克逊民族史诗《皮奥沃尔夫》和民谣《罗宾汉》。《皮奥沃尔夫》的主人公皮奥沃尔夫（Beowulf）大约生活于公元5~6世纪，年逾古稀，是个孤独的英雄。这个作品是继希腊罗马史诗之后欧洲最早一部用本民族语言撰写的史诗，讲述了出没于“荒野迷雾的危崖峭壁之中”的恶魔，大自然的美丽与威力，国王的英勇事迹，以及恶龙的背叛行为与血亲复仇[2]。由于恶龙把守的宝藏被盗，恶龙便疯狂报复高特人，皮奥沃尔夫遂与恶龙展开殊死搏斗，将恶龙杀死，自己也因中龙毒而壮烈牺牲。《罗宾汉》的主人公罗宾汉（Robin Hood）是英国民谣传说中的一位具有传奇色彩的绿林好汉和14世纪末15世纪初文学作品中流行的主题。传奇将罗宾汉式的人物描绘成正义的化身，也有人认为他不是穷人心目中的英雄好汉，而是绅士们崇拜的英雄豪杰。不论怎样，“切勿伤害犁田的农夫”，就是罗宾汉对其伙伴们的忠告。

图3-8《沐浴的贵夫人》

这位具有传奇色彩的宫廷贵妇，外貌姣好，看上去比实际年龄年轻一二十岁，秘诀就在于每天坚持冷水浴，也从不用化妆品。她15岁出嫁，后又改嫁给比她年轻20岁的法王亨利二世（1547~1559年在位）。

四、通俗的市民文学

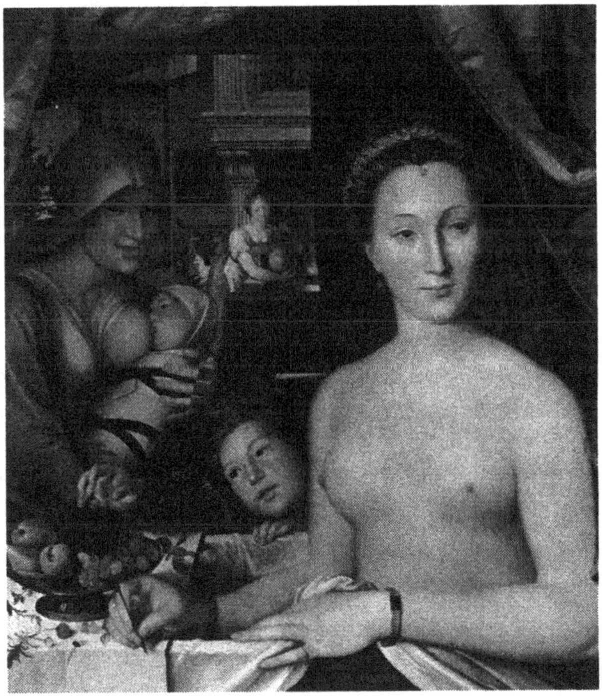

随着西欧城市复兴和重新兴起，再现市民生活、情趣与思想的文学作品应运而生。市民文学直接取材于丰富的社会现实，内容生动，形式多样，贴近生活，适应市民阶层不拘一格的口味。市民文学是在民间文学的基础上发展起来的，反映了市民阶级的愿望和要求，尽情嘲讽了封建主阶级的各种代表人物，揭露了教士的贪婪和暴行，描述了下层人民的机警与智慧。市民文学不是为了醒世说教，而是为了消遣娱乐，其中夹杂着大量的猥亵语言，表现出对骑士华丽的衣饰，浪漫的爱情和愚蠢的冒险的轻蔑；同时还表现出强烈的反教士、反

① 行吟诗人（minstrels）指中世纪从一地到另一地游走的民间艺人，他们既是诗人又是歌手或音乐家。

② （英）勃里格斯著《英国社会史》，陈叔平等译，北京：中国人民大学出版社，1991年，第49页。

教会的世俗倾向，因而僧侣和教士几乎总是被嘲笑的对象。

市民文学的主要体裁有韵文故事、讽刺故事诗、抒情诗和戏剧等，代表作有法国的寓言《农民医生》、长篇叙事诗《狐狸列那的故事》、笑剧《巴特林律师》和讽刺传奇《奥迦生和尼古雷特》。其中，长篇叙事诗《狐狸列那的故事》长达 25 500 行，由 27 个故事组成。它以狐狸列那与狼伊桑格兰的斗争为主线，通过对动物生活的形象描绘，生动地展示了中世纪各种社会力量之间的冲突和斗争。故事以残暴贪婪的狼代表封建主，用愚蠢的驴代表教士（僧侣），用狡猾的狐狸代表市民，用小鸡、小兔、蜗牛等各种小动物代表普通人。列那狐采用一切欺骗和诡计与狠毒的狼进行抗争，又迫害那些无能为力的小动物，可是教会乃至教皇都成为任意评议的对象。在这首叙事诗中，封建贵族的特权受到怀疑，贫穷的人受到同情，市民的机智受到赞扬，反映了市民阶级的两重性特点。

讽刺传奇《奥迦生和尼古雷特》以早期拜占庭为背景，提出了世俗之爱超过灵魂拯救的看法，具有反神学的倾向性。男主人公奥迦生是个年青贵族，他绝望地热恋着的女子不是一个出身高贵的妇人，而是一个撒拉逊女奴①，名叫尼古雷特。奥迦生被警告说，如果不放弃他所爱的那个女子，就要受到地狱的折磨。但他说他并不在乎什么地狱，在那里他照样可以和一切真正在世界上生活过的人交朋友。这个作品和骑士传奇有相似之处，主题表现的是对爱情的热烈追求，但又与骑士传奇相区别，就是情节发展与骑士的理想背道而驰。

五、浪漫的骑士文学

骑士是中世纪欧洲的职业军人，“骑士文学”（romance of chivalry）是世俗封建主阶级思想意识和基督教神学观念相结合的产物。随着骑士在日益频繁的战争中地位的提高，欧洲封建社会逐渐形成了以忠君、护教、行侠、崇拜妇女为主要内容的骑士精神或“骑士道”。作为世俗贵族阶级的文化观念，骑士文学产生于 11 ~ 12 世纪。中国现代文学家茅盾先生认为，拥护骑士制度、赞美骑士生活的文学作品叫做“骑士文学”②。骑士文学的题材大多来自日耳曼人、凯尔特人的英雄传说，主要反映的是骑士对领主的效忠，同异教徒的斗争，冒险故事与爱情故事等，充分体现了封建主阶级的精神文化特征。从体裁上分，骑士文学包括韵文罗曼司和散文罗曼司两大类。

第一，散文罗曼司。兴起于 13 世纪下半叶，大本营在西班牙，通常表现的不是韵文罗曼司那种武勋战功，而是荒唐无稽的冒险：骑士与巨人、与毒龙、

---

① 撒拉逊（Saracen）是公元最初三个世纪古典作家对西奈地区阿拉伯人的称呼，中世纪则成为基督教徒对中东地区阿拉伯人和穆斯林的泛称。

② 茅盾著《世界文学名著杂谈》，天津：百花文艺出版社，1980 年，第 143 页。

与妖巫恶魔的搏斗。虽然中世纪妇女逐渐成为骑士文学家热情讴歌的对象，散文罗曼司中也不乏男女情爱的描写，但那绝不是忠臣良民对王后、夫人、贵妇、淑女的虔敬的咏赞，而是对热烈的、变化莫测的恋爱的描绘，因而使爱情更具冒险的色彩。

第二，韵文罗曼司（12～13世纪）。这是骑士文学的主流，其中又分为北方派行吟诗人（Trouveres）和南方派行吟诗人（Troubadours）。它与散文罗曼司相区别，“大多是描写半神秘半色情的骑士爱的史诗传说，表现了欧洲中世纪的宗教气氛。”[①]骑士文学受民间文学影响较大，常见的形式有牧歌、破晓歌、夜歌、怨歌、十字军歌等。南方派是韵文罗曼司的重要作家，行吟诗人将妇女理想化为能给予男人巨大的精神和肉体愉悦的对象，他们擅长爱情抒情诗创作，经常从爱情中寻找激情，主要通过对圣经《雅歌》的模仿，以水乳交融的手法描写了骑士对贵夫人爱情的渴望，而不是罗曼蒂克的实现。如“破晓歌”通常叙述骑士在破晓时分与贵妇人分离的情景，追求冲破包办婚姻的自由爱情，咏唱对贵妇人的爱慕和崇拜。

中世纪粗犷的宗教圣战和封建混战是骑士文学表现的主题，但罗曼司一反基督教的禁欲主义和出世思想，着力讴歌现世生活和爱情之美，热情地表现侍奉领主的忠诚勇武而又温文尔雅。理想的骑士被塑造成英雄人物，他们具有忠君、护教、行侠和崇拜妇女的美德。韵文罗曼司代表作有法国的《武勋之歌》（*Chanson de Geste*）和《罗兰之歌》（*Chanson de Roland*），西班牙的《希德之歌》（*Poem of My Cid*），德国的《尼卜龙根之歌》（*The Niebelungenleid*），英国的《亚瑟王传奇》（*Arthurian Legend*）和斯堪的纳维亚的《埃达》和《萨迦》。

《罗兰之歌》描述了忠君、护教的法兰西民族英雄罗兰的业绩。他曾追随查理大帝征服了安茹、不列颠、曼恩、普瓦那、诺曼底、普罗旺斯、阿奎丹、罗曼尼亚、巴伐利亚、佛兰德斯、勃艮第、撒克森等到地方。罗兰说过：“我为征服了多少膏腴地，由白发的查理统治到今朝。”查理大帝是法兰克人加罗林王朝最重要的统治者，一生征战50多次，把几乎全部的西欧地区都囊括在加罗林帝国的版图内。778年，在远征西班牙的阿拉伯人的战斗中，他的部将、不列颠边防区长官罗兰在朗塞瓦尔峡谷之役中战死沙场。于是，这位英勇献身的罗兰就成为英雄史诗《罗兰之歌》的主人公，他和查理曼的关系被描绘成封建群臣关系的楷模。

《亚瑟王传奇》是骑士文学的重要一环。它把6世纪半传奇式英雄人物，不列颠岛上抵抗盎格鲁撒克逊人入侵的凯尔特民族领袖，转化为理想中的12世纪封建君主。据法国诗人特洛亚（Chretien de Troyes，约1135～1183）的描写，亚瑟王的身边为骑士和美女所包围，宫廷设在卡姆劳特，是浪漫爱情与纯真宗教信念的

① （保加利亚）瓦西列夫著《情爱论》，赵永穆等译，北京：三联书店，1984年，第224页。

中心。那里的骑士尊崇自己的妻子，并在幻念的领域中进行大胆探索[①]。“当行吟诗人颂扬单相思和婚外恋时，克雷蒂安最先提出把罗曼蒂克的爱的理想限制在婚姻范围内。他不仅描写笔下人物的行为，也描写他们的思想和激情。”[②]

英雄史诗《尼卜龙根之歌》（约12世纪）描绘了勇敢的战士，尼德兰王子齐格弗里德（Siegfried）和勃艮第国王三兄弟的妹妹，美丽的克里姆希尔特（Krimhild）[③]。齐格弗里德是个身经百战、坚强勇猛的骑士。他进攻骄横的国王，杀死凶猛的巨龙，成为一个所向披靡的英雄。克里姆希尔特则是一位温柔、高尚而又宛如朝霞般清新的姑娘。她的美丽迷住了王子，并成了他的妻子。当王子遭到暗算以后，她悲痛欲绝，并立誓为丈夫报仇雪恨。在历经万险与千难后，她最终割下了凶手的头颅，但是自己也献出了宝贵的生命。这部史诗不仅描述了民族大迁徙时期日耳曼人的英雄事迹，而且歌颂了理想的男女典型[④]。

关于中世纪文学的最高成就，有人认为是13世纪的法国长篇叙事诗《玫瑰传奇》（*Roman de La Rose*）和14世纪的《神曲》，这两部巨著以不同方式表现总结了中世纪文明。《玫瑰传奇》又称《玫瑰恋史》，通常被认为是中古时代高尚爱情的理想作品，又是中世纪后期社会的旅行指南。它包括两部分，第一部分计有4000行，1230年左右由法国人威廉·德·洛利斯（？～1235?）创作；第二部分占全书篇幅的3/4，1265年左右由法国人若望·德·墨恩（1240?～1305?）完成。作品两部分内容迥异，前者是个词藻华丽的寓言，写诗人梦游花园，爱上一朵玫瑰，表现的是对骑士爱情的偶像崇拜，充满了浪漫情调；后者却把生育的需要作为主题，说明生育中起作用的不是爱，而是“女人的本能”。墨恩憎恨迷信，讽刺修行僧团和教皇，对封建贵族的价值观表示怀疑，反映了市民的思想感情和作者的现实主义创作态度[⑤]。

第九节　中世纪的骑士制度

一、骑士制度的起源

骑士制度并非中世纪所特有，它在西方最早产生于古罗马时代[⑥]。罗马王

① (美) 霍莱斯特著《欧洲中世纪简史》，陶松寿译，北京：商务印书馆，1988年，第281页。
② (美) 勒纳等著《西方文明史》(第I卷)，王觉非等译，北京：中国青年出版社，2003年，第351页。
③ “尼德兰”意为低地，包括今天的荷兰、比利时和卢森堡。
④ (保加利亚) 瓦西列夫著《情爱论》，赵永穆等译，北京：三联书店，1984年，第243～244页。
⑤ (美) 伯恩斯等著《世界文明史》(第2卷)，罗经国等译，北京：商务印书馆，1987年，第72页。
⑥ cavalier、cavalry、horsemen、knight、knighterrant、knighthood等词都可以表示“骑士”的含义，它们的区别在于：horsemen指养马的人、骑兵、骑手，cavalier指骑马的战士、骑士，cavalry是“骑士制度”的集合名词，knight特指为封建领主服务的“骑士”，knighthood既指骑士资格、身份、地位，又指骑士精神、骑士风度，而knighterrant多译为游侠骑士，即侠士或侠客。

政时期，塔克文王朝第二个统治者塞尔维乌斯推行改革，规定第一等级中最富有者人选18个骑兵队，“骑士”由此发展成为罗马军队的一个正规兵种。从公元前3世纪后半期起，罗马骑士制度逐渐由奴隶社会的职业军人转变成游离于军队之外的金融贵族等级。屋大维时期，骑士等级日益失去其金融贵族的性质，财产资格也不再是担任骑士职位的必要条件，凡是处于骑士职位者都可以获得骑士称号。

图3-9 中世纪乡村骑士

骑士制度是中世纪封建制度的柱石和组成部分，具有社会的、政治的、军事的、宗教的和文化的意义。严格地说，骑士属于封建贵族的末流即小贵族，是为国王和大贵族服务的职业军人，而不属于“真正的贵族”。西欧的骑士制度根源于日耳曼人入伍习俗。根据史学家塔西陀所著《日耳曼尼亚志》，当一个日耳曼青年到了使用兵器的年龄时，按照古老的习惯，整个部落的人聚集到一起，举行庄严的仪式，由部落首领或本人的父亲或亲属授予这个年轻人一面盾牌和一杆长矛，使他装备起来，加入战士的行列。随着战争的需要，能自备马匹的战士则备受重视，因而骑士的作用日益得到加强。

欧洲是个封建等级制社会，作为这个社会政治制度重要部分，骑士制度决定了骑士身份地位的封闭性。骑士是指出身于拥有爵位和土地之家、经过一定仪式被授予骑士称号者而言的。由于欧洲实行长子继承制，除了皇族之外，贵胄之家只有长子才有继承爵位，成为骑士的资格。骑士的长子从7~8岁起就被送到某个有势力的贵族城堡中，开始接受教育和训练，称为“学习骑士”；经过五六年的锻炼，大约到13~14岁，便结束初级阶段的学习生活，而作为女主人的“侍从”，开始新的学习内容，称为“预备骑士”；到21~22岁左右，再经过神圣的宣誓仪式，方可被授予骑士称号。

由于中世纪早期西欧各国陷于严重的分裂状态，封建战争连绵不断，骑士适应形势的需要，是混乱状态下的活跃因素。十字军对东方的侵略，大大刺激了欧洲骑士制度的发展，并形成一种为其共同的利益而结成的特殊团体——骑士团，著名的有神殿（圣剑）骑士团、圣约翰（医院）骑士团、条顿骑士团。它们是一种兼有军事性、宗教性、社会性的封建政治集团，受制于罗马教皇。

二、骑士教育与骑士精神

骑士骑在马上，头戴战盔、身着铠甲，手执长枪，应该是一名面孔威严冷峻的武士。但他们也有神秘浪漫的一面，这一点常为人们所津津乐道。在中世纪欧洲，骑士实质上是一种神圣的荣誉称号。他们被当作上帝的虔诚仆人、女性的温顺护从和“正义”的豪侠之士，因而保护荣誉、教会、妇女与穷人就成为他们的基本职责和神圣义务。

中世纪，“骑士制度是封建主义的社会的和道德的准则。它体现了封建主义的最高理想和它的一切美德。……骑士制度规定一个理想的骑士，不但需要勇敢、忠诚，而且要慷慨、诚实、彬彬有礼、仁慈地对待穷人和无依无靠的人们和鄙视一切不义之财。一个无懈可击的骑士可能首先必须是一个无懈可击的情人。骑士的理想把对妇女的崇高的爱情变成一种带有种种礼节的真正的偶像崇拜。……骑士制度还要求骑士担负为了保卫崇高的事业作战的义务；特别是作为教会的战士，用剑和矛为促进教会的利益而战斗的义务。”[①]骑士制度主要包括宗教、道德、礼节和“武士七艺”（骑马、游泳、投枪、击剑、行猎、下棋、吟诗）等内容。在培训学习阶段，作为侍童的孩子，要在贵族家庭中学习礼貌、侍奉与效忠，熟悉各种武器装备，练习搏斗、跳跃、奔跑，训练和管理鹰和猎犬，帮助主人更衣、梳头、整理床铺、切肉、斟洒、削面包。每当主人外出时，要负责看管甲胄、武器和战马，有时还要跟随主人外出打仗。

中世纪中后期，贵族阶段逐渐由武士化向绅士化发展，于是出现了以骑士爱情、骑士风度、骑士精神为主要内容的贵族文化。年轻的骑士不仅要宣誓保护女性，而且要选择一位贵妇、淑女作为自己的崇拜偶像，并对她产生一种特殊的感情，即所谓“骑士爱情”。骑士要戴上象征性标记，立誓信仰和终身捍卫他的意中人，由此风尚产生出所谓的“骑士风度”。这是一种贵族的理想生活方式。骑士制度发展与贵族生活方式分不开。骑士不仅要武功卓越，善于习武打仗，还应温文尔雅，谈吐不俗，具备一定的文学修养，懂得繁复的宫廷礼节，养成上层社会的气质、风度、秉性。所以“骑士精神”（knighthood）的内涵是极为丰富的，正义、忠诚、荣誉、谦恭、豪侠、崇尚妇女和为真理而献身，都被看作骑士精神的灵魂。

“骑士”是封建主阶级内部的各级贵族，他们的称号来自领主的加封。11～14世纪骑士制度盛行之际，由于实行长子继承制，那些贫穷的小贵族没有生活保证，只好闯荡江湖去冒险，想把自己造就成一个“骑士”。单靠武艺好还不够，他们还必须证明其行动符合忠君、护教、行侠、崇拜妇女的骑士精神，然后才能获得正式的“骑士”称号。中世纪差不多天天有仗打，通常是几十到几百人的小规模战斗，像十字军东侵那样规模很大的战争并不多见。由于骑士

---

① (美)伯恩斯等著《世界文明史》(第2卷)，罗经国等译，北京：商务印书馆，1987年，第14～15页。

是具有军事性和封建隶属性的职业军人，他们在封建战争中扮演着重要角色。随着火药和火器的使用和推广，骑士在战争中的作用才日益降低，盛行一时的骑士制度也逐渐走向瓦解。但是，作为骑士精神核心内容的忠诚、谦恭、豪侠和崇尚女性的骑士风范，在现代欧洲的教育、文艺、社交诸领域中仍然发生着影响。

第十节　中世纪的世俗大学

中世纪时期，欧洲的文化教育为基督教会所垄断。起初只有教会学校，没有世俗学校。9 世纪加罗林朝统治时期，在查理大帝的倡导下，西欧世俗文化教育获得一定的发展。他所宠爱的学者有英国人阿尔昆（Alcuin）、意大利人彼得（Peter）、西班牙人狄奥多尔夫（Theodulf）、法兰克人艾因哈德（Eginhard）等，他们聚集在一起，开设宫廷学校，兴办世俗教育，帮助贵族子弟读书、识字、学文化，加强文明礼貌修养。一时间，法兰克宫廷成为西欧的学术中心。“查理这种附庸风雅的举动曾获得资产阶级历史家的大声喝彩，被誉为‘加罗林文艺复兴’。”[①]经过查理大帝的努力，日耳曼人的“蛮族”习俗、希腊罗马古典文化与基督教思想进一步融合，奠定了中世纪世俗教育与西方文明的基础。

修道院学校通常设立于乡村，它们一直是欧洲最好的教育场所。从 11 世纪开始，西欧经济恢复，城市生活萌芽，王权日趋加强，世俗教育也随之发展起来，并逐渐走出了散布于乡间荒野的教会、修道院。现在，那些远离尘世的修道院学校，因受到城市中心教堂学校在质量上和名望上的竞争而黯然失色。例如，巴黎的教堂学校非常有名，吸引着来自整个基督教世界的学生，从而演化成一种综合性的研究场所（studium generale）或者大学。世俗大学的兴起是西方教育制度的深刻变革，它们造就了一批主导西方文化事业的知识分子，延续并发展了说理论辩的学术传统。这是中世纪对人类文化事业的巨大贡献。

“大学”（university）一词来自拉丁文 universitas，原意是社团或行会（guild）。中世纪的大学不是教育主管部门人为建立起来的，而是自发形成的。起初，大学只是一种行会组织，是教师或者学生为了保障自己的权益而形成的自治团体，universitas 本身就有“联合”的含义[②]。具体说来，中世纪大学是在城市与行会组织获得一定发展的条件下逐渐形成的，与当时的手工业行会十分相似，是一种特殊行业的行会组织。大学负责训练教师、颁发文凭、准予教师授课。“中世纪大学既无校园，也没有多少建筑，而是一种行会组织——一种特殊的教师或学生组合。大

① (法兰克) 艾因哈德、圣高尔修道院僧侣著《查理大帝传》，戚国淦译，北京：商务印书馆，1979 年，中译本序。

② 大学是一种高等教育机构，通常包括若干个本科学院，可以培养不同科目的本科生和研究生，并有权授予学士、硕士和博士学位。

学一般在租赁的教室内授课，流动性极大，当一所大学对当地环境感到不满时，城市居民经常做出重大让步，因为他们担心学校迁往其他地区。”①

欧洲最早的大学出现在意大利、法兰西和英格兰，德国到14世纪才有大学，其他欧洲国家大学出现的也较晚。15世纪末，西欧已建立七八十所大学，其中意大利20所，法国18所，神圣罗马帝国14所，西班牙14所，苏格兰3所，英格兰2所，葡萄牙1所。西欧较古老的大学主要有波伦亚大学(1150年)、巴黎大学(12世纪)和牛津大学(1168年)、剑桥大学(1209年)，而几乎所有的大学都以波伦亚大学或巴黎大学为其学习的榜样。

意大利的波伦亚大学起源于学习罗马民法和教会法的学生组织。艾尔纳尼（Irnerius，约1050～1130）是最著名的法学教师之一，他在12世纪前十年中创立法律学校，吸收了许多学者，使波伦亚(Bologna)发展成为一个法学家聚集的中心。波伦亚法律专科学校和文学专科学校实现合并后，又建立了医学专科学校，由三校共同组成波伦亚大学。波大成立时，意大利中部和北部正处于神圣罗马帝国的统治之下。1158年，帝国皇帝“红胡子”弗里德里希一世（1152～1190年在位）授予波大特许状，允许它拥有法律上的自治地位，规定学校事务不受地方当局的干预。授予大学特许状，是欧洲大学发展史上的重要里程碑，后来巴黎大学、牛津大学、剑桥大学等也取得了相对独立的法律地位。

从专业上看，波大以法学研究而著称，它吸引了西欧各地的学者。随着生源的增多，学生团体为便于组织和管理，组成了山内和山外两个同乡会组织。山内指的是阿尔卑斯山以南地区，山外指的是阿尔卑斯山以北地区。后来又从中分出了许多同乡会：山内同乡会包括伦巴德、托斯堪纳、罗马3个；山外同乡会包括高卢、皮卡迪利、勃艮第、普瓦图、图尔内与缅因、诺曼底、加泰隆尼亚、匈牙利、波兰、德意志、西班牙、普罗旺斯、英格兰、加斯科尼等14个。

作为欧洲最古老的高等学府，波大的特点是，真正行使学校控制权的是学生团体，而不是教师。学生们自己组成行会和社团，雇佣教师，并为教师的言行制订严格的守则。如教师必须按时上课、下课，完成规定课程。如果教师玩忽职守或者不称职，则要被处以罚金或者被解聘。在南欧地区，几乎所有的南方大学都不是由宗教团体举办的，像意大利、西班牙和法国南部的大学一般都效法波伦亚大学，这些世俗学校以法律和医学研究见长。

巴黎大学是在巴黎圣母院（Notre Dame）教堂学校（坐落在塞纳河畔的一个小岛上）的基础上发展起来的，以文艺学和神学（基督教哲学）最为著名。12世纪，巴黎教会学校已成为经院哲学最为集中的研习和讨论场所。由于法国的教会势力很强大，除了宗教以外，从事文艺、哲学、神学和教会法教学都必须持有教会颁发的许可证。但是，许多知识贫乏的教会

---

① (美)霍莱斯特著《欧洲中世纪简史》，陶松寿译，北京：商务印书馆，1988年，第299～300页。

学校校长竟靠滥发许可证牟取私利，严重损害了学者的声誉和权利，遭到了教师组织的抵制。1179 年，教皇亚历山大三世（1159～1181 年在位）发布通谕，严禁教会学校校长出售许可证，巴黎圣母院教堂学校校长为此受到了斥责。从此，巴黎大学为人文学科的教师所控制，教师团体取得了录用教学人员的特权。1194 年，教皇塞勒斯丁三世(1191～1198)对亚历山大三世赋予巴黎大学教师的另一项特权予以确认，即由教师组成法庭审理有关学生的法律案件，不受市民干涉。

事实上，巴黎大学被置于教会法的管理之下，师生们在与俗人的争端中享有教士特权，知识分子的地位较高，学术环境相对宽松，初步实现了大学“自治”。1200 年，法王腓力二世（1180～1223 年在位）正式承认这些特权；1231 年巴黎大学在教皇的支持下，取得独立于当地教会的自治权。这样，巴黎大学与教皇、皇帝并列为三足鼎立的欧洲政治势力，在神学和宗教事务上具有权威性影响。教廷大分裂时期，巴黎大学的权力一度凌驾于教皇之上。16 世纪初，英王亨利八世（1509～1547 年在位）与他的妻子凯撒琳的婚姻合法性问题，曾经被提交到巴黎大学寻求权威性解释。巴黎大学还成为英格兰、苏格兰和北方各大学的样板，12 世纪形成的牛津大学就是由此脱胎而来的。1167 年，英王亨利二世（1154～1189 年在位）与法王路易七世（1137～1180 年在位）发生争执，许多英国教师和学生陆续离开巴黎大学，回到了英格兰。他们在学者汇聚的牛津按照巴黎大学的组织方式讲学，逐渐形成了英国第一所大学。牛津大学创办初期，亨利三世（1216～1272 年在位）曾下令禁止领主剥削当地学者。

中世纪欧洲文化教育发展的最大成就，就是世俗高等教育的发生和发展。大学课程主要设有文艺学、法律、医学和神学四科。学生用三四年学习文法、修辞、逻辑，通过考试即可取得学士学位①。这种学位不是什么特别荣誉，如果要在职业上取得地位，他们还必须继续刻苦攻读，取得更高的学位。只有取得硕士和博士学位的人才能在大学任教。攻读硕士学位，要用三四年时间读完算术、几何、天文和音乐等理论性很强的课程。摘取博士学位桂冠不是一件轻而易举的事情，有心苦读的学生要接受专门的训练。中世纪后期，巴黎大学神学博士科目长达 14 年。根据规定，任何人获得学位的年龄不得早于 35 岁。直到今天，巴黎大学的博士学位仍然是很难获得的。

中世纪的大学生往往有两类人，即天资聪颖、孜孜不倦的学者和放荡不羁、寻欢作乐的懒汉。当时，有这样一句话来形容大学生：“在巴黎学神学，在博洛涅学法律，在蒙彼利埃学医学，他们的生活都不能使上帝高兴。”②例如，

① 学位最初是一种教师执照(与今天的教师资格证相类似)，获得者可享有一定的荣誉，或有像手工业行会那样的特权。教师有了学位可以方便地从一所大学转到另一所大学。

② (美)伯恩斯等著《世界文明史》(第 2 卷)，罗经国等译，北京：商务印书馆，1987 年，第 67 页。

巴黎大学的学风异常活跃，有哲学辩论和知识竞赛，除了激烈的口头争论外，还经常在小酒馆里打架，有时发展成为学生与市民之间，或两个对立的学生派别之间的大规模斗殴。新生常遭老生无理戏弄，不受欢迎的教授往往被嘘哄下台。

自13世纪设立学院制以后，大学才有了严格的制度和必要的纪律[①]。学生在学院里固定的宿舍就寝，共同进餐，参加礼拜，按时上课，闭门自修。巴黎大学的索邦学院是在法王路易九世（1226～1270年在位）的支持下兴建的，而那瓦尔学院则是在菲利普四世（1285～1314年在位）的支持下建立的。巴黎大学学生很辛苦，每天听着圣母院教堂钟声，早晨五六点起床，由此开始一天的学习生活。他们纷纷走出宿舍，进入狭窄、拥挤、喧闹的街头，前往分散在城内大学区的课堂。教室里没有桌椅，冬天特别寒冷，夏天也没有降温设备。有些教室备有简陋的长凳，有些课堂学生只好席地而坐，膝盖上放着蜡制的书板，用以记录课堂笔记。教师通常从教室的一角登上讲台，然后坐下来讲课。

由于大学师生通常都有教士身份，校规要求学生独身不婚（bachelor一词本身就有单身汉的意思），不许讲儿女情长。根本不允许“吃了睡睡了吃吃吃睡睡，吹了谈谈了吹吹吹谈谈。乐在其中”的现象存在，完全不像今日大学这么自由。如今的牛津大学规定：“已婚本科生，特别是带子女的本科生，由学校膳宿办公室给予妥善安排。”[②] 当然，今日中国的大学生也已经争取到了谈恋爱、甚至结婚的权利。而中世纪欧洲大学生活标准不高，费用花销却不低。这可以从一封颇具现代意味的书信中得到反映：“城市生活费昂贵，需要筹办以下诸事：我必须租赁住房，购置日用品，并准备其他事项，不能一一列举。为此请求父母看在上帝的份上，给予支援，以便完成我已经有了良好开端的事业。”[③]尽管大学在中世纪无法跳出宗教神学的精神氛围，它们是天主教会的灰姑娘，然而对于多数大学生而言，大学教育可为他们日后从事医学、法律、文学、神学专业，在教会或国家政府中从事理想的管理工作打开门路。随着教育的进步和大学的发展，广大师生（知识分子）在文艺复兴和宗教改革时代对科学文化事业起了积极的推动作用，使长期落后于东方的欧洲开始跃居领先地位。

第十一节　基督教堂建筑艺术

为了主的荣光和上帝的至尊，也为了天国的完美与生命的永恒，基督教堂

① 学院(college)起源涉及牛津和剑桥的大学共同体，这是一种可以授予学位的独立的高等教育机构，或者是隶属于大学的高等教育分支机构。

② 人民教育出版社编《六国著名大学》，北京：人民教育出版社，1979年，第51页。

③ (美)霍莱斯特著《欧洲中世纪简史》，陶松寿译，北京：商务印书馆，1988年，第301页。

建筑的造型艺术一般尽可能地建造得坚固而气派。宗教是中世纪欧洲人的精神支柱，人们围绕着日常生活中心教堂形成了堂区、教区，而教区教堂则是中世纪最重要的历史文化遗产之一。

在“早期基督教艺术”阶段（公元1~5世纪），教会艺术多见于墓窟壁画、石棺雕刻、教堂建筑及其内部镶嵌画，没有形成独立的艺术风格，往往表现出借鉴异教艺术的特征。早期基督教堂建筑沿用原先罗马异教的巴西利卡式（basilica 即长方形神殿），以满足炫耀国教权威的目的和举行盛大宗教仪式的需要。现存的巴西利卡式教堂有罗马的圣萨比纳教堂、拉文那克莱塞的圣阿波利奈教堂等。“巴西利卡式教堂是西欧中世纪教堂建筑的母体，后来，随着思想表现的更高要求在此基础上吸收了其它建筑的因素，加上建筑技术的进展，逐渐产生了所谓罗马式和哥特式的建筑样式。”[①]巴西利卡式本身是一种强调水平方向和纵向轴线的长方形会堂，后来在中堂与后殿之间增加了耳堂，形成一个纵向比横向长的十字形平面，这种“拉丁十字教堂”被称为罗马式。

图 3-10 莱茵河畔的科隆大教堂

始建于1248年左右，前后持续了632年。这是最完美的哥特式大教堂，与巴黎圣母院、罗马圣彼得大教堂并称为欧洲三大宗教建筑。它是世界最高的教堂之一，曾经成为德国宗教、民族和艺术统一的象征。

从艺术史角度来看，拜占庭教堂建筑在希腊化传统的基础上又有创新，是基督教艺术的重要环节之一。典型的拜占庭建筑样式是圆拱门、十字形布局、圆顶，寻求装饰效果，广泛采用稀有的大理石、黄金等材料和镶嵌工艺，代表作是君士坦丁堡的圣索菲亚教堂。这是一种外部砖面清晰的、带穹顶的长方形会堂，因而为巴西利卡的一种变体。两位拜占庭建筑师，米利都的伊锡多(Isidore)和特拉尔的安提密阿(Anthemius)改变了古代大厦式宗教建筑，“采用了大空间的巴西利卡式纵向平面，正方形中堂又覆上大穹顶。”穹顶是东方教堂的显著特色，圣索菲亚教堂就“由四个拱券支撑，前后两个拱券又分别接着两个半穹顶。从中堂向穹顶过渡借助了帆拱（又称三角穹窿 penditive），这种办法可以很经济地建构大而高的穹顶，在技术上超过了罗马万神殿。”[②]虽然圣索菲亚教堂在造型上和技术上

---

① 王琦主编《欧洲美术史》，上海：上海人民美术出版社，1985 年，第 113 页。

② 欧阳英、潘耀昌主编《外国美术史》，杭州：中国美术学院出版社，1997 年，第 55 页、第 57 ~ 58 页。

继承了罗马式建筑样式，但它却创造了三角穹窿，在装饰方面又吸收了东方建筑风格的影响，主要体现为内部采光条件较好，而外形显得庄严、神圣，具有壮丽而丰富多彩的东方情调。537 年，当金碧辉煌的大教堂建成时，查士丁尼皇帝连声惊叹道：“赞美上帝使我得以完成这一工程，所罗门啊！我胜过了你！”

10～12 世纪，大大小小的教堂遍布西欧各地，修道院附属大教堂、乡间的小教堂随处可见，而罗马式风格生动地再现于基督教建筑艺术中，它旨在通过将所有建筑细节严格地服从于统一的体系，从而明确地展示主在教堂建筑中的荣光。除了强调建筑的严谨外，罗马式特征还有：圆形的拱、结实的石墙、粗大的角柱、窄小的窗户、水平的线条，以及比自然人更大的人体形象第一次再现于建筑物的表面。罗马式建筑是一种严峻清寒和内部昏暗的高墙塔楼，外部没有装饰，是看上去十分简朴的乡村艺术表现形式①。1063～1097 年建筑的内韦尔圣埃蒂安纳教堂（在克吕尼隐修院），是罗马式建筑造型艺术的完美典型。教堂正殿上部为半圆拱腹、筒形石拱顶，由附墙柱上的扶手作支撑；侧道抵消了拱推力，洞口数目有限。1085～1130 年修建的克吕尼第三教堂，则是 16 世纪以前重修罗马圣彼得大教堂之前世界上最大的教堂。罗马式古老教堂给人以凝重深邃的感觉，其中暗弱的光线更容易使人产生强烈的恐惧感和虔诚的敬畏心理。

中世纪全盛时期（13～14 世纪），哥特式（gothic）教堂建筑在罗马式的基础上逐渐形成。“哥特式”一词的原意为粗野的、低级的，本是人文主义者对整个中世纪文化的通称，19 世纪浪漫主义才使它恢复了艺术史上的名誉。12 世纪中叶，高耸挺拔、纤细轻盈的哥特式教堂建筑造型诞生。约 1144 年，在法国王室领地法兰西岛②的圣德尼修道院长休格（Abbot Suger，1081～1151）的倡议下建造了一座皇家教堂，他的基本主张即宗教应以光明、色彩和富丽取胜的观念得到了切实贯彻。哥特式建筑综合不同地区的罗马式传统并加以发展，于是形成了一种新颖的建筑风格，并传播到其他地区。

哥特式建筑造型是中世纪欧洲城市富有的市民阶级与思想上占支配地位的僧侣阶级奇妙结合的产物，兼有世俗性与宗教性，理性与非理性，神秘主义与自然主义的多重因素。罗马式教堂主要是大修道院的象征，而哥特式教堂则是城市繁荣的标志。因此，与建筑在乡村的罗马式比较，集中于城市的哥特式显得更复杂、更雅致，也更讲究。法国的巴黎圣母院大教堂、兰斯大教堂、亚眠

---

① “罗马式”又称“罗曼式”，是罗马化、摹仿罗马的意思。这原是语言学用语，指那些在原先被罗马化的国家中已成为现代语言的那些拉丁语系诸语言。罗马式或罗曼式艺术成熟于 11 世纪后半期，12 世纪达到鼎盛。

② 指塞纳河和罗亚尔河之间的土地，包括巴黎和奥尔良在内。

大教堂，英国的索尔兹伯里大教堂、坎特伯雷大教堂、林肯大教堂，德国的科隆大教堂，以及意大利的米兰大教堂等，都是世界闻名的哥特式教堂。此外，欧洲许多世俗性建筑物，如市政大厅、行会大厅、国王宫殿、封建城堡以及其他一些私人宅第等，也不同程度地受到哥特式建筑风格的影响。

哥特式建筑特征主要表现为：高耸入云的尖塔，斜坡屋脊的尖顶，尖削高昂的拱门，彩色透光的玻璃，雕刻富丽的大门和大量的彩绘壁画，可谓集中世纪艺术之大成①。"每一座教堂都雕刻大量的象征性人物，这种教堂是用石头为那些不能阅读的人雕刻的有关中世纪知识的百科全书。"②哥特式建筑的结构体系，改变了罗马式建筑厚重的墙壁，代之以垂直轴的骨架结构，使建筑物重量分布其上。当人们置身于四周被巨型花格窗包围的、石头骨架的、高而尖的哥特式教堂之中时，充足的光线通过彩色玻璃的多次折射后变得朦胧、静谧，人们不由得产生一种肃穆感和敬畏感，那便是教会的威严、宗教的神秘与上帝的崇高：似乎一个俗人只有经过教会的引导和神父的赦罪才能获得安全与幸福，人的灵魂只有经过地狱的折磨和炼狱的洗礼才能升入高不可攀的天堂。

第十二节　中世纪基督教音乐

音乐是一种时间感、节奏感很强的流动艺术，它具有流动的旋律和强烈的时间性特征。最早的音乐出现于古代东方，两河流域的先民们已经会演奏不同的乐器。根据希腊神话，在文艺女神缪斯九姐妹中，排行第二的欧忒耳珀（Euterpe）掌管音乐和诗歌，于是"音乐"（music）一词就同缪斯女神联系了起来。和悲剧与喜剧起源于宗教色彩深厚的酒神颂歌一样，音乐也是由宗教礼仪发展而来的。柏拉图认为音乐的目的是双重的，就是娱乐和净化灵魂。罗马人好大喜功，每样东西要大，不一定要好。所以，他们在音乐表演方面追求规模宏大，表演者常常有上万人，结果舞台上的歌手比观众席上的听众还要多。然而，和高雅的希腊音乐不同，罗马音乐品味不高，甚至可以说是粗俗至极，虽然它在很大程度上继承了希腊风格，正如今天的美国文化被欧洲人视为庸俗的东西一样。

中世纪时期，欧洲的音乐主要是在教堂里的圣歌演唱中发展起来的。直到基督教全盛时期来临时，不论是东方音乐还是西方音乐，也不论是希腊音乐还是罗马音乐，甚至也不论是宗教音乐还是世俗音乐，它们的共同特点在于：演奏的是非常简单的单调音乐——单声部的、无韵律的乐曲，即在没有任何协奏

① 齐思和编著《世界中古史》，北京：高等教育出版社，1957年，第126页。

② (美)勒纳等著《西方文明史》(第Ⅰ卷)，王觉非等译，北京：中国青年出版社，2003年，第356页。

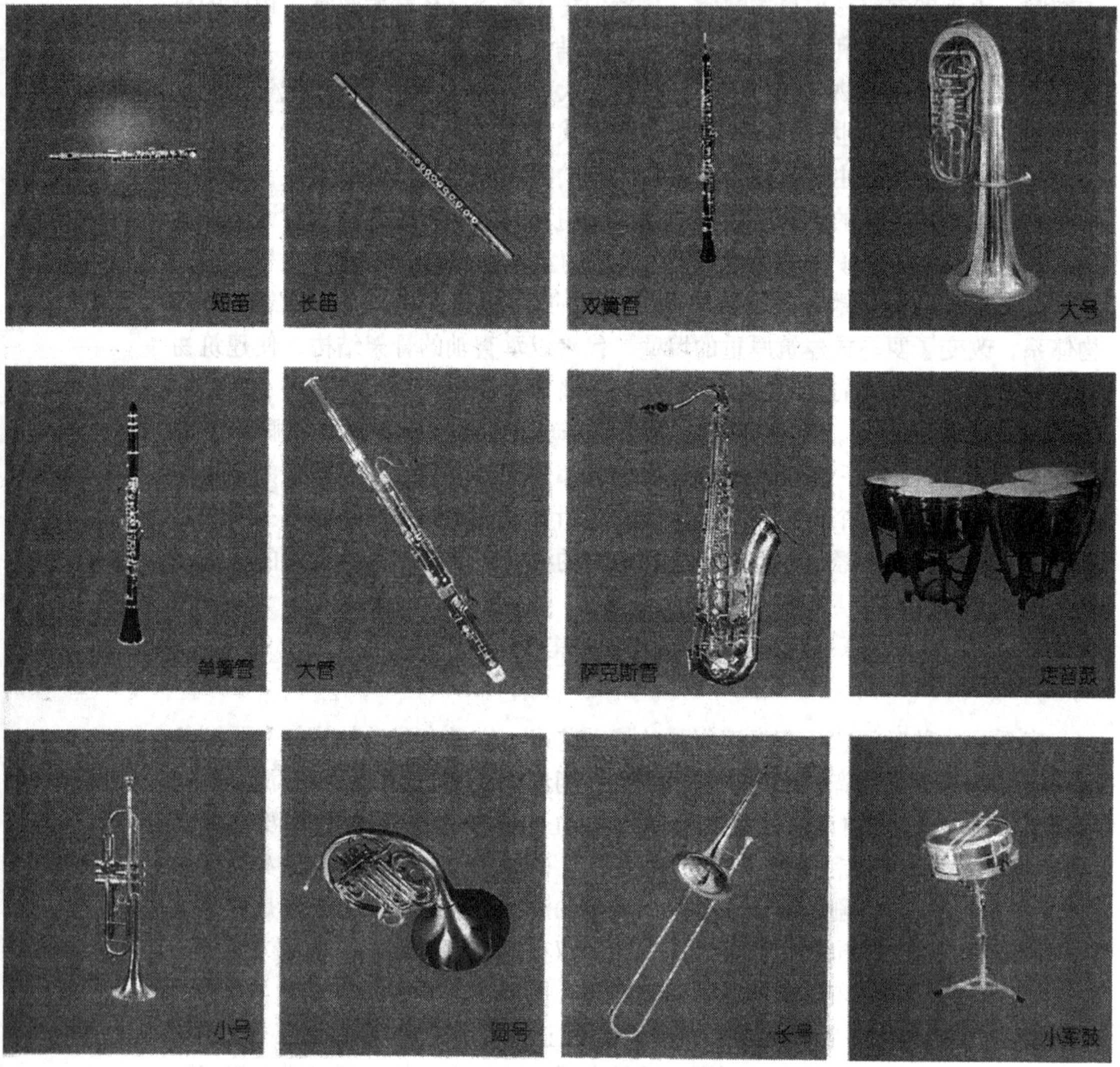

图 3-11　常见的西洋乐器①

背景下的单一旋律。基督教音乐起源于单人独唱的圣歌，是以唱诵《诗篇》为主的犹太教音乐。4 世纪，教堂唱诗班中出现了交互轮唱的两组，称为“启应轮流吟唱”。在教皇格列高利一世主持下，教会编制了一部标准的圣歌集《格列高利圣咏》，要求对唱诗班歌手进行充分的训练，并专门制定了演奏圣乐的法律。11 世纪末，法国南部普罗旺斯、西班牙北部和意大利以及法国北部的行吟诗人大多出身高贵，信奉“为艺术而艺术”的原则。他们创作了优美的诗和歌，其灵感来自于基督教音乐和民间艺人的歌曲。

①参见人民教育出版社音乐室编著《音乐》，北京：人民教育出版社，2003 年。

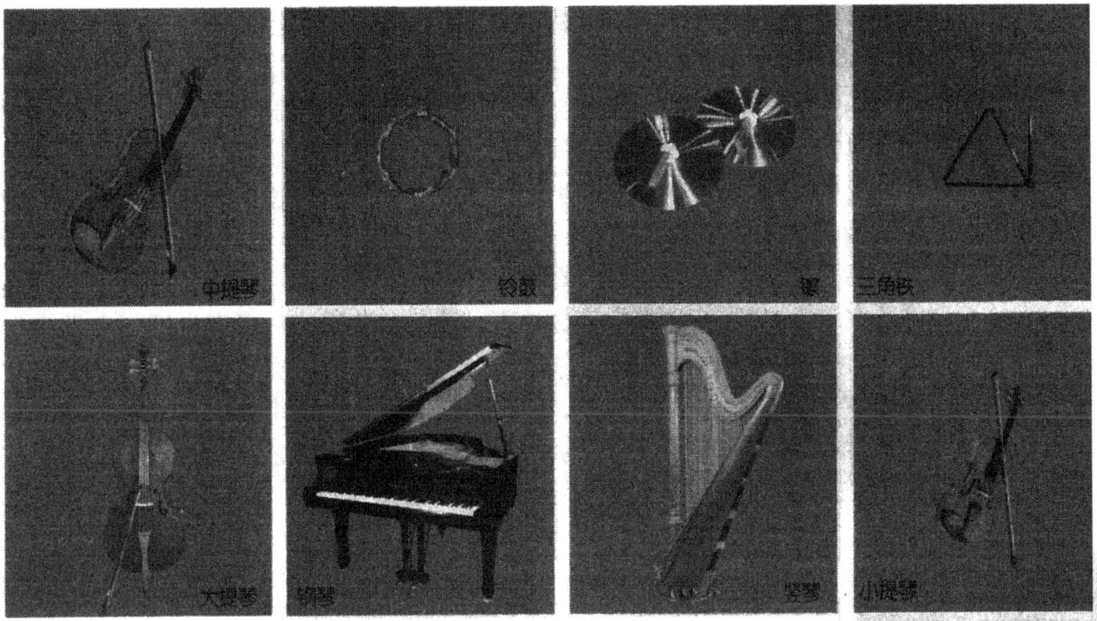

图 3-12
见的西洋乐器

10 世纪以前，早期基督教单调音乐统称为“素歌”（Plainsong）或“格列高利圣歌”（Gregorian Chant），以后出现的早期复调音乐则称为“旧艺术”。1170 年左右，巴黎教堂的音乐获得了根本性突破。唱弥撒曲时，人们第一次使用了两种不同的声音交织成的两个旋律不同的配合旋律(即复调音乐)。所谓“复调音乐”，是指两个或更多的独立曲调同时奏出或唱出。哥特式艺术时期，复调形式在宗教音乐中被普遍采用。当然，乐谱对于音乐的自由发展具有重要意义。差不多同时，随着乐谱体系（能够表达和记录复音的乐谱）的发明和完善，人们演奏时不依赖回忆就能演奏出更复杂的音乐。约1240 年左右，英国修士“福思斯特的约翰”用复音调谱写成的乐曲《夏天到来》，被称为“西欧艺术发展中的第一声”。旧艺术的最后一位大师亚当·德·拉阿尔（1240～1287）也是最后的行吟诗人。

13 世纪以后，复调音乐促进了有节奏记谱法的发展，菲利普·德·维特里（1291～1361）完成的《新艺术》一文就与有节奏记谱法有关。从当时的绘画中可以得知，那时已经有了许多乐器，诸如维奥尔琴、竖琴、索尔特里琴、鲁特琴、手摇风琴、喇叭、编钟、鼓、号、钹、风笛、芦笛和长笛。法国、意大利等大陆欧洲国家的复调音乐，开始采用四度音程和五度音程，而自成一体的英国则更喜欢采用三度音程和六度音程。乐器的丰富和宗教音乐演奏方法的改进，对世俗音乐发展产生了影响。音乐“新艺术”主要是通过法国作曲家马肖（Guillaumede Machaut，1300～1377）的作品保存下来的，其中大多为生动而优雅的世俗歌曲，通常是要用乐器伴奏的音乐。新艺术很快传播到意大利，佛罗伦萨人兰迪尼（Fransicco Landini，1335~1397）最为著名，他既是管风琴家、作曲家又是诗人和哲学家，他的作品多以浪漫色彩的情歌、牧歌、叙事歌和猎歌的形式写成。

法国是中世纪音乐的故乡。查理大帝时期，受过训练的罗马歌手在帝国境内建立了许多音乐学校，培养了大量的音乐人。中世纪有两个法国地名非常值得人们记住：南部的普罗旺斯和北部的佛兰德斯。前者造就了许多著名的行吟诗人，推动了欧洲骑士文学的发展；后者产生了一大批音乐大师，主要有劳姆·迪费、约翰内斯·奥克汉姆、贾科伯·奥布雷契特、若斯坎·德普雷、亨利克·伊萨克、斯威士·鲁得维格·森夫尔、克莱门特·让格恩、安德林·魏拉尔特等，他们共同为文艺复兴时期音乐发展做出了巨大的贡献[①]。

---

① 参见约瑟夫·韦克斯贝格著《西方音乐史》，王嘉陵译，重庆：西南师范大学出版社，1999年，第2章。

第四章

走向现代文明的文艺复兴文化

第一节　文艺复兴文化：人本与理性

一、“文艺复兴”的基本含义

14～17世纪，人文主义者借助于古典文化（希腊罗马文化）精神——人类理性（合乎自然的神的属性和人的本性）和异教思想（非基督教的多神教和人性化神）即人本主义，在批判基督教神学（studia divina）和封建意识形态的基础上，创造出适应时代发展需要的新思想、新道德、新文化。这场欧洲早期资产阶级发动的反封建、反教会的思想启蒙运动，就是所谓的“文艺复兴”。西方艺术史鼻祖瓦萨里（Giorgio Vasari，1511～1574）在他的《画家、雕刻家和建筑家大师列传》（又译《艺苑名人传》）一书中，最早将这个术语提了

图4-1《春》

佛罗伦萨画派波提切利（Sandro Botticelli，1445～1510）透过《春》、《维纳斯的诞生》等作品，把世俗精神与宗教题材融合起来，表现了春回大地、世界美好、人生欢乐的人文主义内涵。

出来，意大利文称 Renascità，源于拉丁文 Renasci。1751～1772 年，法国启蒙思想家在《百科全书》中第一次使用 Renaissance 一词来称呼“文艺复兴”新文化运动，英文借用这个法文词汇延续至今。

文艺复兴是一个特定的时代，表明欧洲已经走出中世纪的黑暗，迎来现代文明的曙光①，但是这个概念本身并不能包括那个时代的全部内容。人文主义的兴起，对经院哲学、教权主义和普世主义的否定，现代民族意识的觉醒和空想社会主义的出现，方言文学的产生和艺术风格的创新，现代自然科学的发展，印刷术的应用和科学文化知识的传播，这一切都远远超出了文艺复兴概念本身。从实质上看，文艺复兴是现代西方文明的开端。因此，与其说它是古典文化的再生，不如说它是现代文化的开端；与其说它是复兴古典，不如说它是自称创新。

二、文艺复兴的背景与时限

文艺复兴的历史背景是 14～15 世纪欧洲，尤其是意大利发生的深刻的社会变革，主要体现为封建制度日趋瓦解，罗马教皇的神圣地位受到挑战，民族意识和民族国家随着资本主义关系的产生而萌芽。从 14 世纪开始，封建制度出现了式微的征兆：庄园制度、采邑制度、骑士制度以及行会制度逐渐走向衰落；神圣罗马帝国的强权统治和罗马教皇的普世主义权威大大降低；黄金时代的基督教神秘性渐渐失去圣光，空洞繁琐的经院哲学越来越受到嘲笑、藐视和挑战；高耸脱俗的哥特式大教堂正在悄悄地被复活了的罗马建筑取而代之。与此同时，一种适应城市勃兴需要、符合新兴市民阶级即资产阶级前身愿望的新思维方式和新意识形态在不知不觉中萌动，这便是震撼欧洲 300 年之久的“文艺复兴”。

文艺复兴最初发生在意大利，佛罗伦萨城就是它的摇篮，主要原因在于：首先，意大利北部诸城市，如威尼斯、热那亚、比萨、佛罗伦萨等经济的持续增长，早在 14 世纪就出现了最初的资本主义萌芽，为新文化运动的到来提供了物质基础。其次，意大利曾是罗马帝国的心脏地区，为文艺复兴的发展与传播提供了客观环境。意大利人始终保持着一种信念，即以古罗马人的后裔自居，当然他们也是罗马文化的继承人。虽然意大利在中古时期不断受到伦巴德人、拜占庭人、撒拉逊人、诺曼人、德意志人的入侵，但它却是保持古典文化最多的地区。再次，四分五裂状态为文艺复兴创造了政治前提。不仅政治长期不统一使神圣罗马帝国和罗马教皇丧失了作为亚平宁半岛政治领袖的地位，而且各城市的独立也为各种新思想提供了自由传播的空间。最后，文化赞助人为文艺复兴提供了重要的推动力。大多数世俗的文化赞助人是那些富裕的商人、

---

① 参见(美)杜兰著《世界文明史》，幼狮文化公司译，台北：幼狮文化公司，1975 年，第 14 册。

银行家如佛罗伦萨的美第奇家族[①]和米兰的斯福查家族，而教会的文化赞助人主要是罗马教皇尼古拉五世（1447～1455年在位）、庇护二世（1458～1464年在位）、朱利乌斯二世（1503～1513年在位）和利奥十世（1513～1521年在位）等。

图 4-2 佛罗伦萨的钟楼及圣马可大教堂

意大利的文艺复兴最早起步于14世纪（意大利文称Trecento），经过15世纪（Quatrocento）的发展，到16世纪（Cinquecento，即五百年代）走向终结。在其他西欧国家，文艺复兴的发生时间是15～17世纪中叶。一般认为，它的上限应以但丁的《神曲》（1307～1321年）为标志，下限则以培根的《新工具》（1620年）和笛卡儿的《方法论》（1637年）为标志。相应地，全部文艺复兴史可以分为三个时期：第一，14世纪～15世纪中叶。文学艺术启蒙活动主要在意大利发生，人文主义思想开始与现实主义的创作方法相结合。第二，15世纪中叶～16世纪中叶。文艺复兴在欧洲加速向纵深发展，文学艺术高度繁荣，史学和政治学名著涌现。第三，16世纪中叶～17世纪中叶。在文学艺术持续繁荣的同时，以1543年哥白尼发表《天体运行论》为开端，现代自然科学取得一系列划时代的成就。

三、文艺复兴的指导思想

人文主义（humanism）是文艺复兴的伟大旗帜和指导思想，起源于人文学科（humanities 或 humane letters）和人文主义者，意大利语与拉丁语都写作 humanista，而德语称为 humanismus。“人文主义者”出现于15世纪中期，牛津英文词典注明首先使用的年代为1589年。这是当时的学生用语，他们用以称呼那些教授人文学科的教师们。

人文学科是指与宗教学科（divine letters）相对立的世俗学科。“在15世纪，人文学科获得了比较精确和专门的意义，这一词出现在大学和学院的文件中以及图书馆的分类表中。人文学科规定包括五个科目：语法、修辞、诗歌、

① 14～16世纪意大利的富裕家族，有实力的银行家和商人，佛罗伦萨和托斯坎尼的统治者，文艺复兴的世俗赞助人，其中著名的成员有科西莫（1389～1464）、彼得罗（1416～1469）、罗伦佐（1449～1492）、凯撒琳（1519～1589）、玛丽亚（1573～1642）等。

图 4-3 《毛纺工场》 在以宗教题材及神话传说为主的矫饰主义潮流中，学院派画家卡瓦洛里（Mirabello Cavalori，1535～1572）再现佛罗伦萨毛纺工场中工人们的劳动过程，这在当时是十分难能可贵的。

历史和道德哲学。换言之，用文艺复兴的话来说，人文主义者是某些学科的职业代表，我们主要应该根据人文主义者的职业理想、思想兴趣和文学作品来理解文艺复兴时期的人文主义。”①其实，“‘人文主义学科’是由一组明确确定的科目组成，包括语法、修辞、历史、诗歌和道德哲学。并且任何学习这些科目的人都要阅读和翻译重要的拉丁文和少量的希腊文著作。这是在整个16世纪和以后的时期对‘人文主义学科’的总的理解。”②

humanism 这个词有几种不同但又相近的含义：一是人文学（studia humanitati）即关于人的学问；二是人文主义、人本主义和人道主义思想；三是对古典文化的研究。强调以人为中心是这三者的相通之处。为什么人文主义者要借助于古典文化精神反对中世纪基督教神学呢？其一，基督教会在西欧各国均占有大量地产，是封建制度的维护者和精神支柱，欧洲封建势力的总代表，“一般针对封建制度发出的一切攻击必然首先就是对教会的攻击。”③其二，基督教会的绝对统治地位体现于社会生活的各个方面，要反对强大的教会势力和封建制度，必须借助于强有力的载体，古典文化就是最好的客观载体。其三，古典文化之精髓是关于人的学问，即人本学、人文学，为人文主义者提供了批判的武器。因此，新兴知识分子借助于希腊罗马文化中包含的丰富的理性和异教精神，掀起反对封建主义、普世主义和正统主义的思想解放运动。

宗教和基督教神学在中世纪取代人学，居于万流归宗的地位，支配着人的一切方面，从肉体到精神和灵魂。文艺复兴重视社会生活和现实世界的变革，强调全面发展人的才能。人文主义者倡导个人主义（individualism），文艺复兴运动“强调伦理，它要证明人可以享受美好的人生而符合伦理的原则；即是说

① （美）克利斯特勒著《意大利文艺复兴时期八个哲学家》，姚鹏、陶建平译，上海：上海译文出版社，1987年，第183页。

② （英）哈伊著《意大利文艺复兴的历史背景》，李玉成译，北京：三联书店，1988年，第137页。

③ 《马克思恩格斯全集》（第7卷），北京：人民出版社，1959年，第401页。

可以依据人与人的关系而生活，不一定依据他与上帝的关系而生活。”[①]对“人性”的发现是整个文艺复兴的最重要成就，具有重要的哲学意义。当时，大学课堂开始讲授古典著作，这些世俗的（非基督教的）“人文学科”的发展，排斥了神学在市民生活中的统治地位。人文主义者从世俗角度发现了自身的存在和价值，把人的思想意识从宗教迷信中解放了出来。在粉碎了中世纪的精神枷锁之后，意大利人文主义者不但发现了现实世界，而且发现了人自身。所以，文艺复兴史大师布克哈特在《意大利文艺复兴时期的文化》一书中，把第四编的标题确定为“世界的发现和人的发现”，这是非常具有象征意义的[②]。

人文主义的核心是个人主义，理论基础是人性论。由于人文学科研究的题材是人，是人的身体美和他的潜能、他的感官和感情的欢乐和痛苦，人文主义便成为文艺复兴的最大特色，因而成为这场思想解放运动的思想体系。在神性占统治地位、人性被淹没、人性从属于神性的社会历史条件下，无论是个人主义还是人性论，都具有极其重要的历史进步性。它们不仅体现了人的主体意识，而且是新兴知识阶层借以唤醒人民，反对封建束缚，谋取自由解放，实现自身政治经济利益的思想武器。所以，“人的发现”的全部积极意义也正在于此。

四、对基督教神学的批判

基督教主张以神为中心，认为上帝全知全能，至高无上，是人和宇宙间万事万物的创造者。在教会看来，上帝是永恒的存在，亚当和夏娃因上帝的创造而成为人类的始祖；上帝是创造者，人是被创造者。由于人类的愚昧无知，在伊甸园中受到魔鬼（蛇是魔鬼的化身）的诱惑，偷吃一种能使人辨别是非、善恶、美丑的智慧果（禁果）而犯原罪。于是整个人类便生而有罪，卑微渺小，无足轻重。他们只有把自己的一切托付给上帝、奉献给上帝及其新娘（教会），才能求得上帝的宽恕、赦免与救赎，获得来世的永生，也只有这样才有自由和幸福可言。

然而，人文主义与基督教神学形成鲜明的对照，他们热情地颂扬人性的高贵与完美，称赞人的价值与尊严，主张万事万物皆以人为本，以人为中心，并大声疾呼：“人是万物的尺度”。对人性的歌颂就是对神性的批判，正如新旧交替时代的大诗人但丁所说，就人完成的业绩而言，人的高贵超过了天神。戏剧之王莎士比亚对人的伟大更是推崇备至：“人是多么了不起的一件作品！理想是多么高贵！力量是多么无穷！仪表和举止是多么端正，多么出色！论行

① (英)赫伊尔等著《人类的伟大时代·世界各主要文化的历史》之《文艺复兴》卷，杨宗翰译，纽约时代公司，1979年，第62页。

② 参见(瑞士)布克哈特著《意大利文艺复兴时期的文化》，何新译，北京：商务印书馆，1979年。

动，多么像天使！论了解，多么像天神！宇宙的精华，万物的灵长！”①

基督教会宣扬禁欲主义，要求人们放弃一切美好的理想和人生欲望，去追求虚无飘缈的彼岸幸福。针对“不要爱世界，和世界上的事……这世界和其上的情欲都要过去，惟独遵行神旨意的，是永远常存”②的禁欲主义和遁世主义的说教，人文主义者指出，人生的目的不在来世而在今生，即在于追求现实的快乐与自由、欢愉与幸福。所以，他们提倡知识、反对愚昧，提倡科学、反对迷信，积极对待人生。他们抨击基督教会是“贩卖欺骗的店铺”，痛斥“僧侣以天堂做买卖”，劝告人们不要陷入教会的“臭水潭”。大画家达·芬奇号召人们，让火焰烧尽谎言，到科学中去寻找真理；自然科学家伽利略要人们接触社会实际，到大自然中阅读“自然之书”，获取真才实学。

人文主义者以一种积极进取的人生态度，把发财和享乐的愿望视为美德和善行，甚至用及时行乐的思想取代厌世脱俗的禁欲说教，这是与基督教神学背道而驰的。文艺复兴赞助人罗伦佐（Lorenzo de Medici，1449～1492）在赞美人生时说过：“飘忽而逝的青春多么美好！能欢乐的时候且欢乐，未来的事情无法预料。”③意大利人文主义历史学家瓦拉（Lorenzo Valla，1407～1457）认为，现世的纵情享乐就是幸福。法国人文主义者拉伯雷则认为，追求财富和个性自由就是幸福。

第二节　意大利文艺复兴“文学三杰”

在新的经济社会条件下，意大利产生了反映新的生产关系利益的新文化运动——文艺复兴。“这是一次人类从来没有经历过的最伟大的、进步的变革，是一个需要巨人而且产生了巨人——在思维能力、热情和性格方面，在多才多艺和学识渊博方面的巨人的时代。”④文艺复兴时期是意大利群星璀璨，名人辈出的时代，当时重要的人文主义代表人物有“文学三杰”、著名画家乔托（Giotto di Bondone，1267～1337）、马萨乔（Masaccio，1401～1428？）、波蒂切利（Sandro Botticelli，1445～1510）、“艺术三杰”和威尼斯画派的贝尼

---

① (英)莎士比亚著《哈姆雷特》，卞之琳译，北京：作家出版社，1956年，第61页。这段精彩的英文对白为：What a piece of work is a man! How noble in reason! How infinite in faculty! in form, in moving, how express and admirable! in action how like an angel! in apprehension how like a god! the beauty of the world! the paragon of animals!

②《新约全书·约翰一书》2：15，17。

③ (英)赫伊尔等著《人类的伟大时代·世界各主要文化的历史》之《文艺复兴》卷，杨宗翰译，纽约时代公司，1979年，第172页。

④《马克思恩格斯选集》(第3卷)，北京：人民出版社，1972年，第445页。

尼（Giovanni Bellini，1429～1516）、乔尔乔内（Giorgione da Castelfranco，1478～1510）、提香（Titian，1490～1576），以及政治家马基雅维里、历史学家瓦拉、空想社会主义者康帕内拉、自然科学家布鲁诺、伽利略等。

一、但丁：文艺复兴先驱

人文主义者认为，文艺复兴是一个与中世纪相对立的新的历史时期，因而是现代史的开端。佛罗伦萨大诗人但丁（Alighieri Dante，1265～1321）是一位跨越时代的伟大人物，恩格斯称“他是中世纪的最后一位诗人，同时又是新时代的最初一位诗人”；“封建中世纪的终结和现代资本主义纪元的开端”，正是以这位历史巨人为标志的①。

但丁的一生受到两件事情的重大影响：一是诗人与他的少年情人俾德丽采（Beatrice 或译为贝亚特丽齐）的爱情。有人认为这个女子是不存在的，她只不过是诗人心目中理想的妇女形象而已。不论是否真有其人，毋庸置疑的是，俾德丽采激发了但丁的创作热情和文学灵感，而且他为她而撰写了一系列抒情诗。诗集《新生》是但丁第一部用意大利语写成的诗集，表达了他摆脱禁欲主义，渴求人生幸福的自然情感。从这篇半诗歌、半散文的长篇故事所流露出的是一种，是比抒情诗本身更为神秘、更纯洁、更富于理想的爱情。

二是关于诗人的流放生涯。13 世纪意大利社会充满着矛盾与斗争，佛罗伦萨也形成了相互对立的吉伯林党（Ghibellini）和归尔夫党（Guelfi），执政的归尔夫党分裂后，出现了支持在位教皇卜尼法斯八世（1294～1303 年在位）的黑党（Neri）和代表银行家利益的白党（Bianchi）。1300 年 6 月 15 日～8 月 15 日，但丁受命成为六名执政官成员之一。后来，他卷入了政治斗争的漩涡，1302 年被黑党以贪污、反对法王和教皇、扰乱共和国和平的罪名，处以罚款 5000 佛罗林，规定永远不得担任公职，并流放两年。由于但丁不服判决，拒付罚金，又被改判没收

图 4-4 《但丁的小舟》

又名《但丁与维吉尔》，法国浪漫派大师德拉克洛瓦根据《神曲》，描绘了但丁在古罗马诗人维吉尔引导下漫游地狱的情景。

① 《马克思恩格斯选集》（第 1 卷），北京：人民出版社，1972 年，第 249 页。

全部家产，终身流放，最后客死他乡（腊万纳）。

在长期悲凉、艰辛和苦难的流亡生活中，但丁已经成为一个属于意大利的公民。他周游了许多城市，广泛地接触社会、了解现实，加深了对意大利社会政治问题的理解。而且，他的重要作品几乎全是在流放生活中完成的。《宴会》用俗语写成，打破了中世纪以来学术著作必须用拉丁文写作的传统；拉丁文的《论俗语》是最早一部关于语言学和诗律的著作，为意大利民族语言和文学语言的发展奠定了理论基础。《论世界帝国》（又译为《王政论》或《霸术》）第一次从理论上阐述了政治与宗教平等、政教分离、反对教皇干涉政治的基本观点，提出了建立世界帝国的政治理想。

少年时期，但丁曾对俾德丽采许下心愿，就是要用从来没有过的纪念碑来纪念自己的情人，《神曲》正是这样一座不朽的丰碑。但丁称之为《曲》，后来他的崇拜者则称之为《神曲》（*La Divina Commedia* 或 *The Divine Comedy*）。这部梦幻诗用托斯堪尼方言写成，分为“地狱”、“炼狱”和“天堂”三个篇章；每个篇章由33首“歌”组成，加上全书序曲，共100首歌，计14 000行。地狱（Hell）①跟天堂（Heaven）相对，是魔鬼的国度，指人死后灵魂在地下受折磨之地，比喻为黑暗、喧闹、混乱和坏人无法无天的地方。炼狱（Purgatory）是暂时的苦难之地，就是天主教所指的涤罪所。天堂是上帝的国度，意为幸福者的乐园，指正直者死后灵魂居住的地方。

《神曲》的诗如画，具有一种美好的意境。在写作手法上，它充满了象征、比喻。地狱和幽暗的森林是当时意大利及佛罗伦萨尔虞我诈、争权夺利的现实社会的缩影。诗人迷路意味着人类精神的迷惘，而三只猛兽豹、狮、狼分别象征着淫欲、强暴和贪婪等邪恶势力；诗中的俾德丽采既是光明的使者，又是真善美的化身，所以是信仰的象征；维吉尔给但丁以追求理想的修养、智慧和力量，因而是理智的象征；但丁本人是追求生活意义的生命的象征，而天堂则是人类理想的幸福境界。或者说，维吉尔是理性的象征，俾德丽采是信仰的象征，但丁则是人类精神的象征。幽明三界的漫游，是人类精神由罪恶（地狱）经过了净化（炼狱）而达到幸福（天堂）之灵魂发展的象征。一个有生命的人，有了理智，取得了信仰，就可以上天堂，享受自由与幸福②。

这部鸿篇巨制通过对但丁神游地狱、炼狱和天堂之人生三境界的描写，以广阔的画面展示了意大利社会各个领域发生的深刻变革，透露了新时代的曙光。《神曲》是一首具有强烈政治倾向的长诗，进步意义在于它借助于梦幻经

---

① 即冥府、阴曹地府，它“是一个由河流、岛屿、监狱和刑房所组成的一个庞大的地下结构，四周是污泥浊水，永远不见天日。”参见(美)布尔斯廷著《发现者：人类探索世界和自我的历史》，严撷芸等译，上海：上海人民出版社，1992年，第131页。

② 茅盾著《世界文学名著杂谈》，天津：百花文艺出版社，1980年，第94页。

历描写来表达政治抱负、道德信念和宗教情感，全面地反映了作者在社会转型时期的精神面貌，完整地总结了经院哲学、神学、科学、宗教和道德等文化成就，堪称“中世纪的百科全书”。但是，它的基本思想没有超越基督教禁欲主义的范畴，虽然它揭露了天主教会和僧侣阶级的丑劣行径，可作者所设计的人生三境界仍然笼罩在宗教神秘主义之下。他把神学置于哲学之上，信仰置于理想之上；在批判宗教禁欲主义的同时，又把追求自由与幸福的恋人作为贪色的罪人，安排在地狱中接受罪罚，而苦行主义、禁欲主义的鼻祖方济各（San Francesco d'Assisi，1181～1226）却被置于天堂之上。这一切都反映了但丁明显地带有向现代过渡的痕迹，他还没有、也不可能完全摆脱中世纪宗教世界观的影响。但是，他毕竟是“第一个探索自己灵魂的人”[①]，已经表露出人文主义思想萌芽的倾向，所以他被尊为意大利“文艺复兴先驱”是当之无愧的。

二、彼特拉克：人文主义之父

彼特拉克（Francesco Petrarca，1304～1374）的一生是在流浪中度过的。少年时期随父母漫游意大利和法国的一些城市，1326～1353年居住在法国边境小城亚维农，这是当时教皇的办公场所。他后来移居意大利，在米兰、威尼斯和帕多瓦等地居住。他从小就为优秀的古典作品强烈地吸引着，喜欢阅读维吉尔诗歌、西赛罗演讲词。从1316年起，他又不得不遵从父命，先后在法国南部的蒙特波利（Montpellier）和意大利北部的波伦亚学习法律。“当法国在神学和形而上学方面占据统治地位的时候，意大利在法学和医学的世俗学科领域里表现出特殊的智慧。但作为一个教士而不是世俗人物的彼特拉克对两者都毫无兴趣。”[②]虽然波伦亚有着意大利乃至欧洲最为著名的法律大学和法学家，吸引彼特拉克的不是什么枯燥乏味的法律条文，而是这里的世俗精神和人文主义思想。他在法学著作里所关心的不在于法律研究本身，而在于那些“无数有关罗马古人的引证”。古典作品为彼特拉克打开了哲学和文艺的新天地，他开始模仿维吉尔、西赛罗和塞尼加（Licius Annaeus Seneca，约公元前4～公元65）等人的思想写作。1326年当他父亲去世后，他立刻放弃法律学习，自由地发展自己的爱好，一方面担任有薪俸收入的职务或者牧师职务，另一方面从事古典诗歌研究。

彼特拉克在法国南部的普罗旺斯居住过，这里是中世纪吟游诗人的故乡，他在不知不觉中也成了一个吟游诗人。1340年，巴黎和罗马竞相邀请他接受诗人的桂冠，他最终选择了意大利城市，在罗马卡庇托林山上荣幸地接受了“桂冠诗人”的称号[③]。他把花冠戴在头上，自认为古罗马人的荣誉在自己身

---

① (瑞士)布克哈特著《意大利文艺复兴时期的文化》，何新译，北京：商务印书馆，1979年，第307页。

② (英)哈伊著《意大利文艺复兴的历史背景》，李玉成译，北京：三联书店，1988年，第84～85页。

③ 桂冠是用月桂树（lauel）叶编织成的花环，月桂树为常绿乔木，叶互生，披针形或长椭圆形，花带黄色。为在各种不同竞赛中的胜利者戴上月桂花冠，这是古代希腊人和罗马人的习俗。

上得到了复活。与此同时，威尼斯元老院也宣布他为当代最伟大的诗人。给彼特拉克带来荣誉的是十四行诗，他的十四行抒情诗，不论是对追求爱情的描述，还是对渴望生活的表现，都细腻逼真，恰似涓涓流水。他在他收集的维吉尔诗集的扉页上写下了这样几句话："劳拉，品德超群，因我的诗歌而闻名，第一次出现在我的眼前……在主后 1327 年 4 月 6 日第一次祈祷时间中，在亚维农的圣克拉（Santa Clara）教堂，在公元 1348 年，在同一城，同一月，第六日，同一祈祷的时间中，那支灯光从我们的时代里被取走了。"①彼特拉克曾被劳拉（Laura）迷人的妩媚深深地吸引着，虽然他们之间没有较多的接触，但他对劳拉的感情却是热烈而真挚的，因此，他就以引人入胜的优美诗句来描写她。

然而，1348 年横行欧洲的那场黑死病夺去了劳拉的生命。犹如但丁对于俾德丽采的感情一样，彼特拉克认为只有用诗歌才能表达他对劳拉的爱慕与哀悼之情。他的《歌集》用意大利文写成，汇集了 366 首十四行诗。正是在这部诗歌集中，作者摒弃了骑士文学中那高不可攀的贵妇形象，描绘了一个真实的劳拉，并坦诚地展示了世俗人们向往幸福的内心世界。彼特拉克在诗歌方面受到过但丁的影响，可他并没有像但丁那样把爱情哲理化、抽象化，而是让读者看到了一个活生生的人间妇女形象。在这一点上，《歌集》比《神曲》使爱情诗更接近于生活，所以他比但丁更充分地表现出强烈的人文主义精神。"如果说但丁总结经验了过去，那么，彼特拉克就展示了未来。"②

彼特拉克还写了《阿非利加》、《名人列传》、《意大利颂》等作品，充分表达了作者对伟大的意大利民族的赞美和热爱之情。中古意大利人，尤其是文艺复兴时期的人文主义者，往往以古罗马人的后裔自傲，彼特拉克就是一个典型人物。《阿非利加》是一首六音步拉丁文长诗，描写的是古代世界的布匿战争。他以饱满的热情，歌颂了罗马军事统帅阿非利加努斯（Publius Cornelius Scipio Africanus Major，公元前 235 ~ 公元前 183）的英雄业绩。《名人列传》用拉丁文写成，包括 21 位伟大的名人传记，从罗慕洛一直写到恺撒，是一部进行爱国主义教育的好教材。像诗人但丁一样，彼特拉克具有强烈的政治热情，渴望结束封建割据状态，实现民族的统一，《意大利颂》就表达了这种爱国主义的思想感情。

彼特拉克所具备的人文主义精神，与他对古典文化的热烈追求分不开。在发掘古代文化方面所做的贡献，他在其同时代人中是卓有成效的。他是第一个提出要"一个古代学术——它的语言、文学风格和道德思想的复兴"的学者，"人文主义之父"这个称号对于他而言是当之无愧的。他不惜金钱，四

① (美)杜兰著《世界文明史》(第 14 册)，幼狮文化公司译，台北：幼狮文化公司，1975 年，第 6 ~ 7 页。
② (英)哈伊著《意大利文艺复兴的历史背景》，李玉成译，北京：三联书店，1988 年，第 84 页。

处奔走，收集拉丁文的古代存稿，亲自抄录古典作品。虽然他不懂希腊文字，可他依然精心收藏古希腊作品，鼓励并赞助这方面的翻译工作，以期获得知识和营养。正是在他和他的好友薄伽丘的帮助下，希腊人里昂古奥·彼拉多把《荷马史诗》全部译成了拉丁文。彼特拉克十分重视古罗马遗物，对收集整理诸如钱币、碑刻和雕像等实物有浓厚的兴趣。1374年7月18日，这位大诗人离开了尘世。当人们发现他的遗体时，他的头却还埋在维吉尔的手稿中，足见他对古代文化的崇拜和追求所达到的境界。

三、薄伽丘：人文主义斗士

1348～1349年，一场可怕的"黑死病"（Black Death）肆无忌惮地横扫欧洲大地，造成了极为恐怖的景象。"黑死病"就是通常所说的一种瘟疫（plague），由于这种急性传染病的病原体是鼠疫杆菌，所以又叫"鼠疫"（pēstis）。据统计，当时英国人有300万人口，在不到两个月时间内，染疾而死者约占总人口的1/3①。而在同时期的佛罗伦萨，城内丧钟乱鸣，尸体纵横，十室九空，不是死于鼠疫，就是弃家出走，逃之夭夭。触目惊心的恐怖场面随处可见，仿佛世界末日到了，地球毁灭在即。这是意大利作家薄伽丘对佛罗伦萨流行的瘟疫所作的仔细描述。

图4-5《十日谈》中译本封面

薄伽丘（Giovanni Boccàccio，1313～1375）的代表作《十日谈》（*Decameron*）记述了在那场浩劫中幸存下来的十个青年男女，他们为躲避瘟疫，相约逃到佛罗伦萨郊外的乡间别墅，寻求安慰与快乐。别墅坐落在一处小山上，和纵横交错的大路保持着相当的距离。这里四周花草树木掩隐，景色宜人，好一个"世外桃源"。在七个女子中，年龄最大的二十有八，年纪最小的只有妙龄十八。他们除了唱歌跳舞、漫步玩赏以外，每人每天轮流讲一个快乐的故事，作为大家的消遣。他们共住了

① (法)布瓦松纳著《中世纪欧洲生活和劳动》，潘源来译，北京：商务印书馆，1985年，第289～290页。

十天，每人每天讲一个故事，合为100个故事，这便是作品名称的由来。

作为一个具有批判精神的人文主义作家，薄伽丘在《十日谈》序言里开宗明义地表明了同情和尊重妇女的思想，声明这是一篇“醒世小说”，是献给“整天守在闺房的小天地内的妇女，为妇女而作的”。在这部作品的《跋》中，作者进一步表明了这种思想：“我天生是个多情的种子，护花使者，从我小时候懂事起，就立誓要把整个儿心献给你们。”他认为，把《十日谈》献给一位相思缠绵小姐比献给一个男子来得更合适，因为多情善感的女性最需要别人的帮助，而命运对于她们却偏偏显得特别吝啬。为了给苦于相思的少女少妇和喜欢谈情说爱的太太小姐一点帮助和安慰，他担当起这个艰巨的工作。

罗马天主教会是压在人民头上一座大山，教堂、修道院、宗教法庭触及每个角落，基督神学渗透到社会生活的各个方面，对人民进行专制主义的精神统治。教会标榜虔诚的禁欲主义，反对人们追求现世的幸福生活。针对教会统治，《十日谈》故事多半以爱情和机智的情节，揭露和批判教会的腐朽和虚伪，抨击以经院哲学为基础，以禁欲主义相标榜的宗教神学，洋溢着人性、自由和幸福的人文主义思想。在艺术手法上，薄伽丘发挥了讽刺与幽默的特点。在批判虚伪的禁欲主义，揭露那班修士、修女的男盗女娼、斑斑劣迹的过程中，他愤怒地谴责道：“我亲眼见过成千个神父都是色中饿鬼，他们调戏、勾引民间妇女，这还不算，竟然还要诱奸那修道女；而正是这班人在礼拜堂的讲坛上声色俱厉地谴责这种行为。”同时，他热情地高举起“人性”的大旗，为爱情高唱赞歌。正如现代学者所指出的：“天主教会把性爱看做是邪恶的肉欲，而人文主义者薄伽丘在他的故事中却一再表明，纯洁的爱情是人生中的一种积极因素，幸福的源泉。”①

“绮思梦达殉情记”是《十日谈》中最绮丽动人、最富有社会意义的篇章之一。薄伽丘塑造的绮思梦达郡主的形象最生动、最逼真，使人难以忘怀。在这个故事中，唐克烈亲王亲手杀死了一对情侣，但郡主追求爱情和幸福的献身精神至今尚存。“薄伽丘将爱情看得高于人的一切其他本性，他歌颂爱情的伟大力量，爱情的绮丽多彩，爱情的疯狂和离奇，爱情的神圣权利。”②值得注意的是，作者借郡主之口，大胆地挑战封建特权和门第观念，反映了人人生而平等的朴素民主思想。

有人把《十日谈》和《神曲》并列，称之为“人曲”（human comedy），这是恰如其分的。《十日谈》一诞生就遭到教会的痛恨，被称之为“诲淫诲盗”的东西，真是所谓“自命正经的女人把语言看得比行为更重要”③。后来

---

① (意)薄伽丘著《十日谈》，方平、王科一译，上海：上海译文出版社，1989年，中译本序言。

② (保加利亚)瓦西列夫著《情爱论》，赵永穆等译，北京：三联书店，1984年，第227页。

③ (意)薄伽丘著《十日谈》，方平、王科一译，上海：上海译文出版社，1989年，跋。

罗马教皇钦定出版了《十日谈》删节本，竟把其中干坏事的僧侣全部改为俗人！但《十日谈》的历史地位是不容置疑的，它对16~17世纪欧洲现实主义文学的发展产生了很大影响。它不但把散文艺术表现力提高了一个新阶段，而且打破了文艺领域中韵文独尊的局面，开启了市民文艺小说的新纪元。英国乔叟的《坎特伯雷故事集》、莎士比亚的两出喜剧《辛伯林》和《善始善终》，莫里哀的喜剧《乔治·唐丹》，德国莱辛的诗剧《智者纳旦》等文学作品，或者取材于《十日谈》，或者在格局上、在艺术构思上受到它的影响。当然，《十日谈》中的那一百个故事所达到的境界也有高有低，既有吹响反封建号角的战斗篇章，又有宣扬男尊女卑的封建说教；它所表现出来的人文主义思想，主要体现为自我奋斗的个人主义。尽管如此，薄伽丘仍不愧为冲决封建主义网罗的斗士。

1341~1342年，薄伽丘创作牧歌《亚美托》，采用神话题材歌颂爱情。1344年，他在书函体小说《菲亚美达》中把一个失恋少女的内心世界的感受、爱情、幻想以及痛苦与希望，细腻逼真地表现了出来。他还完成了叙事诗《菲索拉诺的仙女》、《菲洛斯持拉特》和《泰萨依德》，以及短篇小说《大鸦》。50年代以后，他开始作为一个学者转向学术研究。他酷爱希腊文学，并成为第一个认识希腊文的人文主义者。通过他的努力，欧洲第一次有了《荷马史诗》的拉丁文译本。1350年结识彼特拉克以后，他致力于研究、注释但丁的《神曲》，担任佛罗伦萨大学“但丁讲座”。经过他们的大力倡导，文艺复兴在佛罗伦萨蓬蓬勃勃发展起来了。1375年12月21日，薄伽丘在他的故乡孤独地离开了人世，但他的英名和《十日谈》永存。他不仅和但丁、彼特拉克一起并称为意大利文艺复兴“文学三杰”，甚至被意大利文艺评论家桑克蒂斯（De Sanctis，1817~1883）称为“十四世纪的伏尔泰”。

第三节　意大利文艺复兴“艺术三杰”

在基督教思想支配下，哥特式艺术和拜占庭艺术在中世纪欧洲占据主导地位。意大利由于同罗马帝国的特殊关系，在艺术上受到拜占庭生硬、呆板、缺少个性的风格的影响较多。佛罗伦萨艺术家乔托是欧洲现实主义绘画的奠基人，他的传世之作《逃亡埃及》、《犹大之吻》等对文艺复兴时期世俗艺术的发展产生了积极的影响。

一、达·芬奇艺术特色：深深的海洋

达·芬奇（Leonardo da Vinci，1452~1519）出生于离佛罗伦萨不远的乡村，是个私生子，他的父亲担任佛罗伦萨的公证人和律师，他的生母是一位纯朴农家妇女。他在继母和祖父的照管下成长。农村的田间小路锻炼了他的体格，山

顶上出没不定的光影滋养了他的幼小心灵。他天生有一副美妙的歌喉，会演奏琵琶，能引吭高歌；他凭着艺术天赋，利用光线效果，将一条看上去像龙的大怪物画得生动逼真，结果他父亲只好答应把他送到佛罗伦萨的委罗基俄画坊学习。

佛罗伦萨是艺术家的摇篮，这里学术自由，艺术流派纷呈，各种新思潮十分活跃。委罗基俄（Andrea del Verrochio，1435～1488）是早期文艺复兴最著名的雕塑家和画家，他的画坊为佛罗伦萨艺术殿堂的活动中心。他提倡认真研究数学、透视学、解剖学方面的知识，要求将艺术建立在科学的基础上，并鼓励进行大胆的实践与创造。他还倡导用精细的描绘（直观）方法清晰地表现对象，并灌输热爱大自然的思想。从练习素描鸡蛋开始，在几年的学艺实践中，达·芬奇不但受到人文主义的熏陶，而且打下了良好的从艺基础。他认真学习绘画和雕刻，专心研究各种表现技巧和造型艺术，描绘自己所喜爱的风景、植物、动物和人的各种姿态，着力刻画大自然的美的奇迹。他说："实际上，绘画是科学，是大自然的嫡亲女儿，因为她是大自然所诞生的。"①大自然是"众师之师"，画家当然应该做大自然的儿子。大自然所缔造的美，是绘画的对象，而人是大自然最完美的创造。

从来没有一位艺术家像达·芬奇那样无愧于"天才"的称号。他博学多才，全知全能，几乎和上帝一样伟大。他"代表了现代世界上最具有男子气概的人。这是他的莫大的荣誉，也是他莫大的悲哀。他怀有一个神灵才会有的漫无边际的梦想，但只有一个常人的有限力量。他的抱负是什么都做，而且要做得完美无瑕。他设想过千百个计划，只完成了少数几个。因为他一旦发现他做的与他的想像不符，马上就撒手不干。他的生命是一条没有走完的道路，路上撒满了崇高的未完成作品的零章碎片。他在晚年曾辛酸地写道：'我从未完成一项工作'。"②他的多才多艺使他的同时代人惊叹不已。"他是作为盛期文艺复兴美术的奠基人而登场的，具有深刻特征意义的是，正是他而不是别人，在物质文化与精神文化的各个方面，充分全面地掌握了当时物质文化与精神文化的最高成就。"③

1482～1499 年是他创作的第一个时期。他在米兰完成了两件重要作品：其一，宗教画《岩间圣母》，表现了母爱、天使、圣婴基督和施洗者约翰四个完美的人物形象，自然流露着世俗生活的思想情感。其二，《最后的晚餐》是他的代表作之一，为米兰圣玛丽亚美德修道院斋堂而作。这件壁画取

---

① (苏)苏联艺术科学院美术理论与美术史研究室编《文艺复兴欧洲艺术》(上册)，严摩罕等译，北京：人民美术出版社，1985 年，第 166 页。

② (美)亨利·托马斯等著《世界名画家传》，黄鹂译，南京：江苏人民出版社，1982 年，第 39 页。

③ (苏)苏联艺术科学院美术理论与美术史研究室编《文艺复兴欧洲艺术》(上册)，严摩罕等译，北京：人民美术出版社，1985 年，第 203 页。

材于《圣经》，描绘了耶稣和他的12个门徒举行最后晚餐的故事。画面布满了斋堂大厅横向墙上的整个墙壁，表现了最后晚餐中的那个特定时刻："你们中间有人出卖了我！"耶稣的话音刚落，他的弟子们感到如此地出乎意料，以至于每个人的内心都受到了强烈的震撼，也不由自主地做出了不同的心理反映。这预示着基督耶稣即将死亡，同时使他们之间的相互信任的感情受到沉重打击。达·芬奇不是同样题材绘画的首创者，但在这幅同样题材的绘画上，他所表现的好像不是宗教的圣餐仪式，而是人的感情的戏剧，这似乎是第一次。

1499年，由于欧洲列强把不幸的意大利拖入了一场战争，米兰公国在法国军队的进攻面前崩溃了，达·芬奇不得不离开此地，从米兰到佛罗伦萨，从威尼斯到罗马、安布阿赛，开始了他后半生20年的流浪生活，为的是寻求艺术创作的保护人，实现自己的新的思想和新的梦想。1503年，他开始描绘多少世纪以来一直享有最高声誉的人物肖像画《蒙娜丽莎》（Mona Lisa），直到1506年模特儿去世方告完成。蒙娜丽莎原型是佛罗伦萨人或那不勒斯人乔康多（Francesco Giocondo）的第三个妻子爱丽莎贝塔（Madonna Elisabetta）。乔康多或为伯爵，或为画师，或为米兰公爵；蒙娜丽莎原型则或为伯爵之妻，或为画师之妻，或为米兰公爵的私生女，或是作者的自画像。为了创作这件不朽的传世之作，他先潜心研究这位少妇的心理，后作精确的数学计算，再勾画出素描底稿。可见，人文主义画家是把绘画建立在科学的基础上的。

《蒙娜丽莎》具有浓郁的现实主义特色与深刻的艺术魅力，表现了美丽的人间女子对于世俗生活的怡情、惬意，是人文主义者追求世俗精神的生动写照。蒙娜丽莎的面貌格外引人入胜，她那迥非寻常的目光仿佛追随着观众，表明了她的毅力、魅力与智慧。她温柔、优雅、脉脉含情，使整个画面的意境充满无限深广而又极度丰满的色彩；而她的含蓄、神秘和令人心醉的微笑，具有一种不可捉摸的倾向性。其实，达·芬奇无论走到哪里，嘴角上总是挂着一种奇特的微笑。这种微笑之中有智慧也有悲哀，有嘲讽也有鄙视，但突出的还是同情与怜悯。他经常把这种微笑转移到画笔上，转移到他的那些肖像画上的面容上，因而他被称为"笑容画家"。

在这幅肖像画中，背景好像神话中的场景，蒙娜丽莎坐在安乐椅上，身后是一个薄雾笼罩的湖泊、一条弯弯曲曲的小溪，以及凹凸不平的岩石和一座小桥。她的形体接近观众，可看起来又觉得那么的遥远，有一种若即若离的感觉。作者采用适度的阴暗，柔和的笔调，描绘了少妇蒙娜丽莎的面部、脖子，表现得极其细腻，质感很强，从她脖子的凹陷处仿佛可以看到血脉的搏动。这件作品的艺术感染力就在于：蒙娜丽莎至善至美，表现了她的内心世界的全神贯注和个人奔放情感的有机结合。著名艺术评论家瓦萨里由衷地赞赏道："谁能像莱奥纳尔多那样描绘出……妇女最丰韵多姿年华时所具有的无穷无尽的魅

图 4-6
《蒙娜丽莎》

力？……莱奥纳尔多当之无愧地属于这样的作家：'他每一笔都勾画出了永恒的美。'"①

1516年，达·芬奇应邀到法国出任宫廷画师，后因病魔缠身，于1519年5月2日与世长辞。他在临终前这样写道："丰富多彩的一天会带来甜睡，丰富多彩的一生会带来幸福的死亡。"②瓦萨里评论说："在他的身上兼具充沛的精力和非凡的机敏，而且胸怀豁达，勇敢过人。因为他具有超凡的禀赋，其名声流传遐迩，不但在其生时煊赫于当世，而且死后更与日俱增，将来也一定会流芳百世而永垂不朽！"③达·芬奇是伟大的艺术巨匠和人类智慧的象征，他关于人的崇高概念，对现实世界的盎然兴致，对大自然的美的无限向往，对人类理性精神的真情领悟，无疑使他成为文艺复兴时代最卓越的人文主义者。

二、拉斐尔艺术特色：无垠的原野

拉斐尔（Raffaēllo Sanzio，1483～1520）出生于乌尔比诺，这是意大利中部的一个小城，它在15世纪成为人文主义者的活动中心之一，有"文艺复兴的金色王冠上一颗无价珠宝"之美誉。拉斐尔的父亲是他的第一位老师，而乔万尼·桑齐奥本人是个画家、诗人兼蔬菜商。"他的画普普通通；他的诗矫揉造作；他的蔬菜却长得碧绿鲜嫩，味美可口。"④拉斐尔8岁和11岁时先后失去父母，他的幸福童年太短暂了。然而所幸的是，父亲给拉斐尔留下了一笔可观的遗产，足以使他安心学艺而衣食无虞。

1495年，拉斐尔到当地的画坊学习，后来进入乌尔比诺宫廷，为接近那些服务于宫廷的人文主义者创造了条件。中世纪宗教题材的绘画显得呆板、僵硬、苍白，毫无生气可言，而文艺复兴时代的画家们却给肖像画注入了血液、灵魂与活力。拉斐尔擅长画圣母像，成熟时期的作品尤以圣母画而令人喜爱。在他的画笔下，她们不仅丰润、柔美、温顺，具有女性美的质感，而且年轻、

---

① (美)伯恩斯等著《世界文明史》(第2卷)，罗经国等译，北京：商务印书馆，1987年，第134页。

② (美)亨利·托马斯等著《世界名画家传》，黄鹂译，南京：江苏人民出版社，1982年，第52页。

③ 北京师范大学历史系世界古代史教研室编《世界古代及中世纪史资料选集》，北京：北京师范大学出版社，1991年，第507～508页。

④ (美)亨利·托马斯等著《世界名画家传》，黄鹂译，南京：江苏人民出版社，1982年，第29页。

美丽、健康，洋溢着母亲的善良与慈爱。大型祭坛画《圣母的婚礼》（现藏于米兰勃列拉博物馆）取材于《圣经》，表现的是玛丽亚在教堂前和约瑟举行婚礼的情景，他们的婚姻是由上帝安排、由迦百利天使告知的。在一群按习俗手里拿着树枝的求婚者中，只有约瑟拿着的树枝的一端开了花，于是主教就为这对新人做了见证。

1504年，拉斐尔移居佛罗伦萨，他的才华得到了进一步发展和发挥。在这座艺术之都，他吸取大师们现实主义的艺术传统、大气磅礴的创作风格和表达明确的造型原则，并通过对现实生活的观察体验，在进行大胆而细致的综合概括的基础上，创造了秀美、优雅、通俗的独特画风。具有共同情节的变体画，如《椅子中圣母》、《花园中圣母》、《园丁圣母》、《金翅雀圣母》等，是一系列有关圣母题材的作品。在用风景构成的背景上，他描绘了年轻美丽的圣母、天真可爱的圣婴基督和幼小的施洗者约翰。

在他的圣母画中，《西斯廷圣母》（现藏于德累斯顿画廊）最深刻地体现了文艺复兴时代的母爱主题，最充分地反映了人文主义思想。画面上的圣母玛丽亚富于女性的温柔和优美，她怀抱着圣婴，脚踏着漂浮的云朵款款而来。圣母纯洁、端庄，宛若中国神话传说中下凡的仙女，带着母亲的温和与慈爱，徐徐降落人间，寄托着人们的一种美好的心愿。年轻的女圣徒巴巴拉(St. Barbara)半跪着，低眉垂首，显示出对圣母的敬仰与恭顺；而身着锦袍的教皇西克图斯(Sixtus)在欢迎圣母子降临时，显出一副奸猾的虚伪相。观众可以感受到，圣母在同一时间既向前走动又站立在同一个地方，她的形体飘飘然如腾云驾雾，又具备了人的真实分量。从她怀抱圣婴的动作中，可以看出她紧紧搂住孩子的下意识激动：耶稣是她的儿子，可又并非仅仅属于她，她要把他奉献出来作为牺牲品，代人类受过，把人类从万般的罪恶和深重的灾难中拯救出来。“玛利亚的形象是那样朴实、端庄、温厚，她头上没有光圈，身上没有华丽的衣饰，只是披着一身朴素的衣服，光着脚，眼睛里发出智慧的光芒。”①降临人间的圣母，丝毫没有宗教禁欲主义的神

图4-7《西斯廷圣母》

① 王琦主编《欧洲美术史》，上海：上海人民美术出版社，1985年，第182～183页。

秘感：她是约瑟的好妻子，耶稣的好母亲，是现实生活中善良、温柔、美丽的女性典型。

在拉斐尔的同乡、建筑家布拉曼特(Donato Bramante, 1444～1514)的推荐下，拉斐尔受聘为教皇效力。在罗马的梵蒂冈宫，他留下了一系列极为精美的壁画作品，无论在构图上还是在形象的描绘上，都达到了一流水平。尤其在梵蒂冈宫教皇的第一间办公室大厅的天花板上，他创作了四幅象征性人物画，代表着人类精神活动的四个领域。

第一，代表神学的《圣典辩论》（又称《教义之争》）描绘了三位一体、诸使徒、为教义而争论不休的教会领袖，以及老人与青年人的形象，象征着上帝王国与人间王国的辩证关系。

第二，代表诗学的《帕拉苏斯山》（又称《诗坛》）取材于希腊神话，刻画了围绕着阿波罗的几位缪斯女神以及荷马、但丁等古今大诗人①。

第三，代表法学的《三德像》，又称《智慧、温厚与毅力》，描绘了三个象征性女神形象，以及查士丁尼皇帝颁布《法学汇纂》和格列高利教皇制定教会律法的场面。在三位女神中，左为“权力”，中为“真理”，右为“节约”，鼓励人心向善。

第四，代表哲学的《雅典学派》描绘了伟大的哲学家、科学家、艺术家会聚的热烈场面，集中体现了古典主义精神。在通往大厅的拱门中央，柏拉图的手指着天空，他的弟子亚里士多德则把手伸向地面，师生两人并肩向前，仿佛讨论着哲学问题。在大厅里的台阶上，赫拉克里特坐在那儿沉思；大厅左前方是手里拿着书、屈膝跪着的毕达哥拉斯及其弟子们；右前方则是被几个年轻人围在中间的数学家阿基米德，他正俯下身子，用圆规在地面的石板上作图。在这宽敞大厅里，还有哲学家苏格拉底、天文学家托勒密、阿拉伯学者阿威罗伊、波斯教创始人琐罗亚斯德，以及画家本人等。显然，这里荟萃的人物具有异常鲜明的性格和生动完美的形象。这幅传世名画不愧为一首人类智慧胜利的赞歌。整个画面上有三道拱门，造成一种层次分明而又深远开阔的透视效果，给人以深沉、雄伟、庄严之感，反映了人类孜孜不倦地探求科学、追求真理的理性精神，反映了人文主义者的崇高理想。

1514年，拉斐尔开始担任罗马圣彼得大教堂建筑总监和美术监督官，还负责罗马城古迹的发掘与保管工作。由于长期处于紧张和劳累之中，加上本来就纤弱的身体，1520年春，他因患重感冒、高烧不退而离开尘世，享年刚满38岁。临终前他还在描绘《基督变容图》（又称《超脱》），它被学院派画家奉为典范，表现的是耶稣从人世间升为不朽，却成为画家本人命运的生动写照：生命、抱负、工作、死亡、超脱。他的生日（4月6日）恰逢当年耶稣受

①传说帕拉苏斯山为主管光明、青春、音乐与诗歌的太阳神的住处。

难日，同时也是他的忌日。虽然人们极不愿意承认拉斐尔的夭折，但还是在罗马万神殿为他举行了隆重的葬礼。

文艺复兴“是一个壮丽豪华的时代，有伟大的成就和更加伟大的梦想的时代，有大量真正的美，而没有丝毫虚饰的时代，欢宴与奉承的时代，美酒与警句的时代。也是一个具有无止境的野心的时代。”①命运女神是世间最大的嘲讽者，她有时过分忽略而毁掉一些伟大的牺牲者，有时则用过分的荣耀毁掉了另一些。拉斐尔以其辉煌的一生奉献了近300幅作品，给人类带来了光明与智慧，但他像一颗彗星一样在宇宙的时空中一闪而过。在艺术上，由于他追求秀美、优雅与通俗相结合的风格，米开朗琪罗称他是“得益于自然的少，得益于研究的多”。然而，让拉斐尔感到欣慰的是，在他以后的几个世纪里，他不仅被奉为学院派鼻祖，享有“画圣”的称号，而且他的名字本身也成为古典美术的同义词。这是连达·芬奇、米开朗琪罗等艺术家都难以企及的崇高声誉。今天，人们不仅欣赏拉斐尔的作品，而且把他和达·芬奇、米开朗琪罗并称为意大利文艺复兴“艺术三杰”。

三、米开朗琪罗艺术特色：险峻的高山

米开朗琪罗（Michelangelo Buonarroti，1475～1564）降生于佛罗伦萨附近的卡普雷泽镇，父亲是当地行政长官，母亲在他6岁时就去世了。除了米开朗琪罗外，他还有兄弟四人，他们生活在一个全由男人组成的家庭之中。他小时候寄养在一个石匠的妻子家里，他或许在这里可以感受到一点儿母爱。也正是在这里，他最初接触到了既坚硬又冰冷、而且形状各异的石头，并终生选择与其雕琢的大理石相伴，它们成为他表达思想、诉说情感的唯一对象。他父亲性情暴烈，固执地要求五个儿子全部去经商，希望他们像美第奇家族那样有朝一日出人头地。可事与愿违，米开朗琪罗更加固执地要当个艺术家，尽管父亲强烈地反对邦内罗提家的人把时间浪费在凿子和画笔这些低级工具上。

米开朗琪罗13岁进入画坊，跟着当地最有威望的画家吉尔兰达约（Domenico Ghirlandajo，1449～1494）当学徒。据说，米开朗琪罗的悟性很好，成绩优异，临摹习作水平竟然超过了原作。契约规定学徒为期三年，但他不到一半时间就不得不离开了画坊。天资聪慧的米开朗琪罗先是受到父亲的误解，现在又遭到老师的嫉妒，因而开始对别人怀着一种不信任的态度，并使这种态度保持终身②。后来，他有幸进入美第奇宫廷附属艺术学校，师从雕塑家

---

① (美)亨利·托马斯等著《世界名画家传》，黄鹂译，南京：江苏人民出版社，1982年，第35页。

② 罗兰对米开朗琪罗离开多米尼柯画坊的原因表示怀疑，他认为一个大艺术家曾嫉妒他的学生令人难以置信，而且暮年的米开朗琪罗还保持着对他的老师吉尔兰达约的尊敬。参见(法)罗兰著《巨人三传》，傅雷译，合肥：安徽文艺出版社，1989年，第178页。

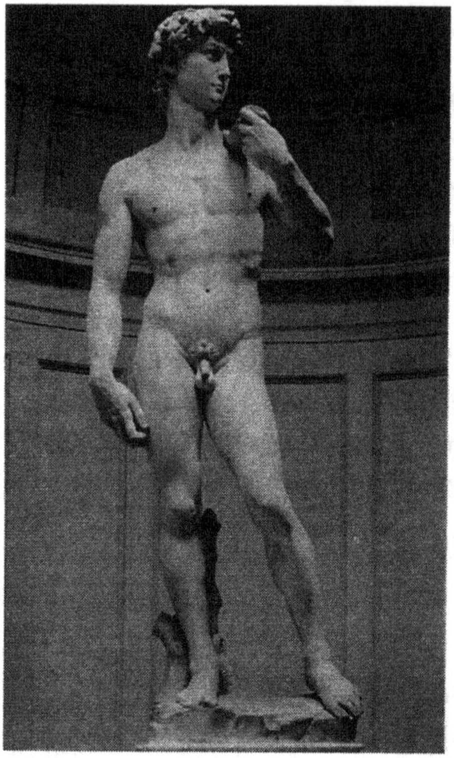

图 4-8 《犹太王大卫》

裴托尔多·迪·乔万尼。在这个艺术殿堂里，他不仅学到了雕刻艺术，也接触到了一批人文主义者。可不幸再次降临，他被同学打塌了鼻子，从肉体到精神都永远地留下了挥之不去的痛。从此，他变得沉默孤僻，并以不信任的态度对待整个人类。

米开朗琪罗 23 岁时申请为罗马圣彼得大教堂塑造基督和圣母像，创作了《哀悼基督》这尊塑像。这件成名作不仅为他在罗马赢得了赞誉，也使他置身于意大利第一流艺术家的行列中。作品完成后，他在塑像的底座上写下自己的名字，这是他生平第一次、也是唯一的一次向虚荣心屈服了。

他是一位充满爱国热情的艺术家，他期望有个英雄人物能够统一被教皇和贵族弄得四分五裂的意大利，而古代犹太民族领袖大卫（公元前 1000～公元前 961）就是他心目中的英雄。1502～1504 年，他在佛罗伦萨塑造了 5.5 米高的《大卫》（现藏于佛罗伦萨学院）巨像，表现了一位年轻而体格健壮的裸体者，这是英雄形象化的最有力手段之一，从而开创了雕塑的新纪元。如果说文艺复兴时代发现了人，那么米开朗琪罗无疑是一个沉醉于表现人的内在美与外在美的伟大艺术家。最引人注目的部分是大卫漂亮的面部，理想化的大卫面孔充满了男子气概，他坚决果断、藐视一切而又极富同情心。大卫强有力的肌肉以精密准确的解剖被雕刻出来，同时在局部进行了适当的夸张表现。他的左手搭在肩上的投石器上，右手握着石块，目光严厉地注视着敌人，随时准备发起攻击。由于《大卫》代表着人民的意愿，它的安置日也成了佛罗伦萨的国民节日。

米开朗琪罗的创作过程与文艺复兴艺术走向高峰的过程相一致，他的不朽作品是后人无可企及的典范。应教皇朱利乌斯二世（1503～1513 年在位）的要求，他完成了《摩西》像。这件大理石作品高 2.25 米，气势宏伟，结构完整，制作精细，连最细微处都琢磨得闪烁发光。作者在先知身上塑造了人民领袖所具有的火一般的热情和坚不可摧的威严形象。摩西是《圣经》传说中的希伯来人先知，他按照耶和华上帝的旨意，为人民制定了法典与诫律，即著名的“摩西十诫”。作品是基督教与犹太教的完美结合，表现了摩西的愤怒、轻蔑与痛苦，因为由他带领逃出埃及、获得自由的希伯来犹太人崇拜金牛犊，忘记了曾经的苦难；他怒气冲冲，准备站起来宣读刻在石板上的诫律，惩戒离经叛道的行为。如果说《大卫》反映了驱逐外敌、拯救祖国的愿望，那么《摩西》

则表现了作者对当时意大利内乱、不觉悟和背叛行为的痛恨。

在佛罗伦萨遭到教皇和西班牙围攻的近一年时间里，米开朗琪罗在爱国热情的驱使下，曾经担任该城卫戍总督。抵抗运动失败后，他又不得不接受教皇强派的任务，继续建筑和装饰美第奇的私人礼拜堂，完成了《朱利亚诺·美第奇》和《罗伦佐·美第奇》两座主要雕像，尤其以《暮》、《晨》、《昼》和《夜》四个附属雕像最为引人注目。它们从不同角度揭示了意大利社会的悲剧性面貌，展现了一连串交织在作者心中的复杂感情：哀痛、惊慌、迷惑、反抗和希望。而女性形象的《夜》的艺术构思最具代表性，作者曾在一首小诗中是这样表达的：

> 睡眠是甜蜜的，成为顽石更是幸福，
> 只要世界上还有罪恶与耻辱的时候，
> 不见不闻，无知无觉于我是最大的欢乐。
> 不要惊醒我，啊！请讲得轻些吧。

1508年，教皇邀请米开朗基罗为罗马梵蒂冈的西斯廷小教堂（Sistine Chapel）描绘天顶。教堂长40.5米，宽13.2米，高18米，面积达到530多平方米。根据《旧约·创世纪》，作者完成了神分光暗，创造太阳、月亮、动植物，创造鱼及其他海中动物，创造亚当，创造夏娃，堕落与亚当、夏娃被逐，诺亚筑坛献祭，洪水和诺亚醉酒这九幅连续性宗教故事创作，天顶画《创造》描绘了343个各式各样的人物，包括上帝、预言家和其他神话人物在内。其中没有任何神秘主义色彩，而是人文主义理想中的英雄人物大聚会。拉斐尔对此惊叹不已，由衷地称赞说："米开朗琪罗是用同上帝一样杰出的天才创造这个世界的。"甚至连达·芬奇在欣赏这个人间奇迹时也沉思不语，感到了自己的垂老。

时隔25年，米开朗琪罗又在西斯廷小教堂祭坛墙垣上描绘《末日审判》。他像摩西一样宣判了人类的愚蠢和野蛮，所以画面上的耶稣不再是爱神而是复仇之神。基督挥着手臂，猛烈地抨击尘世的罪恶，命令那些浑身发抖的人们走向其必然的归宿：少数人上天堂，大多数人下地狱。一切生者、死者都要在世界的末日接受审判，这未免太残酷了。然而，天堂与地狱的斗争永无休止，这就是人类的历史，也是无情的人类命运的象征。壁画塑造了悲惨世界大劫难的形象，表现了世界毁灭的思想。由于大多数人物是裸体的，道貌岸

图4-9《夜》

然的威尼斯绘画学校校长阿雷提诺(Pietro Aretino)指责米开朗琪罗说："尽管您描述的是那么高尚的主题，向我们展示的是圣徒和天使，但前者没有现世的端庄，后者没有天堂的荣光。瞧瞧您，纯粹的异教徒，不仅在他们绘制狄安娜时，不给她穿上衣裳，而且当他们塑造出一位裸体的维纳斯时，你只以她的手为她遮住那些不应该表现出来的部分。……是的，比起您的大作现在所属的神圣的教堂来，妓院会更适合。"[①]当教皇建议给裸体人物穿上衣服时，米开朗琪罗直言不讳地答道："陛下，请您照料人们的灵魂，让我照料人们的肉体吧！"《末日审判》是《创造》的姊妹作，被称为人体的百科全书，与宗教禁欲主义是格格不入的，因为它把宗教主题刻画成了具有世界规模的人类悲剧。

米开朗琪罗是巍然屹立于一般之上的时代巨人。他自称是雕塑家和建筑家，终生矢志于神圣的艺术真谛和崇高的道德标准，89岁那年走完了他的人生历程。一个伟大的人带着他全部的爱与恨，就这样离开了这个世界，一个伟大的灵魂就这样找到了自己的最后归宿。然而，他在临终前却调侃地说："在我刚刚对艺术有点儿入门的时候，我却要死了。我正打算创作我的真正的作品呢！"

第四节　马基雅维里：政治学之父

马基雅维里（Niccolo Machiavell，1469～1527）出生于佛罗伦萨附近的桑卡希亚诺村（San Casciano），31岁时娶玛丽特·考尔西尼为妻，他们共生育四子一女。26岁那年，他出任政府助理员，三年以后被任命为政府第二秘书厅秘书长和"自由与和平十人委员会"成员，在最高执政团领导下负责处理外交与军政事务。他先后访问过法国、瑞士、德意志及意大利各邦。美第奇当政时期，1520年他当上一名史官，负责纂修佛罗伦萨历史。1527年美第奇被放逐后，共和国政府拒绝了他的报国请求。由于政治上失意，加上身体虚弱，同年6月22日，马基雅维里忧郁而死。他的墓志铭是："任何的颂辞都不足以道出这位伟人的伟大"。

马基雅维里的政治生涯大体与1494～1512年共和国的重建与再度倾覆相伴随。他在政治思想代表作《君主论》中阐明了君主统治和政治权术的思想，提出了关于一切有权阶级巩固其统治地位的政治原则，即所谓的"马基雅维里主义"[②]。"四个多世纪以来，'马基雅维里主义'对世人来说，已经

---

① 《文艺复兴书信集》，李瑜译，上海：学林出版社，2002年，第89页。

② (意)马基雅维里著《君主论》，潘汉典译，北京：商务印书馆，1985年版。作者多才多艺，他在喜剧《曼陀罗华》（1518年）的创作中贯穿了"马基雅维里主义"。他因撰写《兵法七卷》（又名《战争的艺术》）一书，恩格斯称其为"第一个值得一提的近代军事著作家"。他在晚年还为共和国撰写了《佛罗伦萨史》（1525年），充满着人文主义色彩。

成为乖戾无情、阴险残暴的同义词，尼科洛·马基雅维里本人也成为政权权术的化身。”[①]作者在世时，《君主论》手稿已广为流传，1532年获得教皇批准正式出版；此后20年内重版25次，后又被列为禁书，直到19世纪才得以恢复名誉，马基雅维里的政治思想也获得新生。

《君主论》是献给彼得罗·美第奇的儿子罗伦佐·美第奇的，全书共分为26章，探讨了有关君主国的若干问题，诸如君主的性格，君主国的分类，怎样获得与维持，为何丧失，如何解放意大利等。作者认为：“最宝贵和最有价值的莫过于我对伟大人物事迹的知识了。这是我依靠对现代大事的长期经验和对古代大事不断钻研而获得的。”(第1页)他先天下之忧而忧，比任何人都更加敏锐地意识到意大利处于极端的危险之中。他指出建立民族国家是时代的潮流，拯救意大利的希望在于伟人的出现。意大利既没有由共和国也没有由君主政府来统治，主要原因就在于教会一直造成意大利的四分五裂。因此，他主张教会同国家分离，发展独立自主的、共和形式的民族国家；由于当时的条件所限，第一步应当摆脱罗马教会的控制，建立君主政制，消除国家的分裂状态。要实现这个目标，需要有属于国家的军队，实力是一切事业的基础。“任何一个君主国如果没有自己的军队，它是不稳固的。”（第68页）第二步要强化王权，实行君主专制。为了有效地实施统治，君主既要研究战争，懂得军事，建立忠于自己的军队，又要在必要的时候完全摒弃道德，运用权术，采取软硬兼施、背信弃义的手段，高压和怀柔双管齐下，道德也是以实力为后盾的。这就是欲达目的不择手段的霸术原则，即马基雅维里主义。

作者告诫统治者：“你必须懂得，世界上有两种斗争方法：一种方法是运用法律，另一种方法是运用武力。第一种方法是属于人类特有的，而第二种方法则是属于野兽的。但是，因为前者常常有所不足，所以必须诉诸后者。”（第83页）“君主既然必须懂得善于运用野兽的方法，他就应当同时效法狐狸与狮子。由于狮子不能够防止自己落入陷阱，而狐狸则不能够抵御豺狼。因此，君主必须是一头狐狸以便认识陷阱，同时又必须是一头狮子，以便使豺狼惊骇。”（第83～84页）他进一步指出：“当遵守信义反而对自己不利的时候，或者原来使自己做出诺言的理由现在不复存在的时候，一位英明的统治者绝不能够，也不应当遵守信义。”从实际出发，随着条件的改变而变更自己的计划，这种积极主动的应变能力是每个统治者必备的基本素质。所以，“深知怎样做狐狸的人却获得最大的成功。但是君主必须深知怎样掩饰这种兽性，并且必须做一个伟大的伪装者和假好人。”（第84页）

马基雅维里对政治权术的研究达到了炉火纯青、尽善尽美的程度。他明确指出：“一位君主必须有一种精神准备，随时顺应命运的风向和事物的变幻情

---

①(美)唐斯著《影响世界历史的16本书》，缪军译，上海：上海文化出版社，1986年，第1页。

况而转变。”“如果必需的话，他就要懂得怎样走上为非作恶之途。”虽然“你要显得慈悲为怀、笃守信义、合乎人道，清廉正直，虔敬信神”，但是“当你需要改弦易辙的时候，你要能够并且懂得怎样做一百八十度的转变。”他警告说：“一位君主应当十分注意，千万不要从自己的口中溜出一言半语不是洋溢着上述五种美德的说话，并且注意使那些看见君主和听到君主谈话的人都觉得君主是具有这些美德的人。”（第85页）在谈到命运时，他形象地比喻说：“命运之神是一个女子，你想要压倒她，就必须打她，冲击她。人们可以看到，她宁愿让那样行动的人们去征服她，胜过那些冷冰冰地进行工作的人们。因此，正如女子一样，命运常常是青年人的朋友，因为他们在小心谨慎方面较差，但是比较凶猛，而且能够更加大胆地制服她。”（第120页）

马基雅维里的政治学说，摆脱了中世纪宗教和道德的约束，赤裸裸地面对新的社会现实，奠定了现代政治学和国际政治的基础，反映了意大利新兴资产阶级要求建立统一的、中央集权的民族国家的强烈愿望，洋溢着蓬勃向上的人文主义精神。这正是它的历史进步性之所在。他为拯救祖国而提出霸术原则——马基雅维里主义，号召人们以爱国主义热忱迎接祖国统一时刻的到来。然而，他所梦想的那一天却姗姗来迟。直到19世纪70年代，统一的意大利王国才在亚平宁半岛诞生。

第五节　北方的文艺复兴

文艺复兴起源于意大利，但并不限于意大利。文艺复兴的种子向北越过阿尔卑斯山，传播到北方国家，就是今天的西欧地区，形成所谓的北方的文艺复兴。传播的方式主要有三种：一是意大利学者到北方去，二是北方人到意大利来，三是书籍和文艺作品的流通①。北方的文艺复兴，主要指的是15~16世纪及17世纪初在英国、法国、德意志、西班牙等地发生的新文化运动。

一、乔叟：英国诗歌之父

乔叟（Geoffery Chaucer，1340~1400）出生于伦敦市民家庭，祖父是法国人，祖父和父亲都是酒类批发商，父亲做过国王的副司膳。他26岁结婚，岳父雷特爵士为英王爱德华三世（1327~1377年在位）王后的随员，这使他与其护主冈特的约翰②结成连襟关系，这些都拉近了他与皇家的关系。乔叟是英国现实主义文学的奠基人，他的历史地位相当于意大利的但丁。他的法语、英

---

① 参见(英)哈伊著《意大利文艺复兴的历史背景》，李玉成译，北京：三联书店，1988年，第187~199页。

② 冈特的约翰即兰开斯公爵，国王爱德华三世的第四个儿子。

语都很流利，还懂得拉丁语和意大利语，熟悉古今许多重要书籍。曾参加远征法国的百年战争（1337～1453年），后奉命赴法办理外交，足迹远达西班牙和意大利的热那亚、佛罗伦萨、米兰，因而有机会接触但丁、彼特拉克、薄伽丘等名家的作品。1367年被授予“仪仗卫士”称号，第二年擢升王室“候补骑士”，到宫廷去说古道今，弹奏歌唱，娱乐贵胄和嘉宾。1385年升任肯特郡治安法官。1400年去世后，乔叟被安葬在威斯敏斯特大教堂墓地。威廉·莎士比亚、本·琼生、约翰·弥尔顿、赫伯特·斯宾塞、托马斯·哈代、查尔斯·狄更斯等文化名人死后，也相继安葬在这位英国文学始祖的墓地周围，于是形成了一个著名的“诗人区”（poets' corner）。

图 4-10 大众传媒的诞生

印刷术是大众传媒诞生的重要标志。西方现存最古老的印刷物是1423年的木版画《圣克里多佛背耶稣渡河像》，较中国的木版印刷物晚了几百年。德国人古腾堡（Johannes Gensfleisch Zum Gutenberg，1396～1468）因发明金属活版印刷术而被称为西方的“印刷术之父”。

乔叟的文学创作活动可以分为法国时期（1355～1370年）、意大利时期（1370～1385年）和英国时期（1385～1400年）三个阶段。30岁以前为创作初期，他的第一篇诗作《公爵夫人之书》为悼念冈特的约翰的第一个妻子布兰奇之死而作。当时，风行一时的法国长篇叙事诗《玫瑰传奇》影响很大，乔叟通过对它的翻译，吸收其风格影响，因而使读者能在《公爵夫人之书》这部13 000多行的长诗中，看到中世纪“爱情幻景”与悼亡诗的结合。

意大利时期，乔叟的最重要作品是2000多行的长诗《声誉之堂》。它借“爱情幻景”的桥梁作用，叙述了王子埃涅阿斯在特洛伊城陷落后的冒险经历，揭示了“世间声誉无常”的主题。梦幻诗《众鸟之会》是作者为纪念英王理查二世（1377～1399年在位）与波希米亚的安娜订婚而作，中心内容是写情圣节众鸟在自然女神面前择偶①。它将鸟类分为不同的阶级，坐在最高位置上的掠食猛禽鹰隼指贵族，食虫鸟指中产阶级，水禽类指市民商人，而为数众多、靠植物种子为生的鸟类指最下层的农民阶级。如果说《众鸟之会》是中世纪文学传统（梦幻诗、爱情幻景）的产物，那么，爱情故事《特洛伊罗斯与克丽西德》（8239行）则是一首有个性描写、曲折情节和完整结构与布局的叙事诗。它的基本情节取自于薄伽丘的长诗《爱的摧残》，但乔叟把中世纪爱情诗律发展到顶点。主题不是在古典的，而是在中世纪的宫廷爱情的基调上表达出来的。全部故事贯穿着一种宿命论思想，就是“一切要到来的，必然要到来。”

① 根据传说，每年2月14日为圣瓦伦丁节（Valentine's Day），又称情圣节，这一天青年男女都要相互赠寄情书、信物，抒发彼此的爱慕之情。这是西方情人节的由来。

英国时期，乔叟的文学创作达到顶峰。他的代表作《坎特伯雷故事集》包括总引和24个故事，每个故事各有小引、开场语和收场语，它的背景是这样的：四月的一天，作者正停憩在伦敦南岸萨得克的泰巴客店，准备前往东南部的宗教中心坎特伯雷朝圣[①]。店里陆续来了20多个朝圣客，他们邂逅相遇，结成旅伴。晚饭后，店老板哈利·裴特高兴地提议，往返圣地均由他作向导并负担旅费，但每个人在路上要各讲两个故事作为消遣。这些朝圣者来自于各个阶层，有勇敢而明达的武士，他的外表像姑娘一样温和；有年轻的侍从，他是宫廷式爱情的化身，热烈地求爱，夜晚像夜莺一样不眠；有腼腆而天真的女尼，她一副柔肠，富有情感；有放荡不羁而又自负的游乞僧，他奉承奔走，唯利是图；有欺诈成性的赦罪僧，他没有、也长不出胡子来。而他的嗓子像小羊般细腻，他的舌尖油光发亮，那才是敛财的门道；有精打细算的商人，他善于交易借贷；有迷恋道德文章的学者，虽是一位哲学家，可他的钱匣里找不出金子来；有聪明、审慎的律师，他谈吐不凡，才能和名望使他获得不少酬金和赠礼；还有采办伙食的经理，他十分精明，不论付现金还是记账，必然占得便宜。

形形色色的人物类型，决定了故事内容的丰富多彩。比如，武士讲的是骑士传奇，侍从讲的是浪漫传奇故事，赦罪僧讲的是说教示例故事，磨坊主、管家、厨师和船手讲的都是短篇俚俗故事，学者、律师和商人讲的是民间传说等。其中，有个能说会道的巴斯妇，她讲的示例童话故事“女人最大的欲望是什么”最为引人注目。巴斯妇就是巴斯附近的一位好妇人，虽然耳朵有些聋，可敢作敢为，一生煞有作为，据说在教堂门前嫁过五个丈夫。作者借这位擅长织布、不顾情面、傲气十足的巴斯妇之口，提出了中世纪的妇女与婚姻问题的主张，如男婚女嫁、婚姻自由、妇女改嫁自由，以及妻权高于夫权等。尤其在故事开场前，巴斯妇有一段很长的独白，她绝妙地讽刺了中世纪教会宣传的贞节、禁欲的说教，生动地再现了一个有血有肉的女性形象。

二、拉伯雷：法国文学巨匠

16世纪，法国文艺复兴运动同时具有民主性和贵族性两种倾向。由贵族龙沙（Pierrede Ronsard，1524～1585）等七人结成一个早期人文主义文艺团体，称“七星诗社”（Pléiades），他们的中心任务是反对用拉丁文和外国语创作，主张确立法兰西民族语言文学和诗歌体系。贝雷（Joachim du Bellay，1522～1560）发表的《保卫与发扬法兰西语言》是七星诗社的宣言书。它一方面反映了人文主义者民族意识的觉醒，另一方面则反映了他们脱离下层群众、

---

① 朝拜圣地或圣物，是基督教徒借以祈福、赎罪的宗教行为。中世纪英格兰人来往于各处圣地之间，次数频繁而路途遥远，于是朝圣就成为一种要历经千难万险才能胜任的事情。参见(英)勃里格斯《英国社会史》，陈叔平等译，北京：中国人民大学出版社，1991年，第118页。

鄙视民间文学、追求高雅的艺术形式和为宫廷歌功颂德的倾向，对法国现代文学发展有重大影响。

富有民主倾向的人文主义者以拉伯雷（François Rabelais，约1494～1553）为代表。他出生于中部都兰省的希农城，他的父亲是当地法院的律师，或是个小旅店主或药商①。拉伯雷是家中的小儿子，少年时期在修道院接受了教会式教育。1520年出任神父，后在人文主义者主持下的教会机构工作，同时潜心研究学问。他还以修士身份漫游中部各大城市，访问大学和学者，并在巴黎与一个寡妇同居，生儿育女。1530年，他在蒙彼利埃大学工学院读书，获学士学位。由于勤奋好学，后来他又摘取了硕士和博士头衔，成为著名的医生。

拉伯雷兴趣广泛，学识渊博，多才多艺，涉猎过医学、天文学、地理学、数学、哲学、法律、音乐、希腊文、拉丁文和希伯来文等多个领域和多种语言，最具代表性的作品《巨人传》是法国文学史上第一长篇小说。作者以民间故事为素材，成功塑造了高朗古杰（大肚量）、卡冈都亚(大嗓门)和庞大因埃(十分干渴)祖孙三代巨人国王的高大形象，开创了新的文学体裁。他在“致读者”中隐约其词，表达了赞美人类和讴歌自然的人文主义思想：

亲爱的读者，为读本书，
你必须抛弃一切成见，
读时，心里切莫先就着恼，
书里并无邪恶，或者毒素。
不错，你也许不易找到
十分完善的东西，除却笑料，
眼看你们这般忧伤憔悴，
我心里选不出别的题材，
与其写泪，还是写笑的好，
因为笑原是人类的特性。②

《巨人传》是一部现实主义小说，诙谐滑稽、气势磅礴，无论嬉笑怒骂，皆入木三分，所及范围十分广泛，几乎囊括了当代生活的一切方面和人类知识的各个领域。作者在貌似荒诞不经，甚至粗野鄙俗的外表下，淋漓尽致地揭露和抨击了基督教和封建制度。俄国哲学家、文学批评家别林斯基（Vissarion Grigorievich Belinsky，1811～1848）指出：“拉伯雷的作品，代表了整整一个历史时代的精神和意义。”拉伯雷不仅是“法国文艺学”的创造者，而且在文学史上启发过莫里哀、巴尔扎克、雨果等一大批作家。

---

① 张月超著《西欧经典作家与作品》，武汉：长江文艺出版社，1957年，第70页。

② (法)拉伯雷著《巨人传》，鲍文尉译，北京：人民文学出版社，1983年，致读者。

三、西班牙骑士文学家塞万提斯

16世纪末期，西班牙文艺复兴进入繁荣时期。人文主义者创办大学，介绍古希腊罗马的文化和意大利的新思想，主要代表人物是塞万提斯（Miguel de Cervantes Saavedra，1562～1635）和维加（Lope de Vega，1562～1635）。维加是西班牙民族戏剧的代表，写过1800部喜剧、宗教剧和许多幕间剧，流传至今的尚有400部剧本和250部剧本名称。他的代表作《羊泉村》描写1476年羊泉村人民反抗领主的斗争过程，揭露了封建主的专横残暴，歌颂了人民群众团结除暴的大无畏精神，同时也反映了他们对专制君主制度的幻想。

塞万提斯是西班牙文艺复兴时期最伟大的现实主义作家，出生于一个没落的贵族家庭，有兄弟姊妹七人，祖父当过律师，父亲是个跑江湖的外科医生。由于家境贫穷，他不得不随父亲四处奔走。1569年，他随一名大主教到过罗马，第二年参军，驻扎在意大利。后来在一次对土耳其人的海战中，他不幸左手致残，又在对北非摩尔人的战斗中被俘，当了五年奴隶。1580年获得自由后不久，他在葡萄牙当兵时爱上一个女人。1585年他父亲去世，他为生活所迫，边写作边找工作。他的作品主要有悲剧《奴曼西亚》、长篇牧人小说《伽拉苔亚》、短篇小说集《训诫小说》、长诗《巴尔那斯游记》、剧本《喜剧和幕间剧各八种》、模仿骑士传奇《佩尔希莱斯和西吉斯蒙达历险记》和《堂吉诃德》等。

西班牙曾是散文罗曼司的大本营，这里有骑士荒唐无稽冒险的沃土。塞万提斯所生活的年代，虽然欧洲发生了很大变化，不合时宜的骑士制度在西班牙却是死而不僵，赞美骑士生活者大有人在，假冒的骑士文学也不断出现。为了开拓殖民地和建立世界霸权，王室更是利用骑士的荣誉和骄傲去鼓动、刺激贵族阶级奔向海外，而美化封建制度、情节离奇的冒险故事、骑士文学恰恰适应了这样的社会需要。塞万提斯痛恨这种“无聊的骑士小说”，他发誓要“把骑士小说那一套扫除干净”。于是，他采用夸张和反复的艺术手法，塑造了一个具有崇高理想和渊博知识的堂吉诃德形象。他深刻地揭示了这个老式绅士悲剧的根源：落后于历史而又脱离现实，生活在幻想之中，迷恋过时的骑士制度，善良的动机总是与相反的结果联系在一起。《堂吉诃德》“这部奇情异想的故事，不用精确的核实，不用天文学的观测，不用几何学的证明、修辞学的辩护，也不准备向谁说教，把文学和神学搅和在一起‘来表达思想’。叫人家读了你的故事，能解闷开心，快乐的人愈加快乐，愚笨的人不觉厌倦，聪明的爱它新奇，正经的不认为无聊，谨小慎微的也不吝称赞。”[①]随着作品的问世，古老的骑士制度和陈旧的骑士文学一并退出了

---

①(西)塞万提斯著《堂吉诃德》，杨绛译，北京：人民文学出版社，1978年，前言。

历史舞台，而塞万提斯通过骑士小说总结了中世纪以叙事诗为主体的文学形式，奠定了现代现实主义长篇小说发展的基础，对欧洲文学史做出了巨大贡献。

四、伊拉斯莫：人文主义之王

伊拉斯莫（Desideryus Erasmus，1466～1536）是荷兰最杰出的人文主义者，出生于商业城市鹿特丹教士家庭，他的母亲是个女仆。他在德文特学校读书期间，开始对文学发生兴趣，并钦佩“同道兄弟会”（Brother of Common Life）的虔诚敬神精神。虽然该校是由教会创办的，它却是北欧最先受到文艺复兴影响的学校之一。伊拉斯莫思想敏捷，十分关心宗教问题，可他对教义差别和圣物之类的东西没有什么兴趣。1492 年他获得神父职位，两年后任康布雷主教亨利的拉丁文秘书。1495 年到法国求学，三年后获巴黎大学神学学士学位。为了寻找新的保护人，他云游四方，结交当地的博学饱识之士，从而成为北方人文主义者中的领军人物。1499 年初访英国时，他结识托马斯·莫尔和约翰·科利特等人文主义者；后又两度访问英国，这里几乎成了他的第二故乡。后来，他再回巴黎继续攻读神学，1506 年获博士头衔，随后留在意大利研究了三年的古典文学。风烛残年之际，他才在瑞士的巴塞尔定居下来。

伊拉斯莫的文学作品妙趣横生，学术著作充满着智慧，目的都是为了宣传“基督哲学”。他崇拜早期教会拉丁文学者奥古斯丁、哲罗姆和安布罗斯的权威，出版了他们的全部著作和《新约全书》的权威译本和注释。伊拉斯莫深受意大利人文主义思潮的感染，并以其经历和思想直接面对复杂的中世纪社会现实，因而赢得了“基督教人文主义者”的赞誉。他的著述分为机智风趣的讽刺作品、严肃的道德论文和学术版基督教经典三类。《鄙世论》描写了修道院隐居者的快乐生活；《非蛮论》以对话的形式批评了宗教生活的陋习；《基督教君主教育》告诫君主如何有效地施行统治；《论自由意志》反对马丁·路德的信仰得救理论、反对新教的宗教狂热；《格言集》从古典作品中选取精华，成为学习拉丁文的范本。

图 4-11 《伊拉斯莫》 德国画家霍尔拜因（Hans Holbein，1497～1543）是北方文艺复兴的代表人物。“他的素描没有佛罗伦萨画派的温婉，他的色彩没有威尼斯画派的艳媚。”这幅肖像画线条精练，生动传神，表现了“基督教人文主义者”伊拉斯莫的性格。

1511 年第三次访问英国期间，伊拉斯莫在莫尔的寓所写出了著名的《愚人颂》。他站在人文主义立场上，采用讽刺手段把“愚蠢”拟人化，假借“愚蠢”之口，披露了统治阶级的愚昧无知、贪婪欺诈和荒淫无耻，还把教皇、主教、修士、经院哲学家统统描绘成狂妄之徒，他们所盲目崇拜的“愚蠢”是一个懒惰而骄傲的女人。她热情坦率，主张人性解放，但语言粗鲁，行为放荡，一如狂人。他抨击不学无术的僧侣：“当他们在教堂中像驴子叫似的高声朗诵圣诗时，他们只记住它的词句，并不理解其意义，但是他们认为他们正是把最润滑的香油涂抹于上帝的耳朵上了。”①伊拉斯莫是引导人们走出中世纪的精神解放的先驱，他的思想对北方人文主义者和宗教改革家都产生了重要影响。

五、莎士比亚：英国戏剧之王

最伟大的戏剧家和人文主义者莎士比亚（William Shakespeare，1564～1616）与荷马、但丁、歌德齐名，是西方公认的四大诗人之一。他出生于埃文河畔的斯特拉福镇，这是英国中部一个风光秀丽的小城。他七岁进入当地的圣十字文法学校，学习拉丁文、文学和修辞学，后因家庭困难而辍学，协助父亲经营生意。18岁那年，他同一个富裕农民的女儿哈瑟维（Anne Hathaway）结了婚。

莎士比亚生活在文艺复兴蓬勃发展的年代，当时英国正值女王伊丽莎白一世当政。1588年击败西班牙“无敌舰队”，英国人大大增强了民族自信心，风华正茂的莎士比亚以乐观主义的态度从事创作活动。他关心民族命运，反对封建内讧，希望在开明君主统治下，巩固国家的和平与统一。他一生写作了37个剧本，其戏剧创作活动可以分为几个不同时期。

（1）1590～1600年：他完成了九部历史剧、十部喜剧和一部悲剧，其中《威尼斯商人》、《无事生非》、《皆大欢喜》和《第十二夜》被称为“四大喜剧”。《罗密欧与朱丽叶》虽然是一部爱情悲剧，但它的基调却赞美青春和爱情，男女主人公沉浸在欢乐和向往幸福的乐观气氛中，而且结局是两个世代为仇的家族言归于好，因而被称为“悲喜剧”。虽然《仲夏夜之梦》不在四大喜剧之列，它却是作者喜剧创作走向成熟的转折点。浪漫色彩的因素借助于神话，并通过情侣们轻松愉快的生活追求表现了出来；而且，优美的诗句更赋予戏剧以浪漫性与哲理性：

> 我永远不相信
> 这些古老的传说和胡扯的神话。
> 情人和疯子都富于纷乱的思想，
> 和成形的幻觉，它们理会到的
> 永非冷静的理智所能了解。

① 引自周一良、吴于廑主编《世界通史资料选辑》（中古部分），北京：商务印书馆1964年版，第332页。

疯子、情人和诗人
无非是幻想的产儿：
疯子看见的鬼多于辽阔地狱所能容纳；
疯子、情人同样是那么疯狂，
能从埃及人的黑脸上看到海伦的美貌；
诗人的眼睛在神奇的狂放的一转中，
能从天上看到地下，从地下看到天上。①

（2）1601～1607 年：他展示了七个悲剧和三个喜剧，其中《哈姆雷特》、《奥赛罗》、《李尔王》、《麦克白》被称为“四大悲剧”。如果说他的喜剧使人沉浸在轻松欢乐和向往幸福的乐观气氛之中，那么，他的悲剧则生动地反映了客观现实，具有深刻的社会批判性。《哈姆雷特》又名《王子复仇记》，中心人物王子对于人类抱着无限美好的希望。在哈姆雷特的心目中，他的父王是人类最完美的代表，他父母的关系是人类和谐关系的典范。然而，他的悲剧在于父死、母嫁，他的崇高理想遭到了破灭。原来，他的叔叔克劳狄斯不仅杀死了老哈姆雷特，而且娶了王子的母亲，于是王子决心向罪恶的制造者克劳狄斯复仇。最后，命运女神终于使王子和他周围的人，都找到了自己的归宿。

（3）1608～1612 年：他主要创作了神话剧，后来告老还乡，回到出生地斯特拉福。莎士比亚与世长辞后，被安葬于镇上圣三一教堂祭坛前的地下，他的身后为人类留下了一份宝贵的精神遗产。莎士比亚“不属于一个时代，而属于永远。”

图 4-12 《王子复仇记》 译名《哈姆雷特》，电影VCD广告。由奥立佛（Laurence Olivier, 1907～1989）饰哈姆雷特兼导演，由西蒙丝（Jean Simmons, 1929～）饰奥菲莉娅。

① 参见(英)莎士比亚著《莎士比亚全集》(第 2 卷)，梁实秋译，北京：人民文学出版社，1978 年，第 321 页。

第六节　空想社会主义奠基人

一、莫尔与乌托邦理想

基督教人文主义者莫尔（Thomas More，1478～1535）出生于伦敦的一个富裕市民家庭，父亲约翰曾出任皇家高等法院法官。13岁时莫尔被寄养在坎特雷大主教、大法官莫尔顿（John Morton，1420～1500）的家中，莫尔顿是位知识渊博的政治家，他常常夸奖说："我的这个孩子，将来一定会成为一个名人。"1492年莫尔进入牛津大学学习，因才华出众而引起人们的注意，并与他的老师、人文主义者科利特（John Colet，1469～1519）、格罗辛（William Grocyn，1442～1519）、林纳克（Thomas Linacre，1460～1524）等人结成忘年交。后来遵照父亲的愿望，莫尔回到伦敦改学法律，并于1496年加入林肯律师协会。他在律师界工作数年，因声望很高，1504年当选为下院议员。但他秉性耿直，得罪了英王，直到亨利七世（1485～1509年在位）去世时他才重新转向政治生活。1516年他出使佛兰德斯，出访构成了《乌托邦》的背景素材。其后十年中，莫尔平步青云，踌躇满志：1518年被任命为王室请愿裁判长、枢密顾问官；1521年出任副财务大臣，并受封为爵士；1523年当选为下院议长；1529年担任大法官，地位十分显赫。

图4-13 基督教人文主义者莫尔

莫尔的政治思想的代表作是《乌托邦》一书，拉丁文称nusquam，由ne（不，否定）和usquam（任何地方）两个字结合而成，英译为nowhere，意即"虚无之乡"、"乌有之乡"；1516年在尼德兰的鲁文城出版，称为*Utopia*；后又在巴黎出版，直到1551年才有英译本。utopia是根据两个希腊文"乌"和"托邦斯"虚构而成，意为"寓意的、虚无缥缈的地方"。1898年，中国现代翻译大师严复先生（1853～1921）将它译之为“乌托邦”，兼有音、意合译之妙。由于“乌托邦”可解释为“空想”，莫尔也就成为“空想社会主义”的奠基者之一。该书全称是“关于最为完美的国家制度和乌托邦新岛的既有益又有趣的金书”。全书分为两个部分，第一部分通过旅行家拉斐尔之口，抨击了一个不合理社会存在的贫富不均、严刑峻法、宗教迫害、战争杀戮等弊端，指出社会罪恶的根源在于私有制；第二部分以丰富的想像力和精心的设计，把乌托邦描绘成一个财产公有、人人平等和以农为本的理想国。

莫尔偏爱古代语言、文学，他的拉丁文诗篇具有“真正讽刺短诗所应有的全部特点：言简意赅、风趣盎然和回味无穷。”他的诗作主要是包括250多首拉丁文讽刺短诗和献给英王亨利八世（1509～1547年在位）的加冕长诗。荷兰人文主义者伊拉斯莫的学生和朋友贝阿特·雷南极为称赞莫尔的诗才，称颂“他的诗句是那么的飘洒俊逸，诗意是那么的粗犷豪放，诗词又是那么的字斟句酌。他的拉丁语最纯正。除此之外，一切作品又是那么难得的诙谐幽默……也许，缪斯们把自己的幽默、美感和智慧全部都赐给了莫尔。”①此外，莫尔还留下了一部未完成的历史著作《理查三世本纪》，用拉丁文和英文两种文字写成。他将英王理查三世（1483～1485年在位）描写成一个老奸巨猾的伪君子、独裁者、权力狂和谋杀年幼亲侄儿而篡位的刽子手。后来，莎士比亚以此为依据，在历史剧《理查三世》中成功地塑造了一个暴君的形象。

二、康帕内拉的《太阳城》

为了空想社会主义理想，意大利哲学家康帕内拉（Thomas Campanella，1568～1639）矢志不渝的奋斗了一生。从一个风华正茂的青年，到年逾古稀的老人，他从来没有放弃过对真理的追求。他一生中受过酷刑七次，坐过牢狱50多所，在牢狱中度过了33个年头，是一个“欲把牢底坐穿”的人。他不仅研究过经院哲学家大阿尔贝特（St. Albert the Great，1193～1280）和他的学生托马斯·阿奎那的名著，还研究过经院哲学大师们注释的古希腊哲学家亚里士多德的著作。在极其艰难险恶的生存环境中，他依然给人类留下了大量的极为珍贵的精神财富，著有《感官哲学》、《论物的意义》、《形而上学》、《实在哲学》、《论西班牙君主国》等。

1601年，康帕内拉采用乌托邦著作常用的对话体裁撰写完成了《太阳城》(*Civitas Solis*)一书。在这部空想社会主义的光辉著作中，他所设计的太阳城，大部分位于印度洋中的某个小岛的一座高高的小山上，小山直径两英里，

---

① (苏)奥西诺夫斯基著《托马斯·莫尔传》，杨家荣、李兴汉译，北京：商务印书馆，1984年，第37页。

方圆七英里。太阳城本身这七个广阔的地带，即七个同心圆的城区，按照天文学家托勒密体系，以太阳、月亮、水星、金星、火星、木星、木星七个星球命名。太阳城是个共和国，最高统治者称为“太阳”，他是一位司祭，主管世俗界和宗教界，由他裁决一切问题和争端。太阳之下有“蓬”(指威力)、“信”(指智慧)和“摩尔（指爱）三位领导人，分别掌管和平与战争事务、自由艺术、手工业和科学部门，以及生育事务。

在《论最好的国家》一文中，他肯定了《太阳城》中所描述的理想的社会制度，认为它最符合天赋人权和人类本性。从政治制度上而言，太阳城实行民主原则与“贤人政治”相结合的政治制度。根据天赋人权观念，太阳城人民消灭了社会差别，而实行财产公有，由国家来调节公民的婚姻生活，所有的儿童都能平等地享受社会教育，妇女和男子共同参加社会生产活动。在空想社会主义的太阳城构想中，虽然不免浓厚的宗教色彩和神秘主义因素，以及其他非科学成分，但它反映了意大利社会下层群众对幸福生活的渴望和追求，康帕内拉不失为文艺复兴时代伟大的思想家。

第七节　北方文艺复兴时期的哲学家

一、培根：现代唯物主义鼻祖

培根（Francis Bacon，1561～1626）是哲学史和科学史上划时代的伟大人物，在欧洲学术界赢得了崇高的声望。他的家族发迹于16世纪的宗教改革，祖父曾为爱德蒙兹大寺院僧侣担任管家；父亲尼古拉以俗人的身份进入剑桥大学，投身于政治活动，官至掌玺大臣，被授予男爵称号。13岁那年，培根与长他两岁的哥哥安东尼同入剑桥大学三一学院学习。1584年培根入选下议院议员，1613年任检察总长，后任掌玺大臣和大法官，并受封为男爵和子爵，为英王政府服务数十年。为了仕途，他不得不逢迎旨意、奉承权势，1621年因受贿而被免职，被处以罚款和拘禁。

作为文艺复兴的代表人物，培根否认一切权威与传统，在许多方面都具有新思想，因而有“科学之光”、“法律之舌”的美誉，马克思称他是“英国唯物主义和整个现代实验科学的真正始祖。”史学家麦考莱评价说，培根“对剑桥的学科深为轻蔑；对英国的学校教育制度坚决地认为根本有害；对亚里士多德派的学者虚耗精力于其上的‘学问’有一种应有的藐视；对亚里士多德本人亦没有多大的尊崇。”[①] 实际上，“他反对古代权威，反对亚里士多德和希腊哲学，不亚于

---

① 引自(英)培根著《论说文集》，水天同译，北京：商务印书馆，1996年，绪论。

他反对空洞无益的经院哲学。”①培根认为，知识可以区分为神学和哲学两类，神学的任务是为了显示上帝的存在，而哲学和科学的任务在于认识自然和改善社会；哲学应当是理性的工作，它的目的是根据自然规律和事实，组合和区分由感官印象获得的抽象概念。人类必须重新开始科学工作，科学研究必须以自然科学为基础，以归纳法为方法，以技术发明为目的。为了强调知识的重要性和批判中世纪的蒙昧主义，培根坚持认为一切知识都是为达到目的的手段，“知识就是力量”。这种以实效为目的的认识论，是英国功利主义与实证主义的先导。

作为政治家、法学家、科学家、史学家和散文作家，培根给后人留下了丰富的精神财富，主要著述有《论说文集》、《广学论》、《亨利七世本纪》、《古今格言》等。他在《新大西岛》一书中描绘了一个用科学探究自然和造福人类的乌托邦式理想国。他的代表作《新工具》更是大力提倡科学研究与科学方法，揭开了现代科学革命的序幕。这样，在培根等经验主义者、实证主义者和功利主义者的推动下，作为一种典型的欧洲传统精神，以人为中心的人与自然相对立的思想（人文主义）被发扬光大，以科学理性、知识理性和工具理性为依据的科学技术决定论，不仅成为文艺复兴时代的真正产物，而且成为支配社会生活和主宰人类的异己力量。

二、笛卡儿：现代理性主义先驱

笛卡儿（René Descartes，1596～1650）是著名的数学家和哲学家，出生于法国屠棱省拉哈耶的一个贵族家庭，曾就读于耶稣会学校，学习古典语言、经院哲学和数学。后来赴巴黎求学，获得法学硕士学位。他感到传统学问空泛无用，又不喜欢喧嚣的巴黎生活，于是从军到荷兰，在那里经常独自沉思。退役后，他漫游欧洲各地，最后定居于荷兰，终身未娶，将全部精力用于学术研究，主要著作有《形而上学的沉思》、《方法论》、《哲学原理》、《心灵感受》、《论心灵的各感情》等。1649年，瑞典女王克里斯丁娜（1632～1654年在位）特派一艘军舰迎接笛卡儿，盛邀他赴瑞典讲授哲学。令人遗憾的是，由于不耐北方的水土与严寒，一年后笛卡儿因患肺炎而客死于斯德哥尔摩。

笛卡儿出于对数学的特殊敏感性，曾在德国南部领悟到数学与其他科学的统一性问题，发现数学是唯一能提供精确知识的学问。他在《方法论》一文中阐述了“有顺序之怀疑”理论，发展了培根的逻辑学，并将代数学与几何学合而为一，建立了现代数学，发明了解析几何。他所创造的解析几何的基本概念被称为“笛卡儿定律”，奠定了现代物理学的数学方法。他坚持用数学那样“清楚明晰的概念”来说明客观物质世界和人类精神世界，认为理性

①(美)梯利著《西方哲学史》，葛力译，北京：商务印书馆，1999年，第286页。

（Ratio）是获得真理的唯一方法。他的哲学体系以“宇宙间运动量总和是常数”的观点为支撑，他创造了运动量守恒定律，为能量守恒定律奠定了基础。

与培根一样，笛卡儿坚决反对旧权威，强调哲学的实践性。但又与以培根为代表的英国经验主义不同，他从理性态度出发，借助于怀疑（思维）的方法，摆脱一切因袭而来的传统学问，探寻一种绝无疑问、绝对可靠的存在（知识），即试图找到哲学价值之所在。这样，“笛卡儿式的怀疑”具有新时代的批判精神和创新精神，这使他成为将哲学思想从经院哲学传统束缚下解放出来的第一人，黑格尔等人称其为“现代哲学之父”。笛卡儿怀疑一切以往的知识，但在怀疑中找寻不容怀疑的东西即“我的存在”。他认为“我思，故我在”①，其他一切外在的东西都不是真实存在的；人类最清晰的观念莫如“我思”，只有“我思”（在己、自我、心灵：存在本身、思想的主体）、由“我思”导出的“我在”（在物、非我、心外：存在与其他存在的关系、思想的客体），以及“我思”与“我在”之间的关系，这一切才是最真实的。笛卡儿的哲学思想是自相矛盾的心物二元论，即一方面强调“物质实体”（物质世界）的客观存在和绝对运动的观点，使唯物主义思想前进了一大步；另一方面又承认“精神实体”的独立性，即否认客观世界的真实性，这种主观唯心主义是对柏拉图理念思想的发展。但是，他对欧洲文化的贡献在于，他论证了独立的思维，确立了现代科学和哲学的基本原则，摆脱了宗教信仰对思想的束缚。虽然笛卡儿主义为英国牛津大学所禁止，也为荷兰加尔文教派所排斥，更为罗马教廷所不容，它依然形成一股强大的势力，经过荷兰唯物主义哲学家斯宾诺莎（Baruch Spinoza，1632～1677）和德国学者莱布尼茨的发展而传播到世界各地，对于欧洲大陆的神学、文学及科学都产生了深远的影响。

第八节　现代科学技术的发展

随着文艺复兴的传播，人文主义通过与自然主义的接触，解放了思想，开阔了知识视野。16～17世纪，数学、物理学、化学、医学、生物学、天文学等自然科学经过几个世纪的停滞之后，挣脱了宗教神学的羁绊，显现出走向世俗化探求的趋势，并获得了异乎寻常的发展。虽然科学发展本身有一个渐进的过程，但天文学却是自然科学领域中在现代最早走向成熟的知识领域，“带头的是天文学，继而是十六世纪的物理学，化学在十八世纪得到发展……但生物学仍落在后面，直到十九世纪才取得进展。”②

---

① (美)梯利著《西方哲学史》，葛力译，北京：商务印书馆，1999年，第310页。

② (英)沃尔夫著《十六、十七世纪科学、技术和哲学史》(上册)，周昌忠等译，北京：商务印书馆，1997年，第11页。

一、哥白尼：天文学革命的开创者

图 4-14 天文学家哥白尼

哥白尼（Nicolas Copernicus，1473～1543）出生于波兰托伦城的商人家庭，上中学时曾帮助他的老师做日晷和在教堂塔顶上观测星空。18 岁时他进入克拉科夫大学学习艺术和数学，从 1496 年起到意大利的几所大学留学十年，广泛钻研过天文学、医学、法律和神学。在波伦亚大学求学期间，他曾思考过如何修正托勒密“地心说”的问题。回国后，他在弗洛恩堡担任牧师工作，在一所教堂里住了 30 年，并在这个教堂阁楼上坚持观测天象 30 年。

中世纪最流行的天文学观点，是托勒密的“地球中心论”或“地心说”。它以当时人们的认识条件为基础，是正确的、科学的，代表了人类科学认识发展的水平。托勒密认为，“地球在世界的中央，静止不动，所有的重物都朝着它运动。”教会起初反对“地心说”，后来又发现它恰恰和上帝创造宇宙和人类的神话相吻合，也与天下教会是一家、罗马教廷是世界中心的观点相一致，因而把它奉为天主教会神圣不可侵犯的神学信条。谁否认这个信条，就等于否认教会的神圣权威，因而长期以来没有人敢对此提出疑问。

随着航海事业的发展和科学知识的增加，以及人们对于日月星辰等天文现象观测的扩大，教会所坚持的“地心说”越来越被证实不符合实际，客观上要求用新的天文学理论来代替它。哥白尼在总结前人研究经验的基础上，根据 30 年的实际观测和推算，1511 年撰写完成划时代的天文学著作《天体运行论》，其中得出了关于行星运动及宇宙体系的全新的天文学结论。由于担心教会的迫害，他迟迟不敢拿出书稿，直到生命垂危时才把它送交德国纽伦堡出版。1543 年 5 月 24 日，他激动地用颤抖的双手抚摸着刚印好的《天体运行论》封面，一个小时后就离开了人间。

哥白尼认为太阳位于整个宇宙的中心，地球不在宇宙的中心，而在月亮轨道的中心；地球和其他一切行星都绕着太阳转动，只有月亮绕着地球转动；地球每天还在自行转动，这是人们日常所看到的所谓“太阳东升西落”现象。虽然“日心说”不是他的发明，也不是绝对真理，因为古希腊学者中就有持这种看法的人，而且哥白尼以后的天文学发展也表明太阳不是宇宙的中心。但是，在当时特定的历史条件下，他对教会权威历来维护的“真理”提出大胆的质疑，这是需要胆识和勇气的。更为重要的是，他的“日心说”推翻了所谓上帝选定的地球为宇宙中心的谬论，从根本上动摇了基督教神学宇宙观的理论基础，把自然科学从神学中解放了出来，从而导致一场深刻的天文学革命。恩格斯指出：“自然科学借以宣布其独立并且好像是重演路德焚烧教谕的革命行为，便是哥白尼那本不朽著作的出版，他用这本书（虽然是胆怯地而且可说只是在临终时）来向自然事物方面的教会权威挑战。”[①]从此，自然科学摆脱神学的束缚，获得了真正的独立。

二、布鲁诺：科学事业的殉道者

布鲁诺（Giordano Bruno，1548～1600）出生于那不勒斯，10岁时进入修道院接受教会教育，后来获得神学博士学位。布鲁诺是意大利唯物主义哲学家和天文学家，他接受哥白尼学说后，脱离了多米尼克教派，并于1576年因“异端”嫌疑而被迫流亡国外，云游欧洲传播异端思想。当1592年重新踏上意大利的土地时，他立即遭到宗教裁判所的囚禁。他的著作《论无限性、宇宙和世界》、《论原因、本原和统一》、《诺亚方舟》等包含着为哥白尼天文学辩护的内容，但比哥白尼学说更进一步。作为泛神论者和斯宾诺莎的先驱者，他推动了现代科学思想的传播。

首先，布鲁诺提出宇宙无限性和统一性的观点，认为宇宙既是无限的又是物质的，万物都有灵魂和生命；上帝决不存在于宇宙之外，而是内蕴于无限的宇宙之间。其次，他抛弃了那种认为恒星固定在一个以太阳为中心的晶莹的天球上的信念，从哲学的高度论证了天文学成果的正确性。还有，“他凭直觉预见了许多发现，这些发现后来为观察所证实，例如太阳围绕着它的轴转动，地球在两极处呈扁平状。”[②]“如果说哥白尼恢复了地球的普通行星的面貌，那布鲁诺就恢复了太阳的普通恒星的面貌。”[③]他的思想为天主教所不容，但他面对教会指控也决不退让半步，最终被烧死在罗马的鲜花广场的十字架上，成为现代科学与真理的第一个殉道者。

三、伽利略：实验科学的奠基者

伽利略（Galileo，1564～1642）是意大利哲学家、天文学家，出生于比萨。他按照父亲的意愿学习医学，但精密科学对他更有吸引力。他父亲是个酷爱音乐和数学的贫困贵族，后来伽利略受其影响而改学数学和物理学。在对待科学的态度上，伽利略既不崇尚书本，也不轻信权威，而是注重实证研究。他把重量相差很大的物体同时从他的家乡的比萨斜塔顶上抛下，结果是它们同时抵达地面，以此证明亚里士多德的看法即落体的速度随物体重量而改变的观点是荒谬的。

伽利略重视实践，他把科学研究奠定在实验和证实的基础上。1609年，他以

---

① 《马克思恩格斯选集》（第3卷），北京：人民出版社，1972年，第446页。

② （英）沃尔夫著《十六、十七世纪科学、技术和哲学史》（上册），周昌忠等译，北京：商务印书馆1997年，第31页。

③ 林德宏著《科学思想史》，南京：江苏科学技术出版社，1985年，第104页。

两片透镜制造科学仪器望远镜，并借助于这架荷兰式望透镜，印证了开普勒关于行星运动的理论。他不仅发现了金星的盈亏、行星与地球的实际距离，以及木星周围有四颗环绕转动的卫星，而且第一次看到了月球像地球一样有山谷。1610 年，他观察到了太阳黑子，使得关于太阳自转周期和太阳赤道位置的研究有了可能。这些观察和发现推动了现代意义上天文学的诞生。同时，他还借助于实验工具和科学手段，证明了哥白尼理论的正确性，发现了惯性定律、摆动定律、自由落体定律和抛物线运动，成为现代力学和机械学的重要创始者。

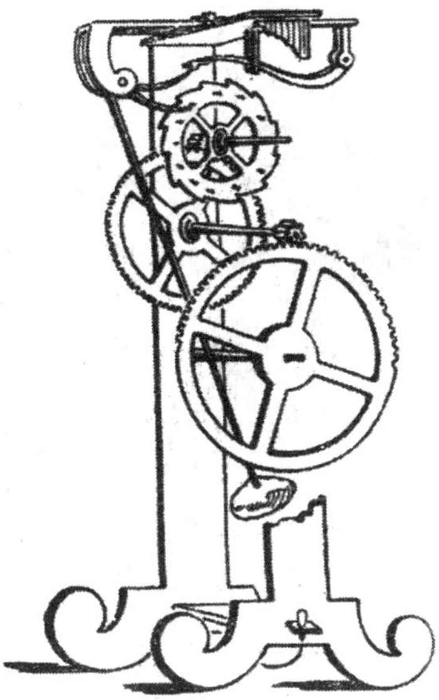

图 4-15 伽利略的钟摆

1632 年，他发表的《关于托勒密和哥白尼两大世界体系的对话》，与哥白尼的《天体运行论》和牛顿的《自然哲学的数学原理》一起被称为现代天文学文献中最伟大的三部杰作。伽利略在《关于托勒密和哥白尼两大世界体系的对话》中根据观察到的事实，并结合力学原理，批判了托勒密学说的谬误，论证了哥白尼学说的科学性。由于伽利略的理论挑战了《圣经》宇宙观，完全抛弃了基督教神学观念，终于受到信奉传统理念者的猜忌与敌视。不仅伽利略被传唤到罗马接受审判，他的天文学思想被斥责为“愚蠢的、荒谬的、虚假的和异端的”理论，甚至连哥白尼理论亦被视为异教徒的谎言。在宗教法庭的强迫下，虽然伽利略公开宣布放弃他所信仰的“地动说”，他还是喃喃地自语道：“可是，地球还在转动。”①

四、开普勒：行星运行定律的发现者

开普勒（John Kepler，1571～1630）是德国著名数学家和天文学家，出生于斯图加特附近的魏尔，是个早产婴儿，而且自幼体弱多病。他早年进入毛尔布龙神学院学习，后来转入杜宾根大学，1591 年取得文学硕士学位。在这所信奉新教的大学中，他成为米歇尔·梅斯特林(Michael Mästlin)的最得意学生。开普勒对数学和天文学这两门学科的兴趣，正是由这位数学和天文学教授所唤起的。1594 年取得博士后，他做了奥地利的格拉茨中学数学教师，同时兼教天文学、修辞学和拉丁语。作为一位现代自然科学的重要创始人，他在人类文明史占有一席地位。

开普勒是由探索上帝的奥秘开始研究天文学的，他的主要著作有《宇宙的奥

① (英)沃尔夫著《十六、十七世纪科学、技术和哲学史》(上册)，周昌忠等译，北京：商务印书馆，1997 年，第 45 页。

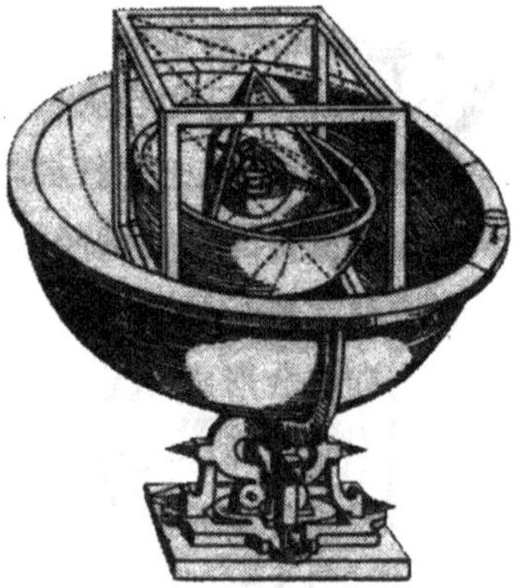

图 4-16 开普勒的行星球概念

秘》、《鲁道夫星表》、《哥白尼天文学概论》、《世界的和谐》等。但他突破神学思想束缚，反对托勒密体系，捍卫哥白尼学说。同时，他“在规定行星轨道时，以太阳作为参考，而不是像哥白尼那样以地球的偏心轨道的中心作参考。”①由于他发现了行星运行的椭圆形轨道，纠正了哥白尼关于行星轨道是圆形的看法，并从数理的角度完善了哥白尼的日心体系，这为他后来的发现奠定了重要基础。1599 年，开普勒把《宇宙的奥秘》一书寄给第谷（Tycho Brahe，1546～1601），从此他们建立了良好的合作关系。这是科学史上的一件大事，意味着经验观察与数学理论在天文学中的有机结合。在精密天文学研究方面，丹麦天文学家第谷一生观测到 750 颗天体，素有“星学之王”的赞誉。1600 年第谷去世后，开普勒在充分利用第谷留下的天文资料和精密仪器的基础上，经过进一步的观测和计算，发现了行星运行的几个基本定律：第一，轨道定律：地球和其他行星均沿着各自的椭圆形轨道绕着太阳运转，太阳位于椭圆的一个焦点上；第二，面积定律：在相等时间内，每个行星的向径（行星中心和太阳中心的连线）扫过的面积相等；第三，速度定律：行星运行的速度随着行星到太阳的距离而变化，各个行星周期的平方与各自离太阳的平均距离的立方成正比。行星运行三大定律不仅使哥白尼体系得到了精确的数学验证，奠定了经典天文学的基础，而且为牛顿在 17 世纪末发现万有引力定律开辟了道路。

五、哈维：现代生理学的创立者

生理学与医学在欧洲的发展相对缓慢，主要原因在于天主教会始终反对人体解剖。直到 17 世纪，古罗马医生盖伦一直被公认为解剖学和生理学方面的权威。随着文艺复兴时代的到来，宗教权威日益受到挑战。尼德兰外科医生维萨留斯（Andreas Vesalius，1514～1564）通过解剖实践，在他的划时代著作《论人体结构》中，全方位地描述了人体的肌骨、肌肉、血管、神经、内脏乃至大脑的构造，指出男人身上的肋骨与女人一样。他的发现纠正了盖伦的许多错误，创立了科学的解剖学。西班牙人文主义者塞尔维特（Michael Servetus，1511～1553）是第一位解释血液循环的学者。在《基督教的复兴》中，他阐述了他的巴黎大学同学维萨留斯未能解决的问题，否定了盖伦的“三灵魂说”，提出了“小循环学说”（血液的肺循环）。

医学在欧洲发展成为一门独立的学科，正是奠定在解剖学和发现血液循环基础上的，英国生理学家和医生哈维（William Harvey，1578～1657）是对

① (英)沃尔夫著《十六、十七世纪科学、技术和哲学史》(上册)，周昌忠等译，北京：商务印书馆，1997 年，第 149 页。

“血液循环学说”进行全面、系统和科学解释的第一人。他出生于福克斯通，先在剑桥大学读书，再到帕多瓦大学师从意大利学者法布里修斯（Gerolamo Fabricius，1537~1619）学医。1602 年在伦敦定居并开业行医，后来弗朗西斯·培根也成了他的病人。1607 年哈维当选为皇家医学院院士，1616 年在医学院讲授第一门课时，就已经概略地勾勒出他的血液循环学说大纲，即发现了血液循环规律。直到 1628 年，他才在《论心脏和血液的运动》中详细地论述了血液循环的原因，由此把生理学变成了科学。他指出：心脏是一块作挛缩（收缩）和舒张（扩张）运动的中空的肌肉，“收缩把在心脏扩张期间进入心脏的血液从心脏中排出”①。血液从左心室进入动脉血管流遍全身，然后沿着静脉血管流到右心室，再通过肺动脉进入肺部，又通过肺静脉流回左心室。心脏的机械运动为血液循环提供了不竭的动力，血液如此循环往复，流动不息，直到生命结束。哈维的研究推动着新的生命科学的发展，他为人类科学事业做出了划时代的贡献。

① (英)沃尔夫著《十六、十七世纪科学、技术和哲学史》(下册)，周昌忠等译，北京：商务印书馆，1997 年，第 474~475 页。

第五章

开创民族国家的宗教改革文化

第一节　宗教改革文化：虔诚与反抗

16 世纪，欧洲各国处于政治、经济和意识形态诸领域发生剧烈变革的关键时期。在资本主义因素从封建社会内部瓦解着这个处于衰亡中的旧社会机体的历史交替过程中，政体上形成了联系新旧制度的政治纽带(专制君主制)。随着现代民族国家形成而出现的专制王权，除了与封建制度保持着割不断的天然联系外，另一方面代表着从分裂走向统一、从分权走向集权的统治秩序，反映了民族意识觉醒、民族精神高涨和民族国家形成的历史趋势。和文艺复兴、地理大发现一样，宗教改革（reformation）也是欧洲社会大变革时期的历史事件。它作为民族独立运动的重要表现形式，体现了民族国家形成时期世俗政权对僧侣统治的反抗，是世俗君主国反对天主教会一统天下、争取民族独立和建立民族国家的重要途径。

图 5-1 宗教改革家马丁·路德

16 世纪，青年神学教授马丁·路德在世俗人文精神和市民基督教异端思想的影响下，点燃了德意志民族乃至整个欧洲宗教改革的熊熊烈火，揭开了现代史上民族国家发展的伟大时代。

中世纪，罗马天主教会是欧洲最强大的政治力量，但它并未能从根本上消灭反对它的众多异端派别，各地发生的市民阶级的宗教改革运动就充分说明了这一点。14 世纪，约翰·威克里夫博士积极从事宗教和政治活动，主张国王具有国家的最高统治权，没收教会的财产归国王所有；用英语作礼拜，建立独立于罗马教廷的英格兰民族教会。这是市民阶级推动的宗教改革运动的起点，它反映了早期资产阶级的反封建主张和正在觉醒的英格兰民族意识。在威克里夫思想的影响下，15 世纪约翰·胡司领导了反对天主教会、争取民族独立的捷克宗教改革运动。

从16世纪起，马丁·路德率先向罗马教皇权威提出挑战，给欧洲基督教社会造成了前所未有的大分裂，并在德国建立了以德语作礼拜的民族教会，从而形成了以路德思想为基础的路德派。这个区别于传统基督教的“新教”（protestantism），是相对于罗马天主教（旧教）而言的，本意指“反抗的宗教”。在德国宗教改革的影响下，法国、英格兰、苏格兰、瑞士和北欧等地也相继发生了改革运动，并产生出许多“新教”派别。

从反对封建神学和促进思想解放的意义上来看，宗教改革是文艺复兴的深入和发展。如果说人文主义者通过自己的作品揭露僧侣阶级的腐败堕落，在伸张人性、反对神性的基础上，动摇了中世纪神权统治的威信，那么，宗教改革家则更进一步，他们通过对基督教经典的重新解释，抛弃了笼罩在人文主义者身上的温情面纱，打出鲜明的反教皇、反教会的旗帜，给统治欧洲一千年的基督教以致命的打击。这样，罗马天主教会在“基督教大世界”一统天下的局面被打破了，取而代之的是一个个独立的民族教会和一个个享有主权的民族国家。

第二节　威克里夫：宗教改革的先驱

英国宗教改革家威克里夫（John Wyclif，1320～1384）生于约克郡，青年时期进入牛津大学学习，1360年担任牛津大学巴利奥尔学院院长，1372年获得牛津大学神学博士学位。从14世纪70年代起，他在继续活跃于知识界的同时，开始为英王爱德华三世（1327～1377年在位）政府服务。当时，英国正卷入一场与法国争夺政治权利与经济利益的百年战争，而亚维农教皇的法国色彩进一步激发了英格兰人的民族意识。英国议会拒绝接受由罗马教皇任命的英格兰教会的神职人员，并限制国人向教皇法庭提出上诉；他们还否认先王约翰（1199～1216年在位）曾对教皇做出的俯首称臣的承诺，拒绝将积欠33年的圣俸上交教廷。1374年威克里夫接受英王委派，参加与法国的停战谈判，并与教皇代表就英国与亚维农教廷之间关于征收捐税、任命教职等问题在布鲁塞尔举行谈判，但未达成协议。

威克里夫潜心研究神学，多次担任圣职，深谙天主教会内幕。1375年，他撰写了《论神权政治》（三卷）和《论世俗权力的统治》两篇论文，猛烈抨击了天主教会的统治：其一，统治权来自于上帝，罪人就丧失了这种权力；其二，国王拥有最高的和绝对的统治权，教士的世俗权应当予以剥夺；其三，尽情地享受现世的财富与荣耀有害于教会，所以必须没收教会财产。他的宗教改革主张，反映了觉醒中的英格兰民族意识和反封建思想，为16世纪宗教改革提供了思想武器。

从批判天主教坚持的“变体说”教义入手，威克里夫否认耶稣的真实性，反对偶像崇拜；主张以《圣经》为信仰的唯一根据，建立人与上帝之间的直接交往关系，以便使信徒自己掌握与上帝沟通的钥匙；否认教士的中介作用，反对罗马教皇的宗教权威。这样，基督教就变成一种纯粹的个人的内心醒悟。他认为，“依《圣经》之言，英格兰王朝是一个整体，而教士、贵族、公众都是它成员。”[①]他主张取消对教会、教廷的纳贡，仅给罗马教皇以救济金，给英国教会以供养金；取消宗教的教规、惯例、组织以及教会本身，并允许自由传道；英格兰教会应使用英语传道，脱离教皇统治而独立。

通过对基督教义的重新解释和对罗马教皇的怀疑与否定，以及通过宣传人人都有统治权的自由、平等思想，实际上，威克里夫不仅否定了教会本身统治的真实性和合法性，而且宣扬了后来资产阶级以更尖锐、更集中的方式提出来的“人民主权”思想。中世纪，攻击教会和教皇是一件不可思议的和大逆不道的事情。但是，威克里夫的言行绝不仅仅代表他个人，他已成为逐渐形成的英国民族精神的象征。他甚至拒绝了英国宗教法庭对他的传唤，因为当时他不仅获得了伦敦市民、牛津大学神学教授们的支持，而且得到了国王和兰开斯特公爵（英王的叔父）的保护。这表明威克里夫所推动的市民阶级的宗教改革，已经具备了民族的规模，它是16世纪更广泛的欧洲宗教改革的先声。

在威克里夫思想的影响下，威克里夫弟子和那些“贫穷的传道者”（民间传教士）构成了异端派别“罗拉德派”（Lollards）的阶级基础。其中，保尔（John Ball，？～1381）是最著名的平民运动宣传鼓动家，他用生动的典型事例和通俗易懂的语言，直率地表达了农民阶级尤其是下层农民的平等要求。他鼓动说：“善良的人们啊！目前英国的光景很坏，但是将来也不能好，除非一切都变为公有的，没有什么农奴，也没有什么绅士”[②]。他还理直气壮地诘问道：“当亚当种田，夏娃织布的时候，谁是贵族？”威克里夫的思想和保尔的宣传活动激发了广大农民心中的不满和反抗情绪，1381年爆发了泰勒（Walter Taylor，？～1381）起义，虽然威克里夫本人并没有亲自参加这场全国规模的农民运动。原先支持、庇护威克里夫的世俗统治者（国王、贵族）很快与教会携手，大肆迫害威克里夫及其信徒（罗拉德派）。1382年大主教考脱莱在牛津宗教会议上宣布，禁止威克里夫公开活动，并下令将他驱逐出牛津大学。

威克里夫的宗教改革有着深厚的群众基础。此后，他一边在鲁特沃教区过着幽居生活，一边在他的学生鲁尔凡的帮助下，将《圣经》由拉丁文译成英文。“威克里夫圣经”与乔叟撰写的《坎特伯雷故事集》奠定了英国现代语言

① 朱庭光主编《外国历史名人传》（古代部分·第1分册），重庆出版社，1986年，第380页。
② 郭守田主编《世界通史资料选辑》（中古部分），北京：商务出版社，1964年，第186页。

文学的基础。1384年12月31日，他因病而撒手人寰。30年以后，康士坦茨宗教会议把威克里夫定为首要的异端分子，下令销毁他的著作，并掘墓焚尸。罗马教廷的举动，正好从反面印证了宗教改革先驱威克里夫的地位和影响，他不愧为一颗照耀在欧洲“基督教大世界”的“宗教改革运动的晨星”。

图 5-2　焚烧异端

第三节　胡斯：宗教改革的殉道者

1391年，捷克宗教改革家胡斯（Jan Hus，约1369～1415）考入布拉格大学，先后获得学士学位和硕士学位。从1398年起，他开始在布拉格大学担任神学教授，并相继担任文学院院长和布拉格大学校长。同时，他还以教士身份主持布拉格市伯利恒礼拜堂的传道工作。他用生动的语言和鲜活的事例，猛烈地抨击天主教僧侣的贪婪。他说：“甚至藏在穷老太婆身上的最后一个铜币，都被无耻的神甫搜刮出来，如果不花在忏悔上，就花在弥撒上，不花在弥撒上，就花在圣徒遗物上，不花在遗物上，就花在赎罪上，不花在赎罪上，就花在祈祷上，不花在祈祷上，就花在埋葬上，难道不能说神甫比强盗还狡猾、还凶恶吧？”①

捷克在中世纪长期受到外族人统治，民族矛盾非常加深。胡斯从少年时代起，就耳闻目睹了德国封建贵族的种种劣迹，他立誓要把人民从民族和阶级的双重压迫的苦难中解救出来，有朝一日把捷克变成一个公正而美好的社会。他对英国威克里夫学说推崇备至，并于1403年将威克里夫的主要著作《三人对话录》译为捷克文，肯定其宗教改革思想。胡斯的宗教改革主张

①朱庭光主编《外国历史名人传》（古代部分·第1分册），重庆：重庆出版社，1986年，第301页。

是：第一，《圣经》是最高的权威，教义是唯一的源泉，每个信徒都可以按照自己对《圣经》的理解来决定信仰；第二，取消教会的土地占有权，没收教产归国家所有；第三，教皇的权威和赦罪的权力纯属无稽之谈，教会应当服从于世俗政权；第四，建立廉价的民族教会，用捷克语作礼拜和传教。他认为捷克人民在捷克王国有权根据神学和天性占有首要地位，正像法国人在法兰西王国和德国人在他们自己的土地上一样。

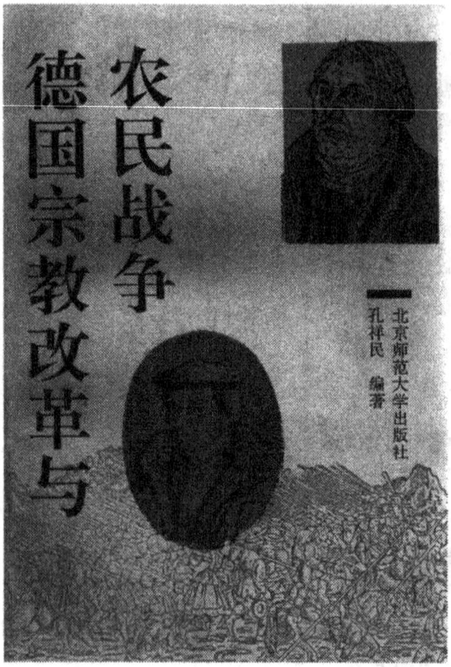

图 5-3 宗教改革史研究专著

胡斯的改革思想击中了教会要害，反映了捷克各阶层人民的心愿，同时也招致了杀身之祸。1411年胡司被开除教籍，1415 年 7 月 6 日被以“威克里夫信徒”、“异端分子”的罪名烧死在火刑柱上。胡斯的殉道激起了捷克人民的极大愤怒，反天主教会的斗争愈演愈烈，终于酿成大规模的武装起义。这是一场具有反民族压迫性质的宗教战争。起义是以“掷出窗外事件”为开端的，愤怒的群众冲进布拉格市政厅，把 8 名市议员从窗口掷了出去。街上人山人海，群情激愤，鞭打神甫，夺取政权。起义者以胡司思想为旗帜，以胡斯党人约翰·哲理夫、约翰·杰式卡、大普罗可普、小普罗可普为领袖，所以称为“胡斯战争”（1419～1434 年）。

在这场民族解放战争中，由农民、手工业者、矿工和城市平民组成激进的塔波尔派，他们提出废除私有制，没收教会财产，取消教会特权、取消国家等激进的主张；由中产阶级、小贵族和富裕市民组成了温和的圣杯派，他们要求俗人和教士在圣餐礼上同样有权使用圣杯，用捷克语言作礼拜，并建立捷克民族教会，从而使捷克获得民族独立。两派一度实现联合，并多次打退以德国人为主组成的欧洲十字军的进攻。但圣杯派的一些要求得到满足以后，他们便与敌人妥协，反过来绞杀塔波尔派，于是持续十多年的民族独立运动归于失败。然而，胡斯战争毕竟是欧洲历史上第一次以农民为主体的、大规模的民族大起义，它沉重地打击了天主教会和德国侵略势力，为 16 世纪欧洲宗教改革和德国农民战争播下了种子。

第四节　路德：最伟大的宗教改革家

德国最伟大的宗教改革家路德（Martin Luther，1483～1546）出生于图林根的埃斯勒本的农民家庭，13 岁从教会开办的曼斯菲尔德学校毕业后，先后赴马格德堡和埃森纳赫继续求学。因家境贫穷，少年路德经常外出乞讨，勉强维持学业，备尝了人间生活的痛苦与辛酸。但在以后的几年中，命运女神开始施惠于他，因为有一位名叫乌尔苏拉·科塔的善良而智慧的妇女收养了他，并给他以超越他母亲的爱。1500年，路德进入当时德国最好的爱尔福特大学，并相继获得学士和硕士学位。他1505年进入爱尔福特圣奥古斯丁修道院，以修士的身份开始了宗教生涯；1512年被任命为维登堡修道院院长、维登堡大学神学教授，并获得神学博士学位。

1510年，路德怀着虔诚敬仰的心情，取道施瓦布、瑞士、伦巴底、托斯堪尼和翁布里亚，朝拜了他心目中伟大而神圣的罗马城。但在四个月的朝圣中，他看到的却是令人难以置信的事实：从15世纪70年代到16世纪宗教改革前夕，前后在任的几个教皇个个都臭名昭著；无论怎样努力视而不见，他还是看到了两个世纪前但丁已经看到的事实，就是“古代母狼”、“贪婪之辈”已经把罗马教会这个“天天出卖基督”的地方，变成了自己的栖息场所①。西克图斯（1471～1484年在位）靠贿赂红衣主教当选；英诺森八世（1484～1492年在位）不仅采取同样手段登上教皇宝座，而且出卖教职比他的前任有过之而无不及；亚历山大六世（1492～1502年在位）曾把母女二人同时收为情妇，甚至还与自己的亲生女儿发生不正当关系，并将他的外甥米兰公爵毒死。朱利亚二世（1503～1513年在位）继任后，一方面附庸风雅，延揽大批艺术家为教会服务，另一方面大兴土木，借以冲淡教会的恶名，竭力恢复教廷的威信和教皇的权威。他主持罗马圣彼得大教堂重建工作，并于1510年发布教谕，允许对捐献者按圣年方式给予大赦及其他各种神恩。1515年，利奥十世任命一身兼马格德堡、哈伯斯塔特和美因兹三地圣职的德国的阿尔伯特大主教为专员，负责在其教区内通过推销赎罪券的办法筹集款项。

长期以来，由于没有集中统一的王权，德国一直受到罗马教廷的剥削，被称为“教皇的乳牛”。现在，利奥十世又利用其宗教特权榨取德国，和阿尔伯特达成交易，约定双方各得赎罪券销售收益的一半，前者用以弥补贿赂教皇而欠下的大笔债务亏空，后者则用于修缮罗马圣彼得大教堂。多明我会托钵僧，教皇特使帕茨勒在北德大部地区推销“赎罪券”时，大肆渲染赎罪券的效用。他说：“任何人为救出某某人在炼狱里的灵魂，把钱投入银箱里；只要当钱落到箱底叮铃响着的时候，那灵魂马上飞升天堂了……如果购买了赦罪或赦罪券，即使为未来的罪孽，也毋须忏悔、悲痛或苦行赎罪了。”②最后他宣布：“地狱的大门已在你面前关闭，天堂大门已经打开……以圣父、圣子和圣灵的

---

① (苏)梅列日科夫斯基著《宗教精神：路德与加尔文》，杨德友译，上海：学林出版社，1999年，第70页。

② 耿淡如、黄瑞章译注《世界中世纪史原始资料选辑》，天津：天津人民出版社，1959年，第156页。

图 5-4 罗马圣彼得大教堂

名义。阿门!”[①]

路德从小就熟知使徒信经、十诫、主祷文及赞美诗，接受了传统的基督教教育。进入大学以后，他受到奥古斯丁学说和人文主义思想的熏陶[②]；而他的不平凡的人生经历及严峻的社会现实，促使他认真思考依靠信仰上帝的拯救问题。出于强烈的宗教责任感，他以一个小人物挑战天主教权威，要求就神学问题展开辩论。针对教会贵族的牟利、勒索行为以及赎罪券兜售者的谬论，1517 年 10 月 31 日，路德在维登堡万圣教堂大门上贴出了《关于赎罪券效能的辩论》（拉丁文）的告示，即《九十五条论纲》，表示愿就赎罪券的作用问题与任何人展开辩论。

“赎罪券”（indulgence），或译为“赦罪符”，这个词源自拉丁文 indulgentia，意为“宽厚”、“仁慈”、“大赦”，后引申为免除赋税或债务的含义。天主教神学中指免除罪罚，即主教有权免除部分罪罚，教皇有权免除全部罪罚[③]。14 世纪以来，逐渐演化成一种出售羊皮纸符以免除罪罚的方式。这种纸符一面饰有教皇徽章，另一面画有被钉子钉穿的耶稣手掌，它本身并没有什么特别功用，但必须用金钱来购买。教会宣布说，赎罪券能够免罪，不仅可以将这种恩惠施给活人，还可以扩大到地狱中的死者。针对教会关于赎罪券效能的诡辩，路德愤怒地指出：当钱币投入钱柜叮咚作响时，增加的只是贪婪爱财的欲望，灵魂并不会升入天堂。“没有人能凭一个礼物就保证了他将获得拯救，就算那是一位主教授予的，因为，即使是上帝的恩典也不能给予这种保证。”[④]现代学者甚至讥讽说：“赎罪就是向上帝还债”，赎罪券“是教皇和主教为了某种奖赏而发的作恶的许可证。由于赦免，不许可的犯罪的行为就成了合法的，甚至是值得表彰的，因为赦罪费充实了天父和他的钱柜。”[⑤]

路德表达了德意志民族反抗的心声，真像火花落入火药桶一样，点燃了 16 世纪宗教改革的熊熊烈火。《九十五条论纲》很快被译成德文，两星期内

---

① (苏)梅列日科夫斯基著《宗教精神：路德与加尔文》，杨德友译，上海：学林出版社，1999 年，第 89 页。

② 路德在爱尔福特大学接触到人文主义“诗人”社团和约翰·胡司的宗教思想。进入圣奥古斯丁修道院后，他接受圣奥古斯丁的预定论，相信只有上帝能够拯救人类。

③ 参见任继愈主编《宗教词典》，上海：上海辞书出版社，1981 年，第 1012 页。

④ 参见《文艺复兴书信集》，李瑜译，上海：学林出版社，2002 年，第 150 页。

⑤ (法)霍尔巴赫著《袖珍神学》，单志澄、周以宁译，北京：商务印书馆，1972 年，第 88 页、第 77 页。

竟传遍全国，一个月内传遍欧洲。长期遭受外族的剥削与压迫的德意志人觉醒了，广大的农民、平民、骑士以及部分诸侯都卷入了运动。1518 年 6 月 27 日，当路德前往莱比锡与罗马天主教会神学家辩论时，他已不再是孤立无援的僧侣和学者，而成了整个德意志的民族英雄。在维登堡大学校长巴尼姆公爵和 200 名学生卫队的护送下，路德参加了莱比锡辩论。当时，他已经放弃了最初对神圣教皇存有的幻想，公开否认罗马教皇和宗教大会的神圣权威，提出《圣经》的权威和个人研读《圣经》的权利。他还指出 1414 年康斯坦茨宗教会议的错误，当众为约翰·胡司辩护和翻案。路德发动宗教改革，是以他的爱国热情和宗教信仰为支柱的。如果说他的宗教信仰来自他的教育背景和对基督的虔诚信仰，那么，他的爱国热情则来自朴素的民族情感。

图 5-5
基督教堂内景

1520 年对于路德而言是非同寻常的，这一年他不仅当众焚烧教谕，更为重要的是连续发表了《论善功》、《罗马教皇权》、《致德意志基督教贵族公开书》、《教会被囚于巴比伦》和《基督徒的自由》五篇富于创造性的论文，对新宗教组织及圣礼作了原则性阐述，它们和《九十五条论纲》一起构成路德全部新教学说的基础。他的新宗教主张可以归纳为几点：第一，信仰得救或“因信称义”说（Justification by Faith）认为，虔诚的信仰是获得拯救并成为“义人”的重要途径。这是路德新宗教思想的核心，所以新教路德派又称为“信义宗”。第二，坚持《圣经》是最高的权威和信仰的唯一源泉，每个信徒都可以按自己的方式解释《圣经》。第三，否认天主教的圣体圣事“变体说”，坚持“同在说”(Consubstantiation)①。第四，简化宗教仪式，废除圣像、圣物，保留圣洗礼和圣餐礼，取消其他五项圣事。第五，阅读德文《圣经》②，用德语作礼拜，建立独

① 路德认为，圣餐礼中的饼和酒经过祝圣后，并未改变饼和酒的实体，但基督体和血的实体也与之融合共存，成为同体状态。

② 1521～1534 年，路德在他的好友和门生梅兰希通等人的帮助下，将《圣经》从希伯来文和希腊文译为德文，使之成为人民大众的书。

图 5-6 亚维农教皇宫殿

教廷从罗马搬到亚维农(1305～1378)，是中世纪教权与俗权斗争的结果，预示着以世俗王权为核心的、以市民阶级为基础的民族国家时代的来临。建立在圣贝尼兹拱桥上的教皇宫殿，是14世纪亚维农教皇的法兰西色彩的重要标志。

立的德国民族教会。第六，不同身份的人可以饼酒同领，所有的基督徒都是教士，每个教士都可以自由地结婚[①]。

在评价路德的宗教改革时，马克思曾有过非常精辟的论述："德国战胜了信神的奴役制，只是因为他用信仰的奴役制代替了它。他破除了对权威的信仰，却恢复了信仰的权威。他把僧侣变成了俗人，但又把俗人变成了僧侣。他把人从外在宗教解放出来，但又把宗教变成了人的内在世界。他把肉体从锁链中解放出来，但又给人的心灵套上了锁链。"[②]经过几十年的曲折发展，德国的新教与旧教之间达成妥协，路德派实现了信仰自由及其与天主教平等的地位。1555年帝国议会签订的《奥格斯堡宗教和约》，确立起"教随国定"的原则，承认在路德指导下1530年由梅兰希通起草的《奥格斯堡告白》[③]。

第五节　瑞士的宗教改革

瑞士是一个群山环抱的中欧内陆小国，位于法国、德国、奥地利和意大利四国之间，扼守西欧国际贸易的咽喉之地。瑞士国土狭小，面积仅为41 300平方公里，人口约707万。中世纪，瑞士就出现了一些经济、文化较发达的著名城市如日内瓦、苏黎世、伯尔尼、巴塞尔等，自11世纪起开始成为神圣罗马帝国的一部分。1291年几个州成立"永久同盟"，反对哈布斯堡王朝（Habsburg，13～20世纪欧洲著名家族）统治，这是瑞士建国的开始。到1511年《巴塞尔条约》签订时，瑞士已取得实际的独立地位，但还是一个松散的联邦。根据1648年《威斯特伐利亚和约》的规定，瑞士最终摆脱神圣

① 1525年6月1日，路德凭着一种叛逆精神，与一个相貌平常的26岁修女波娜(Katharina von Bora)结婚。

② 《马克思恩格斯选集》(第1卷)，北京：人民出版社，1972年，第9页。

③ 除绪论外，《奥格斯堡告白》共有28条，主要陈述信仰要义、因信称义、圣事、礼仪、教会、神职人员的观点，列举天主教诸弊端，主张国家法律和反对教皇的至上权威，但接受《使徒信经》、《尼西亚信经》，承认原罪、耶稣受难及复活、末日审判等天主教义。

罗马帝国的统治；1815 年成为“永久中立国”，1848 年制定宪法并设立联邦委员会。由于瑞士与德意志、法兰西交往密切，形成了两大语言区域：西部以日内瓦为中心的法语区和东北部以苏黎世为中心的德语区。因受 16 世纪初欧洲宗教改革的影响，瑞士的改革运动按时间和地点分为两个中心，这恰好与两大语言区域相吻合，即以苏黎世为中心的慈温利的宗教改革和以日内瓦为中心的加尔文的宗教改革。

一、慈温利：苏黎世的宗教改革

慈温利（Ulrich Zwingli，1485～1531）出生于瑞士东部圣加伦州维尔德豪的农民家庭，父亲是当地的村长。慈温利八岁那年跟着他的启蒙老师，即当神父的叔叔学习拉丁文，后来进入维也纳大学、伯尔尼大学和巴塞尔大学接受正规教育，相继获得文学学士学位和硕士学位。在大学读书期间，他深受伊拉斯莫、约翰·科利特，以及他的老师，改革家托马斯·威顿巴赫的影响，发展成为基督教人文主义者。1506～1516 年，慈温利担任格拉鲁斯教堂神父，这是他的宗教改革思想形成的关键时期。他“继承了基督教人文主义者以《圣经》改造教会、以教育改造社会的传统，准备时刻为了瑞士而斗争。”[①] 1516 年他担任艾因西德教堂神父时，提出废除“朝圣”活动的主张。1518 年他改任苏黎世大教堂神父，在市议会和市民们的支持下，领导了东北各州的宗教改革运动。

慈温利的宗教改革主张集中地体现在《六十七条论纲》、《始与终》、《真伪基督教评述》等著述中。除了推崇伊拉斯莫之外，他还受到路德思想的启发，虽然他自己并不承认这一点。慈温利与路德之间有许多相似之处：第一，主张《圣经》尤其《福音书》是信仰的唯一源泉，否认罗马教皇及神职人员的权威；第二，主张与罗马教廷断绝关系，建立廉价的民族教会；第三，主张禁止贩卖赎罪券，禁止偶像崇拜，取消祭台、祭衣，取消“弥撒”繁琐的圣礼，保留圣洗礼和圣餐礼；第四，主张解散修道院，没收教产，允许教士结婚。所以，他也像路德一样身体力行，1524 年娶他的同工，寡妇安娜·莱因哈德(Anna Reinhard)为妻。

然而，他和路德之间也存在着显著的差别：一是他既反对天主教的“变体说”，亦不赞成路德的“同在说”，而是主张“纪念说”（symbolism），即认为圣餐中的面包和葡萄酒具有象征性意义，借以纪念基督耶稣的救赎。二是他摒弃路德那样对封建诸侯的依赖，一方面实行教会共和制，另一方面根据《圣经》来改造社会，建立弘扬公共利益的上帝之城。由于站在苏黎世市

---

① 朱孝远著《近代欧洲的兴起》，上海：学林出版社，1997 年，第 285 页。

政当局一边，他的宗教改革一帆风顺，并很快蔓延到其他各州，还波及到南部德意志。1528年1月，富裕的伯尔尼市民改宗慈温利创立的新教，这是瑞士改革和统一进程中发生的一件大事。随后，瑞士有五个天主教州结成“瓦累同盟”（基督教联盟），与新教州的“基督教市民同盟”相对抗①。1531年10月，慈温利在双方冲突中战死。到30年代中期，宗教改革中心已经由德语区的苏黎世转移到了法语区的日内瓦。

图5-7 宗教改革家加尔文

二、加尔文：日内瓦的宗教改革

加尔文（Jean Calvin，1509～1564）出生于法国北部皮卡迪的诺扬城，他的祖父当箍桶匠，两个叔叔在巴黎当铁匠和锁匠。他的父母却是中等人家，母亲是当地显贵、市议会议员和有钱的客栈老板的女儿②，父亲则是一个半俗人半教职人员，曾任主教区秘书、教廷公证人和公爵领地财务代理人。1523年，加尔文进入巴黎大学马歇尔学院，学习拉丁文、哲学和神学，他的老师是伊拉斯莫的学生、知识渊博的科尔迪埃。不到一年，加尔文转入蒙太古学院学习，获得文学硕士学位（1528年）。他按照父亲的意愿离开巴黎，赴奥尔良大学攻读法律。虽然他在学习上进步很快，各门功课均取得了优异成绩，旋即填补了缺席老师的空位，并被授予博士学位，但他钟爱的却是神学。1531年父亲去世后，他在巴黎、诺翁和奥尔良三地之间奔走。正是从此时起，他在巴黎研究了希腊文、希伯来文和拉丁文的《圣经》，逐渐倾向于新教思想，并希望按照古代基督教改造罗马教会。这样，他已经从一个具有人文主义思想的天主教徒，转变为宗教改革的积极倡导者。1533年，法国政府对新教徒实施迫害，加尔文因受到异端怀疑而离开巴黎。第二年，他宣布放弃教会圣俸，并流亡到瑞士的巴塞尔从事著述活动。

加尔文在赴斯特拉斯堡途中在日内瓦做了逗留，与法国宗教改革家、当地支委会领袖纪尧姆·法雷尔共同从事教会改革，其依据是加尔文的《信仰

① 孔祥民编著《德国宗教改革与农民战争》，北京：北京师范大学出版社，1992年，第306～307页。

② (苏)梅列日科夫斯基著《宗教精神：路德与加尔文》，杨德友译，上海：学林出版社，1999年，第282页。

教导与忏悔》（教义问答）和法雷尔的《信经》。1536 年 7 月日内瓦大议会决定，所有市民均须宣誓接受新教理论，否则将受到惩治。但是，他们的改革主张遭到非议，法雷尔前往他处任牧师，加尔文担任斯特拉斯堡的法国流亡者宗教团体牧师。1541 年加尔文重返日内瓦，继续推动宗教改革，指导建立日内瓦政教合一的、民主化的共和政权。在该城改革派支持下，他为教会制定的《教会规章》在议会通过后，成为有效的国家法律。

加尔文主张基督教会应监督国家、家庭与社会，发扬上帝之道，把全部社会生活置于基督教律法的支配之下，以新教思想改造社会，使社会基督教化。根据《教会规章》规定，教会设立长老、牧师、教师和执事四种职务，废除天主教主教制，建立长老制。所以，新教加尔文派又称为“长老会”、“改革宗”或“归正宗”。长老通常由威信较高的平信徒担任，长老会议作为权威机构由议会选出的 12 名长老与 5 名牧师组成，负责监视每个人的生活、道德与纪律，以及教会管理，具有独立行使司法职能的权力；牧师的基本职责是解释《圣经》、施行圣礼以及训练与审查预备牧师；教师包括大学教授和中小学教员在内，负责学校的领导工作，使人们保持纯正的信仰；执事由信徒选举产生，负责救济与医疗等慈善工作。

由长老、市议员和市政官员等组成宗教法庭，这是新式的异端裁判所，它每周举行一次“星期四晨会”，负责查处违纪现象。对念玫瑰经、崇拜偶像、朝圣、望弥撒、举行斋戒、攻击上帝或渎神者，根据不同情节分别进行处分，如劝告、以口吻地、罚款、监禁、驱逐出境或火刑。为了整饬道德风尚，严肃教会纪律，长老会倡导节俭和建立廉价教会，规定凡唱下流歌曲、跳维罗拉舞或其他任何舞蹈者，监禁三日，然后送交议会处置；对喝酒、赌博、吵架者，也照此处罚；妇女发型梳成高髻者被监禁，穿奇装异服的妇女受禁锢，通奸者先游街、后流放；着艳丽衣裙的未成年女孩，将同其母亲一并拘留两日。加尔文把暴力看作是永恒的神性真理，许多所谓“异端分子”都成为这种暴力的牺牲品。他还将人文主义者塞尔维特送上了火刑柱，原因就在于这位西班牙人的异端言行。1531 年塞尔维特出版《三位一体的错误》，否认三位一体学说；后来，他又将他的《基督教的恢复》一书校样送给加尔文，以示对《基督教原理》的抗议①。正如恩格斯所指出的那样：“值得注意的是，新教徒在迫害自然科学的自由研究上超过了天主教徒。塞尔维特正要发现血液循环过程的时候，加尔文便烧死了他，而且还活活地把他烤了两个钟头；而宗教裁判所只是把乔尔丹诺·布鲁诺简单地烧死便心满意足了。”②

1536 年，加尔文出版《基督教原理》一书，论述了对神、对救世、对基

---

① 参见(奥)斯·茨威格著《异端的权利》，赵台安、赵振尧译，北京：三联书店，1986 年。

②《马克思恩格斯选集》(第 3 卷)，北京：人民出版社，1972 年，第 446 页。

督徒领受“救恩”的条件和功效，以及对教会的认识，并在路德的“信仰得救”、保罗和奥古斯丁的预定论的基础上，提出了他自己的“预定论”(predestination)的核心思想，从而否定了罗马教会的神学权威。加尔文指出：“我们把上帝的永恒教导称为预定，他以此预定他愿意为每个人所做的事。因为他不是在同等条件下创造他们的，所以令一些人得永生，另一些人受永恒诅咒。”①得救与个人的祈祷和善行无关，人们无法改变，只能服从上帝为他们预定的命运。路德认为，得救是人与上帝的神秘结合，可以享受人世间所得不到的宁静与愉快；加尔文则认为，得救就是上帝使其充满基督的灵，成为基督的战士，以此获得社会活动的能力、方法与百折不挠的信心，并使之在事业上获得成功。加尔文的预定论鼓励积极进取的精神，有助于发挥人的才智，因为他批判天主教的消极厌世态度，认为人人皆应坚信自己得救，而且要全力以赴地争取得救。关于圣体圣事，加尔文在形式上接近于慈温利，而实质上与路德相近，坚持“真实存在说”(real presence)，即明确肯定在圣餐中凭信心所领受的是一种真实的，但是属灵的身体。

1559 年，加尔文创立了日内瓦学院，后来改为日内瓦大学，成为神学的中心学府，其中培养出来的传教士不断地被派往法国、荷兰、英格兰、苏格兰及德国各地，这不仅推动了新教思想的传播，而且为 16 世纪中叶的尼德兰革命和 17 世纪的英国革命提供了理论武器。

第六节　都铎英格兰的宗教改革

一、亨利八世推动的政治改革

亨利七世在博斯沃思战场上的胜利，结束了长达 30 年之久的封建内战，创立了都铎王朝（1485～1603）。这个新王朝不仅在一定程度上代表着残余旧贵族的政治利益，而且也部分地反映了新兴资产阶级和新贵族的要求。16 世纪 20～30 年代，大陆欧洲宗教改革的浪潮波及不列颠孤岛，都铎英格兰的宗教改革构成整个欧洲宗教改革的重要组成部分。

罗马教廷迟迟不肯批准亨利八世上诉的离婚案，是诱发英格兰宗教改革的导火索。在这场运动中，民族感情激励着英国人，他们为实现民族独立而支持英王。与民族国家发展趋势并行不悖的是专制主权的加强过程。宗教改革前夕，作为外来势力的罗马教皇，不但在英国享有教会管理权和世俗司法权，而且通过英格兰天主教会广占田产、征敛赋税，严重地阻碍了英国王权的充分行使和民族国家的独立发展。要建立起名副其实的君主专制制度，就必须从宗教

① 引自(苏)梅列日科夫斯基著《宗教精神：路德与加尔文》，第 259 页。

领域打开一个缺口，使英格兰从教皇权的束缚下摆脱出来。在这种特定的历史条件下，亨利为了自身的利益和加强王权的需要，毅然领导英格兰民族走上反抗教皇权之路，拉开了长期而复杂的宗教改革运动的序幕。

图 5-8 英国国王亨利八世

改革伊始，亨利通过议会立法的方式，小心翼翼地对英国天主教会特权加以限制。后来，他的胆量越来越大，英国宗教改革的步伐也迈得越来越快。1531 年 2 月，亨利召集主教会议，迫使他们接受国王为教会的最高首脑——唯一的至尊领袖。在他的授意下，议会相继通过《禁止向教廷上诉法案》、《教士服从国王法案》、《根除罗马教皇法案》、《授权国王建立新教区法案》等一系列实施宗教改革的法案。其中，最重要、最有影响的是 1534 年的《至尊法案》，它不是宣布亨利八世国王为英格兰“教会的至尊领袖”，而是宣称他已经处于这个职位上了；它认为“国王陛下责无旁贷地担任英格兰国教会的至尊领袖，并在教士会议中为本王国教士所承认……”[①]虽然他没有像主教那样被赋予宗教权力，但他已被赋予最高的和最充分的教会管理权。为了有效地实施《至尊法案》，议会要求本王国内的一切臣民，尤其僧侣、公务员、律师、学校教师或其他处于敏感职位的人，都必须对英王宣誓效忠，拒绝者或免职、或罚款、或监禁、或处死。在上层贵族中，只有主教费希尔和大法官托马斯·莫尔因拒绝宣誓而被处死。

此外，议会还颁布法案，禁止主教将上任首年俸禄、年贡和什一税上交教廷，从经济上割断英国天主教会同罗马教廷之间的联系。1535 年 1 月，亨利任命国王秘书克伦威尔(Thomas Cromwell, 约 1485 ~ 1540)为英王宗教事务代理人，第一次行使他作为教会至尊领袖的最高权力。在克伦威尔的主持下，查封英格兰各地 550 个修道院，被查封的教产收入提供给那些被逐出的修士、修女和仆役等作为年金。被没收的教会土地和其他财产每年为国王提供了大约 14 万镑的利益，而这些土地通过赠予、赏赐、拍卖和交换的方式，大部分落到新贵族、富裕农民手中，有力地打击了英国的天主教势力。

---

① 北京师范大学历史系世界古代史教研室编《世界古代及中古史资料选集》，北京：北京师范大学出版社，1991 年，第 603 页。

英王倡导的政治层面的宗教改革，提高了王权在英格兰民族国家范围内的地位，加强了议会在国家政治生活中的作用。反过来，议会又以法律形式把教皇在世俗和宗教范围内的部分职能，及时地转移到英王手中，并把教会降为王国政府的一个职能部门，实行政教分离。从信仰上而言，亨利八世原本是个正统的天主教徒和天主教“信仰的保卫者”，根本反对马丁·路德等外来的新教信仰对其臣民的精神冲击。所以，他只关心把教皇势力逐出英格兰，强化君主专制，根本无意着手改革天主教教义和礼仪，甚至还反对和阻止这种改革。随着专制王权的加强，他晚年在政治上和宗教上显得日益保守，给宗教改革运动蒙上了一层阴影。

二、爱德华六世时期的激进改革

爱德华六世（1547～1553年在位）九岁继位，朝政先后由他的两个舅父萨默塞特公爵和诺森伯兰公爵执掌，英格兰宗教改革被带入快速发展的新阶段，真正触及到天主教教义和礼仪的改革问题，并把亨利八世末年已经排斥了教皇权的天主教初步改造为新教安立甘宗（即英国国教，又称圣公会）。

1547年12月，议会法案取消了阻碍进一步改革的《六信条》[①]和若干惩治异端的法令。第二年议会通过的《圣餐礼法》规定，俗人将同僧侣一样在圣餐礼中享有用圣杯领取圣餐的权利，从而否定了僧侣阶级在宗教生活中独占的特权地位。1549年颁布的重要改革文献《第一祈祷文》在“第一统一法”的保证下付诸实施。统一法就是统一英格兰宗教信仰的法令，它规定在整个王国范围内只准采用单一的祈祷仪式，即用礼拜取代弥撒，礼拜期间只准使用英语而非拉丁语。由坎特伯雷大主教克兰默（Thomas Cranmer，1489～1556）起草的《第一祈祷文》，实际上是关于圣体圣事问题争论和妥协的产物，它并没有明确反对保守的天主教“变体说”，也没有公开赞成激进的慈温利新教“纪念说”，而是接受了中庸的路德新教“同在说”，说明路德教对英国宗教改革思想的深刻影响。

1550年，议会又批准由克兰默等人起草的《授任仪式书》，用以代替三四百年前开始使用的《主教仪式书》，其核心部分也由拉丁文译成了英文。根据《授任仪式书》规定，“英格兰教会教士已成为‘福音和圣礼的牧师’，而不是‘献祭的司祭’。”[②]教士职衔的演变势必对宗教礼仪的变化产生影响，也会对天主教会权威带来冲击，结果教堂中的祭坛被撤除，供奉的偶像和圣物被搬走。在激进派的要求下，经过修订的《第二祈祷文》（1552年）为“第二

---

① 1539年由保守派提出的《六信条》重申天主教原则，包括变体说、一种形式领取圣餐、教士独身、坚守贞节、内弥撒和秘密忏悔等内容，它的实施表明亨利八世中止了由他自己推动的宗教改革。

② 引自姜守明《都铎英格兰宗教改革初探》，载《南京师大学报》，1996年第3期。

统一法”所批准。这篇新祈祷文在简化天主教仪式方面有了明显的进步，主要反映了克兰默宗教改革思想从温和到激进的转变。但是，它仍然保留了一些为激进派改革家所不容的陈规陋习，如圣餐领受者必须跪着领取圣餐等。

三、玛丽女王推行的反宗教改革

爱德华六世因病夭折后，王位由他的异母姐姐玛丽(1553～1558年在位)继承。她是一位狂热的天主教徒，即位后便对前朝的改革政策进行反击：废除改革法案，在英格兰恢复天主教和教皇权；嫁给菲利普王子，实现与西班牙王室联姻；恢复实施异端法，大肆迫害新教徒，使英国宗教改革出现了前所未有的大倒退。

为了达到目的，玛丽释放并重用因反对宗教改革而入狱的天主教首领，逮捕力主改革的新教领袖。1553年10月，议会通过“取消爱德华六世在位时期制定的某些法令”的法案（即第一个取消法案），它指责爱德华法令径自杜撰了一些离奇的东西，从而改变了英格兰人祖先确定的天主教礼拜仪式，转瞬间使英格兰王国发展到极其危险、极其混乱不堪的地步。自同年12月20日起，在英格兰和女王陛下一切其他领地内，恢复实施亨利八世在位末年通行的礼拜仪式和圣餐礼规程，包括弥撒、祭坛、偶像崇拜、教士独身、俗人不得用圣杯领受圣餐等内容。

与此同时，玛丽不顾国人的反对，选择其表兄查理五世之子、天主教徒菲利普作为如意郎君，结果导致肯特郡3000人起义。1554年，议会顺利地批准关于女王婚姻问题的议案，并通过取消1529年以来一切反对教皇权威的法令的法案。随后，在教皇代表、红衣主教波尔(Reginald Pole, 1500～1558)的引导下，英格兰教会举行庄重仪式，实现了英格兰教会与罗马教廷的和解。为了纯洁天主教组织和坚定天主教信仰，议会重新公布了中世纪以来颁行的若干惩治异端的法令。

图5-9 联手迫害新教徒

英国女王玛丽和西班牙王子菲利普为了政治与宗教的双重目的实现联姻后，大肆迫害不遵从天主教者，有280多名新教徒成为宗教迫害的牺牲品，包括著名宗教改革家克兰默等。

“血腥者”玛丽之所以能如愿以偿地在英格兰复辟天主教，主要原因在于：第一，曾经追随亨利八世反对教皇的旧势力，实际上反对真正把宗教改革引向深入。第二，来自国际天主教势力的支持，包括罗马教皇、神圣罗马帝国皇帝查理五世、西班牙王子菲利普以及教皇代表波尔等。第三，玛丽女王充分利用都铎君主的余威，迫使议会采取立

图 5-10 英国女王伊丽莎白一世

法手段，把合法的改革变成不合法的罪恶。第四，自上而下的改革客观上遇到来自下层群众，尤其落后地区的抵制。虽然，宗教复辟可以在一定时期内迫使新教徒改变信仰，但他们宁愿流亡国外，也不交出土地；宁愿皈依天主教，也不退出教产。因此，“玛丽的悲剧在于这样一个事实，即她的心中唯有西班牙和天主教，而其臣民的心中却只有英吉利和新教。”①

四、伊丽莎白女王的温和改革

英国女王伊丽莎白(1558～1603 年在位)继位后，借助于议会的力量，重新树立改革的两大支柱即至尊法和统一法，恢复了王权在英格兰教会中的至上地位。这个至尊法肯定女王在教会中的至尊地位，宣称这种权力来自于议会权威；女王被称为英国教会的“至尊管理者”，而没有沿用亨利八世和爱德华六世所享有的“至尊领袖”称号。这种名号措辞看起来显得温和些，也使英格兰教会在政治上拥有较多的自主权，但王权至尊的实质并未改变，同时又确立了温和改革的基调。至尊法要求人人对王权宣誓效忠，否则将失去担任一切官职的资格，或被没收财产，或受到藐视王权罪或叛逆罪的惩处。而统一法则肯定了爱德华时期的主要改革成就，还规定人人应参加礼拜日和圣日在教区教堂举行的公众礼拜，违者处以罚款；私自参加弥撒者，则加重罚款。

伊丽莎白女王取消了“违反四分之三英格兰人心愿”的宗教迫害政策，恢复了被玛丽取消的若干改革法令，重新确立王权在国家和教会中的至上地位。这样，经过 40 多年（1529～1571）的努力，亨利八世开创的宗教改革事业得以完成，最终形成了独具风格的英格兰民族教会即新教安立甘宗。如果说亨利八世在 16 世纪 30 年代从政治上为它划定了大致轮廓，爱德华时期的“祈祷书”和《四十二信条》（1553 年）为它规定了基本的礼仪和教义原则，那么，伊丽莎白女王则是它的最后确立者。她任命坎特伯雷大主教帕克

① Clayton Roberts and David Roberts, *A History of England*, vol. I, London, 1980, p. 285.

(Matthew Parker, 1504～1575)负责修订克兰默起草的改革文献，从而使《第二祈祷文》变成《公祷文》，使《四十二信条》变成《三十九信条》，完成了英国天主教会的改造过程。

实质上，安立甘教是英格兰天主教和大陆欧洲主要新教教派相结合的混合物，与路德教较为接近，还受到了慈温利派的某些影响，而与加尔文教相去甚远。在教义方面，《三十九信条》指出："圣经包含得救的要道，所以凡未载于圣经，或未经圣经证明之道，即不必信为或视为得救的要道。"(第六条)在礼仪方面，它保留了一部分天主教仪式，不过这部分仪式已被译成了"人人所懂的"英语。关于圣礼的含义，其中第二十五条规定："基督所设立的圣礼不仅是基督徒信奉基督的符号，也是神对我们的恩典和善意确实的凭证，及有效的表现，他使圣礼在我们里面潜移默化，不仅激发，而且加强我们对他的信仰。"[①]在管理制度方面，它保留着天主教的主教制，规定主教对牧师和信徒拥有管理权，教会本身有权决定仪式和礼仪。安立甘教还承认国王或女王为国家和教会的最高长官，他或她拥有至上的权柄，罗马教皇在英格兰无管辖权。在受制于英王、依附于国家的前提下，安立甘宗不失为一种拥有较充分自主权的新教教会。

总之，都铎英格兰宗教改革是新旧贵族之间、英格兰王权和罗马教廷之间、形成中的英格兰民族国家与外国侵略势力之间矛盾与冲突的产物。它的成功是专制王权和民族精神的胜利，是英格兰民族国家的胜利，充分体现了16世纪伟大变革时代的历史趋势。如果说民族精神是英格兰宗教改革的一面旗帜的话，那么"宗教改革的最高成就就是民族国家"的形成[②]。英格兰宗教改革动摇了包括教会贵族在内的封建旧贵族的特权地位，加强了积极推动宗教改革发展的新贵族的力量。这场改革使英格兰社会各阶层经历了思想意识和宗教信仰上的大震荡，创造了有利于资产阶级思想意识发展的社会氛围。它不仅反映了成长中的资产阶级和其他中下层人民群众的利益，而且奠定了17世纪英国政治革命的思想基础。

第七节　罗耀拉：反宗教改革的急先锋

基督教新教各派诞生于16世纪的宗教改革运动，它们使罗马天主教会遭受了沉重的打击。罗马教廷通过各种手段镇压各地普遍发生的新教异端，试

① 参见《历代基督教信条》(基督教历代名著集成第2部第25卷)，香港1957年。

② A. W. Ward, G. W. Prothero and Stanley Leathes (eds.), *Cambridge Modern History*, vol. III, Cambridge, 1907, p. 736.

图 5-11
耶稣会创立
者罗耀拉

图阻止新教国家走向统一和强大，这些手段包括召开特兰特宗教大会、重申天主教义与教规、设立罗马异端裁判所、准予成立新的修会组织、加强罗马天主教会对各国的政治渗透。其中，耶稣会就是一个以反对宗教改革、捍卫罗马教皇权威、恢复“基督教大世界”旧秩序为根本任务的天主教组织，它的创始人罗耀拉（Ignatius Lopez de Loyola，1491～1556）则是反宗教改革的急先锋。

西班牙的罗耀拉出生于巴斯克人（Basque）的贵族之家，他在贵族宫中接受了少许的正规教育和完全的军事训练，因而立志成为一名伟大的军人。16 岁那年，他由于激烈的言论而被捕；30 岁时参加了法国与西班牙争夺伊比利亚半岛归属权的战争，这却是他所渴望做的事情。不幸的是，由于西班牙人在潘丕伦纳(Pamplona)战役中失利，他的右腿被加农炮弹炸伤，从此落下了终生跛足的残疾。战后在家乡治疗期间，他开始接触一些关于耶稣生平及圣徒小传的书籍。罗耀拉始终认为，直到 1521 年受伤时，他的一生都是世俗和利己的，而此时的阅读却唤起了他的宗教兴趣，并完全改变了他的人生观。从此，他抛弃成为伟大军人的幻想，献身于上帝的宗教开始成为他的终生抱负。

治疗休养期结束时，罗耀拉已下定决心要到耶路撒冷朝圣，忏悔已往的罪过。1522 年，他在蒙塞拉特的本尼狄克派卡塔兰(Catalan)修道院沉思三天，随后按骑士方式在圣母像前彻夜静坐，据说这个“神秘之夜”是他一生的转折点。他脱下贵族袍，换上乞丐装，隐居于巴塞罗那附近的曼累沙（Manresa）。在意大利、尼德兰、英格兰、西班牙等地，他还通过忏悔、谴责、鞭笞、乞讨、绝食、穴居等自我折磨的方式，洗涤自己过去的罪孽。这真是所谓：“故天将降大任于斯人也，必先苦其心志、劳其筋骨，饿其体肤，空乏其身，行拂乱其所为，所以动心忍性，曾益其所不能。”[①] 1523 年，他作为一个乞丐去罗马和耶路撒冷朝圣，这使他深感自身学问与修养的肤浅。回国后，他一边进入大学研究神学，一边坚持每天上街从事传教活动。1528 年，他前住巴黎时接触到路德的宗教思想，但他反对路德的论点。1534 年，他在巴黎有了七个信徒，其中大多为西班牙人。同年 8 月 15 日，他们在蒙马特区教会与圣方济派信徒一起，共同宣誓严守清贫和贞节，并准备前往耶路撒冷。1537 年，罗耀拉与巴黎的索本（Sorbonne）神学院的六位同学在威尼斯受职，成立了“耶稣会”（Society of Jesus），1540 年获得保罗三世（1543～1549 年在位）的批准。教皇要求这个组织限制在 60 人以内，但到罗耀拉死时，耶稣会士已经突破了千人。

---

① 《孟子·告子下》

耶稣会原名“耶稣军”（Company of Jusus），是按照军事原则建立起来的，内部有严格的等级区分；其最高领导人称会长或将军（General），由罗耀拉担任，他因常驻罗马而有“黑衣教皇”之称。会士选拔特别严格，必须经过十年学习和两年实习两个阶段，主要进修哲学、神学、古典学及语言学等课程。他的重要著作《灵魂修炼》（Spiritual Exercises）或译为《灵性操练》共分为四个部分，主要描绘作者作为一个基督徒的生活体验，基督教的信仰方法，基督耶稣的生平与意义，以及对教会的信仰，强调训练意志成为身心的最高主宰，从而为耶稣会奠定了思想基础。此外，他起草的《耶稣会规》（又称《耶稣会宪章》）把安贫、贞节和服从作为耶稣会的根本宗旨，其中强调下级对上级和教皇的绝对服从是每个会士必须遵循的基本行为规范。与以往的天主教僧团组织不同，耶稣会成员没有特别服饰，不必遁迹山林、独居苦行，也不举行严格的斋戒或忏悔。相反，他们要深入社会，广泛结交显贵官吏，或兴办学校和医院，目的在于扩大影响。

耶稣会主要通过三个方面发挥作用：“第一，通过讲道，尤其是传教活动，建立了同民众的接触；其次，它的会士担任了统治者的忏悔神父和宗教顾问；第三，他们办的学校和大学培养了大批出身高贵门第的青年。”①耶稣会士在哈布斯堡王朝支持下，在中欧和东欧地区一定程度上恢复天主教势力范围。他们还在罗耀拉的号召下，借助于西班牙和葡萄牙的殖民扩张势力，向世界各地拓展，其触角伸到了非洲、美洲和亚洲的广大地区。1540年，西班牙人沙勿略（St. Francisco de Xavie，1506~1552）以葡萄牙国王约翰三世（1521~1557年在位）在“好望角以东地区教宗代理人”身份前往东印度地区，从而成为最早到达印度（1542年）、日本（1549年）和中国（1552年）的耶稣会士，随后来华的著名耶稣会士还有意大利人利玛窦（Matteo Ricci，1552~1610）、德意志人汤若望（Johann Adam Schall von Bell，1591~1666）、比利时人南怀仁（Ferdinand Verbiest，1623~1688）、葡萄牙人徐日（Thomas Pereira，1645~1708）、法国人张诚（Jean-Francois Gerbillon，1654~1707）等。

历史在发展，时代在进步。随着各地独立的新教各派的诞生和各民族教会的形成，罗马天主教会再也恢复不到16世纪宗教改革以前的状况，西方“基督教大世界”从此也一分为二，形成了新教与旧教两大对垒阵营。近代以来，中国人习惯地把属于罗马教皇系统的基督教各派统称为天主教，而将新教各派统称为基督教。在新教三大派中，温和的路德宗传播于德国、瑞士和斯堪的纳维亚诸国等地，激进的加尔文宗传播于法国、瑞士、尼德兰和苏格兰等地，而

① (美)穆尔著《基督教简史》，福建师范大学外语系编译室译，北京：商务印书馆，1981年，第274页。

保守的圣公会则传播于英格兰、苏格兰、爱尔兰及其他英语国家。

第八节　宗教改革与文艺复兴的比较

文艺复兴和宗教改革都是现代欧洲市民阶级（资产阶级的前身）发动和领导的反封建、反教会的政治斗争和思想解放运动，它们在许多方面存在着明显的一致性，主要表现为以下几点。

第一，两者都具有浓厚的复古意识。文艺复兴的显著特点在于它借助于古代希腊和罗马文化来表达自己的思想与感情。人文主义者偏爱古典作家的作品，对古代文化典籍抱有浓厚的兴致，表明他们要从古典文化中吸取精神素养，也就是与中世纪基督教神学格格不入的所谓异教精神——世俗精神与理性精神。宗教改革虽然没有像文艺复兴那样表现出浓烈的复古意识，但从威克里夫到胡司，从路德到加尔文，他们推动基督教教义和教仪改革的重要依据，都是2世纪形成的《圣经》，即由希伯来文写成的《旧约全书》和由希腊文写成的《新约全书》，而不是中世纪流行的拉丁文《圣经》及教父哲学家和经院学者的哲学解释。从宗教改革中走来的新教思想家，打出早期基督教或原始基督教的纯朴、清贫、廉洁的旗帜，意在反对罗马教会特权，为市民阶级争取政治、经济的平等机会。文艺复兴与宗教改革的复古意识，不仅反映了基督教神学与古典文化之间的根本对立，而且反映了新兴资产阶级对世俗精神和理性的不懈追求。

图5-12　教会的道德教化作用

由于西方人的宗教意识根深蒂固，基督教会作为社会道德的教化者，积极宣传博爱与平等的宗教观念。这种努力与人类的精神诉求相吻合，与社会的进步方向相吻合。

第二，两者都具有强烈的民族意识。中世纪，欧洲处于封建割据分裂状态，二元对立的政治模式加剧了欧洲的政治分离。“基督教大世界”通过在各地的教会机构，建立起系统庞大的国际组织，结果罗马教廷操纵着欧洲的政治、经济与精神生活。在混乱无序的时代，王权是新兴民族国家的象征，代表着历史进步的因素。随着城市的兴起和市民阶级的形成，王权与市民阶级在反对封建世俗贵族和教会僧侣的斗争中，在统一民族国家的斗争中暂时达成了一致。这是民族意识和民族精神觉醒的表现。人文主义者但丁、彼特拉克、莎士比亚、拉伯雷、塞万提斯、马基雅维里，宗教改革家威克里夫、胡司、路德、胡登、克兰默，都具有狂热的王权思想和真挚的爱国情怀。人文主义者向往民族主义，突出地表现了对王权的渴望和崇拜，如流放中的但丁和政治上失意的马基雅维里，那么强烈地盼望着强大王权的诞生，以实现意大利民族的政治统一。宗教改革家则更是力图建立起一个个摆脱了罗马教廷控制的民族教会，这是建立享有独立主权国家即民族国家的客观需要。正因为如此，民族主义成为文艺复兴与宗教改革的共同的精神支柱。

第三，两者都具有鲜明的个性意识。人文主义者不但把人——这个相对于神的概念置于世界中心的地位，强调人是万物的灵长、万物的尺度，而且把个人的自由与幸福提到了现实生活的突出地位。被宗教桎梏禁锢了千年之久的人类天性，被基督教神学束缚了好几个世纪的人的个性，在以人为中心的世俗精神和民族精神的感召下，开始挣脱蒙昧主义和禁欲主义的羁绊，朝着个人主义、利己主义和享乐主义的方向迅速发展。个性意识虽然在宗教改革家身上体现得不像人文主义者那样明显，但是他们把改革的立足点放在个人的精神自由和自我的“信仰得救”上，于是新教就成为资产阶级反封建斗争的意识形态和表现形式。

虽然文艺复兴和宗教改革都是具有深刻意义的思想解放运动，它们之间存在许多共同之处，其差异方面同样是客观的、明显的。

首先，文艺复兴和宗教改革发生的地点、时间和传播方向有所不同。文艺复兴发端于古典文化保留最多、经济发展最快、交通条件便利的意大利，甚至教廷所在地罗马也成为这场世俗文化运动的中心之一。人文主义思想越过亚平宁半岛的狭小范围，通过人员来往、书籍信函传递辐射到北方地区即西欧各国。与此相对照，宗教改革最早出现在远离罗马教廷的不列颠海岛，第一个市民宗教改革家威克里夫的思想越过英吉利海峡，传播到色彩纷呈的大陆欧洲，在波希米亚（捷克）为胡司派发扬光大。到16世纪初，宗教改革运动已形成强大的社会思潮，反过来再向西欧地区扩散，席卷了大部分欧洲国家。

其次，人文主义者和宗教改革家对待天主教会的态度不同。人文主义者多是言辞胜过行为的理想主义者，他们从基督教慈善、博爱的道德观出发，抨击愚昧守旧的基督教神学和腐朽堕落的天主教会，试图通过宗教道德纯洁在他们看来已经普遍堕落的人类灵魂，甚至还批评宗教改革家的激进主张和过火行为。莫尔为捍卫罗马教皇权威和天主教威信而成为英王宗教政策的牺牲品，后来竟被罗马教廷追封为天主教的“圣徒”。16世纪德国流行一句隽语说：伊拉斯莫仅仅点点头，路德即猛力冲入；伊拉斯莫下了蛋，路德便孵出了小鸡；伊拉斯莫稍稍怀疑，路德便定下了法律。宗教改革家多是言辞激烈、行为激进的现实主义者，如路德和慈温利不仅从教义上、教仪上改革教会，让修道院的僧尼还俗，还身体力行，带头迎娶还俗修女、寡妇为妻，打破了教士谨守独身的旧俗。

最后，罗马教皇对待文艺复兴和宗教改革的态度不同。文艺复兴的倡导者主要是基督教人文主义者，他们借助于文艺作品来表达自己的理想、愿望和要求，因而带有温和、含蓄的成分。不仅如此，不少教皇同时也具有基督教人文主义思想。作为文艺复兴的赞助人，他们利用手中的权力，招揽、聘请了大批文艺人才，借以附庸风雅、粉饰太平。与此形成鲜明对比的是，由于宗教改革家始终把批判的矛头不加掩饰地指向罗马教廷和天主教会，没有一个教皇对宗教改革产生过丝毫的同情心，他们总是利用一切手段打击所谓的新教异端。然而值得注意的是，文艺复兴和宗教改革是殊途同归。如果说文艺复兴为宗教改革奠定了思想基础的话，那么宗教改革的直接后果便是把欧洲分裂成两个对立的世界（新教与旧教），在统一的“基督教大世界”瓦解的基础上，产生了一批独立的民族国家。

第六章

开启民智的理性主义文化

第一节　理性主义文化：古典与启蒙

17 世纪是人类开始摆脱蒙昧，走向理性的时代。然而，随着 18 世纪启蒙运动的到来，完全拉开了开启民智的理性主义（Rationalism）时代大幕。英国哲学家罗素概括说，“就思想见解而言，近代是从 17 世纪开始的。”①欧洲从愚昧落后的中世纪进化到开化文明时代，在各个方面都取得了巨大的进步，主要表现在以下几个方面。

第一，由于伽利略、开普勒、牛顿和笛卡儿等人的探索，物理学、天文学和数学取得了巨大进步，人类开创了自然科学和现实世界的新时代。科学家们放弃了依赖权威的传统，接受了奠定在实验基础上的演绎方法，并赋予观察自然和实验科学以极端的重要性，使无数革命性的观点和发明得以形成和发展起来。所以，罗素又提醒我们：“近代世界与先前各世纪的区别，几乎每一点都能归源于科学，科学在 17 世纪获得了极其壮丽的成功。”②

第二，关于人在自然界中的位置的观念发生了深刻的变化，从而使人们改变了已有的观念和信念。科学的胜利带来了人类对自身的骄傲，新观念则粉碎了经院哲学，并建立了本质上是唯物主义的现代哲学。

第三，现代新科学和新哲学给予新兴资产阶级和其他阶级发动的政治斗争以巨大的推动力。继 16 世纪中叶尼德兰民族独立运动之后，17 世纪英国发生了激烈的政治斗争，这是现代资产阶级走向前台的政治革命。

在 17 世纪科学与理性发展的基础上，欧洲启蒙运动开始了。这是一场源于法国知识分子的思想解放运动，它在 18 世纪后半期几乎对整个欧洲和北美

---

① 王佐良等编《欧洲文化入门》，北京：外语教学与研究出版社，1992 年，第 167 页。

② (英)罗素著《西方哲学史及其与从古代到现代的政治、社会情况的联系》(下卷)，马元德译，北京：商务印书馆，1996 年，第 43 页。

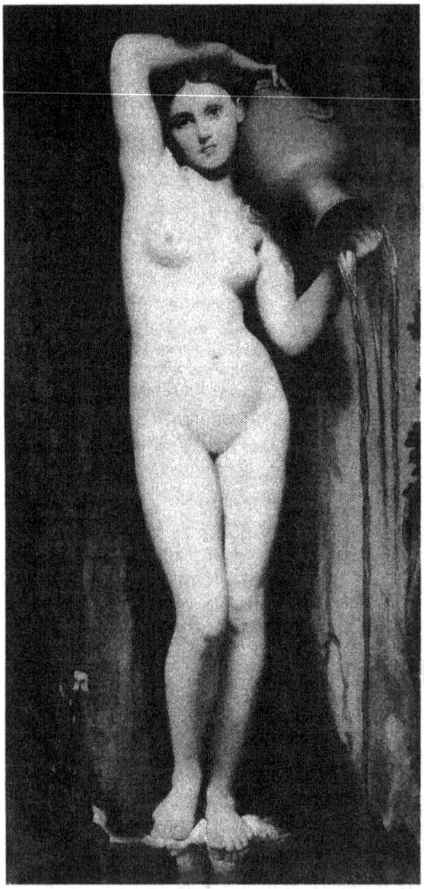

图 6-1 《泉》 1856 年，新古典主义旗手安格尔以 76 岁高龄，完成了这件歌颂女性人体美的经典之作。少女的清纯、典雅、健康、美丽与生命力融于一体，体现了古典美、自然美与理想美的高度统一。

产生了巨大影响。它的特征是通过知识分子的努力，运用严格的理性，把人们的思想意识从传统偏见、宗教迷信和国家权力不加约束的权威中解放了出来。由于它的根本目的是用理性开启民智，所以启蒙时期又被称为“理性时代”。

启蒙运动时期，思想家们试图使政府和法律理性化，把政府当作法律的政治表达，并认为所有法律必须与通过理性观察到的自然法则保持一致。在宗教问题上，他们总体上完全持世俗化的态度，但并不赞成无神论，他们的指向趋势是自然神论：宇宙由上帝启动，是一个自我调节的体系；一切事物皆根据人类思想能够理解的自然法则运行。在经济思想上，理性主义者认为政府干预破坏了自然法则，因而他们倾向于不干涉主义政策即自由放任，为后来的自由主义开辟了道路。

在文艺领域中，与理性时代契合的是新古典主义。从总体上看，最重要的代表人物是英国诗人德雷顿①和波普（Alexander Pope，1688～1744）、法国戏剧家高乃伊和拉辛、画家大卫和安格尔、德国诗人歌德、奥地利作曲家海顿和莫扎特等，他们都是传统主义者，他们对古典文化极为尊敬和崇拜，认为理性和判断是人类最可羡慕的功能，而且礼仪也是必需的。所以，新古典主义作品所遵循的最重要原则是和谐、比例、平衡和节制。

第二节　经典力学的革命性影响

一、自然科学的发展

自进入现代社会以来，科学以一种突出的逻辑性方式向前发展：16 世纪天文学领域首先发生革命，随后 17 世纪是物理学和数学领域的突破，紧跟着 18世

① 德雷顿(John Drayton, 1613～1700)曾在一首诗中表达了理性时代的声音(参见布洛克著《西方人文主义传统》，董乐山译，北京：三联书店，1997 年，第 78 页)：这个宇宙的框架从和谐开始，从无比的和谐开始，从和谐到和谐，通过它奏的音符的全部音域和声在人类身上圆满结束。

纪化学领域的突飞猛进，19 世纪和 20 世纪则是物理学和心理学的巨大变革。的确，理性时代的到来标志着现代自然科学的诞生。

这个时期，各个自然科学部门开始形成，并取得了许多重要成果。伽利略的学生托里切利（Evangelista Torricelli，1608～1647）第一个研究液体运动，发现了水流定律，奠定了水力动力学的基础。英国物理学家和化学家波义耳（Robert Boyle，1627～1691）发现气体的压强和体积成反比的定律，创立了化学分析实验方法，确定了化学元素概念，从而把化学确立为科学。荷兰科学家斯涅耳（Willebrord Snell van Roijen，1591～1626）和笛卡儿分别发现光的折射定律，把光学研究向前推进了一大步。英国科学家吉尔伯特（William Gilbert，1540～1603）把“电”（electricity）这个词引入英语①，发现了天然磁石的磁性和电磁的两极，开辟了电磁学研究的新纪元。英国生物学家胡克（Robert Hooke，1635～1703）用显微镜观察到植物细胞，提出了细胞概念。英国动、植物学家雷伊（John Ray，1627～1705）最早对动物进行真正的系统分类，并提出关于生物学“物种”本质的明确概念。英国医生哈维发现了人体的血液循环，把生理学确立为科学。

15～16 世纪，航海事业发展推动了天文学、天体力学的研究，工场手工业生产发展也提出了许多力学问题，实践中对机器的采用刺激了科学家创立现代力学。但是，17 世纪力学的巨大成就是和伽利略、开普勒、牛顿三个伟大的名字分不开的。伽利略在力学方面发现了惯性定律、自由落体定律，提出了力学的相对性原理等，为经典力学奠定了基础。开普勒在他的老师第谷观测的基础上，提出了行星运动三定律，为万有引力定律创造了条件。

二、牛顿：经典力学创立者

英国伟大的物理学家牛顿（Issac Newton，1643～1727）是个遗腹子，出生于林肯郡的一个富农家庭。幼年身体纤弱，12 岁进入文科中学读书，并成为其中的佼佼者。1656 年，牛顿的再婚母亲第二次守寡，于是他不得不回家帮助母亲料理农庄。从个性上来看，牛顿说起话来遮遮掩掩，做起事来唯唯诺诺，缺少爽快劲。由于他对农活没有兴趣，也没有务农技能，所以又不得不返校念书。后来，他在舅父的推荐下进入剑桥大学深造，1665 年和 1668 年相继获得文学学士和硕士学位，第二年即 23 岁时被聘为数学教授。他还曾代表剑桥大学当选为议会议员，从 1703 年起连续当选为皇家学会会长，1705 年受封为爵士。

牛顿天资聪颖、勤奋好学，因数学上的非凡成就而使教授们对他刮目相

① 在希腊语中，elektron 的含义是“琥珀”，这是一种易抛光、质地坚硬、半透明的树脂化石，主要用于装饰。吉尔伯特发现，琥珀在毛皮上摩擦后会吸住纸片或稻草。

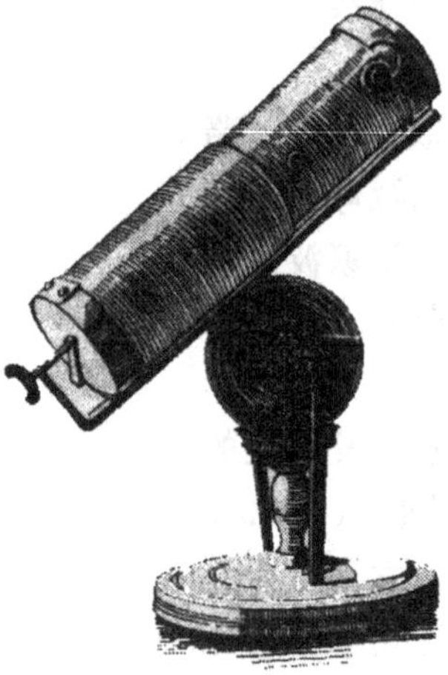

图 6-2 牛顿的小型反射击望远镜

看。1687 年他发表的《自然哲学的数学原理》一文，不仅奠定了全部天文学和宇宙学思想的基础，也确立了他在科学史上的重要地位。他发明了微积分，创立了二项式定理，发展了方程式理论。在应用科学方面，他完成了多项重大的发明创造。在这些众多成就中，最伟大的是他在总结前人成果的基础上，提出了力学运动的三大定律和万有引力定律，从而把天体力学和地球物体力学统一起来，构建了经典力学的科学体系。

怀疑和疑问是通向科学与理性的起点。牛顿经常思索这样的问题：什么使如此沉重的地球处于运动状态，为什么地球上的物体落向地心而行星始终处于运动轨道上？后来，他看到苹果从树上落到地上获得启发，终于解决了重大的科学难题。他的一位朋友曾经记述了这件事情的经过。

“在晚饭后，天气很暖和，于是我们就走进花园，在苹果树下饮茶，当时只有他和我二人。在闲谈中他告诉我他正在思考引力的问题。事情的起因是：当他坐着冥想时突然苹果掉下来。他心里想：为什么那个苹果总是垂直地掉在地上。为什么它不斜着掉下，或者往上飞去，而是固定不变地往下落？无疑地，原因在于：地球在吸引它。一定存在着一个吸引的力量，而吸引的力量一定在地球的中心，而不是在地球的任何一侧。因此，这个苹果才垂直落下，或者朝向地球中心落。如果说物质这样吸引物质，这个吸引力一定与它的量成正比例。因此，正如地球吸引苹果一样，苹果也吸引地球。有一个力量，亦即我们在这里称之为引力的那种力量遍及整个宇宙。”①

万有引力定律解决了哥白尼“日心说”引起的主要问题，证实了哥白尼、开普勒和伽利略提出的最重要的天文学和物理学理论。根据万有引力定律，宇宙间每一个粒子都和其他的每一个粒子相互吸引；它们之间的引力和它们之间距离的平方成反比，和它们的质量的乘积成正比。由于牛顿发现了支配整个宇宙的规律，因此，他就揭开了宇宙的秘密，从此自然界就可以依靠观察、实验、测量及计算来认识了。正如牛顿的墓志铭所表明的那样：“自然和自然法则隐藏在夜空中，上帝说，让牛顿出世吧！一切将会明亮如昼。”②这是他人生的生动写照。毫无疑问，牛顿是他所处时代最伟大的科学家。

三、莱布尼茨：柏林学院创始人

莱布尼茨（Gottfried Wilhelmvon Leibniz，1646～1716）是德国伟大的哲学

① 吴于廑、齐世荣主编《世界史·近代史编》(上卷)，北京：高等教育出版社，1992 年，第 209 页。

② (美)勒纳等著《西方文明史》(第 II 卷)，王觉非等译，北京：中国青年出版社，2003 年，第 612 页。

家、数学家、历史学家和外交家，出生于莱比锡，20 岁时即从阿尔特多夫大学获得法律博士学位。他的著作的大部分是用拉丁文、德文和法文撰写的短篇论文，主要有《新物理学假设》、《论认识、真理和思想》、《新的自然体系》、《论真正的自然》等。1700 年他创立柏林学院，这个科学社团有力地推动了德国科学事业的巨大发展。他认为这个社团的兴趣应当非常广泛，除了科学和技术之外，还应当包括历史、商业、档案、艺术、教育等领域。他主张要适当讲授数学、物理学、生物学和历史学等学科，认为教育应注重客观实际，而不是像传统做法那样，片面地强调抽象思维和纯书本知识。

关于世界的本原问题，莱布尼茨认为世界由简单的、活跃的、不联系的和不延展的物质所构成，物体是单纯的力的结合，每一个单个物质都反映了整个宇宙，所有的一切均和谐共存，这就是所谓"单子论"。他还在《人类理智新文》一文中反驳了洛克关于感知才是一切理解的根源的看法，并严格区分了意识、下意识和无意识。在数学方面，他主要利用无穷级数求圆和其他曲边形的面积，进而考察了求构成曲边形的元素之和的一般方法，并于 1674 年发明了微积分。他创立的"二进制"，奠定了后世控制论和计算机原理的基础，具有重要的现实意义。

四、哈雷：哈雷彗星理论创始者

英国天文学家哈雷（Edmond Halley，1656 ~1742）出生于伦敦，在牛津大学接受教育，是第一位尝试计算彗星轨迹的科学家。他在 19 岁时便向皇家学会递交论文，提出一种确定行星轨道要素的方法。他受牛顿理论的激发，对天文学产生兴趣，后来又鼓励牛顿撰写科学论文《自然哲学的数学原理》。1721 年，哈雷被委任为御用天文学家，此后开始了 18 年对月球环绕地球运行的研究。他在其代表性著作《彗星天文学概论》中引用牛顿的运动定律，加上从他实际观察所得来的资料，再利用数学推算出彗星循椭圆形轨道环绕太阳运行。哈雷发现 1531、1607 和 1682 三年的彗星的轨道要素极其相似，于是他猜想，这可能是同一颗彗星的封闭轨道，周期大约为 76 年。1758 年"哈雷彗星"（Comet Halley）回归证明了他的彗星理论的正确性①。

五、理性主义时代哲学的特点

17 世纪，理性主义在自然科学取得革命性变化的基础上，赢得了对基督教神学的胜利，这极大地影响了哲学的发展，其特点主要表现为以下几方面。

第一，理性主义时代的哲学广泛地吸取了实验自然科学成果，大大丰富了

① (英)沃尔夫著《十六、十七世纪科学、技术和哲学史》(上册)，周昌忠等译，北京：商务印书馆，1997 年，第 204 页、第 209 页。

自己的内容，从而克服了古代哲学的朴素性，有力地打击了封建神学和经院哲学。但是，由于自然科学本身发展的不足，除力学外，大部分学科仍处于收集材料的阶段，哲学上不可能完全正确地解决物质和意识、物质和运动的关系等问题。不过，哲学家们往往在批判基督教神学的同时，又采取保留的态度，即便是唯物主义哲学，也带有神学上的不彻底性。

第二，哲学家们把理性主义时期自然科学中流行的分析方法提升为哲学方法论，使唯物主义哲学具有形而上学的性质。当时，自然科学所采取的方法是：把整个自然界分解为各个部分，把所要研究的部分或对象从自然界的普遍联系中抽取出来，分别地、单独地加以考察。这种方法虽然是研究自然界的一个必经步骤，也是近代自然科学获得巨大进展的基本条件。但它也给人们留下了一种习惯，即撇开事物的广泛的、整体的联系，对自然事物进行孤立的、片面的、静止的考察。把这种考察事物的方法提升为哲学方法论，就是所谓的形而上学方法。从人类认识发展史来看，较之于古代自发的辩证思维方法，形而上学思维方法是一个巨大的进步；较之于经院哲学的思辩方法，形而上学思维方法更是一个革命，因为它不再满足于对事物总体的模糊的、笼统的把握，并反对对现象作思辩的推测，而要求对事物各个方面作具体的、深入的分析，使认识具有明确性、坚定性。这种方法虽然并不符合事物本身的辩证法，但对于当时历史条件下推进人类认识具有积极意义。

第三，17 世纪力学的发展使理性主义时代唯物主义哲学具有机械性的特点。力学是一门关于机械运动的科学。它的巨大成就使人们深信可以运用力学原理说明一切，不仅钟表是机器，动物、人类甚至国家也不过是一部机器，他们都可以用力学原理加以解释。把本来只适用于描述机械运动的科学提升为一种哲学观点，力图用力学观点说明一切，于是形成了机械论。虽然机械论不可能对包含高级运动形式的事物做出科学的说明，它却告诉人们支配人类社会的法则依靠人的理性也可以为人们所发现，启蒙思想家就力图发现支配人类及社会的永恒法则。

第四，理性主义时代自然科学的发展极大地促进了哲学认识论的研究。如果说古代和中世纪的哲学侧重于本体论的探讨，那么从 17 世纪起，认识论就成了哲学研究的中心。认识论的研究一方面要克服经院哲学的蒙昧主义、教条主义，另一方面要探讨如何概括自然科学成果的方法论问题。经验科学研究中的归纳法和数学研究中的演绎法，是当时自然科学研究中行之有效的两种科学方法。探讨这些方法的认识论基础，便成为哲学家们最为关心的事情。由于他们所处的社会条件、思想传统，以及对不同科学方法的理解的差异，哲学上就出现了各种各样的认识论体系，形成了经验论和唯理论两大派别。不论是经验论者还是唯理论者，都力图概括自然科学成果，批判经院哲学，但两派之间以及两派内部都存在着各种矛盾和斗争，特别是唯物主义和唯心主义的斗争。经验论和唯理论对人类认识过程的两个阶段——感性认识阶段和理性认识阶段分别做了较为深入的研究，这是人类认识史上的一个重要发展阶段，但是这个阶段却包含着片面的真理：他们由于不懂得实践是认识的基础，不能将辩证法引入认识论，因而无法正确地理解感性认识和理性认识的辩证关系。

第三节　英国革命时期的政治思想

17 世纪 40 年代和 80 年代，英国通过两次革命，不仅推翻了封建君主专制，而且确立了代议制的君主立宪制。这样，君权神授思想发生了动摇，代之而起的则是理性主义的萌芽、滋长，重要的代表性人物是霍布斯、洛克和弥尔顿。

一、霍布斯的社会理性论思想

英国政治哲学家霍布斯（Thomas Hobbes，1588 ~ 1679）出生于一个牧师家庭，14 岁进入牛津大学，毕业后长期担任卡温狄斯勋爵的家庭教师，这使他有几次机会与贵族子弟一同游历欧洲大陆。正是由于多年的大陆之行，霍布斯结识了伽利略、笛卡儿等同时代著名学者，拓宽了他的知识视域。由于他不赞成已经发生的英国革命，不久便移居法国，在这里做了英王查理一世(1625 ~ 1649 年在位)之子查理·斯图亚特的数学教师。1651 年克伦威尔执政期间，他返回英国。他的思想包括认识论和政治哲学两部分，主要体现在《自然和政治法原理》、《利维坦》、《论物体》、《论人性》、《论公民的哲学基础》等著作中。

霍布斯曾当过弗朗西斯·培根的秘书，在自然观和认识论上也像培根一样，坚持经验主义和功利主义，重视科学与哲学的实际效用。在奠定现代唯物主义哲学基础方面，他使培根的唯物主义进一步系统化。他认为概念先于物质而存在的观点是不正确的，唯有客观存在的物质才是真实的，而观念及概念只是它们在人们头脑中的反映；一切事物“都只有一个普遍原因，这就是运动”[①]，但运动并不是物体存在的普遍形式，而是偶然的现象，是非本质的属性。显然，他的唯物论属于机械唯物论。他还认为，物质是世界上所发生的一切变化的基础，哲学是关于自然物体和政治物体的运动和活动的科学，它可以用以解释一切事物：人类本性、精神活动和自然现象。在认识论上，他基本上是一位感觉论者。他肯定感觉是知识的唯一源泉，并把理性的活动看成是简单的计算活动，而且也不了解个别与普遍的关系。

---

① (英)索利著《英国哲学史》，段德智译，济南：山东人民出版社，1996 年，第 64 页。

在社会历史观上，霍布斯在《利维坦》这部代表作中分人、国家、基督教共同体和黑暗王国四个部分，讨论了国家的作用，并从人类动机的角度解释了人类社会组织的起源，推论出建立国家、确立义务和维护权利的结论。他认为，在国家出现以前的“自然状态”下，大自然已把一切东西赋予所有人，所以人生来就有权利享受一切事物，可以占有、使用和享受一切能掌握的东西。在自然状态下，每个人本质上都是平等的，他们可以无约束地和最大限度地追求自己的权利，这个过程也会发生侵犯他人权利的现象。亚里士多德曾认为，人是社会的动物，人的本能使人组成社会。而霍布斯不同意这种看法，他认为人是像狼一样凶恶的动物，他们为争夺财富、名誉、统治权等而竞争、仇杀，为捍卫与侵犯天赋权利而导致无休止的冲突和战争。所以，他根本不相信人受理性支配的观点，进而认为建立国家是维持和平的重要途径：只是由于害怕后果，人才履行自己的诺言，于是产生了约束人类行为的自然法则；人类理性发现，要使自然法发生效力，消除野蛮残酷的战争，就必须建立一种强大的公共权力机关即国家。他指出：国家是“把人们所有的权力和力量交给一个或由一些人组成的会议；通过大多数人投票把全体人的意志转化为一个意志。……通过人与人之间所订的约定而统一于一个人格。群众这样联合在一个人格里就叫做国家，那就是伟大的‘利维坦’，人间的上帝。”[①] 与以往的神学家不同，霍布斯并没有用“上帝的创造”说明国家的起源，而是用人的眼光来观察国家，并从理性和经验中而不是从神学中引申出国家的自然规律。他批判了“君权神授”思想，否定了中世纪以来王权合法性的基石，具有历史的进步性。

但是，他认为专制君主是国家组织的最好形式，因为他希望“万能的君主”能“压制这个健壮而心怀恶意的小家伙”即人民大众。他断然否认人民的自由和民主权利，在他的思想里有明显的反民主主义倾向。早在革命爆发前，他就警告统治者，指出人民革命的危险性，并以超阶级的国家观拥护强有力国家政权。在财产问题上，他也是站在专制政权的立场上说话的。他指出，人们在成立国家的同时，便放弃了过去自己对一切物品所享有的自然权利，而由国家把这些物品当作私有财产分配给各个人。他肯定地认为，私有财产是国家所创造出来的，国家政权应该支配财产；如果没有最高权力保护，任何其他人对于同一财产将有同等的权利。由于霍布斯并不要求贸易及企业的自由，反而认为君主有向臣民征税的绝对权利，他的观点并不受资产阶级和新贵族的欢迎。

二、洛克的人民主权与分权思想

洛克（John Locke，1632～1704）出生于萨默塞特郡的灵顿的新教徒家

---

① (美)梯利著《西方哲学史》，段德智译，济南：山东人民出版社，1996 年，第 303 页。利维坦是《圣经》中记载的一种力大无比的巨型海兽，霍布斯借以比喻一个强大的国家，反对君权神授论。

庭，曾在伦敦的威斯敏斯特学校和牛津大学的克赖斯特彻奇学院学习。他的父亲是一位法学家，在克伦威尔军队中当过大尉军官。1658 年，洛克从牛津大学毕业后留校任教，后来担任英国驻勃兰登堡使馆秘书。从 1666 年起，他在议会反对派首领舍夫茨别利(Shaftesbury)勋爵家中担任家庭医生和机要秘书，由此开始参加政治活动。为了逃避国内反对派的迫害，1683 年他随伯爵逃到荷兰，直到 1688 年“光荣革命”后才回国。

洛克是一位唯物论者，他在哲学著作《人类悟性论》一文中驳斥了关于与生俱来的“先天观念”的唯心主义思想，而认为思想及观念是客观物体在人类感官上发生作用的结果。他断言哲学是关于事物的真正知识，并证明思想及原则并不是天赋的，而是后天获得的。他把儿童的心灵比喻为一块白板或一张白纸，说明人类初生时的蒙昧状态，他们的知识完全是经验式的。所以，他从认识论的角度提出了人类知识来自经验的观点。

1689 年《关于政府的两篇论文》出版，洛克的研究从哲学问题转到了政治理论问题。和霍布斯一样，他承认在人类历史上有所谓的“自然状态”，并提出社会契约学说。但在很多问题上，他的观点是与霍布斯大相径庭的。洛克认为，在自然状态下，上帝将自然万物送给人类作为共有财产，但是人们只有用自己的劳动才能从自然界获得可供使用的东西。在自然状态下，已出现了私有财产，而劳动则是财产的起源：“如果土地及一切创造物为全体人类所共有的话，那么每个人仍然拥有自己的财产……他的肉体劳动及他的手所制出的东西，我们可以说，便是他的财产……劳动造成私有物和共有物之间的差别”[①]。继而，他还以社会契约说作为国家建立的基础。在自然状态下，尽管人们享有无限的自由平等权及私有财产权，但在享有这些自然权利时，他们却得不到切实的保障，时时刻刻都有遭受他人侵害的危险。正是这种危险推动了彼此间互相订立契约、成立国家，希望国家政权能保障其自然权利，特别是财产权，即使国家也不能夺取任何人的私有财产。

关于人民主权思想，洛克认为人在自然状态下是自由平等的，他们在订立社会契约时只是出让了自己的一部分权利，即自己和他人做合适事情的权利，以及对侵害他人权利的处罚权。人们要求国家来行使这些权利，“这就是立法权力和行政权力的原始权力和这两者所产生的缘由，政府和社会本身的起源也在于此”。他强调指出，国家主权属于人民，政府只得到人们委托的一部分权利，它并没有绝对权威。任何一个机关如果违背人民的意志，人民就没有必要再服从它。“当立法者们图谋夺取和破坏人民的财产或贬低他们的地位使其处于专断权力下的奴役状态时，立法者们就使自己与人民处于战争状态，人民因

① 参见(英)洛克著《政府论》(上篇)，叶启芳、瞿菊农译，北京：商务印书馆，1964 年，第 18 ~ 32 页。

此就无须再予服从……人民享有恢复他们原来的自由的权利，并通过建立他们认为合适的新立法机关以谋求他们的安全和保障”。

关于国家的权力，洛克认为应该分为立法权、执行权和外交权三种形式。其中，国家主权属于人民，立法应体现人民的意志。为了保护人民的权利和自由，在国王及其政府破坏法律，用法律制裁仍无结果，而且国王及其政府的行动继续威胁大多数公民的生命、财产及人身自由时，全体人民应该用公开起义的方式推翻国王及其政府。在民主国家中，立法权是最高的和最重要的权力，它应该与执行权相分离。“如果同一批人同时拥有制定和执行法律的权力，就会给人们的弱点以极大的诱惑，使他们动辄要攫取权力，借以使他们自己免于服从他们所制定的法律，并且在制定和执行法律时，使法律适合于他们自己的私人利益，因而他们就与社会的其余成员有不同的利益，违反了社会和政府的目的。”人民对国家权力应该有制约作用，因为立法权和执行权无非都是人民委托给某些人的。“当人民发现立法行为与他们的委托相抵触时，人民仍然享有最高的权力来罢免或更换立法机关”[①]。作为权力制衡学说的创始人，洛克提出的三权分立说为“光荣革命”做了最有力的辩护，同时也体现了“光荣革命”的基本精神，这就是限制和削弱而不是否决王权。

图 6-3
共和主义者
弥尔顿

三、弥尔顿的共和思想

英国政论家、诗人弥尔顿（John Milton，1608～1674）出生于伦敦的一个公证人家庭，16 岁进入剑桥大学，对学校开设的中世纪的陈腐课程和烦琐哲学（经院哲学）极为厌恶。英国革命爆发前后，他猛烈地抨击英国国教会的主教制度，认为主教是迷信及偏见的传播者，他们阻碍了科学及教育的发展。1644 年，他在《阿雷欧帕吉提克》小册子中捍卫了言论及出版自由。他认为，“杀人只是杀死了一个理性的动物”，“而禁止好书则是扼杀了理性本身”，检查制度妨碍了“真理的传播”。

在政治思想上，他特别仇视君主制度。他的最重要政论文《为英国人民声辩》和《再为英国人民声辩》，是批判君权神授的强有力武器和关于人民主权的激烈辩护词，其中推导出完全的人民主权论，是处死国王查理一世的依据。他认为

① (英)洛克著《政府论》(下篇)，叶启芳、瞿菊农译，北京：商务印书馆，1964 年，第 78～80 页、第 89～92 页。

人民反对暴君和反对社会灾难一样，都是合法的行为，从而肯定反抗暴君是天赋权利；他还认为，在自然状态中，人们生而自由，后来建立政府以保卫共同的安全；为了不致使自己的卑鄙的情欲从属于理智，人们把政权委托给国王及公职人员，并与国王订立契约，但同时也为自己保留了最高权力。如果国王从人民那里夺去这个最高权力，就等于破坏人民的“自然的天赋权利”。显然，国王是低于全体人民的，人民有权力审判、处死国王，也有权更换和惩办官吏。

早在1652年，弥尔顿就因工作紧张失明了，但为了反抗斯图亚特的专制统治，他仍然凭着顽强的毅力，写出了《失乐园》、《复乐园》及《萨莫逊战士》等三部长诗，将英国文学带进了启蒙时代。他在著名诗篇《失乐园》中，充满激情地把上帝描绘成一个暴君，而将撒旦刻画成一个爱好自由和具有反抗精神的人。而在《萨莫逊战士》中，他又预言了暴政者不可避免走向灭亡的命运。弥尔顿关于“人民主权”的言论，对18世纪末法国大革命产生了很大的影响。

第四节　法国古典主义文学

一、古典主义的基本特征

古典主义（Classicism）是民族国家形成时期君主专制制度的产物。从文艺复兴开始，欧洲进入理性主义时代，由此形成一种强劲的崇尚理性、崇尚自然的文艺思潮。就文艺创作本身而言，17世纪的古典主义，即从荷马到柏拉图和亚里士多德的古希腊文艺的回归，并不是一种有意识的复兴古典传统，而是以古典时代的理想为参照，试图创造出一种新的文艺形式。文艺复兴时期，作为“神的启示”的对立面，“理性”被提出并受到了强调，它泛指人的思维能力；17世纪以后，由于现代理性主义先驱、哲学家笛卡儿的努力，理性演变为人类认识世界的能力和方法。因此，古典主义把人有意识地当作社会生物，并且愿意服从纪律；往往运用古典的形式、题目和价值观，反映人类行为的最佳法则和自然法律的普遍原则。古典主义具有如下几个基本特征。

第一，服务于专制王权的政治倾向性。法国的古典主义产生于17世纪初期，专制国王为了削弱贵族的反抗力量和加强王权的力量，有意识地鼓励中产阶级的发展；同样地，法国资产阶级因弱小而不得不需要君主的帮助。这种政治格局不可避免地影响法国哲学和文学的发展。虽然“古典主义是全欧的文化现象，并非为法国所独有，但是，真正的、典型的、对民族性格和心理产生深远影响的只有法国的古典主义。”①

第二，注重理性的支配地位。法国诗人布瓦洛（Nicolas Boileau Despréaux，

① 罗芃等著《法国文化史》，北京：北京大学出版社，1997年，第81页。

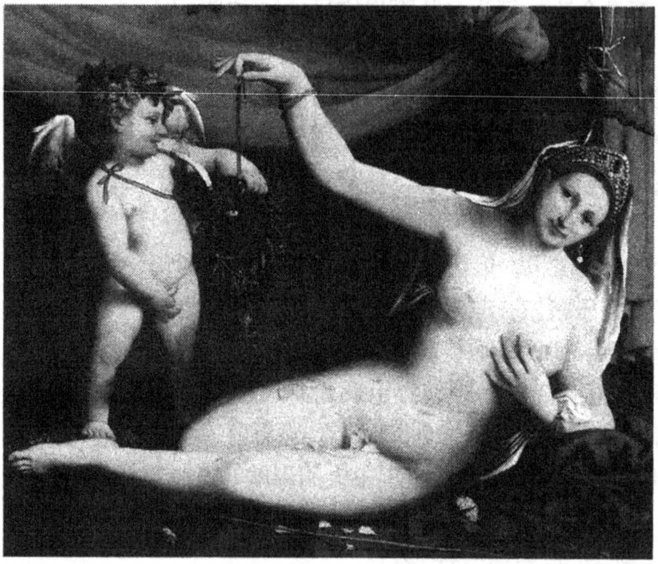

图 6-4 《维纳斯和丘比特》 这是一幅充满古典主义特征的绘画，威尼斯画家洛托（Lorenzo Lotto，1480～1556）采用强烈的光线，着力刻画了女神的美丽与爱神的淘气，不落俗套，充满了同类题材作品中难得一见的幽默感。

1636～1711）是古典主义立法者，他在《诗人艺术》一文中全面论述了古典主义悲剧、喜剧、史诗以及牧歌、哀歌、十四行诗等诗歌体裁的艺术原则，并强调指出："首先须爱理性，愿你的一切文章，永远只凭着理性，获得价值和光芒。"他认为，理性、真实与自然是三位一体的。当时，笛卡儿为古典主义提供了唯理主义的哲学解释：首先，理性是人人都有的良知。这是他的唯心主义先验论。其次，主张用理性克制即安排合理的情欲生活，而放纵情欲就会造成社会大乱；为了国家统一和中央集权，必须由理性来统治。再次，在方法上强调"明晰"，在美学上提出设立稳定、严格的规则，而在对人的认识上，则把"灵"与"肉"截然地对立起来。

第三，模仿古代，重视格律。古典主义对戏剧提出了许多原则，其中以"三一律"最为著名，即规定一出戏只演一件事（情节单线索），遵循同一个剧情，发生在同一个地点，延续时间不能超过一昼夜的原则。"三一律"号称继承了亚里士多德的思想，因为他在《诗艺》中提出"悲剧力图以太阳的一周为限"的看法①。由于17世纪法国戏剧家们误解了"三一律"，原来它是演出的时间，现在它却成了束缚戏剧的戒律，既使戏剧具有明晰、精炼、紧凑的特点，又使其过分拘泥于形式，因而缺少自然性和真实性。它对欧洲和法国剧坛的影响长达200年之久，直到浪漫主义出现这一桎梏才被打破。

二、高乃伊：古典主义的开创者

法国古典主义的杰出代表高乃伊（Pierre Corneille，1606～1684）原是卢昂的律师，后来走上戏剧创作之路。他的戏剧作品主要有《贺拉斯》、《西纳》、《波里厄克特》等，而他的《勒·熙德》被视为第一部古典主义戏剧，因风格优美，法国有句成语叫做"像熙德一样美好"②。罗德里克和施曼娜是一对热恋中的西班牙贵族男女青年，但他们两人的父亲却发生了冲突。经过激烈的思想斗

---

① 全国高等师范院校外国文学教学研究会编《欧美文学200题》，南宁：广西人民出版社，1986年，第148页、第149页。

② 王佐良等编《欧洲文化入门》，北京：外语教学与研究出版社，1992年，第198页。

争，罗德里克决定为父雪耻，并在决斗中杀死了施曼娜的父亲。施曼娜闻讯后，也在内心展开了一场爱情与家族荣誉的矛盾斗争。她终于遵从贵族习俗，要求国王处死罗德里克。此时，适逢外敌入侵，罗德里克率众迎战，打败敌军，成为民族英雄，被称为“熙德”。施曼娜闻讯十分欣喜，但仍要求国王为自己报仇。最后在国王的耐心说服下，施曼娜不但以民族国家利益为最高利益，而且决定一年后与罗德里克完婚。

《勒·熙德》这出古典戏剧的主要矛盾是责任与爱情的冲突，集中地体现在施曼娜身上。她热爱罗德里克，但同时又认为替父报仇比爱情更重要，所以一再要求国王惩罚她所钟爱的罗德里克；可是，当罗德里克英勇地捍卫了国家利益时，她又以民族利益为重，高尚的理智战胜了人间的恩怨，最终与她的恋人重归于好。高乃伊以敏锐的观察力，把握了法国社会的脉搏，宣扬了法国王室推崇的国家责任感和封建义务，体现了民族国家的时代精神。

三、拉辛：新古典主义悲剧作家

法国悲剧作家拉辛（Jean Baptiste Racine，1639～1699）的作品主要有《安德洛玛刻》、《淮德拉》、《布里塔尼居斯》、《贝蕾妮丝》等，它们把希腊人的命运观和基督教的原罪论糅合在一起，描绘了人类感情与理性责任相冲突的悲剧性，这可以视为笛卡儿理性主义在戏剧上的表现。拉辛的悲剧中包含着秩序、和谐等古典主义理想，主要角色不仅都是有强烈情感的人，而且成为自身情感的牺牲品。

1667 年，《安德洛玛刻》在巴黎上演引起了轰动。无论在思想内容上还是艺术形式上，该剧都典型地体现了古典主义文学的基本特征，堪称第一部标准的古典主义悲剧。皮洛斯贪恋敌人之妻安德洛玛刻的美色，背叛希腊民族利益，要扶助安德洛玛刻之子恢复特洛伊。他的未婚妻爱诺奥娜嫉妒安德洛玛刻，于是唆使钟情于自己的俄瑞斯特斯杀死皮洛斯，但自己又难以摆脱罪恶感和对皮洛斯的爱，最终自刎而死。俄瑞斯特斯身陷情网不能自拔，辜负了希腊各城邦的重托，终于及至发疯。安德洛玛刻却处于清醒、理智的状态，她既保存了自己的儿子又保全了自己的贞节。剧情紧凑集中，始终围绕着安德洛玛刻这一中心人物展开，使读者能在大起大落、急速发展的情节中，清晰地把握故事的脉络。这部戏剧体现了崇尚理性、克制情欲，提倡个人对国家整体利益的服从，以及对纵情的彻底否定，从而使思想内容和艺术形式得到了完美的统一。

四、莫里哀：现代喜剧的开山祖

法国古典主义喜剧的开创者莫里哀（Molière，1622～1673）代表了中产阶级的利益，他的戏剧涵盖反对封建观念，揭露社会的虚伪和愚蠢等主题。他的作品《塔尔丢夫》、《厌世者》、《伪君子》、《博学的女人》、《乔治·唐丹》等代表了整个时代，它们成为法国文学的一部分。作为一个演员、导演、舞台经理，莫里哀认同了世界的理性和充分性以及人在现实世界的地位。他认为喜剧的任务是表现人的全部缺点，因而他的作品具有强烈的讽刺性。其中，《吝啬鬼》最为成功，也是最为家喻户晓、妇孺皆知的。阿巴公是个家财万贯的高利贷者，他却吝啬到无以复加的地步：他不给女儿用钱，责备儿子不拿赌博赢来的钱去放贷；他请客时往酒里掺水，总是千方百计地克扣仆人的工资；他为钱而逼着儿子娶富有的寡妇，逼着女儿嫁给年过半百的糟老头。对于阿巴公来说，金钱就是一切：活脱脱一个法国中产阶级的嘴脸。从此，阿巴公的名字就成了“吝啬鬼”的代名词。

第五节　震撼世界的启蒙运动

一、引领时代潮流的启蒙运动

17世纪末叶，法国文坛出现所谓的“古今之争”，焦点是如何对待古人和古代作品的问题，即当代作家究竟应该学习古人还是今人，应不应该创造自己的文学的问题。最先发难的是作家沙尔·佩罗，1687年他在法兰西学院朗诵他的诗作《路易十四的世纪》一诗。他肯定现代作家并不逊色于古典作家，主张厚今薄古，认为“古人的伟大是确实的，但同我们一样是人”①，今人不应墨守成规，而要在艺术上超越古人。他的诗作遭到古典主义者群起而攻之。“古今之争”持续了一个世纪，反映了资产阶级的觉醒，加速了启蒙文学时代的到来。

启蒙运动(Enlightenment)是一场由杰出的启蒙思想家发动和领导的、以理性主义为特征的、继文艺复兴之后的第二次思想解放运动，它的影响远远超过欧洲历史上任何一次运动。启蒙运动主要有三个思想渊源：第一，整个宇宙可以被充分认识，它受自然而不是超自然的力量的支配；第二，严格使用科学方法，可以解决每一个研究领域的基本问题；第三，人类发展的潜力是无限的②，人人都可以被教化。“启蒙”法文一词内涵丰富，单数意为“光明”、“阳光”，转意为“阐明”、“认识”或“杰出人物”，而复数意为“智慧”、“知识”③。启蒙就是人从由自己造成的不成熟（没有勇气运用自己的理智）状态中走出来，启蒙运动就是用理性知识去照亮人们的头脑，启迪人们的智慧，使人们摆脱愚昧无知的状态。启蒙运动的主要内容包括以下几点④：

（1）理性是通向智慧的万无一失的向导。感觉是一切知识的源泉，感觉

---

①《欧美文学200题》，南宁：广西人民出版社，1986年，第160页。

②(美)勒纳等著《西方文明史》(第Ⅱ卷)，王觉非等译，北京：中国青年出版社，2003年，第616页。

③法国文学史把18世纪称为“光明世纪”，法国文献典籍中也常用它来代替“启蒙运动”。

④(美)伯恩斯等著《世界文明史》(第2卷)，罗经国等译，北京：商务印书馆，1987年，第301页。

印象是真理的原料，只有在坩埚（熔化金属的或其他物质材料的器皿）中加以提炼，才能解释世界或者指明改善生活的方向。

（2）宇宙是一架机器，受着不可改变的规律的支配，人们不能凌驾于这些规律之上。自然秩序是绝对统一的，不受任何奇迹或其他形式的神的干扰或左右。

（3）如果人们摒弃陈旧的迷信和偏见，按照理性的要求生活，他们的前途将充满希望 。宗教、政府和经济制度将简化到最简单和最自然的形式，为的是减少发生暴政和贪婪的可能性。

（4）根本没有什么原罪，人类天生也不是堕落的。如果人们能够自由地遵循理性和本能的指导，无限完美的人性和无限完美的社会就容易实现。

从地域上看，启蒙运动肇始于法国，进而波及整个西欧国家；从时间上说，它发生于17世纪末，18世纪末达到高潮。启蒙运动在法国经历了三个阶段：第一，准备时期（17世纪末～18世纪初）。政论家和哲学家培尔（Pierre Bayle，1647～1706）用“怀疑论”反对中世纪的宗教神学和17世纪的形而上学，哲学家和空想社会主义者梅叶（Jean Meslier，1664～1729）在他的《遗书》中在否定旧制度的同时，描绘了一个理想的新社会。第二，兴起阶段（18世纪中期）。以伏尔泰、孟德斯鸠和卢梭为启蒙运动的三大旗手。第三，高潮阶段（18世纪末）。以百科全书派的狄德罗、爱尔维修、霍尔巴赫等为重要代表人物。

二、孟德斯鸠：伟大的启蒙思想家

孟德斯鸠（Montesquieu，1689～1755）出生于法国的穿袍贵族世家，后来成为著名的法官、讽刺家、政治和社会哲学家。他的早期作品《波斯人信札》是一部包括150多封书信的小册子，其中假借访问法国的波斯人与国内波斯人彼此之间相互通信，阐明自己的哲学、政治和伦理思想，揭示了专制主义对人类肉体和灵魂的摧残，嘲笑了专制君主的残暴和腐朽。同时还揭露了教会的虚伪和愚昧，谴责了贵族的骄奢淫逸。该书曾风行一时，成为法国思想解放的先声。1734年，他在《罗马盛衰原因论》中指出，罗马共和国强盛的原因在于它设立的共和制度、法律开明、统治者贤明、民风质朴、品德良善等，而罗马衰亡的根源则是由于君主政制和对外掠夺政策以及民风败坏等[①]。归根结底，他把政治、法律制度看作是社会发展的根本动力。

1748年，孟德斯鸠发表了他用27年时间完成的代表作《论法的精神》，在西方世界产生了巨大的影响。这部大作被称为“理性与自由的法典”，它不但为启蒙哲学家所接受，而且是政治理论史上最伟大的名著之一。通过对文明社会法律背后的环境和社会关系的考察，通过对传统的习惯法和现代自然法的研究，作

① (法)孟德斯鸠著《罗马盛衰原因论》，婉玲译，北京：商务印书馆，1962年，译序。

者论证了社会现象的规律性，提出了政体分类论和三权分立说，并把人类社会的“法”重新定义为“从自然之物中延伸出来的必要关系”。在他看来，任何国家的法律都不可避免地为地理条件、经济状况、宗教信仰，特别是政治制度等因素所制约。政治制度是其中最重要的因素，它决定了法律的精神及立法的内容，甚至可以抵消地理因素的作用。孟德斯鸠是一位理想主义者，偏爱英国的政治制度，在继承和发展洛克的三权分立思想的基础上，成为西方分权制衡学说的完成者。他将国家权力划分为立法、行政和司法三种形式，并明确划分了它们的职能范围：“依据第一种权力，国王或执政官制定临时的或永久的法律，修正或废止已制定的法律。依据第二种权力，他们媾和或宣战，派遣或接受使节，维护公共安全，防御侵略。依据第三种权力，他们惩罚犯罪或裁决私人讼争。”

关于三权分立的原因，他论证说，当立法权和行政权集中在同一个人或同一个机关之手时，他们制定并执行暴虐的法律，自由也就不复存在了。如果司法权同立法权合而为一，由于法官就是立法者，他就可以任意地对公民的生命和自由实行权力专断；如果司法权同行政权合而为一，法官便可以任意地实施法律，对人们的自由施加压迫；如果同一个人或是由重要人物、贵族或平民组成的同一个机关行使立法权、行政权和司法权，则一切便都完了。所以，这三种权力必须交由不同的个人或团体独立运作，实现相互制衡。同时，贵族的立法权和平民的立法权应该分离，“贵族团体和由选举产生的代表平民的团体应同时拥有立法权。二者有各自的议会、各自的考虑，也各有自己的见解和利益。”他认为，在这三者之中行政权最为重要：“如果行政权没有制止立法机关越权行为的权力，立法机关将要变成专制；因为它会把能想像到的一切权力都授给自己，而把其余二者毁灭。”“但是，立法权不应该有对等地钳制行政权的权力。因为行政权在本质上是有范围的，所以用不着再对它加上什么限制。”①后来，他的分权说成为美国宪法的最重要原则之一。

孟德斯鸠还把政体分为三个类型，即政权属于全体人民的是民主政体，属于少数人的是贵族政体，而个人按照法律并且依靠贵族来统治国家的则是君主政体，这三种政体都是合理的。然而靠恐惧来维持的暴君政体却是不合理的，君主在这个政体下把自己看成一切，他个人的意志就是法律。由于暴政破坏了整个社会，违反了人性，他专门研究了防止或避免出现暴君政体的具体办法，这就是划分国家的权力，保障人民的自由。

三、伏尔泰：世界文化史的开创者

法国诗人、戏剧家、历史学家和哲学家伏尔泰(Voltaire, 1694～1778)是一

---

① 参见(法)孟德斯鸠著《论法的精神》(上册)，张雁深译，北京：商务印书馆，1961年，第155～161页。

位多产的作家，著有哲理小说《查第格》、《老实人》、《天真汉》，哲学著作《哲学通信》和《哲学辞典》以及历史著作《路易十四时代》、《风俗论》等。作为法国启蒙运动的化身和公民自由的代言人，他是人类尊严和自由的辩护者；他以其睿智、讽刺和批判的才能而著称，是专制、偏见、残忍和宗教不宽容等一切不正义行为的“公敌”；他针砭时弊，大胆地揭露旧制度下的愚昧、无知和苦难，在当时起到了振聋发聩的作用。法国传记作家莫洛亚①指出：“如果17世纪是路易十四的世纪，那么，18世纪是伏尔泰的世纪，确确实实没有他人能够更好地体现那个充满生机、璀璨光辉的时代。正是在这个世纪，自然科学采用新的方法发展起来，伏尔泰热衷于一切科学，正是在这个世纪，宗教、君主政治和贵族制度经历了一个彻底改革，伏尔泰是一个伟大的改革者。此外，他用超群绝伦的横溢才华，捍卫了新的原则，他以最清晰、最使人愉快的风格表达了那个时代深受欢迎的思想。”②

在政治思想上，伏尔泰提倡自然权利学说，他认为自然赋予人类以自由平等的权利：“本身自由，周围的人与自己平等——这才是真正的生活，人们的自然生活”。但是“自由只存在于依靠法律进行统治的地方”。他为个人自由确定了最高的原则，用他的话来表述就是：“我不同意你的每一个字，但是我愿意誓死捍卫你说话的权利。”他鼓吹法律面前人人平等，但不主张财产平等。在政治制度上，他反对君主专制制度，力主实行“开明君主专制”，然后通过改革过渡到君主立宪制度。所谓的“开明君主专制”，就是由贤明的君主进行公正的、合理的统治。他期待“开明”君主能够消灭封建制度，取消僧侣特权，没收教会财产，废除国内关卡，统一法律，实现国富民强的目的。

图 6-5
启蒙思想家
伏尔泰

---

① 莫洛亚(Andre Maurois)是法兰西学院院士、两次大战之间登上文坛的作家，他的文学成就在传说创作方面尤为突出，主要作品有《雪莱传》、《迪斯累利传》、《拜伦传》、《屠格涅夫传》、《夏多布里昂传》、《乔治·桑传》、《雨果传》、《三仲马》、《巴尔扎克传》等。

② 葛力著《十八世纪法国哲学》，北京：社会科学文献出版社，1991年，第177页。

图 6-6在沙龙上宣读伏尔泰作品

在对待天主教会的问题上，伏尔泰大胆地指责说，天主教僧侣是一群“狂信者”、“骗子手”，因为宗教本身充满了谎言，“第一个上帝是遇到了第一个傻瓜的第一个流氓所创造出来的”[①]。他还讥讽、嘲笑了天主教教义、烦琐哲学及僧侣说教中的教条主义，揭穿了《圣经》中各种荒诞不经的迷信记载，并指出天主教是一切社会灾难的根源。他得出结论说，只要消灭无知、迷信和狂信，社会就会进步。不过，他又主张有必要保留宗教，以便维系人心。

流亡英国期间，他完成的《哲学通信》以致法国友人24封信的形式，对比分析了英国的自由与法国的专制，呼吁为了运用培根爵士、洛克和牛顿的方法，为了改善尘世生活和开发迈向社会进步的智力，应该大力推行政治、宗教和哲学的自由。所以，此书被称为“投向旧制度上的第一枚炸弹”。讽刺小说《天真汉》是他的小说代表作，它对毫无理由的乐观主义进行攻击。在这个关于一个天真、无辜的年轻人逐渐幻灭的故事中，年轻的天真汉在男爵城堡里与其子女一同长大。家庭教师总是告诉他，他们生活的世界有可能是世界上最好的。但他却因为爱上男爵的女儿而被逐。经历过苦难和挫折，他日益感到希望与理想的幻灭。

过去的世界古代史除了希腊人、罗马人与希伯来人外，很少涉及其他民族，而且传统史学关注的重点在于为帝王将相树碑立传。为了打破政治史的垄断

① (美)伯恩斯等著《世界文明史》(第2卷)，罗经国等译，北京：商务印书馆，1987年，第308页。

地位，伏尔泰在《路易十四时代》的姊妹篇《风俗论》（全称为《论各民族的精神与风俗以及自查理曼至路易十三的历史》）一书中，仅仅“把历代国王继承的顺序视为撰写历史的指导线索而不是目的”，“尽可能地了解各民族的风俗和研究人类的精神”，总结人类文明发展史①。他还用相当大的篇幅和称赞的语气，介绍了许多非西方民族的政治、法律、文化、道德、宗教等历史传统。基于此，《风俗论》被人们视为世界文化史的开山之作。

四、卢梭：法国大革命的思想先驱

法国杰出的哲学家、教育家、作家卢梭（Jean Jacques Rousseau，1712～1778）出生于日内瓦的钟表匠家庭，自幼丧母，12 岁时辍学。他当过学徒和流浪的街头艺人，被认为是个乡巴佬和疯子。正是童年的不幸和成年的挫折，使其个性与社会格格不入，由此萌发了“对于不幸的人民遭受痛苦的同情和对压迫他们的人所抱的不可遏制的痛恨”②。后来，他跻身于最伟大的启蒙运动者之列，成为 18 世纪大革命以及 19 世纪浪漫主义的先驱。

卢梭是一位独树一帜的、杰出的启蒙思想家。他歌颂发自内心的自然感情，认为人的美德如同情之心、恻隐之心、仁爱之心，以及无私与诚实，都是发自内心的自然的产物，人们可以从感情、感觉和心灵学到经验、教训，获得理性，但是理性却会窒息人的天性和自然本能，将人误入歧途。科学、文学与艺术既是道德的敌人，又是产生奴役的根源，甚至一切科学都起源于邪恶：天文学出于占星术迷信，雄辩术出于野心，几何学出于贪婪，物理学出于无聊、好奇。1754 年，他在《论人类不平等的起源和基础》一书中指出：“人天生是善良的，只是由于种种制度人才变恶”，私有制是人类社会不平等的根源；文明社会的秩序导致了不平等和不愉快，人类最大的痼疾不在自然而在人自身；人类社会越发展，不平等就越严重，只有抛掉文明，才能实现人类社会的平等，这是解决社会问题的根本途径。

卢梭还在他的代表作《社会契约论》中讨论了通过社会契约的方法获得自由的问题。他开门见山地指出：“人是生而自由的，可是现在他却处处带着镣铐！”当个人作为一个平等的政治参与者，向一个总体的意愿交出他的权力之后，一个社会契约就确立起来了，他就像自然状态下一样自由了。他牺牲了自然自由，为的是文明自由。一个社会可以在不损害人的自由的基础上，进一步创造人的自由，社会契约就是通向人类自由的钥匙。人们通过社会契约所建立的国家也不是用于限制和破坏自由，而是为了更好地保护自由。为了实现和保护真正广泛的自由，必须制定法律，而法律既是实现自由的保证，也是对自由

---

① (法)伏尔泰著《风俗论》，梁守锵译，北京：商务印书馆，1995 年，译者前言。

② (法)卢梭著《忏悔录》(第 1 部)，黎星译，北京：人民文学出版社，1989 年，第 205～206 页。

的一种必要的限制，故“惟有服从人们自己为自己所规定的法律，才是自由”[①]。他还进一步发展了人民主权思想，认为国家是人民通过订立契约建立的，国家的权力最终属于人民，所以国家的行为必须符合人民的意志。由于人民主权是不可转让、不可分割的，必须保证人民的立法权——这是国家一切权力的中心。30多年后，卢梭的“社会契约论”思想被发展成法国大革命的响亮口号：“自由、平等、博爱”。

五、狄德罗：百科全书派领袖

法国百科全书派的核心人物狄德罗（Denis Diderot，1713～1784）以一种唯物主义的科学精神，主持编纂了一部充分反映当代自然科学与社会科学最新成果的《百科全书》，全名为《百科全书或科学、艺术、技艺详解辞典》。启蒙时代似乎形成了一种传统，就是以辞典的形式宣传唯物主义和反对宗教神学。在《历史批判辞典》中，皮埃尔·培尔用最长的条目介绍了斯宾诺莎在《神学政治论》中阐述的泛神论思想，提出了著名的“培尔命题”，无神论者可以行善，正如有神论者也可作恶一样。伏尔泰的《哲学辞典》和霍尔巴赫（Paul Henri Dietrich d'Holbach，1723～1789）的《袖珍神学或简明基督教辞典》，都是批判宗教神学和阐述唯物主义的重要著作。《百科全书》作为这种传统的产物，它总共出版35卷，前28卷由狄德罗担任主编，后由孔多塞（Antone Nicolas de Condorcet，1743～1794）等人续编5卷补遗和2卷索引。参加编写者多达160人，既有老一辈启蒙思想家伏尔泰、孟德斯鸠，又有自然科学家达朗贝（Jesn Le Rond d'Alembert，1717～1783）、孔多塞，还有哲学家拉美特利（La Mettrie，1709～1751）、爱尔维修（Claude Adrian Helvetius，1715～1771）、霍尔巴赫，剧作家博马舍（Pierre Augustin Caron de Beaumarchais，1732～1799），重农家学派创始人魁奈（François Quesnay，1694～1774）、杜尔阁（Anne Robert JacquesTurgot，1727～1781）等人。这些人被尊为“百科全书派”，他们因人数多、影响大而成为法国启蒙运动的中心。

光明世纪，欧洲文化史事实上就是一部法国思想史，因为《百科全书》代表了18世纪的最高学术水平。编写本书的根本目的在于，提倡科学思想与民主精神，反对宗教神学和专制统治，大力倡导理性主义、人道主义和唯物主义。百科全书的出版，沉重地打击了整个欧洲的旧制度，为开启民智提供了有力的思想武器。所以，狄德罗享有替现代人盗取火种的“真正的普罗米修斯”和“启蒙时代的苏格拉底”之赞誉。

---

① (法)卢梭著《社会契约论》，何兆武译，北京：商务印书馆，1982年，第23～30页。

第六节 英国启蒙主义文学

光明世纪实现了欧洲文化从中世纪向现代的转变，驱散了笼罩着西方世界的迷信和不合常理的精神枷锁。作为现代西方文学的开端和文学发展的新潮流，启蒙文学具有鲜明的时代特色。启蒙文学家往往以自然神论甚至无神论为武器，反对封建专制主义、反对基督教神学。他们在继承文艺复兴传统的基础上，积极宣扬“自由、平等、博爱”及“天赋人权”等理性主义原则，热情地描绘“理性国家”和“理性社会”的美好图景。在文学题材上，他们反对古典主义文学为封建君主歌功颂德，倡导自由平等观，弘扬资产阶级道德意识和生活方式。在文学形式上，他们开创欧洲文学的散文时代，结束了长期以来诗体语言在文坛上的统治地位。除了原有式样外，他们还创造了以理性为中心的文学体裁，如政治性哲理小说、启蒙戏剧以及滑稽小品等。

启蒙文学尤以英国的现实主义小说为代表，其中，笛福（Daniel Defoe，1660～1731）的现实主义小说继承了由《荷马史诗》开创的欧洲“流浪汉文学”传统。他的主要作品有《鲁滨逊漂流记》、《辛格顿船长》、《摩尔·弗兰德斯》和《罗克珊娜》等，都以充满冒险精神为主题。在闻名的《鲁滨逊漂流记》中，作者奇思妙想地讲述了一个冒险故事。约克郡水手鲁滨逊出生于小康之家，他不安于现状，离家出走并在巴西做了种植园主，但他仍不满足，于是渡海到非洲从事有利可图的黑奴贸易，中途不幸遇难，漂流至俄利诺科大河口附近的一个荒岛。他在荒岛上努力地活了下来，孤独地度过了长达 28 年的艰难生活。后来，他得到了救助并返航回国[①]。在笛福的笔下，鲁滨逊是新兴资产阶级的化身。他们无不充满着自强、乐观和进取的冒险精神，希望征服更多的殖民地，驯服更多的民族，攫取更多的财富。笛福本人也是个富于谋利和进取精神的人。他做过砖瓦厂老板，经营过袜子和烟酒进口，从事过航海保险业，一生反复发财、破产。正是这种资本主义精神促进了英国经济的巨大发展，使之能够遥遥地领先于其他各国。

斯威夫特（Jonathan Swift，1667～1745）是启蒙时期英国最著名的讽刺大师之一，他的作品超越时间和空间的限制，被全球不同国度的人们所阅读。他的代表作《格里佛游记》是一部游记式的社会与政治讽刺诗，由医生格里佛的四国旅行线索为主构成。格里佛乘船出海，漂流到四个幻想的国度即侏儒国、巨人国、飞人国和智慧马国。侏儒国中的人看似侏儒，实

① 刘金源、洪霞著《潮汐英国人》，成都：四川人民出版社，2001 年，第 236～237 页。

则却十分凶狠；这里战争不断，司法腐败，金钱万能。巨人国的人看似庞大，实则十分善良，其中充分显示了秩序和责任。飞人国是殖民地的象征。在智慧国中，马是富有理性的动物，人反而失去了正常的理性。这部看似诙谐有趣的童话故事，实际上是作者借以影射和批判资本主义社会弊端的杰作，他甚至认为人是“在地球上爬行的害人虫中最有害的种族”。由于小说的浓重的讽刺与暴露特色，斯威夫特被攻击为悲剧主义和厌恶人类的人，因而成为英国文学史上一个有争议的人物。

菲尔丁（Henry Fielding，1707～1754）是启蒙时代英国现实主义小说成就与影响最大的作家，也是第一个探讨小说风格的作家。他认为，现代小说是一种现实地、喜剧地、无感情地展示生活和态度的艺术方式。有人把他称为“英国小说之父”，这种赞誉不免言过其实，但菲尔丁对现代小说发展的重要作用却是一个不争事实。他像英国家庭小说创始者理查逊[①]一样，也以婚姻、家庭为主要题材，通过对主人公的婚姻遭遇的描述，展现 18 世纪英国社会的历史画卷。但是，他的小说涉及的人物类型更多，描写得也更细致，对社会的批判也更深刻。他的《汤姆·琼斯》对爱情自由的颂扬，是通过汤姆·琼斯和苏菲娅经历的种种磨难展开的，而这部小说的 49 位人物涉及社会的各个阶层。作者曾经声称，他的小说是“喜剧性的散文史诗”，并说“它与喜剧的区别，正像严肃的史诗与悲剧的区别一样，就在于它的情节是比较广泛和规模宏大的”[②]。

第七节　欧洲艺术风格的革新

一、追求煽情效果的巴罗克艺术

“巴罗克”（baroque）原本是个贬义词，来源说法不一：或源于意大利语 barocco（意为奇形怪状、矫揉造作），或来自葡萄牙语 barroco 或西班牙语 barrueco（意为形状不规则的珍珠），或出自拉丁文 baroco[③]。作为 17 世纪的艺术流派之一，巴罗克风格产生于 16 世纪末，后来逐渐走向繁荣（1600～1750）。西方文艺界将这种风格广泛运用于从文学到造型艺术的各个领域，其基本特征是强调运动感、空间感、豪华感，不合常规、非理性，偏爱复杂多变。对光和色彩的强调、戏剧化的强度和感情，具有一种明显的促进集体激情的倾向。巴罗克艺术是罗马教廷借以为反宗教改革服务的旗帜，它继承了“文

---

① 理查逊（Samuel Richardson，1689～1761）在以婚姻家庭为题材的书信体小说《帕美拉》中，叙述了女仆帕美拉坚决抵御男主人对她的无理要求和男主人娶她为妻的故事。

②《欧美文学 200 题》，南宁：广西人民出版社，1986 年，第 187 页。

③ 欧阳英、潘耀昌主编《外国美术史》，杭州：中国美术学院出版社，1997 年，第 109 页。

艺复兴时期确立起来的追求再现的错觉性传统，但却抛弃了单纯、和谐、稳重的古典风范，致力于一种繁复夸饰、富丽堂皇、气势宏大、富于动感的艺术境界。”[①]所以，它不像古典主义那样重视形式和内容的规则，而是相对比较自由地表现艺术家对题材的把握；它也不像古典主义那样重视整体美和统一美，而是强调艺术形式的丰富多样性；它不过分注重稳定、和谐与均衡，而是酷爱曲线和斜线，并试图表现强烈的动感之美；它不太理会强调色彩和节奏的节制，而是用夸张的色彩和高强度的节奏表现主题，造成一种令人惊奇赞叹的效果[②]。

图 6-7 巴罗克式教堂

在造型艺术方面，巴罗克风格主要以古罗马建筑为依据，但是更为奢华。意大利著名雕塑家、建筑师贝尼尼（Giovanni Lorenzo Bernini，1598～1680）是巴罗克建筑艺术的集大成者，他除了创作《大卫》、《阿波罗和达芙妮》等大理石雕刻外，还设计了罗马圣彼得大教堂前的大柱廊和广场。巴罗克艺术最先兴起于罗马教廷所在的意大利，然后传到西班牙、葡萄牙、法国、尼德兰等地。“太阳王”即路易十四（1648～1715年在位）时期，法国一方面大肆进行军事扩张和财富积累，另一方面为了粉饰太平、弘扬国威，投资宫殿建筑，资助各种艺术活动，推动了巴罗克艺术的繁荣，代表性建筑有法国的卢森堡宫和凡尔赛宫。英国著名的巴罗克式建筑设计师雷恩（Sir Christopher

① 王琦主编《欧洲美术史》，上海：上海人民美术出版社，1985年，第267页。

② 1915年德国文化史家沃尔弗林在《艺术史原理》一书中认为，古典主义和巴罗克是15世纪末到18世纪初并存于欧洲的两大艺术观，它们在五个方面存在着巨大差异，古典主义是直线的、平面的、封闭的、清新和界限分明的，而巴罗克则是绘画的、纵深的、开放的、联系的和浑然一体的。参见罗芃等著《法国文化史》，北京：北京大学出版社，1997年，第71页。

图 6-8 《阿波罗和达芙妮》 作者为文艺复兴时期艺术大师乔万尼·罗伦佐·贝贝尼，创作于1622～1624年。作品取材于希腊神话，太阳神阿波罗向河神的女儿达芙妮求爱，当阿波罗追上达芙妮时，她已经变成了一棵月桂树。

Wren，1632～1723）仿照法国样式设计了圣保罗大教堂。德国的柏林皇宫和斯图加特附近的路德维希堡皇宫都是模仿凡尔赛宫之作。所有这些巴罗克式建筑物的外表都加上了很多精细的饰物，内部也用金、银装饰，还有闪耀的镜子和带有色彩的大理石。它们的主要特征是规模宏大、巧夺天工、装饰奢侈，大量地采用如圆柱、圆顶和表现神话传说的雕塑等古典建筑形式。

在绘画方面，佛兰德尔人鲁本斯（Sir Peter Paul Rubens，1577～1640）是巴罗克艺术的最杰出代表。他性格开朗，受教育多，游历广，加之婚姻幸福，所以总是欢乐地看待世界，兴致勃勃地赞扬爱与美[①]。他和17世纪其他艺术家创作了大量的宗教画，被称为“荷兰新教艺术”。在欧洲画坛上，鲁本斯素有“无冕之王”的美誉。由于受到米开朗基罗和威尼斯画派的影响，他善于运用暖色调，总是采用油画的方式进行思考，常用富于表现力的笔触给形体打出草稿，把画面主要部分划出明和暗的区域，把人物从明到暗逐渐加强。他的绘画题材广泛，尤其擅长描绘与宗教有关的女性裸体，突显赞颂生命力的特点：力量、激情、肉欲。他的笔下的女性裸体，不但泽润、丰满、美丽、质感，而且粉红色的肌肤和丰盈的肉体与旺盛的生命力相统一。《劫掠留西帕斯的女儿》是一件戏剧性与装饰性相结合的杰作，最能充分体现作者的风格。画面上表现的是两批奔腾着的烈马、两名抢婚的男子和两名被抢的女子，都处于剧烈的运动之中，烘托出一种热烈的气氛。在《维纳斯和阿多奈斯》和《命运之神在纺线》等作品中，他用华丽和浓艳的色彩处理古典题材，深得当时富裕的市民和贵族的赏识。对于后世浪漫主义美术家而言，鲁本斯的绘画具有极大的艺术感染力。

---

① (英)梅因斯通等著《剑桥艺术史》(第2卷)，钱乘旦译，北京：中国青年出版社，1994年，第65～66页。

二、追求轻巧奢华的洛可可艺术

“洛可可”（rococo）一词来自于法语，由 rocaille（意为多石子地、假山）和 coquille（意为贝壳、甲壳、蛋壳）两个词合成，泛指18世纪开始流行于欧洲的一种对贝壳、岩石、钟乳石的模仿艺术。路易十五（1715～1774年在位）时期，法国的洛可可艺术通常与建筑和室内装潢相联系，所以又称“路易十五式”。洛可可艺术在18世纪的法国最为流行，这与当时法国的社会现实紧密相关。法王宫廷不再争夺统治权利和殖民帝国，而是用闲散安逸的心态和文雅得体的举止为法国社会树立榜样，于是享乐成为时尚。以追求奢华的生活为中心的洛可可艺术，就是在这种背景下迅速兴起的。

洛可可艺术（1720～1780）起源于表现法国贵族阶级追求的冒险狂热、异国情调、奇思遐想以及富丽高雅的生活方式，通常被视为后期的巴罗克艺术。“这种风格主要以贝壳、草茎、花朵、棕榈、波动的绸子、海浪和泡沫作为装饰，线的运动可以自由伸展，使得这种装饰具有一种非常轻巧、活泼的趣味，同时也带有一种破坏均衡和庄重的不安的感觉。”[①]洛可可艺术来自巴罗克艺术，而又脱离了巴罗克艺术。虽然它们都注重动态，但两者之间的区别是十分明显的：一方面，洛可可艺术体现精美和幽默，而巴罗克艺术充满力量与激情。另一方面，巴罗克艺术追求一种气势宏大的动感，强调戏剧性和煽情的作用；而在洛可可艺术中，“崇高让位于优雅，壮丽让位于魅力”[②]，它追求一种轻巧、优雅、纤巧与精致的效果，因而是奢侈的有闲阶层的品味，特别适合于王室和贵族之家。

图6-9《水中升起的阿波罗》法国雕塑家图比（Jean-Baptiste Tuby, 635～1700）创作的这件青铜雕塑，安放在凡尔赛宫前的广场上，背景则是豪华的皇宫。路易十四用它来表明法兰西的太平盛世。

洛可可艺术表现在建筑上，它尤为注重建筑内部的明亮、轻巧，讲究豪华、舒适的装饰效果。在外部造型与装饰方面，它突出的是建筑物的玲珑剔透、优雅美观。欧洲的洛

① 王琦主编《欧洲美术史》，上海：上海人民美术出版社，1985年，第330～331页。

② 引自王佐良等编《欧洲文化入门》，北京：外语教学与研究出版社，1992年，第243页。

图 6-10
《日落》
这是洛可可绘画的杰作。法国画家法朗索瓦·布歇表现的是太阳神完成一天工作后，迫不及待地投入克莉蒂的怀抱。画家追求一种感官享受，描绘了美丽的人体、欢乐的气氛以及人物的动感。

可可式建筑主要有法国的小特里亚农宫、巴黎的苏比斯饭店、德国的波茨坦无忧宫、德累斯顿的茨威格露天剧场、慕尼黑的居维利埃剧院等。表现在绘画上，洛可可艺术强调表现世俗生活，特别是上流社会的女性，而且多采用女性裸体画。正如美学史学者所指出的："被称为苛刻的艳情艺术主宰着 18 世纪的前半期。它以上流社会男女享乐生活为对象，描绘全裸或半裸的妇女和精美华丽的装饰。路易十五的情妇蓬巴杜夫人、杜巴利夫人的情趣左右着宫廷，致使美化妇女成为压倒一切的艺术风尚。"① 华托（Jean-Antoine Watteau，1684～1721）的作品《梳妆》可以说是开创了洛可可艺术特有的媚态之先河，《舞蹈》则描绘了一对浪漫的青年男女翩翩起舞、悠然自得的神情，而《发舟西苔岛》描绘了一群情侣离开神话中的爱情岛乘船归航前的场面。布歇（François Bucher，1703～1770）最喜欢的绘画主题是神话中的爱情人物和田园风光，代表性作品《狄安娜出浴》、《梳妆的维纳斯》、《日落》、《皮格马利翁和迦拉蒂雅》等都以明亮的色彩和新颖的手法，充分表现了 18 世纪的富裕、轻松与典雅，极具装饰性效果。

三、新古典主义绘画

18 世纪末，正当洛可可艺术还十分流行的时候，已经有人对其注重享乐、缺乏思想的艺术风格提出异议，认为应该回到弘扬理性的古典主义方向上来，这一艺术思潮被称为"新古典主义"（neoclassicism）。从文艺复兴开始，古典的主题与造型一直是视觉艺术的基本特色。但新古典主义的不同之处在于，它有意识地选择构图对象，既排斥洛可可的轻浮、浅薄，也否定巴罗克的以假乱真的错觉。艺术家通过健康的理性和强烈的道德感，试图对希腊罗马文

① 中央美术学院编《外国美术史》，北京：人民美术出版社，1990 年，第 130 页。

物中代表着高尚美德的形象加以复原，以此改造世界。

新古典主义的基本特点是回归希腊—罗马样式，它引起了视觉艺术在风格和内容上的根本变化，主要表现为：精致的曲线和“C”形涡纹让位于明快、简洁的直线、直角、圆、椭圆，纹理华美的画面让位于光滑的塑像式造型，不用线条勾画外形而用柔和淡泊的色彩让位于分明的轮廓和厚重的色彩。英国皇家美术学院创始人雷诺兹（Sir Joshua Reynolds，1723～1792）就提倡模仿古人，因为古人把自然形式化为基本图形及相互间的关系，由此形成了永恒的、普遍适用的绘画规则。新古典主义美学思想家、文艺理论家温克尔曼（Johann Joachim Winckelmann，1717～1768）是德国启蒙运动领袖之一，他把古代高贵、严谨的艺术所作的辩解、赞颂与对理想美的追求相结合，并将新古典主义原则确定为“高贵的单纯，静穆的伟大”[①]如果说琐碎、复杂、富有动感的巴罗克风格和洛可可风格满足了贵族阶级生活情趣的话，那么，上升时期的资产阶级则需要一种全新的生活方式和思想理论。从这种意义上来看，新古典主义风格就是一种为资产阶级所追求的崇高的道德目标，它对洛可可的轻浮和巴罗克的狂暴的否定，客观上反映了18世纪末启蒙主义理想所达到的最高境界。

就绘画艺术而言，新古典主义风格主要盛行于法国和德国，其中以法国新古典主义运动领袖大卫（Jacques Louis David，1748～1825）最为著名。他是国民公会成员，曾投票赞成处死国王路易十六(1774～1793年在位)。他早年学习洛可可艺术，不久转而追求严肃的和以考古复原为基础的纯希腊风格，这类作品主要有《荷拉斯三兄弟之誓言》、《苏格拉底之死》和《布鲁图斯》。由于他对大革命抱着巨大的热情，《网球场宣誓》、《马拉之死》等作品多反映革命时期的社会现实，鼓励国人投身革命、保卫法兰西和呼唤自由。此外，他的系列作品《拿破仑一世皇帝的加冕礼》、《拿破仑越过圣伯纳隘口》、《拿破仑和约瑟芬加冕》等热情地歌颂了拿破仑皇帝（1804～1815年在位）所代表的英雄主义。当时，这种清新的风格被称为“真实的风格”或“正确的风格”。一般来说，新古典美学以形式的纯洁和对庄严的思考为准则，正如温克尔曼所指出的：“美就像在纯净的源头吸取的清澈无比的水，它越是没有味道就越是有益。”[②]直到浪漫主义绘画兴起，新古典主义才被等同于内容空洞、脱离现实的教条。

安格尔（Jean-Auguste-Dominique Ingres，1780～1867）曾到罗马学习和工作近20年(1806～1824)，他十分崇拜拉斐尔，并从意大利文艺复兴艺

---

① (英)雷诺兹等著《剑桥艺术史》(第3卷)，钱乘旦、罗通秀译，北京：中国青年出版社，1994年，第15～16页、第17页。

② (法)德比奇等著《西方艺术史》，徐庆平译，海口：海南出版社，2002年，第299页。

图6-11 乐器法技巧之父蒙特威尔第

术中得到启示。他以其高傲而偏执的态度和卓越的艺术才华，与他的老师大卫一起，共同捍卫着新古典主义的理想。安格尔遵循古希腊哲学家毕达哥拉斯的美学思想，认为在一切平面图形中，最美的是圆形。他的作品以神话、历史、宗教及爱情为主要内容，远离社会现实，充分运用线条造型的功力，刻意追求理想化的美：丰满、圆润、简洁、单纯。他的古典主义之美源于自然而又融于自然，体现出清纯脱俗的典雅之气。如果说《大宫女》对中世纪和东方异国情调表现出浓厚的兴趣的话，那么，《泉》、《土耳其浴室》、《瓦平松的浴女》则对表现女性裸体美充满了热情。

四、音乐的启蒙与创新

1600～1750 年，这是西方音乐发展史上的巴罗克时代，伴奏独唱的通奏低音和协奏原则是这个时期音乐的显著标志。巴罗克时代，笛卡儿的理性主义观点对知识界和艺术界带来了深刻影响，似乎每一门知识和艺术的分支都在理性光芒的照耀下和科学精神的支配下获得了新生。那些试图用理性主义改造音乐的人们都认为，音乐终将抛弃激情、达到理性，或者实现理性与感情的统一，形成建立在物理法则之上的、巨大的和谐之力。为了实现这个目标，作曲家们运用科学方法学习作曲原则，创造了大量的固定格式，如奏鸣曲、回旋曲、协奏曲、歌剧、清唱剧等，使音乐创作朝着理性化方向发展。

歌剧是一种综合性艺术，其中包括诗歌、戏剧、声乐、器乐、舞蹈、美术、灯光等。传统上，欧洲歌剧分为正歌剧、意大利喜歌剧、法国喜歌剧和法国大歌剧等几种体裁。16 世纪末叶，现代西方歌剧艺术最早出现于意大利。在意大利南方拿波里的作曲家们的作品中，宣叙调①和咏叹调②同为一组，在序曲③呈现“快—慢—快”三段结构，从而形成了典型的意大利歌剧序曲。关于意大利歌剧的真正起源，大概有两种说法：1597 年，佛罗伦萨诗人屋大维奥·里奴契尼和作曲家雅各布·科尔西创作的《达芙妮》被认为是

① 宣叙调（recitative），与抒情性的咏叹调风格相对，指歌剧、清唱剧等大型声乐中类似朗诵，具有叙述、吟唱性质的曲调。

② 咏叹调，原意是抒情独唱曲，又叫“咏唱”，特点是旋律性强，表现力丰富，可在音乐会上单独演唱。

③ 序曲（overture），指歌剧、清唱剧等作品的开场音乐，17、18 世纪分法国序曲、意大利序曲两类。

最早的一部歌剧作品[1]，这是第一种说法。但是，人们较为普遍地认同第二种说法：佛罗伦萨的巴尔底（Bardi）经常邀请一些艺术爱好者，如意大利“音乐之父”卡契尼（GiulioCaccini，1545～1618），意大利作曲家、歌唱家帕里（Jacopo Peri，1561～1633）和意大利演奏家、作曲家鲁特琴，著名科学家伽利略的父亲（Vincenzo Galilei，1520～1591）聚会，在此基础上组成了“同好会”（camerata），共同研究如何复兴古希腊悲剧问题。不久，最伟大的巴罗克音乐家蒙特威尔地（Claudio Monteverdi，1567～1643）也加入其中。1607年，他根据古希腊神话创作了第一部歌剧《奥菲欧》（*Orfeo*），它具备了今天歌剧所应有的基本条件，包括序曲、宣叙调、咏叹调。此外，他还创建了意大利第一歌剧院。同时，管风琴、羽管键琴以及各种弦乐器和管乐器也应运而生，器乐中又出现了协奏曲，这些都进一步推动了歌剧的发展。于是，歌剧走出宫廷，为普通人所接受。尤其在威尼斯，这里仅有15万居民，却建有16座歌剧院，甚至每一个教区都有歌剧院。今天，歌剧有大歌剧、轻歌剧、小歌剧、娱乐剧等不同类型；歌剧的声乐部分由咏叹调、宣叙调，各种重唱、合唱等组成；器乐部分则由乐队序曲、间奏曲、舞曲等组成。

巴赫（Johann Sebastian Bach，1685～1750）出生于图林根小镇爱森纳赫的一个音乐世家，为管风琴师、地区性音乐家、唱诗班乐长家族中的第七代传人，被尊为德国“音乐之父”。他的祖上一直在教堂工作，父亲是个小提琴师。少年时期，巴赫曾在唱诗班中唱童声高音，后来成为管风琴师和小提琴师。他吸收当时所有音乐技术以表达自己的感情，为风琴演奏写作了复杂的音乐形式赋格曲，[2]创作了室内乐、协奏曲和键盘音乐。他运用宗教音乐和世俗化音乐，创作了教堂音乐《马太受难曲》、《约翰受难曲》、《马可受难曲》，以及管弦乐《勃兰登堡协奏曲》、《符登堡奏鸣曲》等，总结了巴罗克艺术发展成就。在风琴、提琴和钢琴这三种乐器演奏方面，他都做出了显著的贡献，他所达到的顶峰是后人难以企及的。由于他创造的合成艺术为音乐打开了新天地，人们在他的身上看到了理性时代的全部特征。19世纪德国指挥家比洛(Hans von Bülow，1830～1894)将巴赫的《平均律钢琴曲集》称为“钢琴音乐的旧约全书”，而把贝多芬的钢琴奏鸣曲称为“钢琴音乐的新约全书”[3]。

亨德尔（Georg Friederich Händel，1685～1759）是与巴赫同年出生、晚年同样失明的音乐家。两人都是用深沉的方式进行创作的德国巴罗克音乐大师，

① 韦克斯贝格著《西方音乐史》，王嘉陵译，重庆：西南师范大学出版社1999年，第22页。

② 赋格曲（Fuga），西洋复调音乐中主要曲式和体裁之一，具有复杂而严谨的特点。

③ 韦克斯贝格著《西方音乐史》，王嘉陵译，重庆：西南师范大学出版社1999年，第37页。

但他们的音乐个性却迥然不同。巴赫沉浸于宗教神秘主义之中，创作了近400首圣乐。“作为虔诚的新教徒，巴赫丝毫不受启蒙运动世俗主义的影响，全心创作每篇圣乐中的每一个音符，似乎每一个音符都关系着世界的救赎。”而亨德尔却喜爱明澈的拉丁复调音乐，他在意大利掌握了巴罗克式技巧，然后定居于伦敦。作为归化的英国公民，他的作品是意大利独唱传统和英国合唱队传统相结合的产物，最伟大的作品是以圣经故事为主题的清唱剧。直到今天，他的代表作《弥赛亚》仍然是整个英语国家在圣诞节期间广为演唱的圣乐。

18世纪中期到19世纪初，被称为音乐的古典主义时代，音乐人认同理性模式，遵循的是古代整齐、简洁和对称的原则，主要创作的是世俗音乐。他们把巴罗克的力量、洛可可的魅力和前浪漫主义的激情加以综合，达到发展创新的目的。例如，“所有古典交响乐都有四个乐章，第一乐章为奏鸣曲，接着是主题乐章、发展乐章、再现乐章。”艺术不能用纯粹感性或理性的概念来定义，因为“最好的艺术仅仅是天才的可能产物”①。根据德国哲学家康德的观念，理性的功能是把个人理解力的判断与规定知识的更高原则联系起来，而艺术的法则是要通过个人自由的工作来建立。现代钢琴和现代管弦乐队的出现，是这一时期对艺术态度的变化的反映。作曲家不仅选择按固定音乐形式创作奏鸣曲、交响曲等，而且也不断改进乐曲形式和风格，寻求更具原创力、更为丰富的音乐作品。

奥地利作曲家海顿（Franz Joseph Haydn，1732～1809）是开创了天才时代的古典主义音乐天才，被称为“交响乐之父”。他出生于一个斯拉夫人家庭，父亲是车辆制造工人，母亲则为贵族家庭当仆人。海顿在亲戚的帮助下接受了严格的宗教教育。他才智敏捷，知识渊博，注重不断学习和创新，后来获得牛津大学荣誉博士学位。他的作品既有村庄的清新质朴，又有教堂的庄严肃穆，还有贵族宅第的典雅风格。他勤奋作曲，一生创作了大量的音乐作品，其中交响乐104首，弦乐四重奏84首，三重奏20首，三重唱128首，钢琴奏鸣曲52首，钢琴和弦乐器三重奏31首，钢琴、风琴等乐器协奏曲20首，弥撒曲14首，歌剧和歌唱剧24部。他的音乐作品以《伦敦交响乐》为代表，奠定了交响乐的结构艺术和风格的基本原则。

奥地利作曲家莫扎特（Wolfgang Amadeus Mozart，1756～1791）是一位名副其实的“音乐神童”。他3岁会弹琴，4岁开始创作，6岁以键盘乐器能手的身份在欧洲巡回演出，14岁指挥大型音乐会。青年时期，莫扎特更成为贵族的宠儿，他不仅拥有罗马教皇授予的“金靴骑士”的称号，而且接受过奥地利女大公、匈牙利和波希米亚女王特里萨（Maria Theresa,

① 王佐良等编《欧洲文化入门》，北京：外语教学与研究出版社，1992年，第248页。

1717～1780)的奖赏性拥抱。由于古怪的个性而无法固定受聘，这位对音乐最具理解力的天才却过着终生清贫的生活。他35岁便英年早逝，但在他身后却为人类音乐宝库留下了无数不朽的壮丽篇章：共600多部作品，其中奏鸣曲77首，交响乐52首，四重奏29首，协奏曲51首，歌剧22部。它们无不气势宏大，极富创造力。他的代表作有《费加罗的婚礼》、《唐·乔瓦尼》、《魔笛》等。在歌剧创作中，莫扎特的每一部歌剧都是一个中心，围绕着这个中心的则是一大堆钢琴奏鸣曲、四重奏、五重奏、协奏曲和交响乐。他遵照古典主义的音乐形式，和谐而有节制地表现人物的命运和冲突；他的天才让每一个人的激情都转化为美好的音乐，充分展示了人类的灵魂。莫扎特的同时代人把他比喻为阿波罗一样的神灵，德国作家歌德则认为他是“秉承了上帝旨意的创造力的化身”。

图6-12　音乐天才莫扎特

第七章

激情澎湃的浪漫主义文化

第一节　浪漫主义文化：激情与自由

18 世纪末、19 世纪初，欧洲在文学、哲学、音乐、艺术领域中形成了一种与理性主义相对立的浪漫主义（romanticism）社会思潮。它标志着与过去的彻底决裂，宣告了人与个性的突出地位，并以强烈的感觉、激情和想像等非理性的情感与冷酷的理性形成对立。浪漫主义一词最初出现于文学中，它在德国与古典主义文学相对立。在艺术上，浪漫主义抛弃了古希腊罗马典范，表现为对新古典主义的逆反①。“浪漫”（roman）这个词最早出现于 12 世纪法国叙事长诗《罗兰之歌》中，也称“罗曼司”（romance），意为幻想的、离奇的、多情的、风流的，用以指描写中世纪骑士战功和冒险传奇的长篇小说或传奇故事。后来，形容词“罗曼蒂克”（德文 romantisch，法文 romanesque，英文 romantic）逐渐成了生活和艺术用语。

浪漫主义作为一种社会思潮，发源于卢梭的“回归自然”观念和德国的“狂飙突进”运动，是革命与反革命、复辟与反复辟斗争的产物。卢梭认为，从感情、感觉和心灵学到经验教训和理性，依靠心智活动永远不能确立为人类提供正确行动指导的真理。歌德等人发起的“狂飙突进”运动，导致了一种以不满现实、追求理想为特征的浪漫主义文化的诞生，这种崭新的、自由的文化主要体现为对个性解放的追求。法国大革命后，启蒙学者所预言的理想社会根本没有出现。按照他们的理想，在推翻封建统治之后，一切“迷信、偏私、特权和压迫，必将为永恒的真理，为永恒的正义，为基于自然的平等和不可剥夺的人权所排挤。”②事实上，那种动荡、混乱、灾难的局面完全出乎人们的预料。当大革命使这个理性社会和这个理性国家成为一

① (法)德比奇等著《西方艺术史》，徐庆平译，海口：海南出版社，2000 年，第 309 页。

② 《马克思格斯选集》(第 3 卷)，北京：人民出版社，1972 年，第 57 页。

种现实时，不论法国的新制度较之旧制度如何合理，却绝不是合乎理性的，因为人们期待的那种永久和平已经演变为一场无休止的掠夺战争。随着理性的国家理想的完全破产，卢梭的社会契约观念在恐怖时代已经变为现实；为了摆脱这种恐怖，对政治能力丧失了自信心的市民等级，起初求助于腐败的督政府，最后则不得不托庇于拿破仑的专制统治。于是，社会现实的严酷性宣告了启蒙理想的破灭，引起了社会中普遍失望的情绪，浪漫主义就是这种情绪在文化上的反映。

除了社会政治因素外，德国古典哲学和空想社会主义思想也成为浪漫主义思潮蓬勃发展的推动力。当时，康德、费希特、谢林、黑格尔的哲学十分流行，他们夸大主观意识的作用，强调天才、灵感和人的精神力量，把“自我”置于最崇高的地位，甚至还宣扬宗教和神秘主义。空想社会主义的传播，反映了尚未成熟的无产阶级对现存社会制度的失望和抗议，以及建立起使他们获得真正解放的理想社会的愿望。这种不成熟的理论对浪漫主义的影响是不可低估的。

在浪漫主义运动中，艺术家获得了一个让自己的想像自由驰骋的舞台。他们强调创作自由，反对理性崇拜；强调情感和想像在创作中的作用，反对古典主义的泥古倾向和理性教条的束缚。他们认为，个人的价值和抱负高于社会，而16世纪以来一直占统治地位的古典主义，不仅无法表达人的自然感情，反而忽视了人的深刻的内在力量。浪漫主义者一般不喜欢如实地描写现实生活，而是偏爱表现主观理想；反对古典主义枯燥而冰冷的“理性”，重视抒发个人的感受和体验。他们对现实表现出不满，对庸俗丑恶的社会极为反感，而对一切非凡的事务怀有兴趣，因而，他们的作品具有鲜明的感情色彩，表达出对大自然的热爱。在浪漫主义者笔下，雄伟奇异的大自然或远方异域往往成为他们寄托自由理想之所在，而那些非凡人物也常常出没于大自然或奇异的环境之中。

浪漫主义者反对因袭陈规、压制个性的古典主义，要求个性解放和创作自由；他们反对艺术家遵循任何规则，倡导在创作中采用多种多样的体裁形式，特别是那些具有强烈感情色彩的体裁，如抒情诗、抒情叙事诗，以神话传说为题材的戏剧和历史剧等。在创作原则上，他们对中世纪的诗意、想像、灵感、梦幻与怪异等极力推崇，并赋予新的内容；在表现体裁上，他们对带有神秘色彩的历史和丰富多彩的传说、民歌、民谣颇感兴趣，多是民间传说的搜集者、加工者；在表现手法上，他们善于运用夸张和对比的手法，以及华丽的词藻，使作品充满生动的比喻，以期达到形象鲜明、印象强烈的视觉效果。这种风格同作品中非凡的人物和环境相适应，但是，对华美词藻的过分追求，造成堆砌浮夸、矫揉造作的缺陷，就变成掩盖空虚内容的手段。这种现象正如英国艺术家和诗人莫里斯（William Morris，1834～1896）所指出的：

> 除了希望制造美的东西，我一生中的主要激情是对现代文明的憎恨……关于它对机械力量的掌握和浪费，它对人生苦难的惊人组织……我怎么说呢？这一切最终都要到灰烬堆上的会计室中……世界不能再悦目，荷马的地位要被赫胥黎取代？①

在拿破仑时代的法国，虽然在某些领域里，浪漫主义思潮还要和古典主义竞争，但它在19世纪初的30年间对文学和艺术产生了最强大的影响。在文学上，浪漫主义导致了文学天才的繁盛，重要的浪漫主义作家有英国的华兹沃思、科尔里奇、拜伦、雪莱和济慈，法国的雨果和乔治·桑，德国的海涅，意大利的曼佐尼②，俄国的普希金（1799～1837）、莱蒙托夫（1814～1841）③等。他们的作品的风格与精神因人而异，但都描绘了对个人自由、纯粹情感和“为艺术而艺术”的唯美主义（estheticism）的追求。

1830年，当风靡一时的浪漫主义发展到顶峰时，已不再局限于文学范围。在绘画方面，尤其在音乐方面，浪漫主义也成为重要的思潮。在建筑方面，建筑样式迅速表现为对古典风格和中世纪风格的回归；而在绘画方面，艺术家们在经历与传统的希腊罗马典范的急剧断裂后，选择了新的主题，发明了新的风格。他们放弃了宗教和神话的题材，转向关注历史和现实的素材，并大量地使用色彩和线条。在音乐方面；音乐家强调人类感情的角色、想像和对自然的热爱，这与回归个性、回归自然的新观念相呼应。他们在创作中大量借鉴民歌，同时也意识到了自己的民族感

图7-1 金碧辉煌的凡尔赛宫镜厅

---

① (英)布洛克著《西方人文主义传统》，董乐山译，北京：三联书店，1997年，第172页。

② 曼佐尼(Alessandro Manzoni，1785～1873)是意大利最著名的诗人、小说家，他著有宗教组诗《圣歌》、政治抒情诗《五月五日》、浪漫主义悲剧《卡马诺拉伯爵》、长篇历史小说《约婚夫妇》、理论著作有《浪漫主义》等。参见张世华著《意大利文学史》，上海：上海外语教育出版社，1986年，第12章。

③ 普希金是个“拜伦式英雄”，他把俄罗斯文学引上了民族化道路，有“俄罗斯民族诗人”之称。莱蒙托夫发展了俄罗斯文学中的积极浪漫主义，并在长篇小说《当代英雄》中，像普希金在诗体长篇小说《叶甫盖尼·奥涅金》中一样，成功地塑造了“多余的人”的人物形象。

情。不仅音乐形式更加开放自由，而且原创性音乐也层出不穷。

浪漫主义哲学，虽然无序并且尚未发展成为一个体系，但却产生了许多有力的观念，推动着浪漫主义运动向前进。它否定了机械的宇宙观，并挑战宗教理论。它把关注的重点从整体转向个体，从社会转向个人，从顺从转向在人类社会各个领域范围内的创造和冒险。哲学家们突出了单个人的纯粹情感，把它作为在工业社会的罪恶中寻求救赎的方式。他们寻求田园诗般的秩序，以逃避城市文明的腐败，其趋势是重返自然和儿童般的天真，从而导致了泛神论、先验论的产生。这对欧洲思想界产生了深刻的影响，为文学艺术中的精神分析、表现主义、超现实主义等开辟了道路。

图 7-2 《工人与集体农庄女庄员》

这是一件 24.5 高的不锈钢大型雕塑作品，创作于 1937 年，矗立在法国巴黎国际博览会苏联展览馆的顶部。它是苏联现代女雕塑家穆希娜(Vera Mukhina, 1889～(1953 年)的代表作之一

第二节　浪漫主义的思想来源

一、德国“狂飙突进运动”

浪漫主义运动的兴起，与当时的社会条件是密不可分的，对其影响最大的莫过于德国的“狂飙突进运动”（Storm and Stress）和古典哲学。18 世纪 70～80 年代，德国文学界掀起的狂飙突进运动得名于青年作家克林格尔（Friedrich Maximilian Klinger，1752～1831）创作的剧本《狂飙突进》，这是继文艺复兴和启蒙运动之后的第三个影响巨大的社会思潮。在这个运动中，作家们反对理性束缚，反对清规戒律，强调文学的民族性，强调友谊、爱情、大自然和对祖国、对人民的感情。所以，狂飙突进运动的特点如下所述：

其一，继承启蒙理论家关于自然和人权的思想，特别是卢梭“回归自然”的民主主义思想，强烈个性解放，即充分肯定个人地位、个性发展的无限可能性，反对封建专制制度对人的思想和行为的严重束缚。

其二，要求大力发扬固有的民族风格，促进民族意识的形成和提高。为了抨击民族的分裂状态，批判封建宫廷的腐败风气，诗人们重视民间文学的搜集和整理工作，在农民和市民中间发掘民族精神，从而大大促进了德意志民族意识的觉醒。

其三，崇尚“天才”人物的才能、智慧与胆识，因为这些精英是符合理性、不受束缚的自然人和自由人。“天才”论既具有反对封建专制、反对教会束缚、反对宫廷腐败和反对虚伪道德的进步意义，又具有狂热的、傲慢的个人主义色彩。

其四，狂飙突进运动在强调感情力量的时候，并不排斥理性，而是要求感情与理性的统一。”[①]实现感情与理性的融合，日益成为文学创作的强大推动力。

狂飙突进是由一批充满激情的德国文学家为主体进行的思想启蒙运动，该时代的每一部杰作都渗透了德国启蒙学者的社会叛逆精神。

(1)民族文学的奠基人：莱辛（Gotthold Ephraim Lessing, 1729～1781）出生于一个牧师家庭，学习过拉丁文，17岁进入莱比锡大学接受教育。少年时代由于其强烈的求知欲，老师把他称为“一匹需要双份饲料的马”。他是剧作家、评论家和德国启蒙运动的最重要代表人物。他的代表作《爱弥莉娅·迦罗娣》是一部催人泪下的悲剧，其中揭示了生命的两大原则即真理与理性。女主人公爱弥莉娅·迦罗娣的未婚夫被古斯特勒公爵杀害，她自己也被公爵骗入宫中。她的父亲及时赶到后，她要求父亲忍痛亲手杀死她，以保全自己的贞洁。这对父女出身于市民阶层，他们无力反抗以古斯特勒公爵为代表的封建宫廷势力，只有选择这种无声的抗议。莱辛深刻地揭露和批判了德国封建势力的荒淫无耻和霸道行为，所以，歌德曾赞扬这个剧本“从伦理方面唤醒人们起来反抗，对付暴虐的专制政权。”[②]

《拉奥孔》是现代美学的经典之作，莱辛在其中揭示了诗歌和绘画的界限与功能，指出它们都是模仿的艺术，但作为语言艺术的诗歌的本质在于描述人物动态，而作为造型艺术的绘画的本质在于表现瞬间运动；绘画是运用形态和颜色的艺术，比起运用文字的抽象艺术更直观、生动。他在《汉堡剧评》中提出戏剧是文艺创作的最高形式的看法，并通过一系列评论批判了高乃伊、拉辛等法国古典主义文学家信守的“三一律”。“莱辛既为德国文学奠定了民族文学的方向，也以他为代表的启蒙文学所强调的民族意识觉醒给予狂飙突进文学以深刻的启发和影响。”[③]

(2)狂飙突进运动的核心：歌德（Johann Wolfgang Goethe，1749～1832）出生于法兰克福的一个望族之家，母亲是个当地镇长的女儿，父亲做过皇家参事。16岁那年，歌德进入莱比锡大学学习，后来获得斯特拉斯堡大学法学博士学位，并成为德国最伟大的诗人和百科全书式的人物。在其80余年的生活中，他的创作横跨了德国文学史上的三个重要时期：狂飙突进—古典主义—浪漫主义，他的作品则运用了三种体裁：叙事诗、抒情诗和戏剧[④]。他不但是狂飙突进文学的核心，而且在时事评论、绘画、剧院管理和科学研究领域都做

---

① 杜美著《德国文化史》，北京：北京大学出版社，1990年，第127页。

②《欧美文学200题》，南宁：广西人民出版社，1986年，第209页。

③ 杜美著《德国文化史》，北京：北京大学出版社，1990年，第127页。

④ 杜美著《德国文化史》，北京：北京大学出版社，1990年，第181页。

出了巨大的贡献，影响力遍及全世界。

在斯特拉斯堡大学时，歌德深受狂飙突进运动理论家赫尔德（Johann Gottried Herder，1744～1803）的激进民主主义精神的影响，他的创作热情被激发了出来。歌德与赫尔德的相识与合作，标志着狂飙突进运动的开始。歌德激烈批判封建伦理道德与教会势力的残酷性，充分表达了个性解放与向往自由的强烈呼声。年轻的时候，他就有过那种过度的、持续的狂热，就是他在书信体小说《少年维特的烦恼》中完美表现的主题。这幕18世纪70年代青年人的恋爱悲剧表达了一种狂热，“这种强烈的愿望，这种强烈的厌恶，这种狂怒，这种狂喜曾毁掉过一些最有才华的人”①。而在哲学诗剧《浮士德》（Faust）中，他成功地塑造了一个充满矛盾的人物。在浮士德的心胸里居住着灵与肉“两个灵魂”，而且“它们总想相互分道扬镳”。书斋中的浮士德的精神曾一度崩溃，他对人生失去了信念。后来，他抛弃了对生活的否定态度，决心投身于实践之中。于是，在魔鬼梅菲斯特的引导下，他来到莱比锡的艾尔巴赫地下酒店，但又看不惯那种酗酒放纵的生活。他对市民少女格蕾欣产生了爱情，却反而使她惨遭杀戮。继而，他来到一个小朝廷后，开始追求古典艺术，并对海伦产生了深深的爱。在浮士德和海伦所生的儿子欧福良夭折后，海伦飘然而去，浮士德又回到了现实世界。他从事着改造自然的活动，理解了人生的乐趣就是要“立定脚跟”，执著于现世，又表现出在“任何瞬间都不会满足”。然而，当他真正理解这一点时却满足了，终于停止了自己的探索，并在喊出“停一停吧，你真美啊”之后而倒下，结束了长期的内心冲突②。浮士德的内心冲突正是生命存在的一种必然现象，他的悲剧在于他的愿望没有实现便逝世了。歌德给人们的启示是，人类只要存在着，他们就必然地处在永无止境的矛盾冲突之中，并在这种冲突中永无止境地进行探索、创造，并获得发展。

（3）狂飙突进运动的主将：席勒（Friedrich von Schiller，1759～1805），出生于符登堡的马尔巴哈，父亲是个上尉军医，母亲是面包师的女儿。少年席勒进入卡尔学院，先后学习了法律和医学，后来像他的父亲一样成为一名军医，并成为耶拿大学的史学教授。他爱好文学，是著名的戏剧家、诗人和美学评论家。在文学上像歌德一样，席勒是作为浪漫主义者开始了创作的生涯。1786～1789年，席勒写作了包括《欢乐颂》在内的一些抒情诗。《强盗》是他的第一部戏剧，其中描写了一个豪侠青年憎恨封建贵族统治，铤而走险和寻求理想社会的事。他假托一群贵族和学生之口，发出了“打倒暴虐者”的时代最强音。这部戏剧对德国文学的语言和形式产生了重大影响。几年以后，《阴谋与爱情》一剧奠定了席勒在狂飙突进运动中最佳戏剧家的地位。作者通过贵

① (英)布洛克著《西方人文主义传统》，董乐山译，北京：三联书店，1997年，第147页。

② 参见(德)歌德著《浮士德》，钱春绮译，上海：上海译文出版社，1989年。

族青年费迪南与平民女子路易丝为了追求爱情自由而服毒自杀的这一悲剧，抨击了封建制度的黑暗与罪恶，表达了蔑视专制统治的反抗精神和向往自由与爱情的理想主义。在创作后期，席勒又像歌德一样，从浪漫主义转向古典主义。他不仅撰写了《尼德兰独立史》、《三十年战争史》等历史著作，还创作了两个重要的历史剧《华伦斯坦》三部曲和《玛丽亚·斯图亚特》。前者通过历史人物，艺术地再现了德意志民族的苦难与悲剧，后者表现了暴力与善良、虚伪与真诚的矛盾冲突，奠定了作者在德国古典主义文学上的重要地位。

图 7-3 《爱神丘比特用赫拉克勒斯的粗大棒做弓》

作品以希腊神话故事为题材，塑造了一个长着翅膀的活泼少年丘比特，体现了古典主义的写实风格。

（4）跨时代的犹太诗人：海涅（Heinrich Heine，1797～1856）出生于一个犹太商人家庭，从中学和商业学校毕业后开始经商，业余时间从事诗歌创作，后来获得哥丁根大学博士学位。他在柏林结识浪漫派诗人后，以积极浪漫主义者的姿态出现于文坛。他在巴黎期间结识了法国著名作家雨果、巴尔扎克等人，1841年娶了法国女子玛蒂尔德，1843年底结识了马克思，不久又认识了恩格斯。

18、19世纪之交，德国的文学家借助于对古代社会的依恋来表达对现实社会的不满，他们的作品充斥着大量的宗教色彩。以斯勒格尔兄弟、诺瓦利斯等人形成的耶拿学派，将德国的浪漫主义推进到一个新阶段。1833年海涅出版的《论浪漫派》一文对其做了总结，就德国的浪漫派而言，“它不是别的，就是中世纪文艺的复活，这种文艺表现在中世纪的短歌、绘画和建筑物里，表现在艺术和生活之中。”①在政治长诗《德国：一个冬天的童话》中，海涅将德国社会比喻成一个万物肃杀的严冬，并认为这样的天气必将结束，伪善的老一代正在逐渐地消逝，新的一代正在成长。但在当时的社会环境下，海涅难以直接、鲜明地表达这一思想，因而在诗中将现实与幻想交织了起来。

海涅也对保守主义进行了无情的批判，他在流亡法国若干年后成为一个现实主义者。他几乎把他的整个一生献给他喜爱称呼的“人的解放战争”。1827年他结集出版的抒情诗《歌集》，把自然的想像与感情、讽刺融为一体，充分表现了他的温情而忧郁的抒情天才，以及当时极少有人能超越的迷人的音乐魅

① (德)海涅著《论浪漫派》，张玉书译，北京：人民文学出版社，1979年，第5页。

力。他的许多诗歌后来被舒伯特和舒曼改为音乐，散文则揭示了对他那一时代的社会问题的敏锐感知。1844 年，西里西亚纺织工人大罢工，仿佛使海涅看到了改变德国社会的真正力量之所在。他以无限的敬仰之情写下了《西里西亚纺织工人》这首诗，明显地表现出批判现实主义的倾向。

进入 19 世纪后，一批浪漫主义青年文学家出现于德国文坛。他们的作品带有怀古成分，同时又努力收集德国民间文学，特别是民间歌谣和童话，以这种特殊的形式言情明志，表达对美好社会的向往。海德堡浪漫派创立者布伦塔诺（Clemcns Brentano，1778～1842）和阿尔尼姆（Achcin von Arnim，1781～1831）收集整理了《男童的神奇号角》，格林兄弟（Jacob Ludwig Karl Grimm，1785～1863，Wilhelm Karl Grimm，1786～1859）的《格林童话》也是在这样的背景下完成的。

二、德国三大古典哲学家

法国大革命时期，德国学者们开始思索德意志和欧洲的现实，由此萌发了德意志统一意识。当时，启蒙运动对理性的推崇，科学进步对自然现象的解释，英、法革命对封建势力的打击，以及狂飙突进运动对个性、民族性和民主性的诉求，都推动了德国古典哲学的出现，并使其成为 19 世纪西方哲学中影响最大的哲学流派。

（1）古典唯心主义哲学始祖：启蒙时代的哲学家康德（Immanuel Kant，1724～1804）有“现代哲学的浪尖”之称。他出生在东普鲁士的哥尼斯堡，求学于哥尼斯堡大学，并终身任教于此，而且从未离开过自己的故乡。尽管终身未娶和长期处于困难生活之中，他却能平静地思考哲学问题，他的思想震荡了整个西方哲学界。康德早期主要研究自然哲学，1755 年在《自然通史与天体论》中提出宇宙天体处于不断的毁灭和形成的过程，太阳系起源于原始星云的假说，打破了牛顿关于太阳系永恒不变的机械自然观，这是自哥白尼以来天文学领域所取得的最大进步。1770 年以后，他主要转向认识哲学研究，主要有《纯粹理性批判》、《实践理性批判》和《判断力批判》三大名著，由此建立起自己的批判哲学体系。

康德指出：“现代尤为批判之时代，一切事物皆须受批判。”他的认识论是二元的，正如他所说的：“吾人一切知识始自感官进达悟性而终于理性”①，即知识是先天就有的，人们可以通过感性获得，这就是知性；人心中具有一种先天能力，它要求把握绝对的、无条件的知识，即超越“现象世界”去把握“自在之物”。通过“感性”和“知性”所获得的知识，都是关于“现象世界

① (德)康德著《纯粹理性批判》，蓝公武译，北京：商务印书馆，1960 年，第 242 页。

的知识”，因而总是相对的、有条件的。后来，他的二元论哲学由他的学生费希特（Johann Gottlieb Fichte，1762～1814）发展为主观唯心主义。而谢林（Friedrich Wilhelm Joseph von Schelling，1775～1854）又在否定费希特的基础上，把德国古典哲学推向客观唯心主义。尽管如此，康德的认识论对启蒙运动以来自然神论的否定，具有划时代的影响力[①]。

康德将他的道德哲学建立在“绝对律令”概念之上，他认为“不论做什么，总应该做到使你的意志所遵循的准则永远同时能够成为一条普遍的立法原理”。所以，他把道德和幸福绝对对立起来，认为一个好的道德动机即所谓“善良意志”，决不能掺杂着丝毫的情感的好恶或趋利避害的因素，否则动机就是不纯的，意志就不是善良的；如果“把个人幸福原理作为意志的动机，那是直接违反道德原理的。”道德的存在应该以自由为前提，“我们必须假设有一个摆脱感性世界而依理性世界法则决定自己意志的能力，即所谓自由。”[②]“道德的意义就在于这种行为应该出于义务心，而不是出于爱好。”显然，他的道德哲学保留了文艺复兴和启蒙运动以来西方哲学中以个人为中心的特点。

康德的美学哲学，正是以他的二元认识论和以人为中心的道德哲学为基础的。他不仅概括出美的四个特征，即审美判断的利害关系、审美判断目的性、美的普遍性和美的必然性[③]，而且强调了美学的主观因素，把美与艺术的经验用于物理学和哲学史，从而影响了18～19世纪唯美主义艺术的发展。

（2）古典唯心主义哲学集大成者：黑格尔（Georg Wilhelm Friedrich Hegel，1770～1831）和席勒是同乡，生于符登堡的斯图加特；又和谢林是同学，曾就读于杜平根大学。他所生活的年代是大陆欧洲社会急剧动荡的岁月。1801年，他在谢林的帮助下，到耶拿大学担任讲师；三年后，他又在歌德的举荐下被任命为教授；后来，他还出任海德堡大学哲学教授、柏林大学教授和校长。

黑格尔的认识论是客观唯心主义的，这集中地体现在他的《精神现象学》著作中。这是一本哲学的独立宣言书，它批判了康德的二元论和费希特的主观唯心主义。黑格尔认为，“照我看来，一切问题的关键在于：不仅把真实的东西或真理理解和表述为实体，而且同样理解和表述为主体。”[④]“精神的东西本身应该起决定性作用，并且迄今的事物的进程就是如此”[⑤]，“除了理性外更没有什么现实的东西，理性即绝对的力量”[⑥]。换言之，一切存在都是这种

---

① 冒从虎等编著《欧洲哲学通史》（下册），天津：南开大学出版社，1985年，第130～133页。

② （德）康德著《实践理性批判》，关文运译，北京：商务印书馆，1961年，第30页、第35页、第135页。

③ （德）康德著《判断力批判》（上卷），宗白华译，北京：商务印书馆，1964年，第46页、第79页。

④ （德）黑格尔著《精神现象学》（上卷），贺麟、王玖兴译，北京：商务印书馆，1979年，第10页。

⑤ 引自《马克思恩格斯全集》（第3卷），北京：人民出版社，1960年，第188页。

⑥ （德）黑格尔著《哲学史讲演录》（第4卷），贺麟、王太庆译，北京：商务印书馆，1978年，第294页。

绝对精神的产物和反映，“绝对理念”即自我创造、自我运动、自我认识、自我实现。他力图把个人意识、社会意识诸形态描述为一个不断由低级阶段向高级阶段过渡的矛盾发展过程。显然，他的客观唯心主义是一个从思维到存在、从存在到思维的认识圆圈。

黑格尔的唯心主义哲学也包含着“合理的内核”，即辩证法思想。他对德国古典哲学中的辩证法思想进行了总结，这种思想在《精神现象学》中已经有所体现，并在《逻辑学》中得到了充分的表达。他认为，思维和存在是一个不能割裂的矛盾的统一体；真理是发展的产物，而发展则是通过否定而实现的，否定是由于事物内在的矛盾引起的。“即引导概念自己向前的，就是前述的否定的东西，它是概念自身所具有的，这个否定的东西构成了真正的辩证的东西。”这种否定并不是简单的抛弃，而是一种“扬弃”。“因为自在的肯定物本身就是否定性，所以它超出自身并引起自身的变化[①]。这种运动和变化是从量变到质变的过程，质变就是“某物在质的方面过渡为与自己有区别的一般的他物以及自己的对立面”。从这种辩证法思想出发，他还全面阐述了哲学中的另外一些重要问题，特别是真理与谬误、可能与现实、偶然与必然、必然与自由以及原因和结果等的辩证关系，从而使德国古典哲学中的辩证法思想达到顶峰，并对马克思主义哲学产生了重要的影响。

（3）著名的古典唯物主义哲学家：费尔巴哈（Ludwig Andreas Feuerbach，1804～1872）出生于巴伐利亚的朗兹胡特，中学毕业后相继就读于海得堡大学、柏林大学，主要学习神学、哲学和自然科学。他的主要著作有《论哲学家和基督教》、《黑格尔哲学批判》、《基督教的本质》、《宗教的本质》、《论唯灵主义和唯物主义》等。他充满着理性的叛逆精神，不仅表现为反叛他的老师黑格尔，而且表现为反叛整个德国古典哲学中的唯心主义传统。费尔巴哈哲学的基本范畴是以自然为基础的“人”，他指出“新哲学将人连同作为人的基础的自然当作哲学惟一的，普遍的，最高的对象。”他坚持无神论，并以自然为基础的“人”否定基督教的上帝。他在概括自己的思想发展时说：“我的第一个思想是上帝，第二个思想是理性，第三个也是最后一个是人。神的主体是理性，而理性的主体是人。”[②]这种认识与费尔巴哈的哲学思想先后经历三个不同的发展阶段相一致，即从唯心主义的宗教哲学到黑格尔的理性哲学，再到唯物主义的人本哲学。

关于以人为本的哲学思想，费尔巴哈认为，人是自然界的产物，也是一切哲学活动的主体和中心。“自然界从何而来呢？它是来自自身，它没有始端和

---

① (德)黑格尔著《逻辑学》(上卷)，杨一之译，北京：商务印书馆，1976年，第38页、第64页。

② (德)费尔巴哈著《费尔巴哈哲学著作选集》(上卷)，荫庭等译，北京：三联书店，1959年，第184页、第247页。

终端。”①同时，他认为“黑格尔关于自然、实在为理念所建立的学说，只是用理性的说法来表达自然为上帝所创造的、物质实体为非物质的、亦即抽象的实体所创造的神学学说。”在费尔巴哈看来，“在自然界也没有什么神来统治，有的只是自然界的力量，自然的法则。”由于黑格尔“把第二性的东西当作了第一性的东西，而对真正第一性的东西或者不予理睬，或者当作从属的东西抛在一边”②费尔巴哈彻底否定了包括黑格尔的绝对精神在内的德国古典唯心主义哲学观点，建立起他自己的唯物主义人本哲学，这种“基本内核”后来成为马克思主义哲学的重要来源之一。

第三节　法国开创浪漫主义时代

一、浪漫主义文学的特点

浪漫主义文学以抒发个人感情、表达个人的理想为主题，主要体现为自由，即充分地、随心所欲地表现自我和个性。这是19世纪初欧洲社会现实在文学领域的典型表现。浪漫主义分为消极的和积极的两种形式，前者主要流行于18世纪末，他们在残酷的资本主义社会现实面前感到无能为力，不敢对之批判，而是采取消极怀古的态度，希望回归中世纪的田园生活，甚至陷于个人幻想或神秘的宗教遐想之中；后者流行于19世纪初，他们有力地批判资本主义社会，热情地支持社会革命，并对社会改革充满着希望。由于各国社会发展的差异，浪漫主义文学在欧洲各国发展的水平以及所采取的表现形式也不一样。法国浪漫主义文学以小说为主，它开创了欧洲的浪漫主义文学；英国浪漫主义文学则以抒情诗为主；而德国浪漫主义文学则具有浓重的怀古情绪。在浪漫主义文学兴盛的时代，法、英的批判现实主义文学已经开始出现。

图7-4　位于拿破仑广场的罗浮宫

18世纪末19世纪初，法

① (德)费尔巴哈著《费尔巴哈哲学著作选集》(下卷)，荫庭等译，北京：三联书店，1962年，第641页。

② (德)费尔巴哈著《费尔巴哈哲学著作选集》(上卷)，荫庭等译，北京：三联书店，1959年，第114页、第355页、第77页。

国大革命所引起的政治动荡对文学产生了重要的影响。大革命后，进步与反动、复辟与反复辟、专制与民主的斗争相当激烈，因而法国浪漫主义文学表现出十分鲜明的政治色彩。尽管如此，浪漫主义文学的特点依然是异常鲜明的：第一，积极的浪漫主义对现实社会持激烈的批判态度，消极的浪漫主义则借助于怀古意识来表现其强烈的不满情绪；第二，两种浪漫主义都强调主观的作用、个人的影响，以抒发个人的感情与理想为主要目的；第三，他们对现实生活往往表现出某种漠然，却着力描绘神奇的自然界，表现出对大自然的无限神往；第四，在表现手法上，他们以尽可能的夸张与强烈的对比为主，表达个人的理想与爱憎。

图 7-5 《拿破仑翻过圣贝纳山》

这是法国新古典主义画家大卫的作品，他塑造了不可一世的法军最高统帅，一身戎装的拿破仑跃马疆场的英姿，充分体现了法兰西民族的英雄主义情结。

二、夏多布里昂：浪漫主义偶像

法兰西学院院士、散文家夏多布里昂（François René Chateaubriand，1768～1848）在政治上拥护波旁王朝(1589～1792，1814～1830)，深深缅怀往昔的封建时代，对基督教社会更具有无限的眷恋感。他试图在神秘的基督教大世界和人民纯朴的、“神圣的无知”的状态中找到宇宙间崇高的美。狄德罗说过，“美总有一种巨大的、异乎寻常的、野蛮的东西”①。光明世纪，启蒙主义者多褒扬运动与粗犷的自然美，贬抑静止与高雅的人工美；而夏多布里昂则主张复兴天主教传统，把人民从理性的危险中拯救出来，将他们带回到信仰的时代。所以，他在《基督教真谛》一书中赞扬了教会的艺术与学术成就。同时，他在中篇小说《勒内》中以自己的经历为蓝本，塑造出一个忧郁、孤独、怨忿、厌世的青年形象，通过怀旧情绪的流露，表现出一种失落感。这种19世纪20～40年代许多法国青年共同具有的心理，《基督教真谛》将其称为“激情的模糊状态”，又称为“世纪病”。

夏多布里昂的中篇小说《阿达拉》是他所追求的“基督教真谛”的文学例证。小说以18世纪北美印第安人社会为背景，描写了一个部落酋长

① 引自罗芃等著《法国文化史》，北京：北京大学出版社，1997年，212页。

的女儿，信奉基督教的阿达拉爱上异教青年沙克达斯的故事。当阿达拉得悉父亲要烧死这个印第安青年时，她冒着生命危险救出自己的情人，并和他一同私奔。在原始丛林里，当这对青年人即将举行婚礼时，阿达拉突然服毒自杀。原来，她的母亲生前让女儿不嫁，终生侍奉上帝。现在，面对无法摆脱的内心矛盾，阿达拉决定以死殉教，她还劝说沙克达斯也皈依基督教。小说歌颂了基督教的圣洁、伟大与献身精神，反映了作者的思想矛盾，表明了他既同情爱情悲剧又宣扬宗教对爱情的胜利的态度。《阿达拉》借景抒情，情景交融，具有极强的艺术感染力，体现了浪漫主义文学特征。这是欧洲浪漫主义文学的开端。夏多布里昂是整整一代浪漫主义者的偶像，如雨果在年轻时就表达过一种强烈的愿望："不为夏多布里昂，宁为尘土。"①

三、雨果：浪漫主义文学代表

雨果（Victor Hugo，1802～1885）早期追随夏多布里昂，他的第一本诗集《颂歌》同样用忧郁的目光对待生活，并对王权和宗教产生顶礼膜拜的情结。后来，他的政治立场由保皇主义转向自由主义。但他作为一个坚定的共和主义者，他曾被拿破仑三世流放，1870 年返回巴黎后又当选为国民公会代表。雨果的大量作品直接取材于法国大革命，具有鲜明的政治性与现实性。在谈到创作主旨时，他说："怎样减少人世间的痛苦？饥饿、艰难的劳动、贫困和罪恶，这种种问题紧紧地抓住了我。"正因为如此，他的传记作者安德烈·莫洛亚指出："人类遗忘的大海淹没了多少十九世纪的作品，而雨果的作品像群岛一样，傲然挺立在大海之上，露出它们那千姿百态的尖顶。"②

雨果在《克伦威尔》中对古典主义清规戒律进行了公开的抨击，正如他在这部戏剧的序言中所主张的那样："戏剧应该是一面集中的镜子"，"必须像自然一样行动，在它的创作中，把阴影掺入光明，把粗俗结合崇高，而又不使它们相混"。他将浪漫主义发展为批判现实主义，触怒了法国的古典主义者。1830 年 2 月 25 日，当他的悲剧作品《艾那尼》公演时，古典主义者和浪漫主义者都严阵以待，做出了决战的姿态。雨果在《艾那尼·序言》中明确指出，浪漫主义是时代的回声，"其真正的定义不过是文学上的自由主义而已"③。在被称为"艾那尼战役"中，浪漫主义取得了绝对的胜利。

雨果的最重要作品是《巴黎圣母院》和《悲惨世界》，既是浪漫主义的代表作，又开创了批判现实主义文学之先河。《悲惨世界》是一部史诗式的作品，它以宏大的气势、敏锐的眼光和炽热的感情，从人道主义精神出发，

---

① 罗芃等著《法国文化史》，北京：北京大学出版社，1997 年，213 页。

② （法）雨果著《悲惨世界》，李丹译，北京：人民文学出版社，1990 年，译者序。

③《欧美文学 200 题》，南宁：广西人民出版社，1986 年，第 269～270 页。

紧紧围绕着工人冉阿让的悲惨生活这条主线，向读者展示了拿破仑帝国后期到七月王朝时期法国政治、经济和社会生活的历史画卷，深刻地揭露了大革命后的“三个问题”，即“贫穷使男子潦倒，饥饿使妇女堕落，黑暗使儿童羸弱”①，从而表达了作者对法国资产阶级的强烈不满。在《巴黎圣母院》中，他塑造了吉卜塞女郎爱丝米拉达和巴黎圣母院的敲钟人卡西摩多两个人物形象，表现了人类的美与丑之间的关系。卡西摩多虽然相貌丑陋，但在外表下却蕴藏着一颗善良的心；而巴黎圣母院主教克罗德·弗罗洛看似仪表堂堂，但在他的正人君子般的外表下，内心深处却包藏着龌龊与卑鄙。爱、善良和仁慈能够拯救人类，这是雨果所有长篇小说的主要思想之一。

四、乔治·桑：渴求平等的女作家

乔治·桑（George Sand，1804～1876）出生于一个贵族家庭，她的性别和传统婚姻是其一生中两个最痛苦的经历，它们迫使她不得不与社会偏见和误解抗争。然而，它们也激发她去证明自己能够承受得起生命与男权社会的挑战。1835 年，她摆脱第一次传统婚姻的束缚，卷入了与许多知名艺术家和音乐家的恋爱中，所以为社会所不齿，但她并没有屈服。从她笔下喷涌而出的小说，表达了她对热情、自由恋爱的向往，以及她作为“被误解的妇女”的愤怒。她独立不羁，标新立异，穿着男装，渴求平等自由和个性解放，并勇敢地宣称，一个人应该无视社会道德规范地去爱。作为一个民主主义者，桑称得上是女性解放的先驱。

1832 年，桑在处女作《英迪安娜》中讲述了英迪安娜和她的爱人拉尔夫之间痛苦的爱情。女主角英迪安娜嫁给了一位自以为是的退役军官，她忠于其实并不幸福的婚姻。当英迪安娜的丈夫把她的表兄拉尔夫作为她的房客接受时，她仅仅把拉尔夫先生当作一个亲密朋友，而拉尔夫却爱上了她。这时，另一个男子德·拉米埃尔引诱了英迪安娜的女仆，并与英迪安娜开始了不道德的关系。拉米埃尔想尽各种方法赢得了她的心，她先是应付他，而后给予了他爱情。与此同时，拉米埃尔拒绝与女仆结婚并迫使她绝望自杀。不久，英迪安娜的丈夫破产，举家迁出巴黎。她非常郁闷，决定离开她的丈夫。英迪安娜返回巴黎后，发现拉米埃尔已经和别的女人结了婚，从而陷入绝望、凄凉和身无分文的地步。当她决定自杀时，却被尾随她而来的拉尔夫所救。他们俩一同逃离文明社会，过上了幸福而自由的隐居者生活。作者以其对社会的敏锐和切身感受，鲜明而尖锐地提出妇女解放问题，引起社会的关注。40 年代以后，桑又走向以“社会问题”为标志的创作繁荣期。

---

① (法)雨果著《悲惨世界》，李丹译，北京：人民文学出版社，1990 年，作者序。

第四节　英国浪漫主义文学

一、湖畔诗人：华兹沃思和科尔里奇

图 7-6　威斯敏斯特大教堂

位于威斯敏斯特宫旁，前身是隐修院教堂，为历代英王举行加冕典礼和王室成员举行婚礼的地方。它不仅是英国哥特式建筑杰作、宗教圣地，也是崇高荣誉的所在，这里有著名的"诗人区"，以及前首相丘吉尔纪念碑。

"湖畔派"（lake poets）是英国第一代浪漫主义文学家，他们得名于其所隐居的英国西北部昆布兰湖区。他们远离喧嚣奢华的都市，寄情于乡村田野，而像德国的怀古诗人那样，在对社会现实表示强烈不满的同时，着力歌颂大自然的和谐，向往中世纪的山水田园生活。1798 年，一部冠以《抒情歌谣集》的诗歌在伦敦发表后，立即引起了轰动，因为它是两位年轻诗人用新诗体语言完成新创作，其作者就是湖畔诗人的杰出代表华兹沃思和科尔里奇。1800 年该作品推出新版本，他们在序言中提出了新的文学理论。湖畔诗人摒弃了追求形式完美、矫揉造作的 18 世纪旧诗风，为英国诗歌带来了新语言、新内容、新风格。

华兹沃思（William Wordsworth，1770～1850）在湖畔诗人中的声望最高，他为推动英国浪漫主义诗歌发展奠定了基础。他认为，诗歌应该是强烈感情的自然流露，诗人在选择普通生活事件和情景时赋以它们想像力的色泽，使得平常的东西能以不寻常的方式展示出来。他最初热衷于赞赏法国大革命，后来又转向了神秘的自然崇拜，向自然寻求精神安慰。他不仅崇拜大自然的外在美，还把大自然看成是宇宙精神的一种体现，这种宇宙精神把一切生物团结在神秘的关系之中。他认为自然感情高于智力，感官对自然的崇拜能使人们更深刻地领悟生活的崇高，从而使他们能够听到"人的宁静的悲哀的音乐"，由此增进他们对同类的爱与同情。华兹沃思的抒情诗文笔优美、想像丰富、风格清新，《丁登寺》和《序曲》都是脍炙人口的诗歌佳作。

科尔里奇（Samuel Taylor Coleridge，1772～1834）是诗人兼文艺理论家，他的诗歌风格与华兹沃思不同，他喜欢描写异国的情调、梦幻的世界和哥特式的环境，以逼真、自然的形象表现神圣、超自然的内容，并强调想像力在诗歌中的重要性。他的诗有的流露出浓重的伤感，有的表现出阴郁的情绪，有的衬托出神秘的气氛，他的特殊天赋使诗歌中的奇异怪诞的世界变得真实可信。叙事诗《古舟子咏》是英语文学中一部最生动而富有想像力的作品，它描写了一个老水手的一次航海遭遇：老水手的船遇到冰雪和大雾，一只信天翁飞来把船引向安全地带。可是他把它射死了，便从此遭到了上天的惩罚。他的船被海风吹到赤道地区而无法航行，变成了一只死船，船上人难以忍受痛苦而死去，结果只剩下老水手一人。后来，他看到海上出现水蛇，开始对这种生物产生爱怜之心，并为它们祝福。由于有了爱心，他的乞求得到了上天的宽恕，出现了奇迹。这时下起了雨，刮起了风，那些死去的水手逢凶化吉，又神奇地复活了。从此，老水手便遵从神的旨意，归来后逢人就讲他的不幸遭遇，以示自己的赎罪之意。在这部作品中，科尔里奇把纤细的、几乎是女性的感情，和对奇异的、超自然的恐惧事物的描写，成功地结合在一起，探索了人生的罪与罚的问题。他的诗歌创作不多，很快转向了文学批评。

二、第二代浪漫主义诗人

19 世纪初，以拜伦、雪莱和济慈为代表的第二代浪漫主义诗人登上文坛，他们以其短暂的人生为英国浪漫主义文学增添了无限的光彩。

拜伦（George Gordon Byron，1788～1824）十岁时继承了伯祖父的男爵称号，1805 年进入剑桥大学学习。他虽然过着贵族子弟的时髦生活，但忧郁和孤独感却挥之不去。中学时代，他阅读了大量具有启蒙思想的历史、哲学与文学著作。大学毕业后，他获得贵族院议员的席位。但是，他以其高傲的个性和坚强的勇气，对人类的虚伪与骄横进行了冷嘲热讽，其一生都富有一种强烈的反抗精神。所以，他的直率而大胆的诗体，典型地代表了浪漫主义者的时代精神。

拜伦的诗作极多，代表作为诗体小说《堂·璜》，被哥德称为“绝顶天才之作”。主人公堂·璜是西班牙塞维尔城的一个漂亮、多情的贵族青年，他无视社会规范，因与贵族少妇发生恋爱纠葛而被迫出走。他在海上遇到风暴，漂泊到希腊的一个海岛，幸遇海盗之女海蒂的搭救。两人相互倾慕，并秘密结为夫妇。后来堂·璜被海盗当作奴隶出售，他竟男扮女装进入土耳其后宫，并与王后闹出风波。逃出土耳其王宫后，他参加了围攻伊斯迈尔城的俄国军队，因功勋而进入俄国宫廷，遂成为女皇叶卡捷琳娜二世（1762～1796 年在位）的宠臣。他还作为俄国使节被派往英国，变成英国上流社会的时髦人物，继而客居贵族城堡，又发生了奇闻艳遇。作品写到这里，由于诗人参加希腊革命而中断。拜伦渴望革命，希望人民起来和压迫者作斗争。照他原先的打算，堂·璜应该牺牲在法国革命的街垒战中。

在他的诗歌中，拜伦塑造了一个又一个孤独倔强、忧郁勇敢，既向往自由又与周围人格格不入的“反叛者”。《堂·璜》试图揭示一个年轻人从盲目到自觉、从妥协到反抗，从随波逐流到成为时代的弄潮儿，最后不惜流血牺牲的人生历程，这就是典型的“拜伦式英雄”。36 岁那年，拜伦为希腊人争取自由而死，这当然地成为他那短暂的、充满冒险的生命巅峰。

然而，他对欧洲文学产生了极大的影响，“拜伦式英雄”成为理想的年轻人的典范。

雪莱（Percy Bysshe Shelley，1792～1822）是与拜伦齐名的诗人，他像拜伦一样出身于上层阶级，也是上流社会的反叛者，并以其天才与热情为正义和自由而奔走。雪莱曾在其散文作品《诗歌辩》中将诗人们称为“世界上未被承认的法官”，充分肯定他们的社会价值。他自己曾因无政府主义的罪名被牛津大学开除，以后则成为无政府主义政治哲学家和作家戈德温（William Godwin，1756～1836）的信徒。虽然雪莱最终对青年时期的激进主义进行了修正，但他始终没有放弃对非正义的憎恨和对于一个欢乐与自由的金色黎明的向往。他的生命也像拜伦一样，在短短的30年人生历程中，给后人留下了许多思想深邃、诗意隽永的佳作。它们像鲜花一样给人以美的享受，又像号角般激越豪放，给人以奋发向上的力量。如果说雪莱的《云雀颂》给读者留下了不能泯灭的印象，那么，他在《被解放的普罗米修斯》中则为读者塑造了一个为自由、理想而战的英雄形象。雪莱写道：“人类从此不再有皇权统治，无拘无束，自由自在；人类从此一律平等，没有阶级、民族和国家的区别，也不再需要畏怕、崇拜、分别高低；每个人就是管理他自己的皇帝；每个人都是公平、温柔和聪明的。”①他在著名的《西风颂》结尾处写下了脍炙人口的不朽诗句：“愿自己的嘴像号角，吹出一声声预言吧！如果冬天来了，春天还会远吗？”②

济慈（John Keats，1795～1821）和他的大多数同时代浪漫主义者的不同之处在于，他把美和思想热情相互等同，这和古希腊人把美和善相互等同很相似。他的诗歌不像拜伦、雪莱那样对社会提出正面的抗议，而是追求美。他的信条之精粹表现在《希腊古瓮颂》的著名诗句中：“美就是真，真就是美，——这就是你在世上所知道的一切，你也只需要知道这些。”因为他的观念是理想的美：不管鲜花枯萎，青春消逝，理想的美将永不衰退。虽然济慈活得更短，只有25岁，但他被雪莱称为“最活跃、最年轻的诗人”、“一颗露珠培育出来的鲜花”。当然，济慈也评判社会，正如他在《圣爱格尼斯之夜》一诗所写的那样：

> 听啊！这是仙灵送来的风暴，
> 它虽然凄厉，却似对我们的祝福。
> 起身吧，起身吧！一会儿就将破晓！③

---

① 朱维之、赵澧主编《外国文学史》（欧美部分），天津：南开大学出版社，1985年，第304～305页。

② 全国高等师范院校外国文学教学研究会编《欧美文学200题》，南宁：广西人民出版社，1986年，第258页。

③ 全国高等师范院校外国文学教学研究会编《欧美文学200题》，南宁：广西人民出版社，1986年，第263页。

第五节　欧洲浪漫主义绘画

19 世纪中期，浪漫主义绘画在英国和法国出现并流行。这是一种与新古典主义相对抗的艺术流派，虽然两者都具有很强的目标感，它们的不同之处却是显而易见的：新古典主义者认同理性，试图表达普遍和永恒的价值；而浪漫主义者认同感觉与激情，他们的最终评判标准则是艺术家的感情。浪漫主义由于具有主观的性质，并承认个人自主性，在 18、19 世纪深刻地改变了艺术对生活的态度和艺术的表达方式，造成了广泛而持久的影响[①]。

法国大革命、欧洲国家对拿破仑的臣服与反抗，对浪漫主义绘画产生了重要影响。法国浪漫主义绘画代表了这个流派的最高成就。这一时期，不仅出现了着对传统生活方式的反叛，而且产生了艺术界摆脱传统权威的现象。艺术与文学、历史保持着密切的联系，苏格拉底、司各特[②]和莎士比亚等文化名人开始取代统治欧洲艺术界的宗教与神话人物，因此，浪漫主义绘画经历着从新古典主义到浪漫主义的转变。这一代画家们选择真实历史事件作为主题，在艺术领域中第一次引入了现实主义作品。在形式上，艺术家借鉴古希腊、罗马的经典作品，如大卫的作品中大量地使用了黄金比例的原理。在色彩的运用上，浪漫主义绘画具有前所未有的丰富、明快特征，而与古典主义绘画重造型、轻色彩的风格形成对照。相应地，浪漫主义绘画的轮廓表现出随意性，而且，以前被忽视的自然界开始成为画家描绘的重要对象。与自然界相联系的各种现象，如光的效果、云的流动、风的特征和水的形态，这一切都能构成绘画的主题，从而使风景画上了一个新台阶，并为下一个世纪印象主义的出现铺平了道路。

图 7-7 《自由引导人民》 德拉克洛瓦以强烈的激情、色与光的鲜明对比，成功地再现了 1830 年“七月革命”。纯洁、美丽的自由女神是正义与真理的化身，她手持象征着自由的三色旗，在硝烟弥漫的战场上冲锋陷阵，给人以巨大的精神力量。

1819 年，席里柯（Théodore Gericault，1791～1824）的代表作《梅杜萨号之筏》问世，宣告了浪

① (英)雷诺兹等著《剑桥艺术史》(第 3 卷)，钱乘旦、罗通秀译，北京：中国青年出版社，1994 年，第 16 页。

② 司各特(Sir Walter Scott，1777～1832)是苏格兰诗人、小说家和欧洲历史小说的开创者，他的重要作品有《威弗利》、《清教徒》、《艾凡赫》、《修道院院长》等。

图 7-8《1808 年 5 月 3 日的枪杀》

漫主义绘画在法国的诞生。他关注人的命运、人的求生的欲望、人的形象与心理活动。他以 1816 年“梅杜萨”①号船只出海遇难这一真实事件为题材，描绘了一群残存者向一艘路过的船只拼命挥手求援，他们正处于绝望和死亡境地的悲剧场面，给人造成激动、紧张和震撼的感觉。

德拉克洛瓦（Eugéne Delacroix，1798～1863）出入巴黎沙龙，结识了司汤达、梅里美②、雨果、乔治·桑、肖邦等文艺界知名人士，亲眼目睹了大革命后拿破仑帝国的兴衰。他十分推崇巴罗克大师鲁本斯，其绘画作品色彩丰富、结构壮阔，主题广泛。他敏锐地感受到文化气候的变化，积极投身于浪漫主义革新运动，成为法国这一时期绘画的最杰出代表，有“浪漫主义的雄狮”之赞誉。

德拉克洛瓦的第一幅重要作品《但丁的小舟》取材于但丁的《神曲》，描写但丁在维吉尔陪同下巡游地狱的情景。这是一个怪诞的和充满幻想的主题，整个画面笼罩着昏暗的色调。在《希奥岛的屠杀》中，画家生动地再现了土耳其人对希腊人大屠杀的场面。为了使作品能够震撼人心，他采用了强烈对比的色彩、粗犷有力的线条、明暗分明的远景和近景，甚至半裸体的表现手法。《自由引导人民》是他创作的最著名的浪漫主义绘画，画面上的自由女神居中站立，她一只手向前挥动着三色旗，另一只手紧握着枪，微微右转，面朝民众，正引导法兰西人民为自由而前进。民众分布在她的旁边，除了成年人，还有一个双手拿着枪的少年；他们有的倒在了血泊中，有的还在勇敢向前。远处的天空一明一暗，形成强烈的对比效果，观众犹如置身于为自由而战的历史场景之中。

戈雅（Francisco José de Goya，1746～1828）是西班牙浪漫主义大师，他的作品主要有《阳伞》、《狂想曲》、《裸体的玛哈》等。其中，《疯人的院子》表现的是斗牛场面，显示了孤独的悲剧性人物的浪漫主义倾向。《1808 年 5 月 3 日的枪杀》采取直截了当的“报道体”艺术形式，对当时发生的事件进

① 根据希腊神话，美女梅杜萨（Méduse）因触犯女神雅典娜，她的头发变成毒蛇，面貌也奇丑无比。谁要是看她一眼，就会变成石头。

② 梅里美(Prosper Mérimée，1803～1870)是法国剧作家和短篇小说家，他在波旁王朝复辟初期开始用浪漫主义手法创作，以后转向现实主义，他的代表作是《卡门》。

行准确而如实的处理，描绘了一个悲壮激昂的场景，热情歌颂了人民反抗拿破仑侵略的爱国行动。在马德里郊外的刑场上，法国士兵端枪举射，无辜的人们，有的人缩着身子，遮住双眼不敢看，有的人已经倒在了血泊中。而其中一个通体照亮的青年农民，面对敌人的枪口毫无惧色，愤怒地高举起双臂，好像正在勇敢地咒骂法国侵略者。戈雅的创作风格十分独立，他的才华在其死后才被人们接受。

第六节　浪漫主义音乐

18 世纪是西方古典音乐的时代，比较强调音乐本身的美；19 世纪浪漫主义音乐兴起，通过多种形式实现音乐对人的心灵的震撼。在浪漫主义时代，德国和奥地利仍然代表着西方音乐的最高水平，而法国和意大利则在歌剧方面获得进一步发展。浪漫主义音乐形式上自由，强调情感、想像和对自然的热爱；音乐家并不完全反对传统，而是试图运用个人的视野来调和这种传统的音乐形式，借以表达自己的情感和精神境界。与古典主义的明显区别在于，浪漫主义音乐人特别强调原创性。音乐家试图用音乐来把握自然界的各个方面，首要的就是人的情绪和热情。从一定意义上说，作曲家和诗人一样，他们都要对周围发生的激动人心的政治事件做出反映。就音乐领域来看，浪漫主义首先在抒情风格中找到了恰当的表现形式——钢琴曲和歌曲，这是对符合逻辑结构的大型交响乐形式的反对①。

贝多芬（Ludwig van Beethoven，1770～1827）是 19 世纪德国最伟大的音乐家，他出生于莱茵河畔波恩的一个社会地位卑微的音乐世家。由于贫困和父亲的过于严厉，贝多芬的童年生活极为不幸；成年以后，他的独特性格和暴躁脾气使其遭遇了一连串的打击。他的衣着随便，作风粗犷、率直甚至于无礼；他敏感、多疑，常常假想自己受到最亲密朋友的怠慢，因而生他们的气，以至于伤害他们的感情。虽然如此，朋友们不和他计较，还是对他很好，那些附庸风雅的维也纳男女贵族也因为他的才华而对他卑躬屈膝。

图 7-9　最伟大的音乐天才贝多芬

贝多芬成长于德国的狂飙突进运动时期，“他不像平静的海顿和非凡的莫扎特”，“他独立而骄傲。这是一个心中充满对人的爱和灵魂中充满对自由的渴求的人。”②在维也纳的最初 20 年里，他创作了大量的钢琴奏鸣曲、器乐曲、交响乐、序曲、弥撒

① (美)伯恩斯等著《世界文明史》(第 3 卷)，罗经国等译，北京：商务印书馆，1987 年，第 78 页。

② 韦克斯贝格著《西方音乐史》，王嘉陵译，重庆：西南师范大学出版社，1999 年，第 51 页。

曲和唯一的歌剧《费黛里奥》，这些作品都是独一无二的。1799 年，他完成了著名的《悲怆奏鸣曲》；1800～1801 年相继创作了《第一交响曲》和《月光奏鸣曲》，充满了对大自然无限的爱。他在完成《第二交响曲》（1802～1803）后，接着于 1804 年创作了《热情奏鸣曲》和《第三交响曲》。他酷爱自由，反对专制，所以当他得知拿破仑称帝后，便将《第三交响曲》改为《英雄交响曲，为纪念一位死去的英雄所作》。这位音乐大师的一生都与命运抗争，1808 年完成的《命运交响曲》（即《第五交响曲》）就反映了他对命运的深刻理解，这也是他的交响乐发展的顶峰。《第六交响曲》（即《田园交响曲》）是对自然的颂歌，《第七交响曲》是歌颂酒神狄俄尼索斯的狂欢曲，《第八交响乐曲》则召回了18 世纪交响乐的幽灵。

在生命的最后 20 年中，贝多芬虽然遭到了耳聋的严重打击，他仍然遵循着“发自内心才能进入内心”的原则，创作出了无数震撼人心的伟大作品，如五首钢琴奏鸣曲、五首弦乐四重奏等。他的一生历经磨难与痛苦，但他以“欢乐”笑对人生。1823 年，贝多芬在身体虚弱的状况下，根据席勒的诗歌《欢乐颂》创作了《第九交响曲》。他最偏爱的《庄严弥撒曲》是留给人类的最后遗产，它为作者的一生画上了圆满的句号。这些乐曲都具有异乎寻常的形式和磅礴的气势，给人敬畏之感。贝多芬的音乐是西方音乐史上一种全新的音调，它以一种用言语无法承载的孤独形式突然迸发出来，表达了无穷无尽的意志、力量和欢乐。正是这种音调和他所驾驭的力量，使他成为音乐界的泰斗和文化史上的丰碑。

舒伯特（Franz Schubert，1797～1828）出生于维也纳，是一位英年早逝的奥地利音乐家。在 31 年的短暂生命里，他为后人留下了 634 部作品。舒伯特是一个少年天才，具有“天才的火花”。18 岁时，他就融会贯通了身边的音乐，完成了许多名曲。他像贝多芬一样追求个性，向往自由，并与志同道合的诗人、画家和歌唱家一起，在波希米亚[①]过着浪漫主义生活。他的大部分作品都是即兴创作的，有的甚至留在了乡下小餐馆的菜单背面。他非常崇拜和敬畏贝多芬，虽然他们住在同一个城市，他却从来没有勇气跟贝多芬说话。然而，舒伯特是最伟大的歌曲作家和当时唯一能够和贝多芬齐名的器乐作曲家。他的八部交响乐、众多的室内乐、钢琴奏鸣曲和弥撒曲中有许多无可比拟的杰作，但是他的音乐天才似乎没有真正得到他的时代的赏识。舒伯特富有诗人的气质，对诗歌有很高的理解力和鉴赏力，曾为歌德、席勒、海涅等人的作品谱曲，代表作是《野玫瑰》、《春之信念》和《死神与少女》。

---

① 波希米亚(Bohemia)是中欧的一个独立国家(13～15 世纪)，后为哈布斯堡王朝统治，直到 1918 年形成为捷克国家的核心部分。

第七节　19世纪的自由主义

一、经济自由主义

随着第一次工业革命的来临，英国阔步迈向工业化社会。现代资本主义发展要求有一个宽松自由的经济环境，于是自由主义(liberalism)就成为19世纪中叶西方工业化国家经济思想的重要内容，主要表现为：第一，主张经济个人主义，强调财产的私人所有权和私有财产的个人支配权，这些权利不应受到干预或侵犯；第二，为了给经济提供一个自由发展的环境，国家在经济生活中的作用应当减少到最低限度；第三，个人拥有订立契约的自由权利；第四，坚持自由竞争和自由贸易的原则，反对原始积累时期盛行的重商主义，反对任何形式的贸易保护或者垄断经营。

1776年，英国经济学家的斯密（Adam Smith，1723～1790）出版《国民财富的性质和原因的研究》（简称《国富论》）一书，创立了系统的政治经济学体系，因而被誉为“经济学之父”。在其后的几十年里，大批学者都以斯密的继承者自居，纷纷著书立说，解释和发展他的经济学说，其中最著名的是李嘉图和马尔萨斯。他们的学说是19世纪经济理论的最大成就，被统称为古典政治经济学。经济自由主义理论主要是适应从18世纪后期到19世纪中期英国工业革命的发展与完成而提出的，代表了工业资产阶级的愿望和工业资本主义的发展趋势，带有工业时代来临的鲜明特点，是19世纪自由主义思潮的重要组成部分。

图7-10　泰晤士河畔的威斯敏斯特宫

这是世界上最大的哥特式建筑，始建于都铎王朝时期，距今已有400多年的历史。它坐北朝南，东临泰晤士河，是英国上院、下院的所在地，又称为“议会大厦”。

斯密的著作主要有《道德情操论》和《国富论》，前者探讨了利他心理的动机和情操问题，奠定了他的社会哲学基础；后者讨论了自利心理活动的现象和财富增长的条件与原因，为实行自由放任的经济政策提供了坚实的理论基础。如果说他《道德情操论》中描述了一个按同情原则行事的“道德人”的话，那么他在《国富论》中则描述了一个受利己主义支配的“经济人”，正是他

图 7-11 英国大笨钟 坐落在伦敦威斯敏斯特宫东端的钟塔内，钟塔高达98米。这个四面巨钟是伦敦乃至全英国的标志，也是英国自由的象征。

所处时代的资产者人格矛盾的真实写照。他认为，人类行为是受自爱、同情、追求自由的欲望、正义感、劳动习惯及交换这六种基本动机推动的，追求增加个人利益是经济生活中自然和正当的原动力。人的本性大同小异，利己主义是人类的本性和一切行为的动机。在自然秩序中，客观地存在着一种自然平衡和调节机制，就像一只"看不见的手"，指导人们去实现自己的目的。在自由竞争中，追求个人利益的活动与社会利益没有根本的冲突，人们改善自身处境的愿望必然导致其勤劳、节俭、积累，从而增加社会整体的财富。斯密所说的那只"看不见的手"，指的就是市场经济条件下的自由竞争原则或规律。他把那种努力赚钱的人称为"经济人"，认为他们在人类历史上的作用功不可没。于是，追求财富变成了人正常的社会伦理。

李嘉图(David Ricardo, 1772~1823)等人发展了斯密的经济思想，精辟地提出商品价值决定于劳动时间的原理，在此基础上形成的经济自由主义认为，追求财富的活动是正当、合理的谋利行为，这成为19世纪欧洲人建立工业文明的心理动力。经济自由主义的另一种表现则是马尔萨斯(Thomas Malthus, 1766~1834)的人口论，他认为人口总按几何级数增长，而生活资料则只能按算术级数增长，所以人口增长永远快于生产增长就成为一种"自然规律"，而工人失业和贫困正是人口过多造成的。由于弱者在争夺食物的斗争中肯定被淘汰，就应该运用堕胎、灾难、战争和"自我抑制"的方式控制人口的自然增长。否则，等到人口增长到生活资料难以维持其生存的极限时，饥荒、瘟疫或战争将是不可避免的。

二、政治自由主义

随着工业革命的开始，资本主义发展不仅要求一种自由的经济环境，而且要求一种更加自由的政治环境。在这种社会背景下，欧洲政治思想上形成明显的个人主义倾向，主要表现为：个人在政治和经济上是自由的，个人的成功与失败都是努力的结果，个人对社会不承担义务，社会对个人也不承担责任。这种一切要靠个人的自由主义被称为"旧自由主义"。19世纪末，英国哲学家霍布豪斯致力于分析个人自由和责任与国家控制的关系，他把这种旧自由主义的全部内涵概括为以下九大要素：公民自由、财政自由、人身自由、社会自由、经济自由、家庭自由、地方自由、种族自由和民族自由、国际自由和政治自由与人民主权。自由主义是19世纪的主旋律，它影响到西欧所有国家和美洲地区，反映了工业革命后登上历史舞台的工业资产阶级的利益和要求。在德国，自由主义主要停留在哲学研究的层面上，并未深入到民众的思想中去。大革命后，法国阶级冲突的激烈化为社会主义和激进主义提供了温床。只有在最高工业化的英国，自由主义才发展得最典型，即取得了民族哲学与国家政策的地位①。

功利主义(utilitarianism)是政治自由主义的主要组成部分，它的创始人英国哲学家、经济学家、法学家边沁（Jeremy Bentham，1748～1832）出生于律师家庭，早年在牛津大学攻读法律。他后因缺乏律师职业兴趣而转向道德与立法理论研究，从事著述和改革活动。

边沁的功利主义思想主要在1789年发表的《道德与立法原理》中得到阐述。他认为政治社会并非像荷兰政治思想家格劳秀斯（Hugo Grotius，1853～1645）、斯宾诺莎，英国哲学家霍布斯、洛克，以及法国政治思想家卢梭所主张的那样是起源于契约，而是起源于功利即快乐和幸福；苦与乐是人类行为的基本动力，避苦求乐是人类活动的最高准则，即“功利”的原则。他指出：“自然界把人类放在痛苦和快乐这两个至高无上的主宰的支配下，正因为有它们，才指出我们应当做什么并决定我们将要做什么。同它们的宝座紧紧联系在一起的，一方是是与非，而另一方面是因与果的链条。”②衡量苦与乐的共同标准是“最大快乐原则”，它提供了两个方面的思考：第一是最大的快乐。快乐在积极方面表现为愉快，在消极方面表现为没有痛苦。大的愉快胜于小的愉快，不含痛苦的愉快胜于包含痛苦的愉快。第二是受影响的个人数目。一种行为可能使一个人快乐，同时使两个人痛苦。如果这样，那么这种行为就是错误的。除非快乐非常大，每个人的痛苦都极小。人生的目的是为了使自己获得最大幸福，增加幸福总量。同样，公平合理的社会应当争取最大多数人的最大幸福。只有这样，才能说是实现了真正的功利主义。边沁力倡议会改革，希望更多的人参与立法活动。他认为，政府必须摆脱长期以来推行的自由放任主义传统，通过立法手段来干预贫困问题，为增加社会福利创造条件。

密尔（John Stuart Mill，1806～1873）是边沁的学生，他在《论自由》一书中讨论了“公民自由或社会自由”问题。他指出，个人的行为只要不涉及他人的利害，个人就有完全的行动自由，不必对社会负责；只有当个人的行为危害到他人利益时，个人才应当接受社会的或法律的惩罚③。国家应该尽量减少

---

① 参见(美)萨拜因著《政治学说史》(下册)，刘山等译，北京：商务印书馆，1986年，第744年。

② 引自钱乘旦等著《在传统与变革之间》，杭州：浙江人民出版社，1991年，第222页。

③ 密尔著《论自由》，程崇华译，北京：商务印书馆，1959年，译序。

对个人的干预，因为“从长期来说，一个国家的价值就是组成这个国家的个人的价值；一个国家如果为了要使它的人民成为它手中更加驯服的工具，哪怕是为了有益的目的，……使人民渺小，就会发现靠渺小的人民是不能完成伟大的事业的；它为了要达到机器的完善而牺牲了一切，到头来一无所获，因为它缺少活力，那是它为了机器可以更加顺利地工作而加以扼杀的。”①

基于这些见解，密尔主张建立真正的“民主制”，即代议制政府。他在《代议制政府》中发展了以往关于代议制政府的理论，并使之系统化。他指出，所谓的代议制就是全体人民或一大部分人民通过由他们定期选出的代表行使最后的控制权。为了防止出现代议制政府的弊端，他和边沁一样也主张不断扩大选举权：“我们希望，随着垄断和暴政的铸模结构的残余一个又一个地摧毁的工作的不断进展，这一个将不是最后一个消失的；希望边沁……以及我们时代和我们国家的其他许多最有力量的政治思想家……的意见，将深入那些因自私或根深蒂固的偏见变得十分顽固的人们的心里”②。密尔从更广阔的意义上阐述了个人自由问题，奠定了旧自由主义的理论体系和基本原则，从而成为政治自由主义的杰出代表。

---

① (英)布洛克著《西方人文主义传统》，董乐山译，北京：三联书店，1997年，第163页。

② (英)密尔者《代议制政府》，汪瑄译，北京：商务印书馆，1982年，第132页。

第八章

工业繁荣的现实主义文化

第一节　现实主义文化：困顿与回归

一、工业时代的困惑

第一次工业革命开始于18世纪60年代，首先在棉纺织业展开，然后扩大到其他领域。它以蒸汽动力和一系列机器的发明为主要标志，最终以机器生产代替手工劳动，建立起现代工厂制度。工业社会是铁路、无线电报和数不清的机械发明的时代，它们使自然界发生了革命性的变化，实现了由传统社会向现代社会的转变。工业革命是以科学的发展为基础理论的，这突出地表现在热力学的出现、细胞学说的产生以及进化论的提出等方面。

早在英国工程师瓦特(James Watt，1736～1819)的蒸汽机出现以前，已经有人在研究热能与动能的关系问题。19世纪40年代，英国物理学家焦耳(James Prescott Joule，1818～1889)通过大量的实验，提出了电流通过导线所产生的热量同电流强度的平方和电阻成正比，这就是著名的“焦耳定律”。至此，以能量守恒和相互转化为核心内容的热力学理论基本确

图8-1　塞纳河畔的埃菲尔铁塔

这是现代工业主义的产物。塔高312.27米，从塔座到塔顶共有1711级阶梯，由4座拱门支撑。全身用钢铁构成，总重量达到7000吨。它是巴黎的标志，更是法兰西的灵魂。

立起来。伴随着显微镜的进步，人们对生物的观察也日益准确，细胞学说迅速出现。1831年，英国植物学家布朗(Robert Brown，1773～1858)在观察兰花细胞时发现了细胞核。1838年，德国植物学家施莱登(Matthias Jakob Schleiden，1804～1881)发表“植物发生论”，提出细胞核是植物中普遍存在的基本构造的看法。次年，德国动物学家施旺(Theodor Schwann，1810～1882)将细胞学说发展到动物方面，得出生命的共性是细胞的结论。

科学的发展使得上帝造物说越来越受到人们的怀疑。1859年，英国生物学家达尔文(Charles Robert Darwin，1809～1882)发表《物种起源》一文，这部用16年时间写成的科学著作构成关于生物进化的自然选择学说的基础。他认为，自然界中的生物物种是在不断的发展与变化着的，“物竞天择，适者生存”是自然界万物进化和发展的基本规律。英国实证主义哲学家和社会学家斯宾塞(Herbert Spencer，1820～1903)的主要著述有《心理学原理》、《第一原理》、《生物学原理》、《社会学原理》、《伦理学原理》等，他运用自然选择学说解释社会现象，认为人类社会是一个类似生物有机体的“超有机体”。他由此创造的“适者生存”的社会达尔文主义构成旧自由主义的一个部分，实质上是为自由竞争和资本主义秩序高唱赞歌。

图8-2　生物学家达尔文

第二次工业革命从19世纪70年代开始，直到20世纪初才结束。如果说第一次工业革命的成就“可以称为是创造性的改进成果的话，那么第二次工业革命的成果则是科学与技术紧密地、富有成效地结合的产物。”[①]由于科学技术的进步构成第二次工业革命的全部基础，这次工业革命又被称为科学技术革命。像第一次工业革命那样，第二次工业革命给世界带来了巨大的变化，以至于有人发出这样的惊叹：“我们发觉自己处于这样一个世界中：在这世界里，有着迅速的运动和不平稳的退却；在这世界里，前所未有地挤满了人——人们在巨大城市的人行道上互相推挤，人们不自在地隐居在高大公寓的小房间内沉思或空想；在这世界里，充满了流线型汽车、有轨电车和飞机；这世

① (美)勒纳等著《西方文明史》(第Ⅱ卷)，王觉非等译，北京：中国青年出版社，2003年，第810页。

界受到了来自传声筒的喧声的干扰，遭到了新闻标题以及电影和电视中的不断变化的镜头的攻击。这世界是有史以来唯一的一种经济统治——工业文明的统治——的一部分；它不但为西欧诸民族所分享，也为俄国人、美国人和日本人所分享，甚至还在某种程度上为中国人和印度人所分享。”①

工业社会的繁荣，带来了经济的更大规模的发展，也带来了文化的更深刻的变化。19世纪末，自由资本主义的诸多弊端日益成为社会进步和经济发展的障碍，于是一种不同于传统的旧自由主义的新经济自由主义逐步形成。这种新经济自由主义强调国家干预的作用，通过解决人们所面临的突出的社会问题，以保证资本主义社会的和谐、稳定和发展。然而，由于社会经济的发展与社会问题的加剧几乎同步进行，这不能不使人们对传统的社会思想进行反思：个人与社会究竟应该是一种什么样的关系？社会问题的原因究竟主要由个人承担还是由社会承担？对这些问题的解释与说明，导致新的社会思潮的兴起。人们认为，社会是一个统一的有机体，其中的个人与个人、个人与全体紧密相连，互相影响，所以个人的成功与失败对他人、对社会都有直接的影响。这一时期，学者们更加关注公共利益，主张建立行之有效的社会保障制度，充分发挥国家和政府干预社会经济生活的积极作用，以实现社会全体成员的共同发展和共同幸福。

图8-3　无奈的失业大军

可是，严峻的现实是，财富与贫困在现代社会发展中呈现出一种不可思议的悖论关系。一方面，工业化创造了前所未有的巨大生产力，社会财富获得了异乎寻常的巨量增长，为创建更加美好的社会提供了雄厚的物质基础。另一方面，

① (美)斯塔夫里阿诺斯著《全球通史：1500年以后的世界》，吴象婴、梁赤民译，上海：上海社会科学院出版社，1992年，第275页。

社会贫困不仅没有得到根除，反而在一定程度上加深了与整个文明社会的差距。西方工业化国家并不是建立在公正合理制度之上的平等社会，它们也没有能建立起一种真正理想的社会财富分配机制。资本家与大多数劳工阶级之间的贫富差距根本无法弥补，前者占有工业化的成果、积累着大量的财富，后者很少或几乎分享不到经济发展的累累果实，他们所积累的却是贫困和苦难。工人阶级一方面摆脱了繁重的手工劳动，另一方面却不得不面对劳动强度的提高。工业革命后，生产效率获得极大的提高，社会财富得到了迅速增长；同时，失业者和贫困者的队伍却以同样的速度在增加，并产生了城市住房拥挤、自然环境恶化、拜金主义、传统道德缺失等弊端，使得本来对工业革命充满希望的人们陷入极度的失望和悲观之中。因此，19世纪末20世纪初，物质财富的发展与经济萧条并存，西方进入了一个充满矛盾的时代：生活水平的提高伴随着贫穷和堕落现象；缓慢进行的社会改革与迅速变化着的社会生活不相适应，人们的社会心态交织着乐观和悲观、希望和绝望的矛盾。

面对由社会和经济变化而引起的社会错位和城市贫困等严峻问题，19世纪的政治领袖、知识分子都以不同的方式做出反应。首先，自由主义者希望在法国大革命的模式上进行社会改革，他们信奉有产者的投票权、保护私有财产、个人言论自由。其次，民族主义者要求政治独立，摆脱对传统的欧洲强权的依赖。最后，社会主义者坚持生产资料公有制度，他们反对私有财产制度，倡导共产主义运动，以满足劳动者阶级对美好生活的向往。空想社会主义者以法国的圣西门(Henri Saint-Simon，1760～1824)、傅立叶(Charles Fourier，1772～1837)和英国的欧文(Robert Owen，1771～1858)为代表，他们开始对近代工业制度进行激烈的批判，并提出了许多建立新社会的设想。从1830年起，法国、波兰、俄国的自由主义者、民族主义者和社会主义者还发动一系列的政治革命，但是都无一例外地失败了。此后是长时间的幻灭，人们普遍开始反感浪漫主义，他们感到必须回归到“什么是痛苦”、“什么是真实”的问题的思考上去。“理性王国”幻影的消失，使得“人们终于不得不用冷静的眼光来看他们的生活地位、他们的相互关系”[①]，现实主义运动由此诞生。

二、马克思主义哲学

犹太人马克思(Karl Marx，1818～1883)是国际共产主义运动的创始人，他创造性地揭开了资本主义生产的内在本质矛盾，得出资本主义必

---

①《马克思恩格斯选集》(第1卷)，北京：人民出版社，1972年，第254页。

然被社会主义代替的结论。马克思主义是欧洲文化乃至人类文明的重要里程碑，它的诞生客观地解释了工业时代的困惑。马克思主义哲学是在批判和继承人类以往的哲学成果，特别是德国古典哲学的合理成分的基础上产生的。他和他的志同道合的友人恩格斯(Friedrich Engels，1820～1895)批判了黑格尔哲学中的唯心主义本质，同时吸收了它的辩证法的合理内核，批判了费尔巴哈哲学中形而上学的缺点，同时吸收了它的唯物主义的基本内核，并进一步加以改造，最终创立了辩证唯物主义哲学即马克思主义哲学。他们还将其哲学思想科学地运用于解释社会的发展与变化，进而创立了历史唯物主义哲学，使得马克思主义哲学体系完善起来。19世纪西方哲学中，马克思主义哲学作为现实主义时代最重要的产物，以其鲜明的阶级性而独树一帜，它是无产阶级认识和改造世界的科学的方法论。

图8-4　伟大的思想家马克思

马克思主义的第一部分内容是唯物主义历史观。在1844年的《神圣家族》一书中，马克思和恩格斯提出“历史活动是群众的事业”的思想，得出了物质生产在社会生活中起决定作用的科学结论。在1846年的《德意志意识形态》中，他们较为系统地论述了马克思主义哲学原理，特别是历史唯物主义原理，标志着马克思主义的初步形成。第二部分内容是剩余价值说的萌生。在1847年的《哲学的贫困》中，马克思在劳动价值论的基础上，提出了剩余价值理论的一些初步原理。在1849年的《雇佣劳动和资本》中，他进一步阐明了资本剥削劳动的原理。而1867年发表的《资本论》，使剩余价值理论发展成为系统完整的经济学理论。第三部分内容是科学社会主义。在1848年的《共产党宣言》中，马克思和恩格斯提出共产主义必然战胜资本主义的预言。

三、现实主义思潮的发展

在文学、艺术领域中，现实主义是指19世纪下半叶、20世纪初期在欧美各地流行的思想文化运动。所谓的现实主义，是现实主义者对浪漫主义文化中出现的虚假造作所做出的一种反映。如果浪漫主义强调想像、对美的热爱和对过去的兴趣的话，那么，现实主义的中心议题则是伦理的、行为的事件，是对当时社会的真实描绘。“现实主义”(realism)一词出现于19世纪30年代，而现实主义的实践源远流长，可以追溯到古典时代。正如亚里士多德在他的《诗艺》一书中所指出的，索福克勒斯描绘了人应该是什么样的，而欧里庇德斯描绘人实际上是什么样的[1]。这就是浪漫主义与现实主义之间的根本不同。

现代欧洲的现实主义文化发源于19世纪中叶的法国，它强调现实经历的真实性，集中地表现在小说创作上。在浪漫主义风行之后，欧洲文学开始沿着现实主义的道路运行。现实主义者极力在他们的作品中真实地表现当代的生活方式，他们认为他们的生活方式是客观的。正如福楼拜所指出的，文学作品是“反映现实生活的一面镜子”[2]。作家们把通常的行为和普通人的悲剧当作表现的主题，一般来说，语言非常简洁、清晰、直接，而语调充满讽刺意味，具有喜剧色彩。19世纪50年代，现实主义是指古斯塔夫·科尔贝的绘画艺术，他把日常生活场景当作描绘的主题，并对真实世界的态度表现出令人惊讶的不妥协。不久，现实主义形成为一种涵盖文学和艺术中绝大部分领域的广泛运动。

第二节　新自由主义的影响

19世纪末20世纪初，随着工业革命的负面影响的不断呈现以及西方社会危机的日益加剧，主张自由放任的旧自由主义开始遭到怀疑甚至否定，于是新自由主义应运而生。作为自由主义的发祥地，英国的新自由主义也发展得极为充分，理论旗手是格林、霍布豪斯和霍布森。新自由主义理论体系的内容丰富而复杂，但无不是为了重新解释自由的概念，强调自由的有限性，提倡自由的共享性，并主张一定程度的国家干预。

格林(Thomas Hill Green，1836～1882)是最早对旧自由主义发起强大冲击的哲学家，他的自由观包括两方面的内容：一是自由是有限的，自由主义不是绝对的个人主义；二是自由是大多数人所共享的，不是少数人的自由。这种主张显然与密尔等人主张的传统自由主义有很大的不同。格林认为，既然自由是有限的和可以与人共享的，那么社会本身就应该关心每个人的利益，使他们获得与他人同样的权利与自由。而为了实现每个人的幸福和普遍自由，必须通过法律来实行一些限制甚至禁止措施，从而达到文明社会的目标。他在论述实现和获得自由的途径时指出，对于个人来说，获得自由的主要办法是接受教育，因为如果没有基本的知识和技术，个人就无法自由地发展自己的能力，而教育的实施必须依靠国家。这样，格林的思想已经具备了新自由主义观的主要内容，如有限制的自由、普遍的自

---

① 王佐良等编《欧洲文化入门》，北京：外语教学与研究出版社，1992年，第338页。

② (法)福楼拜著《包法利夫人》，张道真译，北京：外国文学出版社，1990年，译序。

由以及通过教育获得自由等[①]。

霍布豪斯(Leonard Trelawney Hobhouse，1864～1929)是英国社会学家和哲学家，他先后在牛津大学和伦敦大学任教，曾为《曼彻斯特卫报》和《论坛报》等撰稿，主要著作有《自由主义》、《认识论》、《发展和目的》、《社会学原理》、《帝国主义论》、《贫穷问题》等。在《自由主义》一书中，他对自由做了系统的阐述。他指出："普遍自由的第一个条件是一定程度的普遍限制，没有这种限制，有些人可能自由，另一些人却不自由；一个人也许能够照自己的意愿行事，而其余的人除了这个人认为可以容许的意愿外，却无任何意愿可言。"因此，自由统治的首要条件是统治者必须遵守的明文规定的法律，而自由与法律之间并无根本对立。相反，法律对于自由是必不可少的，因为法律可以使个人解除对可能受到的侵犯和压迫的恐惧，所以，这恰恰是整个社会能够获得自由的唯一方法。在国家和个人的关系上，他认为，"自由学说中没有任何东西会阻碍普遍意志在其真正有效的领域内活动，一个关于普遍意志的目的和方法的公正概念中没有任何东西会妨害自由来履行其价值所在的社会功能和个人功能。自由和强迫具有相辅相成的功能，而自主的国家既是自主的个人的产物，又是自主的个人的条件。"[②]

霍布森(John Atkinson Hobson，1858～1940)是英国著名经济学家和社会改良主义者，他在考察了旧自由主义的特点和不足后，提出了新自由主义的自由观。他指出，一个人如果不拥有与其他同伴一样获得个人发展所需的一切物质和精神的手段，如果他不能为自己与社会的福利做出自己的贡献，他就不能算得上是一个自由的人。"机会平等"就是自出的最主要内容，"富裕建设性的自由主义的主要方面应该是致力于实现这些机会的平等。"[③]他还对现代帝国主义进行了深入的探讨，指出国内的分配不公导致穷人入不敷出，而富人手中"大量剩余价值在国内找不到有利可图的投资"，因此要将资金投入海外[④]。这构成了帝国扩张的动力，也养活了一个"经济上的寄生虫阶级"。他们既从帝国扩张中获利，又依靠帝国供给他们的子女以种植园主、牧场主及牧师等职业[⑤]。霍布森对帝国主义的批判，直接启发了列宁

---

① 引自埃克莱西尔编《英国的自由主义》(Robert Eccleshall, *British Liberalism*)，1978年，第180～182页。

② (英)霍布斯著《自由主义》，朱曾汶译，北京：商务印书馆，1996年，第9页、第78页。

③ 引自埃克莱希尔编著《英国的自由主义》，1978年，第205～206页。

④ 引自鲍姆加特著《帝国主义：1880至1914年英国和法国殖民主义扩张的观念和现实》(Winfried Baumgart, *Imperialism: The Idea and Reality of British and French Colonial Expansion* 1880～1914)，牛津1982年，第96页。

⑤ 引自塞姆尔著《自由主义理想和帝国的恶魔》(Bernard Semmel, *The Liberal Ideal and the Demons of Empire*)，霍普金斯1993年，第113页。

(Владимнр Ильич Ленин，1870~1924）对帝国主义的更有影响的批判。1916年，列宁在《帝国主义是资本主义的最高阶段》一文中指出，帝国主义不仅是一种经济现象，而且是工业资本主义内部矛盾的产物和必经阶段。

随着时代的发展，以崇尚个人最大限度的自由为基本原则的传统自由主义已无法顺应社会的要求。于是，主张自由有限性、共享性以及为了社会成员的集体利益，国家应该对经济与社会生活实施广泛的、积极的、有效的干预的新的自由主义，逐渐为西方社会所接受，并成为19世纪末20世纪初社会改革的指导思想。

第三节 法国现实主义文学

一、法国现实主义的一般特征

现实主义是1830~1914年在西方文学界占统治地位的思潮，现实主义文学又叫批判现实主义文学。当时，古典主义几乎绝迹，浪漫主义作为次要思潮继续存在。现实主义作为一种创作方法古已有之，它和浪漫主义思潮也有共同之处，就是两者都主张人类自由，只不过前者比后者更加强调人类在争取自由道路上存在的障碍。在争取更加美好世界的努力中，它们虽然在达到各自目标所用的方法可能有所不同，但在思想上却都是理想主义者。19世纪中期，现实主义具有如下几个特征：其一，它明确反对伤感和过度的感情用事；其二，它对心理和社会问题非常关注，全神贯注于和详尽地分析人类互相冲突的斗争；其三，它非常普遍地受当时各种流行的科学或哲学概念的左右。

图8-5 《思想者》

人们很难在现实中看到理想化的人体。法国杰出的现实主义雕塑家罗丹（Auguste Rodin，1840~1917）完成的这件雕刻作品远离理想主义，表面显得颇为粗略，缺乏古典艺术家的精致和规范。而他与晚期的米开朗琪罗一样，都强调人的内心世界活动。

有些现实主义者认为，凡夫俗子是传统和环境的受害者，人类的本性大多是从他们的动物祖先遗传下来的兽性塑造而成的。另一些现实主义作家则受到要求社会改革的激情的支配，他们在描绘人类不公正现象时往往用悲惨的背景加以烘托，并以此指出消除贫困、消灭战争的必要性，以及更公正地处置社会法律破坏者的必要性。

法国因各种矛盾错综复杂而成为现实主义的主要发源地，同时，它也是批判现实主义文学最为发达的国家。就批判现实主义文学而言，法国在体裁上以小说为主，而在题材上则以社会现实生活为主。法国现实主义文学以揭露社会黑暗为主导特征，思想基础是人道主义，社会政治主张则是改良主义。这既是该时期工业资本主义发展的结果，也是这种社会经济制度发展在文学领域的体现。一般说来，批判现实主义文学具有三个显著特点：第一，客观具体地反映社会生活，偏重于冷静地观察、研究社会现实，真实地展示人类社会的各个方面，如巴尔扎克所说的那样："法国社会将要作历史家，我只能当它的书记。"①第二，在思想内容上，作品反映社会时着力于暴露社会的黑暗，批判现实的罪恶，使全部可怕的现实真相毕露无遗，因而具有强烈的批判性。第三，在艺术典型方面，除细节真实外，作家还要真实地再现典型环境中的典型人物。他们注重在深入细致地观察体验现实生活的基础上，对客观事物加以典型化处理，强调从人物和环境的联系中塑造典型的性格，把人物性格和典型环境有机地联系在一起。

二、司汤达：批判现实主义文学的奠基人

司汤达(Stendhal，1783～1842)是法国批判现实主义文学的最重要奠基者。他七岁丧母，在思想开明的外祖父家长大成人，而与保守的父亲格格不入。所以，他既反抗自己所属的中产阶级，也反抗当时的社会。他曾这样写道："我的家族是这个镇上最贵族气的人，这意味着我会当即变成一个社会主义者。" 他早年是法国陆军部职员，在拿破仑对意大利战争的第二年被派驻米兰。1802 年，他回国后辞了职，在巴黎靠父亲的津贴生活，试图通过当作家来为家族获取名声。这种努力失败之后，他又返回军队，作为非战斗人员参加了对俄战争。随着拿破仑帝国的覆灭，他从 1814 年到 1821 年在意大利生活了七年。后因其与意大利爱国者的关系而被奥地利警察驱逐出境。之后九年，他在巴黎度过，并成为文学圈内的人。1823～1825 年，他发表美学论集《拉辛和莎士比亚》，主张文学必须适应时代的要求，必须"表现人民的习惯和信仰的现实状况"，以此感动同时代人。这部著作被文学界公认为批判现实主义的宣言书，奠定了他在法国批判现实主义文学史上的突出地位。1830 年他发表了《红与黑》，同年被派往奥地利。1839 年，他用七周时间完成了《巴马修道院》的写作任务。1841 年，他因病返回巴黎，第二年死于中风。

---

① 朱维之、赵澧主编《外国文学史》(欧美部分)，天津：南开大学出版社，1985 年，第 373 页。

司汤达生活在由封建专制向资产阶级统治过渡的时代，其一生经历了大革命、拿破仑称帝、波旁王朝复辟、七月革命等重大历史事件。《红与黑》是他的最重要的批判现实主义文学作品，反映了复辟王朝时期法国的社会状况。1827年，伊塞尔省勃朗格地方发生了一个轰动社会的恋爱悲剧：一个青年家庭教师和女主人发生了暧昧关系，后来这个青年把她杀死了，自己也被判了死刑。司汤达根据当时出版的《司法公报》对这一事件的披露和自己的生活经验，将复辟时期法国社会错综复杂的阶级斗争和时代风尚糅和进去，形成了小说的概貌。主人公于连是一个小资产阶级出身的青年，他羡慕拿破仑24岁就当上了将军，“身佩长剑便作了世界的主人”，一心一意想通过个人的努力和奋斗挤进上流社会，却每每以失败而告终。于是，他只好改弦更张，开始依靠攀结权贵、结交情妇等卑劣手段来实现自己的愿望。他博得了侯爵女儿的爱情，成了陆军中尉，有了自己的庄园。但是，他也付出了惨重的代价，以至最后被贵族与教士设下的陷阱所害致死。司汤达在对于连这一主人公进行全面塑造的同时，也刻画了各阶层人物，特别是对因复辟而重新得势的贵族进行了无情的批判。同时，他透过贵族阶层的恐慌心理，表明革命仍然可能出现，贵族退出历史舞台已为时不远①。

三、巴尔扎克：法国批判现实主义大师

巴尔扎克(Honoré de Balzac，1799～1850)是批判现实主义文学的又一位重要奠基者。他生活在拿破仑一世时代，希望成为笔上拿破仑，实现自己的抱负。他的一生处于贫困之中，有时不得不为了偿债而日夜写作。他曾游历法国和欧洲各地，结交广泛，与各阶层的人均有来往。他通过文学将一件件事情记录下来，为法国人留下一部用文学写就的历史，或是“法国社会风俗史”。他的《人间喜剧》包括91部作品，像一部宏大的史诗，反映了一个特定时代的法国社会风貌。

作者用毫不掩饰的坦率和犀利的笔触，深刻地揭露了社会众生相：贵族、金融家、高利贷者、僧侣、商人、律师、公证人、医生、小业主、农民等男男女女的愚蠢、贪婪和卑鄙。“高老头的爱女之情(《高老头》)，皮罗多的发财梦(《赛查·皮罗多盛衰记》)，爱丝苔的痴情(《烟花女荣辱记》)，贝纳西的献身精神(《乡村医生》)，无一不写得那么入情入理，又惊心动魄。”②他以暴露隐藏在人们心灵深处的动机见长，揭示了上层社会在体面的外表遮盖下的腐朽。他通过一件件事情、一个个人物，将法国社会尽收其中，全面、辛辣地讽刺了社会现实——金钱万能、敲诈勒索、投机倒把、贪婪吝啬、政治腐败、道德沦丧、尔虞我诈等。实际上，《人间喜剧》是由一个又一个人间悲剧所组成的，因而具有丰

---

① 参见(法)司汤达著《红与黑》，郝运译，上海：上海译文出版社，1986年。

② 罗芃等著《法国文化史》，北京：北京大学出版社，1997年，第248～249页。

富的社会内涵。其中涉及的各类人物形象达到2000多个，堪称一部“社会的百科全书”。由于它的动人心魄的构思、鬼斧神工的描绘，读者莫不叹为观止。

在1832年《夏倍上校》中，作者通过笔下人物为人们揭示了一个真实的法国：“我亲眼看到一个父亲给两个女儿每年四万法郎进款，结果自己死在一个阁楼上，不名一文，那些女儿理都没理他！我也看到烧毁遗嘱；看到做母亲的剥削女儿，做丈夫的偷盗妻子，做老婆的利用丈夫对她的爱情来杀死丈夫，使他们发疯或者变成白痴，为的要跟情人消消停停过一辈子。我也看到一些女人有心教儿子吃喝嫖赌，促短寿命，好让她的私生子多得一份家私。我看到的简直说不尽，因为我看到很多为法律治不了的万恶的事情。总而言之，凡是小说家自以为凭空造出来的丑事，和事实相比之下的真实差得太远了。”①

四、福楼拜：现实主义的唯美主义作家

福楼拜(Gustave Flaubert，1821～1880)是19世纪最伟大的文学家之一，他和他的兄弟均为医生，这在他的作品中留下了印记。1841年他去巴黎学法律；两年后，神经性病痛使他必须过平静和隐退的生活。于是，他返回塞纳河畔的家中，致力于写作。如果说司汤达和巴尔扎克是法国批判现实主义文学的奠基者的话，那么，福楼拜则开创了法国文学的新风格。“在准确反映社会风俗的面貌上，在塑造典型环境中的典型性格上，在对社会的批判上”，虽然他承袭了巴尔扎克的现实主义，但是，50年代以后，由于受到实证主义(positivism)和唯美主义的影响，他不仅力主小说家应当像外科医生那样精细和客观，排除作家主体的历史主动精神②；而且，他追求在他看来仅仅存在于艺术中的美。对他来说，“美就意味着真实，虽说真实的东西不一定都美，可是最美的东西，永远都是真实的”，小说应该“透彻地理解现实，通过典型的手段忠实地反映现实”③；如果“丧失了真实性，也就丧失了艺术性”。由于他的目标是在正确的地方使用正确的词句，删除掉每一个不相关的细节，而且不在同一页使用同一个词，因而创造了一种简洁的文风。

福楼拜着重反映第二帝国时期(1851～1870)法国的社会现实，强调社会环境对人物个性与生活态度的影响，他的现实主义作品对左拉、莫泊桑、詹姆士④和屠格涅夫⑤均有不同程度的影响。他的代表作《包法利夫人》探讨了浪漫的

---

①《巴尔扎克选集·中短篇小说选》，多人译，北京：人民文学出版社，1989年，第423～424页。

② 罗芃等著《法国文化史》，北京：北京大学出版社，1997年，第249页。

③ (法)福楼拜著《包法利夫人》，张道真译，北京：外国文学出版，1990年，译序。

④ 詹姆士(Henry James, 1843～1916)，美国著名作家，他的作品包括20部小说、12部剧本以及大量的文学批评等。

⑤ 屠格涅夫(Ivan Turgenev, 1818～1883)是俄国批判现实主义作家，代表作《父与子》反映了不同社会阶层力量的“父与子”的关系。

梦想与日常生活中沉闷的现实之间的悲剧性冲突。在这部现实主义小说中，富农的女儿爱玛在修道院寄宿学校学会了向往浪漫的爱情，却嫁给了一个平庸的医生包法利，平淡无奇的生活使她的幻想破灭了。不久，她认识了一个地主鲁道夫，和他私通后又遭抛弃，在精神上受到了很大打击。病了几个月后，她又和一个青年律师过了两年的偷情生活，也难免被遗弃的命运。当一切的浪漫幻想完全破灭以后，债台高筑的爱玛，最终走上服毒自杀的道路，并留下了半句遗言："什么人也不要怪罪！"福楼拜通过爱玛悲剧性的一生，特别对她的不幸爱情的描述，展示了上流社会的骄奢淫逸，真实地再现了爱玛步步走向堕落的根源，即她追求的是一种腐化糜烂的生活，严酷的社会现实最终把她逼进了欲望的深渊。

五、左拉：现实主义的自然主义作家

左拉(Emile Zola，1840～1902)的母亲为希腊人后裔，他7岁时父亲(意大利工程师)就去世了。他在祖父的支持下读书，但没能通过大学考试。为了寻找一份工作，他竟花了两年时间，其间经常饥饿，甚至不得不吃屋顶上的麻雀。后来，他在一位朋友的帮助下做了编辑，结识了很多作家和诗人，并开始出版自己的作品。早年的悲惨岁月使左拉对下层百姓充满了深切的同情，也使他充满了争取社会正义的激情，因而写出了涉及酗酒、不良习惯、贫穷和疾病等社会问题的作品。虽然他把人的性格描述为软弱的、容易做坏事和犯罪的，但他并没有失去对生活的希望，而是坚信一个更加美好社会必定会诞生。

左拉主张撇开个人的主观色彩，运用科学的态度，准确地描述、再现自然界，这反映了科学向文学的渗透[①]，即他所倡导的自然主义(naturalism)。他相信环境决定论，特别受环境和遗传决定论的影响。他在阅读了著名医生贝尔纳(Claude Bernard，1813～1878)的著作《实验医学研究导论》以后，为自己的文学思想找到了实证主义或自然主义证据，并提出了自然主义文学的基本原则："一切活动旨在从大自然中获得事实，然后研究事实的机制，同时一切活动随环境和形势的变化对事实产生影响。"[②]这主要体现在他的《实验小说》、《戏剧中的自然主义》、《自然主义小说家》等自然主义文学理论著作中。他的文学作品《妇女乐园》、《小酒店》、《娜娜》、《巴丝卡尔医生》等，多从遗传学角度研究人的性格、遗传关系以及社会和物质环境对人的影响。

---

① 自然主义思潮在艺术领域影响不大，但例外的是罗丹。他强调自然中的一切都可以成为艺术创作的题材，《老娼妇》、《吻》、《思》等是其自然主义风格的代表作。

② (法)布吕奈尔著《19世纪法国文学史》，郑克鲁等译，上海：上海人民出版社，1997年，第283页。

自然主义的代表作《卢贡·马卡尔家族》(副标题“第二帝国时期一个家族的自然史和社会史”)从不同角度展示了这个家族的血统史(自然史)与生活史(社会史)，作者的目的有两点：其一，以生理学的新的发展为线索，用一种科学的方法，研究一个家庭的血统与环境问题；其二，通过各种事实和情感、各种事件的细节来如实地描写和研究第二帝国时代。

自然主义文学与批判现实主义文学有着密不可分的联系，批判现实主义后期作家大都带有自然主义色彩。所以，人们看到现实主义文学中多少有些不同格调的作品出自左拉的笔下，而自然主义文学流派明显地受到19世纪中叶的科学主义、实证主义以及试验科学的影响。因此，自然主义小说又与现实主义小说相区别，它是对人和生活方式的如实纪录。自然主义小说家不是仅仅观察事物的历史学家，而是科学家和生物学家，他们既观察、又根据观察来勾画人类行为的一般理论，小说只是他们实施一般理论的试验。从创作技巧上说，现实主义者遵照一个普通的形式，并发明一个使形式活跃起来的事件。自然主义者却不允许发明，他们所使用的语言必须是其所描述的人的语言；他们不仅收集事实，而且如同这些事实是如何发生的一样，客观地铺叙这些事实。左拉认为，文学家应该像自然科学那样从事文学写作，用生理学揭示文学作品中人物动机的来源，用心理学分析和把握人物的内心活动，将生理学与心理学结合起来，实现文学人物的行为与内心的统一。由于个人生活在某个生活环境中，他不能不受到社会环境的影响。

六、莫泊桑：爱憎分明的现实主义者

莫泊桑(Guy de Maupassant，1850~1893)出生于诺曼底的一个衰败的贵族家庭，父母在他11岁时离异，这给他留下了永久的痛苦记忆。母亲是福楼拜一个朋友的妹妹，离婚时曾向福楼拜求助。舅舅也是个文学家，且与福楼拜保持着友谊。因此，莫泊桑的文学才能受到多方面的影响，尤其是跟福楼拜学到了许多创作技巧，莫泊桑一生共创作了《一生》、《漂亮的朋友》等六部长篇小说，中篇小说《羊脂球》是他的成名作。它通过对比“下等人”与“上等人”，证明妓女羊脂球虽为生活所迫而沦落烟花，但她心地善良，以德报怨，而且具有纯朴的爱国情感和强烈的民族自尊心，更配称为高尚的人。

莫泊桑的短篇小说达到300多篇，主要有《伞》、《珠宝》、《我的叔叔于勒》等，其中以《项链》最为著名。《项链》的故事梗概是，女主人公玛蒂尔德因为把借来参加舞会的项链弄丢了，只好举债归还项链，由此陷入贫困的生活之中。在这部代表作中，莫泊桑匠心独运地发展借项链、赔项链等情节，构造了小说的基本线索。作者明里冷峻、严肃、无情地批判玛蒂尔德的虚荣心，暗里则对小人物抱以真挚、含蓄的同情心，同时也含而不露地反映了上层社会生活的豪华与虚假。

第四节　英国现实主义文学

作为工业革命的发源地，英国的经济实力和世界霸权在维多利亚(1837～1901年在位)时代发展到顶峰，但是整个社会也出现了富者愈富、贫者愈贫的鲜明对比景象。1873年受到经济危机打击后，工人失业、生活条件艰难等社会问题均在这一时期英国的文学上留下了印记。如同法国一样，英国的现实主义小说也取得了巨大成就，出现了一大批所谓的“英国国情小说”。马克思评价说，英国的小说家们“用逼真而生动的文笔，揭露出政治和社会上的真相；一切政治家、政论家、道德家所揭露的加在一起，还不如他们揭露的多。他们描写了中等阶层：从鄙夷且商业的十足绅士气派的大股东、直到小本经济的店掌柜以及律师手下的小书记。”①

图8-6　造型典雅的伦敦塔桥

这是泰晤士河上诸多桥梁中最下游的一座，位于伦敦塔旁，建于19世纪90年代，1894年开放使用。两座哥德式尖塔建筑相对而立，结构独特，气势宏大。

狄更斯(Charles Dickens，1812～1870)出生于一个贫困的职员家庭，12岁时去工厂做工，受过极少的教育。后来，他成了律师的听差，并学会了速记。微贱的家庭出身、艰难的生活经历，使他既熟悉劣迹昭彰的无赖，又熟知最贫困的街区、最下层的大众。作为19世纪英国最伟大的现实主义小说家，他比别人更深刻地洞察了社会繁荣的表面下隐藏着的问题，并从社会正义感和人道主义情怀出发，试图在他的小说中揭示一个充满痛苦、同情与爱的世界。所以，他的作品构成维多利亚时代普通民众的社会生活史，主要反映了下层人民生活的艰难困苦，揭示了英国社会普遍存在的、极端的贫富不均现象。

狄更斯一生写了20多部长篇小说，另外还有一些中篇小说和散文，

① 引自(英)萨克雷著《名利场》，杨必译，北京：人民文学出版社，1957年，译序。

创作过程大致分为三个时期：第一，1833～1842年。在《博慈杂记》、《匹克威尔先生外传》、《奥利佛·特威斯特》、《老古玩店》等作品中，作者是作为维多利亚太平盛世的批判者面目出现的。他揭露了慈善机关的伪善，抨击了学校教育的黑暗，讽刺了选举和法院的腐败，其中关于济贫院的描述是对当时整个济贫法制度的生动写照。第二，1842～1850年。无论写什么，他都有一些自身的经历作基础。在长篇小说《董贝父子》中，他塑造了资本家阶级那种冷酷、傲慢、自负和自以为是的人物形象；而自传体小说《大卫·科波菲尔》不仅包含了他的一些人生经历，而且蕴藏着19世纪中期小资产者的个人奋斗哲理和生活理想。他还用乐观主义的精神鼓舞劳动人民争取幸福生活，其中每一页都能使读者大笑不已，既而又感动得泪流满面。第三，1850～1870年。这是他的创作旺期，主要作品有《荒凉山庄》、《艰难时世》、《小杜丽》、《双城记》、《远大前程》等长篇小说。此时，他已经不再满足于以个别孤立的人物和事件作为抨击的对象，而是对整个资产阶级的政府、议会、法院、监狱、家庭、学校、道德哲学等进行全面的揭露。例如，对于作为立法机关的议会，他讥讽地指出：议员们每天的工作就是“说不高明的俏皮话，强词夺理地诡辩，作无谓的烦琐分析，把文件扎起来又解开、解开又扎上，互相推诿，自食其言”①。由于英国社会矛盾的日益激化，晚年的狄更斯对社会改造逐渐失去信心，作品中自然也流露出一种悲观失望的情绪。

萨克雷(William Makepeace Thackeray，1811～1863)出生于印度一个富裕的英国商人家庭，他曾继承了一大笔财产，但也挥霍了不少。他是重要的批判现实主义作家，强调创作上的“自然与真实”，主要作品有《势利者集》、《纽可谟一家》等。他把《名利场》这部描写芸芸众生的小说称为“没有英雄的小说”，因为他在其中尽情地嘲讽了上层社会的自私、势利、虚伪与卑鄙。小说主要情节是关于穷画家的女儿蓓基·夏泼的自我奋斗历程，作者通过描写她在受尽歧视后，靠色情和机智，不择手段向上爬的冒险钻营史，深刻地揭露了上流社会空虚腐败、冷酷自私、尔虞我诈、弱肉强食的丑恶面目。

这一时期，英国还出现了一些批判现实主义的女作家，最为著名的是勃朗特三姐妹，她们是夏洛蒂(Charlotte Bronte，1816～1855)、埃米莉(Emily Bronte，1818～1848)和安妮(Anne Bronte，1818～1880)。夏洛蒂的杰作《简·爱》不落俗套，以第一人称的手法，成功地塑造了一个具有叛逆精神的自我奋斗的女性形象。埃米莉的《呼啸山庄》具有浪漫主义风格，主要情节是描写弃儿希斯克利夫与呼啸山庄庄主凯撒琳之间的奇特爱情和复仇的故事。而安妮也给后人留下了脍炙人口的作品《弗罗斯河上的磨房》。

---

① 引自参见南京大学历史系严幸智博士学位论文《狄更斯和他的时代》(未刊)第38页。

英国重要的现实主义作家哈代(Thomas Hardy，1840～1928)生于多塞尔郡，父亲是个手艺精湛的石匠，母亲来自于一个自耕农家庭。哈代只受过六年的正规教育，是一个自学成才的学者。他一生创作长篇小说 14 部，短篇小说四部，诗歌八部和史诗剧一部。他的最重要长篇小说《绿荫下》、《德伯家的苔丝》、《无名的裘德》等均以他所熟悉的沼泽、小山、乡村生活为背景，所以被称为“人物和环境小说”。它们主要传达了宿命论和悲观主义思想，认为受苦受难是社会生活的基本法则，人类不是自己命运的主人，而是无情命运的玩物，都难以逃脱被自然力毁灭的结局。

第五节　流派分呈的西方文坛

一、易卜生：现代现实主义戏剧大师

19 世纪末至 20 世纪初，西方文坛流派纷呈，在批判现实主义文学继续发展的同时，相继兴起了象征主义和唯美主义。挪威人易卜生(Henrik Johan Ibsen，1828～1906)是现实主义和自然主义作家中最著名的剧作家。他早年是个药剂师，不久开始写作戏剧，后来成为剧院作者。他善于把日常社会和家庭关系当作表现的主题，拓宽了世界文学的范围。作为戏剧革新者，他又把戏剧当作表现当代社会生活的工具，把舞台当作讨论当代政治社会问题的讲坛，从而将戏剧从形式主义(formalism)拉回到现实主义的道路上来。他的“社会问题剧”主题突出、人物鲜明、结构严密、情节集中、语言精练，对虚伪、乏味的人生进行了讽刺。这些特征影响了后来的戏剧作家，奠定了现代戏剧的基础。

易卜生的代表作《玩偶之家》描写了海尔茂夫妇由和睦转为决裂的故事。海尔茂的妻子娜拉是一个活泼热情、天真可爱的少妇，她热爱她的丈夫。海尔茂一次得了重病，无钱疗养，为了治好丈夫的病，娜拉不惜假冒父亲的笔迹，以父亲的名义暗中向人借债。海尔茂病好之后，发现她冒名签字，认为这事有损他的声誉，对他大发脾气，甚至要剥夺她教育儿女的权利。这时，娜拉如梦初醒，认识到海尔茂原来是一个伪君子，而自己只不过是一个玩偶，她最终离开了这个“玩偶之家”。在这部“问题剧”中，作者旗帜鲜明地提出了妇女独立的问题。

二、批判现实主义文学的发展

19 世纪末 20 世纪初，法国批判现实主义的主要代表是作家都德(Alphonse Daudet，1840～1897)。虽然他的作品带有自然主义倾向，但总体上说应属于批判现实主义。他的作品主要反映了 1870 年普法战争后法国以及欧洲的社会现实，强烈地批判了军国主义行径，流露出浓重的爱国情结，这一切都集中体现

在他的《最后一课》和《柏林之围》等优秀作品之中。诺贝尔文学奖获得者法郎士(France Anatole, 1844~1924)是这一时期又一位批判现实主义文学家，他曾和左拉等知识分子一起为“德雷福斯案件”①翻案，控诉政府的沙文主义。他的最优秀作品是在他投身民主运动以后创作的，主要有《当代史话》、《克兰克比尔》、《企鹅岛》、《天使的反叛》等，主要展示了第三共和国(1875~1940)时代在德雷福斯案件前后广阔的社会画面。

图 8-7 《海边少女》

装饰壁画大师夏凡诺(Puris de Chavannes, 1824~1808)遵循“为理念披上感性的外衣”的美学思想，使他的作品带有抽象的超时代的象征意义。这幅画描绘了三位少女的不同姿态，画面上洋溢着一种深沉而美丽的神圣境界。

三、象征主义和唯美主义文学

19 世纪末期，西方的社会危机导致知识分子在精神上的空虚和哲学上的贫困，在文学领域里主要表现为象征主义和唯美主义。这两种思潮都追求主观、追求神秘和追求怪异，崇拜非理性主义、神秘主义和下意识。早在 19 世纪四五十年代，现代象征主义的文学思潮就已经在法国出现，重要的先驱有奈瓦尔(Gérard de Nerval, 1808~1855)、波德莱尔(Charles Baudelaire, 1821~1867)、马拉美(Stéphane Mallarme, 1842~1898)、魏尔伦(Paul Verlaine, 1844~1896)等人。1886 年，一个不知名的诗人莫瑞亚斯(Jsean Moreas, 1856~1910)在《费加罗报》上发表《象征主义宣言》，第一次使用“象征主义”一词，公开打出象征主义旗帜，并组织了象征主义诗派。他们把诗歌作为文学创作的主要题材，强调诗的音乐美。他们厌恶现实世界，而相信“另一世界”是真的、美的。他们在诗歌中描写丑陋的事物和病态的感情，目的在于“化丑为美”。他们试图通过有声有色的物象，唤起人的心中的幻觉，暗示难以看清的“另一世界”即内心的微妙世界。由于他们描绘的对象不确定、无定型、半隐半现，语言晦涩难懂，塑造半明半暗和扑朔迷离的意境，因而具有浓厚

① 这是 1894 年发生的一个带来强烈的反犹太主义情绪的政治案件。受害者为法国参谋部犹太人德雷福斯(Alfred Dreyfus, 1859~1935)上尉，他曾遭到终身监禁和流放的处罚，1906 年得以最终洗刷罪名，并被提升为少校。

的神秘主义色彩。

唯美主义思潮兴起于19世纪末20世纪初的法国，这个文学流派采用超然的态度对待人生。唯美主义与浪漫主义同源，都受到康德的“美的无功利性”审美思想的影响。作为一种艺术观，唯美主义的内核就是康德在《判断力批判》中所说的“审美的快感是惟一的独特的一种不计较利益的自由的快感”①。它反对艺术的现实性、社会性以及审美活动的目的性，主张“一切艺术都是毫无用处的”②，各种艺术都应成为不受道德约束的“纯粹艺术”；同时，又坚持作家应该站在现实世界的外面，以冷漠的眼光、不带个人感情地描写世界。

唯美主义文学主要以诗歌的形式表达对美的追求，奠基者是戈蒂耶(Théophile Gautier，1811～1872)。他在1835年为其小说《莫班小姐》所作的序言中明确提出了“为艺术而艺术”的唯美主义信条，借以嘲笑功利主义。1852年，他在诗歌《珐琅与雕玉》中写出了这样的诗句：“一切消逝。——唯有健壮有力的艺术能永恒。”他认为，只有毫无用处的东西才是美的，“一件东西一旦成了有用的东西，它立刻不美了”③。“帕纳斯派”④诗人是戈蒂耶的追随者，其主要代表有李尔(Leconte de Lisle，1818～1894)、邦维尔(Théodore de Banville，1823～1891)等。他们追求诗歌的形式美，反对浪漫派的滥情主义和艺术形式上的自由主义，提倡诗人应该是严肃的思想家，富有强盛的想像力，并能大胆地进行艺术构思。

第六节　音乐的浪漫主义与现实主义

19世纪后半期，在欧洲文化史中，如果说现实主义已全面取代浪漫主义，并成为一种主导性社会思潮的话，那么在音乐界中恰恰相反，19世纪中期浪漫主义音乐仍然处于全盛状态，甚至在20世纪开始后的很长一段时间内还得以流行。19世纪后期，音乐在表现形式和创作思想上的许多变化，类似于文学和美术中的各种思潮。但是，对于音乐这种既不能用文字来描述，又不能用形象来表现的抽象艺术来说，现实主义的影响不可能走得太远。

舒曼(Robert Alexander Schumann，1810～1856)是浪漫主义音乐的著名代表人物，也又是最有才华的德国作曲家之一。他最初学习法律，后转攻音乐，

---

① 罗芃等著《法国文化史》，北京：北京大学出版社，1997年，第278页。

② 朱维之、赵澧主编《外国文学史》，天津：南开大学出版社，1985年，欧美部分第504页。

③ 裔昭印著《世界文化史》，上海：华东师范大学出版社，2000年，第416页。

④ 帕纳斯是古希腊神话里太阳神阿波罗和文艺女神缪斯的领地，这个诗人团体得名于1866年出版的诗集《现代帕纳斯》。

想成为一名钢琴家，不幸手指损伤，只好改学音乐创作。他浪漫而多情，娶了他的第一位钢琴老师的女儿为妻。他的作品既包括交响乐，又包括其最擅长的歌曲以及室内乐和钢琴曲。此外，他还作为一名编辑和作家，通过办报纸来促进音乐研究。他推动开展对历史上音乐成就的评价工作，并极力推荐音乐界的优秀人才和作品，如舒伯特、贝多芬、肖邦、李斯特等音乐天才都曾经得到过他的推介。许多被人们所忽视的舒伯特歌曲遗稿，就是由他整理出版的。舒曼的作品多为钢琴曲，其中以《狂欢节》、《蝴蝶》、《同年情景》和《交响乐练习曲》最为著名。令人遗憾的是，他受尽了精神错乱的折磨，英年早逝。

门德尔松(Felix Mendelssohn，1809～1847)是犹太哲学家摩西·门德尔松的孙子和柏林银行家的儿子。他和舒曼是至交，也像舒曼一样英年早逝。他的音乐天资很高，但不像舒曼那样带有强烈的个性化成分。除了歌剧外，门德尔松熟悉其他所有的音乐形式，深刻领悟到古典风格的优雅，并掌握了惊人的创作技巧。他在创建莱比锡音乐学院的同时，还在学院音乐厅亲自演奏了古典音乐大师巴赫的《马太受难曲》。他创作了大量的交响乐和协奏曲，最有名的是根据莎士比亚的喜剧《仲夏夜之梦》改编的同名曲。他的优美的圣乐《以利亚》，以及他的两部交响乐合一的小提琴协奏曲，获得人们一定程度的推崇，但这些曲子的旋律令人伤感。

匈牙利浪漫主义音乐大师李斯特(Liszt Ferencz，1811～1886)是典型的现代国际音乐界名人。他一生中在很多地方居住过，巴黎、魏玛、布达佩斯、罗马等城市都留下过他的足迹。他早期在就已成为公认的最杰出的钢琴演奏大师；后期他致力于创作，是第一个浪漫的现实主义作曲家。他的作品中既有浪漫主义夸张的、振奋人心的成分，又有不同于舒曼或门德尔松的伤感和优雅的特点。他善于在自己的音乐中处理异国情调，其中对匈牙利民间音乐题材的处理最为成功。他为人慷慨，帮助过瓦格纳、舒曼、柏辽兹等音乐人。他还结识了许多法国文学人士，并对当代革命潮流表现出极大的兴趣。李斯特的影响主要表现在钢琴演奏和教学、交响乐指挥，以及慈善活动方面。他认为，“对于乐器作曲家来讲，具有高尚情操的品质和高雅壮丽的形式，就能够攀登比别人更高的巅峰。”1857年，他创作的《浮士德交响曲》就是他的音乐思想的最好表达。

19世纪后期，德国浪漫派音乐的杰出代表瓦格纳(Richard Wagner，1813～1883)是贝多芬以来最重要的音乐家。他最初对诗歌和戏剧感兴趣，后来又转向哲学，因而接受音乐训练相对较晚，而且对音乐发生兴趣主要是由于音乐中存在着富有戏剧性的场面。和贝多芬以交响乐、奏鸣曲而闻名不同，他的音乐创作则以歌剧为主。但直到30岁左右，当他的歌剧《浮士德序曲》、《逃遁的荷兰人》在德累斯顿上演时，他在歌剧界的名望才得以确立起来。他一生共创作了14部歌剧，除了上述作品以外，还有《魔女》、《禁恋》、《坦豪塞》、《洛亨格林》、《女神》等。

瓦格纳是一位善于汲取他人思想的人。作为艺术改革家，他在形式上将舞蹈动作、歌词、音乐的舞台效果融入歌剧中，目的在于要把所有的艺术综合成一个有机的整体。正是由于他的这种创新，人们对其始终存有争议。在他的法国“大歌剧”式作品《黎恩济》中，你可以欣赏到芭蕾、小号和剑舞；在他的歌剧《特里斯坦和伊索尔德》中，你可以感受到叔本华的悲观主义情调；在他的歌剧《帕西发尔》中，你可以听到尼采哲学中的“超人”声音。瓦格纳主张将各种音乐艺术融入歌剧创作之中，这在他的理论著作《艺术与革命》、《歌剧与戏剧》中得到了较好的体现。他不但取消歌剧中幕与幕之间的任意划分的做法，把幕合并为场，而且去掉所有虚假的装饰，自由而广泛地使用和声，而不采用老一套的旋律形式。他不受形式的束缚，力求乐曲的流畅。他的美学思想，连同他的和声以及妙不可言的交响乐一起，对直到20世纪初期的音乐家都具有深远的影响①。

19世纪末期，音乐中的浪漫主义成分丝毫没有减退之意，最著名的浪漫主义音乐家当数德国作曲家勃拉姆斯(Johannes Brahms，1833～1897)。他认为必须追求一种音乐自身的美，而不应该用其他形式的艺术进行加工。虽然他是个显而易见的浪漫主义者，他却努力继承从巴赫到贝多芬的古典音乐传统，并且对那些激励旧时音乐大师的复调音乐原则也表现出领悟之意。这些特性连同他对交响乐风格的潜心研究一起，使他成为贝多芬的后继者。正因为如此，对古典音乐情有独钟的舒曼十分推崇他。在音乐作品上，勃拉姆斯十分注意收集和整理民间音乐成就，并把它们看作是创作的源泉，《德意志民歌》等就是他艰辛整理出来的作品。此外，他还按照严格的古典音乐传统创作了大量的交响乐曲、协奏曲、奏鸣曲等。

19世纪末期是浪漫主义音乐和现实主义音乐相交汇的时代，现实主义思潮已经在音乐界萌芽，这突出地表现在奥地利作曲家施特劳斯(Johan Strauss，1825～1899)身上。他是作为瓦格纳流派的成员之一开始自己音乐生涯的，不久即明显地表露出一种对尝试不同风格的兴趣，这种兴趣最初表现在他擅长取材于文学的管弦交响乐曲创作中，随后又表现在乐剧创作中。他的乐剧同瓦格纳的歌剧表面上看有相似之处，实际上存在着根本差异。瓦格纳是浪漫主义的化身，而施特劳斯则是一个现实主义作曲家。他不以浪漫主义作曲家做到的激发无形的感情为满足，而是集中现代管弦乐的一切表现手法，从而把音乐改成

---

① (美)伯恩斯等著《世界文明史》(第3卷)，罗经国等译，北京：商务印书馆，1987年，第322～324页。

一种绘画的媒介，并使这种媒介能够在听众的头脑里唤起具体而平常的形象。他认为通过声乐来描绘一把茶匙是完全有可能办到的，他自己也正是靠着这种坚定信念着手用音乐描绘精致的图画的。在创作实践中，他的那种鲜明的现实主义内容涉及范围极广，从《堂吉诃德》中羊群的咩咩声和风车的呼呼声，到以尼采著作为基础改编的《扎拉图斯特拉如是说》中的抽象的哲理思想，可谓无奇不有。当然，施特劳斯的名字最终是与圆舞曲联系在一起的。他的父亲老约翰·施特劳斯(1804～1849)是“圆舞曲之父”，他继承父业将圆舞曲推向极至，赢得了“圆舞曲之王”的称号。他的一生创作了400多首圆舞曲，其中《蓝色的多瑙河》、《春之声》、《美丽的五月》、《维也纳森林的故事》都是经典之作。

另一种或许比施特劳斯的现实主义思潮更具有持久意义的音乐思潮，是由法国作曲家德彪西(Claude Debussy，1862～1918)创立的印象主义。正如印象画派那样，他扬弃了严谨的构思，努力把某一瞬间的喜怒哀乐情绪改编成音乐形式。同时，也像印象派画家那样，他不加修饰地从一种音乐任意转入另一种音乐。当他运用其灵敏的想像力来直接唤起那包蕴在浩瀚海洋之中和闪闪月光之下的意向时，那大概是他的最得意之作了。由于他拒绝把精确的形式和抽象的美作为艺术的规范，所以他并不在生活的现实中去寻找满足，而是到充满梦想和幽灵的幻想世界中寻找。

19世纪，歌剧在欧洲获得进一步发展。意大利作曲家罗西尼(Gioacchino Rossini，1792～1868)生于佩萨罗，1806年入波伦亚音乐学校学习歌唱、大提琴和对位法。他一生创作了38部歌剧，影响较大的有《塞维尔的理发师》、《威廉·退尔》、《灰姑娘》等。其中，《塞维尔的理发师》集意大利喜歌剧的语言生动、形式自由、充满幻想之精华。他曾带着自己的歌剧作品到欧洲各地巡回演出，仅正歌剧《威廉·退尔》一剧在巴黎就公演了500多场，而法国人争相领略意大利歌剧的无穷魅力。罗西尼通过自己的艺术创造，实现了意大利歌剧在19世纪初的复兴，从而把意大利喜歌剧和正歌剧的体裁推向了高峰。

威尔地(Giuseppe Verdi，1813～1901)出生于意大利帕尔马的隆高勒，仅比莱比锡的瓦格纳晚出生五个月。在西方音乐史上，他们俩是最伟大的歌剧作曲家，并驾齐驱，共同支配着欧洲歌剧界。瓦格纳在乐剧创作中表现出了高超的管弦乐、心理顿悟和深刻的智慧，而威尔地创作的戏剧则具有优美的旋律、天才的效果和令人振奋的激情。威尔地不仅把意大利民歌融人歌剧之中，而且还重视歌剧内容的更新，使之与意大利社会现实相结合。他一生中大概写了30部歌剧，主要有《弄臣》、《游吟诗人》、《阿

图8-8　歌剧作曲家威尔地

伊达》、《奥塞罗》、《福斯塔夫》等。《茶花女》是意大利民歌艺术与歌剧艺术相结合的杰作，由小仲马的同名悲剧小说改编而成，描写了19世纪上半叶巴黎社交场上才华出众的妓女薇奥列塔。为了挽回所谓“体面家庭”的“荣誉”，她放弃了自己所赢得的阿尔弗雷德·阿芒的爱情。著名的《饮酒歌》就选自这部四幕歌剧的第一幕，主人公阿芒的唱段表现了对爱情的渴望与赞美，薇奥列塔的唱段则表现了她的矛盾心理。这首歌曲欢快活泼，洋溢着青春活力。

长期以来，歌剧一直被视为正统的音乐形式，这在法国表现得尤其明显。19世纪，法国歌剧的发展与柏辽兹、比才等人的名字紧紧相连。作曲家、音乐评论家柏辽兹(Hector Berlioz，1803～1868)是法国浪漫主义的最杰出代表，被称为“标题音乐之父”。1826年，他进入巴黎音乐学院之前就开始了歌剧创作。除歌剧外，他还创作了大量的交响乐。他的全部交响曲和管弦乐序曲都是有标题的。《幻想交响曲》被认为是音乐史上第一部浪漫主义标题交响曲，《哈罗尔德在意大利》则是一部浪漫主义的自传性交响曲。而戏剧交响曲《罗密欧与朱丽叶》的演出时间达1小时40分钟，是他的最长的交响乐作品。

作曲家比才(Georges Bizet，1838～1875)九岁即进入巴黎音乐学院，19岁时已经以钢琴家兼作曲家身份获得毕业证书，随后去罗马进修三年。他的一生主要从事歌剧写作，擅长于将交响乐形式与法国喜歌剧传统相结合，使其音乐具有鲜明的民族色彩。他的代表作《卡门》取材于梅里美的同名小说，具有强烈的戏剧性和西班牙风格。故事发生在1800年左右，在相貌美丽而性格倔强的吉卜赛烟厂女工卡门的诱惑下，处世认真的巴斯克骑兵下士唐·荷赛坠入情网，他们最终成了走私贩。然而，无拘无束的卡门却又移情别恋，爱上了斗牛士埃斯卡米里奥。由于情仇爱恨及命运的安排，当在卡门为埃斯卡米里奥斗牛胜利而欢呼时，她却死在了荷赛的剑下。《卡门》是法国近代歌剧的经典之作，是世界上上演率最高的剧目之一。

第七节　欧洲现实主义艺术

一、现实主义绘画

现实主义绘画兴起于19世纪初，19世纪中叶达到鼎盛。在题材上，它主要以社会现实生活为题材；在艺术形式上，除了通常所说的绘画外，还有版画和漫画等简洁明了地反映现实生活的艺术形式；在艺术手法上，现实主义绘画不像新古典主义绘画那样细腻入微，也不像浪漫主义绘画那样色彩鲜艳、对比强烈，而是突出粗犷，强调力量。在1848年欧洲革命的影响下，法国画家科尔贝(Gustave Courbet，1819～1877)作为一个新巴洛克式浪漫主义者崛起。他认为浪漫主义强调感情和想像，不只是仅仅摆脱新古典主义学院派艺术的虚假性，而且追求从个人经历的角度诚实、直接地看待世界。1855 年，他的作品《画室：决定着我七年艺术生活的故事》遭到巴黎国际画展的拒绝，理由是主题和人物太粗糙、太写实、太大，不适合艺术表达。科尔贝十分愤怒，于是他在官方展览馆对面租用一幢楼房，自行举办名为“现实主义绘画馆”的个人画展，向古典主义传统发起挑战。他强调个人主义，认为艺术家应该从自己的经历中汲取力量，他们只能表现存在的和真实的人、物、地①。从科尔贝开始，欧洲造型艺术开始走向现实主义。

19 世纪中叶，绝大多数现实主义画家都是当时正在进行的革命的支持者和参与者，因此反映阶级冲突、揭露社会弊端、讽刺资本统治、同情普通民众的作品占主导地位，同时也出现一批现实主义风景画家。总体上，现实主义绘画在 19 世纪中叶欧洲各地都有发展，但也因各国的社会发展状况不同而存在着一定的差别。在法国，它主要以社会生活为主题，并在风景画方面取得了重大成就；在英国，它突出地表现在自然风景画方面；而在德国，它主要反映了当时社会的阶级矛盾与冲突。

杜米埃(Honoré Daumier，1808 ~ 1879)是现实主义绘画的杰出代表，他亲身参加过当时的政治革命，他的作品也与当时的社会现实相关联。七月革命时期，他创作了《七月英雄》和《立法大肚子》等作品；1848 年革命时期创作了《法国人的最后一个国王路易·菲力普》、《1848 年的共和国》和《街垒中的家庭》等；第二帝国时期创作了《议会的面貌》、《司法的象征》和《可怜的法国》等；巴黎公社时期，他的作品反映普通人的社会生活，借以表达对平民的同情和对社会的不满，《奥南的午餐》、《奥南的葬礼》和《打石工》就是这方面的代表作。而 1853 年创作的《浴女》，他一改以往画家表现静穆裸女的形象，描绘了粗犷、结实和充满活力的农村妇女。

柯罗(Jean-Baptiste Camille Corot，1796 ~ 1875)擅长于风景画和人物画，他的作品突出了明媚的阳光和艳丽的色彩，在艺术手法上具有恬淡的抒情意味，透露出印象主义的气息。他的风景画作品《莫特枫丹的回忆》以柔和的色调和轻巧的笔法，描绘了一种如梦如幻的诗意境界。

米勒(Jean François Millet，1814 ~ 1875)的现实主义作品主要有《播种者》、《拾麦穗的妇女》、《晚祷》，朴素的画面表现了农夫的朴实与勤劳，蕴含着作者对劳动者的歌颂之情，体现了一种纯朴的诗情画意。

与柯罗、米勒关系密切的一批风景画家，如卢梭(Théodore Rousseau，1812 ~ 1867)、杜比涅(Charles-François Daubigny，1817 ~ 1878)等，他们反对

---

① (英)雷诺兹等著《剑桥艺术史》(第 3 卷)，钱乘旦、罗通秀译，北京：中国青年出版社，1994 年，第 94 页。

僵化的学院派新古典主义画风，主张以写实主义手法表现对象。他们由于经常聚集在巴黎东南面枫丹白露附近的巴比松村，专心描绘平凡的乡村景色与自然风光，因而被称为“巴比松画派”(barbizon school)。作为浪漫主义发展的结果之一，该画派表明了欧洲艺术向自然主义发展的趋势。

二、印象主义与后印象主义绘画

印象主义是文艺的重要表达方式之一，它不仅渗透于文艺中，也存在于绘画中。1860年前后，一批出生于1830～1841年的青年画家相识于巴黎。他们不满于画坛传统的题材和表现手法，同时对学院派绘画注重理性等传统也表示异议。他们追求新的表现手法，选择新的题材，创作不同于学院派的新作品。由于受到当时光学和色彩学的影响，他们开始注意用光和色的合理搭配进行尝试，从而产生了影响深远的印象主义绘画。

印象主义画派形成于的法国，“印象主义”(impressionism)一词起源于画家莫奈创作的绘画作品《日出·印象》。画家们把他们所发现的任何东西都当作主题，尤其喜爱对景写生，捕捉印象中的自然景象，以及描绘海边休闲场、森林和河流、路边咖啡馆、剧院等场景。但是，“印象画派不是要描绘物象本身，而只是描绘自己对客观物象的印象”；他们只想描绘瞬间经历的个人感觉，如某天的特别时间或天气状况等，而让观众通过自己的想像去补充绘画中其余的细节①。其实，他们致力于捕捉眼睛所摄取的真实影像，经过加工后，再创造一种瞬间的印象。

印象主义在取材上不再以历史和宗教为主，代之以下层社会普通民众的生活和自然风光。在表现手法上，它明显地分为前后两个时期。前期印象派的主要代表是马奈(Edouard Manet，1832～1883)、莫奈(Claude Monet，1840～1926)、德加(Hilaire Germain Edgar Degas，1834～1917)、雷诺阿(Pierre Auguste Renoir，1841～1919)等。马奈早年师从学院派名家，但他突破了文艺复兴以来西方绘画利用侧面光塑造立体形象和创造三维空间的法则，追求平面的回归。他的作品《草地上的午餐》采用平涂手法，强调色和光在绘画中的突出作用，这种现代绘画特点的形成，标志着印象主义绘画的诞生。1874年，马奈的朋友莫奈展出了《日出·印象》，它以暗红的光线、蒙蒙的水雾、灿烂的朝霞等景色，描绘了一幅冉冉升起的旭日印象。这幅空前的作品震动了艺术界，印象主义也由此而得名。莫奈有一句名言说，“光是画面中惟一重要的人物”，所以他常常在不同时间到同一个地方观察同一个物体，以探索不同时间

---

① (美)勒纳等著《西方文明史》(第Ⅱ卷)，王觉非等译，北京：中国青年出版社，2003年，第844～845页。

下光线、色彩和空气对绘画的影响。莫奈和他的好友雷诺阿曾经在同一时间一起到塞纳河边的一个浴场写生，并各自创作了几幅《河边浴场》，但两人反映同一客体的作品却产生了截然不同的效果。雷诺阿是继安格尔之后又一位擅长描绘女性裸体的著名画家，他区别于莫奈对自然景色的追求，而是专注于表现美丽的鲜花、天真的儿童、女性的肉体，主要作品有《阳光下的裸女》、《浴女们》、《沙邦蒂埃零夫人及她的孩子》等。德加的印象主义绘画作品以能够很好地把握对象在瞬间的动作而见长，如《赛马》、《系鞋带的舞女》、《舞台上的舞女》、《车厢》、《浴女》等作品都集中体现了这一特点。

如果说前期印象主义注重用光和色的作用表现画家对客体的感觉和印象，削弱形体的结构，软化或取消轮廓，弱化作品主题的作用的话，那么，后期印象主义仍然遵从前期印象主义注重光和色的传统，在内容上也基本恪守前期印象主义以反映客观真实为主的信条。但是，后期印象主义则更强调个人的主观感受，甚至完全按照自身的感觉从事创作，作品也主要是画家对某种客体的主观感觉的反映，而不是客体自身的真实再现。法国画家塞尚、高更和荷兰画家凡·高是后期印象主义的杰出代表，也是20世纪各种现代美术思潮的源头。

塞尚(Paul Cézanne，1839～1906)试图创造一种结构，使已经走进死胡同的印象主义更坚实、更持久。他强调描绘对象在特定的瞬间给画家留下的深刻印象，而不拘泥于前期印象主义所提倡的对象的真实性。他的大量的静物画都以画家对静物的瞬间感觉为主，他的《草地上的午餐》也与马奈的同名作品明显不同。他的《玩纸牌的男人们》在表现画家自身感觉的同时，着眼于色调与体积的关系和以光色构图为基础的统一风格。

高更(Paul Gauguin，1848～1903)是后期印象派大画家，许多现代绘画大师都受其影响。他更进一步，几乎是全凭自己的感觉作画，可以说作品就是他的思想的反映，有时甚至带有神秘的色彩。他还在意想不到之处用色彩，用非欧化反抗欧洲传统。这些特点集中体现在《我们从哪里来？我们是谁？我们往哪里去？》以及《布道后的幻象》、《游魂》等作品中。从19世纪90年代起，他开始定居于南太平洋的塔希提岛，当地令人陶醉的自然环境使他获得了简约鲜明的色彩印象，如《玛利亚啊！我向您致敬》便突出了这个特点。正是在这段时间里，高更的作品更关注那些从未受到西方文明“污染”的人民的简朴生活，“与自然同一”就成为他的经典性宣言①。

凡·高(Vincent van Gogh，1853～1890)出于对西方文明的憎恶，终日自我反思，努力摆脱古典主义、理性主义、现实主义、自然主义等一脉相承的强大的欧洲传统，完全根据自己的感觉作画。他以强烈的个性和洋溢的感情，忍

---

① (英)雷诺兹等著《剑桥艺术史》(第3卷)，钱乘旦、罗通秀译，北京：中国青年出版社，1994年，第148～159页。

图 8-9 《我们从哪里来？我们是谁？我们往哪里去？》

受着巨大的精神痛苦，为我们留下了《向日葵》等象征着生命和活力的优秀作品，为我们留下了《吃土豆的人们》等不朽之作。他用色彩去表达他的情绪，寻求把感情以及感情的表现重新注入绘画之中。1890 年 7 月一天的薄暮时分，凡·高开枪自杀，年仅 33 岁，医生说他死于“心情压抑”。

三、建筑风格与材料的变化

从 19 世纪起，建筑改变了浪漫主义风格，转而真实地表达人们的需要。早在 18 世纪已经出现实用建筑，19 世纪中叶材料商开始放弃传统的建筑材料，改用钢铁建材，使新式建筑具有非凡的力量。为了显示工业革命的成果和推动科学技术的进步，也为了炫耀大英帝国的实力，维多利亚女王和她的丈夫阿尔伯特公爵决定 1851 年在伦敦海德公园举行一次国际博览会。风景建筑师帕克斯顿(Joseph Paxton，1801 ~ 1865)提出一个设计方案，就是建造一个巨型温室，由花房式钢铁骨架和平板玻璃组装而成。这是世界上第一座完全由玻璃及金属构成的大厦，享有“水晶宫”(crystal palace)之美称。它的大厅长 1848 英尺，高 68 英尺，占地 18 英亩，共计用了 4 英里长的管子及 90 块有史以来最大的单块玻璃。这座造价 8 万镑的大厦，从 1850 年 8 月到 1851 年 5 月，施工总工期不到九个月。毫无疑问，水晶宫作为英国工业革命的产物，是现代建筑的报春花。有人描写在“水晶宫”里的感觉如同“仲夏夜之梦”，它“是一个动脑袋的时代的一种突出的象征。它在半个世纪以前是不可能出现的……它是中世纪时代的骑士们所不能想像的。”①

19 世纪下半叶，钢铁建筑已经传遍欧洲。1875 年，第三共和国建立以后，法国决定为隆重纪念大革命 100 周年，并于 1889 年在巴黎举办一次轰动国际的世界博览会。每一次世博会都成为主办国炫耀经济实力和传播精神文化

① 刘金源、洪霞著《潮汐英国人》，成都：四川人民出版社，2001 年，第 131 页。

的极好机会。为举办纪念性展览活动，法国展开了一场设计纪念物的竞争。在参加角逐的700个方案中，法国金属结构建筑工程师埃菲尔(Alexandre Gustave Eiffel，1832～1923)的建筑设计方案脱颖而出，他最后在18个复审方案中夺标。这位“钢铁建筑之父”本是学习桥梁建造技术的，他曾设计过几座钢铁拱桥和纽约市自由女神像内的钢铁构架。由他设计建造的埃菲尔铁塔，占地面积达到一公顷，像一个钢铁巨人，高高地耸立在塞纳河畔的巴黎市中心。铁塔于1887年1月26日动工，1889年5月15日对外开放。截至2000年底，它已接待了1.9亿多名参观者，是世界上接待参观者最多的纪念性建筑。

1880年至1890年期间，欧美洲建筑师意识到这样一个事实，就是当时盛行的房舍建造式样同现代文明的实际情况非常不相称。由此，西方功能主义(functionism)建筑流派应运而生，主要开路先锋是德国建筑师瓦格纳(Otto Wagner，1841～1918)和格罗皮乌斯(Walter Gropius，1883～1969)，美国建筑师沙利文(Louis Henri Sullivan，1856～1924)和赖特(Frank L. Wright，1869～1959)等。他们宣称他们的设计风格即所谓的“国际风格”，是唯一能合理应用铬、玻璃、钢材和混凝土的新型建材。建筑物外表应该显示实际用途和目的，这是功能主义的基本原则。他们认为，真正的美蕴藏在真实之中，即蕴藏在把建筑材料真正用在它们应该为之起作用的目的上，而那些仅仅被某些人视为美的东西，如墙上的横饰带、圆柱、窗花格或雉堞墙之类的装饰，就无须加在建筑物上。此外，他们还强调建筑艺术应该既直接又象征地体现当代文化的显著特色。因此，现代人并不相信古代希腊关于和谐、均衡和克制的观念，也不相信中世纪的宗教

图8-10　蓬皮杜国家艺术中心

简称蓬皮杜文化中心，1969年，由法国第五任总统蓬皮杜(Georges Pompidou，1911～1974)决定兴建。这是一座由钢管和玻璃管构成的庞然大物，建筑风格像个工厂车间，故意将管道暴露在外边，特别引人注目，参观它的人数远远超过了艾菲尔铁塔。

虔诚和骑士风度，而相信权力、效能、速度和舒适[1]；装饰艺术必须有限制地用于诸如反映科学和机器时代的这样一些建筑部位。

图 8-11　《河流》

这是法国著名雕塑家马约尔(Aristide Mailllol，1861～1944)的象征主义代表作，它和《山岳》和《大气》一起构成大自然三部曲。作者是一位善于刻画女性美的艺术家。这件作品通过丰满健壮、线条圆润和充满健康美感的女人体来表现主题。她像一条奔腾不息的河流，乳房丰满、腹部结实、大腿粗壮、头发浓密，是一个似有着无限繁衍能力的大地之母的形象。

① (美)伯恩斯等著《世界文明史》(第 3 卷)，罗经国等译，北京：商务印书馆，1988 年，第 321 页。

第九章

否定传统的现代主义文化

第一节　现代主义文化：超越与新生

人类进入20世纪以来，科学技术突飞猛进，社会发展日新月异，各个领域都发生了深刻的变化。首先，科学技术促进了生产力的发展。尽管发生了两次世界大战和经济大危机这样的天灾人祸，世界经济在新技术的推动下，显现出飞速发展的趋势。其次，科技发展促使欧美工业化国家的产业结构发生了巨大变化。汽车、航空、化工、电气制造等新兴工业部门迅速崛起，而煤矿、纺织业等传统工业部门相对衰落。再次，科技的广泛应用极大提高了人民的生活质量和健康水平，改变了教育精英化的状况，实现了教育大众化的目标。最后，科技发展还促进了人的思维能力的极大提高，使人的知识视野获得前所未有的拓宽。社会科学再也不能把自己隔绝起来，与自然科学不相往来了。不过，科技进步也带来了一些负面影响。环境污染现象出现，社会环境日益恶化，有悖于人类主观愿望的人的异化，人对地球资源的无情掠夺，最新科技被用于战争，原子弹的发明使人类时刻面临着被毁灭的危险。

科学技术的加速发展，对于改变人们的宇宙观和思维方式起了革命性的推动作用。如何正确地利用科学技术，一直是人类自20世纪以来面临的重大问题。一方面，许多原本被认为是天经地义的传统信条被彻底推翻了，社会科学获得了突破旧框架的契机。另一方面，在20世纪上半期这个多灾多难的时代，人类社会经历了两次世界大战、多次经济大危机的沉重打击，人类文明经历着前所未有的严峻考验，人们普遍感到他们面对着一个阴沉的、动荡的、荒诞的和异己的世界，这一状况深刻地影响到了哲学和社会科学的发展。在哲学、历史学、经济学等传统学科发生革命性变革的基础上，社会学、心理学、人类学等新兴学科得以诞生。这一时期，文学艺术主要表现出现代主义的倾向。“现代主义”(modernism)具有有意识地否定固定的法则、传统和习俗的基本特征，所以被称为“创新的传统”[①]。它体现为象征主义、超现实主义、立体主义、表现主义、未来主义、野兽派等思潮，多层面地反映20世纪的社会与政治变化，反映其急速增长的科技和心理知识，反映人类面临的危险和焦虑。

按照著名美国社会学和未来学家贝尔的解释，“现代主义就是摹仿的互解。它否认既定的外部现实是第一位的。它所寻求的是要么重新安排现实，要么退隐到自我的内心世界，退缩到隐秘的经验中，把这些作为它关心和审美专注的源泉。”[②] 19世纪末20世纪初，西方文学、艺术开始进入现代主义时代，标志着现代思维从形式到内涵与古典精神的彻底决裂。在现代主义的支配下，文艺由于强调开放性、主观性、随意性和标新立异，已经失去其醒世说教的功能。它泛化主题，或根本没有主题，轮流地作为游戏、抗议、批评、思考的向导与工具。现代性(modernity)文艺“通过风格、技巧、材料、题材、意愿的多样性来突出强调主观性”；“变形，色彩自由，空间的新表达方式，从抒情动作或几何中诞生的抽象化，抛弃关闭的形，形的混合，材料的多样化，粉碎种类界限：如此众多的想像来到了对20世纪艺术进行思考的精神之中。”[③]人们对待现代性的看法存在着明显分歧，现代文艺要么遭到鄙视、贬值、禁止，甚至被付之一炬；要么受到歌颂、追捧、滥用，甚至严重商品化。这样非此即彼的极端性价值判断，反映了现代人因缺乏安全感而产生的敏感性和自卫性的心态。总之，现代主义使千百年来人类追求的理性精神走向了它的对立面，也使自由走向了压迫、统治和异化。

第二节　突飞猛进的科学与技术

20世纪前半期，科学技术发展的范围之广、规模之大、速度之快都是空前的。从微观世界到宏观世界，从理论研究到应用技术，从传统学科到新兴学科，几乎所有的科学领域都开始有所突破，并创立了系统完整的知识体系。19世纪末期那种以个人研究为主的研究方式，向群体性研究模式过渡，全国范围乃至国际间的协作逐步发展起来，从而促进了科学研究范围的扩大和速度的加快，促进了跨学科研究和边缘学科的兴起。科学技术的重大突破又引起了社会的经济模式、生产结构、生活方式等方面的变化，为战后第三次技术革命的到来准备了条件。

---

① 王佐良等编《欧洲文化入门》，北京：名语教学与研究出版社，1992年，第402页。

② (美)贝尔著《资本主义文化矛盾》，赵一凡等译，北京：三联书店，1989年，第159页。

③ (法)德比奇等著《西方艺术史》，徐庆平译，海口：海南出版社，2002年，第364页。

一、挑战传统的物理学革命

以牛顿为代表的经典物理学强调静止的、绝对存在的时空观念，强调时空与运动完全无关。然而，19 世纪末一系列的重大发现引发了经典物理学的危机，并为物理学革命开拓了道路。1895 年德国物理学家伦琴(Wilhelm Konrad Röntgen，1845 ~ 1923)发现了 X 射线，1896 年法国物理学家贝克勒尔(Antoine Henri Becquerel，1852 ~ 1908)发现了第一种放射性元素铀(uranium)，1898 年法国物理学家居里夫妇(Pierre Curie，1859 ~ 1906；Marie Curie，1867 ~ 1934)发现了放射性元素钋(polonium)和镭(radium)。居里夫人出生于波兰，她是世界上第一位两次获得诺贝尔奖的科学家。1897 年，英国物理学家汤姆森(Sir Joseph John Thomson，1856 ~ 1940)证明了 1859 年德国物理学家普吕克尔(Julius Plücker，1801 ~ 1868)的发现，即所谓阴性射线是由带负电荷的微粒组成，所带电荷等于基本电荷。这种微粒就是电子，它们是所有原子共有的组成部分。电子的发现不仅揭示了电的物质本质，而且打破了原子不可分的传统物理学观念，对经典物理学提出了挑战，从而使物理学进入了原子物理学这一崭新的领域。

诺贝尔奖获得者、德国犹太裔物理学家爱因斯坦(Albert Einstein，1879 ~ 1955)是伟大的天才，他创立的相对论引起了物理学的深刻革命，奠定了他在科学史上的崇高地位。25 岁那年，他在一篇题为《论运动物体的电动力学》的论文中提出狭义相对论，解释了高速运动状态下的物质，这是经典物理学所不能解释的问题。狭义相对论的结论之一是空间和运动不是绝对的，而是相对的。物体在光速或接近光速运动时，运动物体上的时钟变慢了，尺子变短了。这种关于“钟短尺缩”现象的论断，精确地揭示了空间和时间在本质上的统一性，以及空间、时间与物质运动之间的联系。狭义相对论的结论之二是质量随运动速度而增加，质量和能量可以相互转化，可用公式表示为 $E = mc^2$。其中，E 指以尔格为单位能量，m 是以克为单位质量，c 是以秒厘米为单位光速。1915 年，他又提出

图 9-1　科学巨人爱因斯坦

广义相对论，以一种全新的模式重建了宇宙体系。他认为，宇宙(空间)是有限的，空间与运动不是绝对的，而是相对的。物体不只是三维空间，而是四维的，长、宽、厚与时间组成四维的“时空连续统一体”。广义相对论进一步指出了时空不可能离开物质而独立存在，这在更深层的意义上否定了牛顿的绝对时空观。所以，爱因斯坦是最先推翻经典物理学基石的科学巨人。“本来，亚里士多德的逻辑、欧几里得的数学和牛顿的物理学共同构成了欧洲人的宇宙观，现在看来，它坍塌了。与它一起坍塌的还有一些本身并非物理学，但大体上以传统物理学的固定法则为基础的伦理学、哲学、政治学原理。”①

物理学革命的另一个重要内容是量子力学的创立。1900 年，诺贝尔奖获得者、德国物理学家普朗克(Max Karl Ernst Ludwig Planck，1858 ~ 1947)根据实验资料指出，能量并不像过去所认为的那样，是连续的、平均分布的，而是不连续的、分散的，几乎是微粒状的，是由物质一份一份地释放或吸收的。他把这一份一份的能量称为“量子”。他还进一步推导出新的能量公式：如果以 v 表示辐射频率，h 表示普朗克常数即普朗克提出的所谓“行动量子”，那么，某一辐射体所释放的能量则为 h 和 v 的乘积或 hv。他的量子论和普朗克常数彻底改变了物理学家对能量的认识。1925 年，经过许多科学家的努力，量子力学终于创立起来。它清除了经典力学在微观世界的影响，清除了把粒子和波相互对立的传统观念，在微观粒子世界中建立了全新的秩序。

相对论和量子力学是现代物理学的基础理论，它们推动了原子物理学和原子能技术的发展，也带动了 20 世纪一系列新兴学科的突破。这些理论又转化为应用技术，比如由量子力学发展而来的固体物理学，导致了晶体管、集成电路的发明，最终导致了电子计算机的发明与广泛应用，从而给整个人类生活带来了翻天覆地的变化。

二、原子能的开发与利用

1899 年，英国物理学家卢瑟福(Ernest Rutherford，1871 ~ 1937)发现铀放射的 α、β、γ 三种射线，开创了原子物理学。他通过研究指出，有些放射性元素会变成另一种放射性元素；原子的质量和正电荷都集中在原子内部很小的一个原子核上，电子在核外绕原子核运动。1919 年，他不仅发现了质子(即氢原子核)，还证实了放射性现象会导致原子自然蜕变，以及可以用人工方法

① (荷)李伯庚著《欧洲文化史》(下册)，赵复三译，上海：上海社会科学院出版社，2004 年，第 535 页。

变革原子核，把一种元素变成另一种元素。1920年，他提出了原子核里可能会有不带电中子的看法。卢瑟福的原子核理论也是现代物理学的重要依据之一，它激发了物理学家的梦想，就是分裂原子以释放其所含的能量，使之造福于人类。

1932年，英国物理学家查德威克爵士(Sir James Chadwick，1891~1974)发现了中子，他认为中子由于不负载电荷，因而是轰击原子的理想武器；它既不受带正电的质子的排斥，又不为带负电的电子所吸引，在轰击过程中还产生更多的中子。这一批中子又轰击其他原子，于是又使它们分裂，产生出更多的中子。这样，原来的反应几乎永无止境地重复下去。同一年，美国物理学家劳伦斯(Ernest Orlando Lawrence，1901~1958)发明了回旋加速器，即名副其实的“原子轰击器”，从而无需使用高压就可以获得高能量的带电粒子。皮埃尔·居里的女婿和女儿，约里奥·居里和伊丽夫·居里(Jean Frederic Joliot Curie，1900~1958；Irene Joliot Curie，1897~1956)用钋的α粒子轰击铝，人工制造出反射性同位素。1934年，诺贝尔奖获得者、美籍意大利物理学家费米(Enrico Fermi，1901~1954)发现用中子轰击重元素铀，可造成铀的核裂变，产生新的“超铀”元素。1939年，德国物理学家哈恩(Otto Hahn，1879~1968)和他的助手施特拉斯曼(Fritz Strassman，1902~)继续费米的实验，利用中子分裂原子获得了成功。试验中用于轰击的中子势能只有1/30伏，但释放出来的势能却高达2亿伏，十分惊人。不久，他们又发现，并非所有形式的铀在产生能量方面都有同样的价值，只有铀的同位素^{235}U遭到中子轰击时才能产生分裂，而^{235}U在天然铀中只占极小的一部分。不过，占铀产量99%的^{238}U能够吸收中子，转变为钚(plutonium)，而钚的反应很像^{235}U，也能分裂并产生出大量的能量，这就解决了人工制造钚的问题。至此，物理学家终于在理论上找到了人工获得原子能的途径。

20世纪30年代，随着法西斯势力的崛起以及他们所实行的文化专制政策，许多反纳粹主义的欧洲科学家被迫流亡，世界科技中心转移到北美，从而使原子能应用技术首先在美国获得成功。迫于残酷的战争形势，聚集在美国的物理学家们决定抢在德国之前制造出原子弹。1942年6月，美国军事政策委员会领导了制造原子弹的工程计划，代号为“曼哈顿计划”(Manhattan Project)。在以后的三年中，还正式成立了一个由美国、英国和加拿大物理学家组成的研究小组，加紧原子弹的研制工作，对外则实行严格的保密措施。1945年，美国物理学家奥本海默(John Robert Oppenheimer，1904~1967)领导下的新墨西哥州靠近国防部的洛斯阿拉莫斯(Los Alamos，美国西南部城市，核研究中心一)实验室的工作大功告成。7月16日，世界上第一颗原子弹在该州的一片荒漠上成功地实施了引爆，它具有二万吨TNT炸药当量，结果导致半径

1600米范围内的一切动植物全部死亡。原子弹的致命威力令人难以置信，这加剧了人类对自身安全的忧虑。同年8月6日和9日，为了迫使日本尽快投降，美国先后向日本广岛和长崎掷下了原子弹，造成两市各十余万人死亡，城市很大部分被夷为平地。

拥有原子能使人类获得了一项重要的新的能量，这是20世纪最伟大的科学成就之一。科学“研究的目的在于追求真理”，这是爱因斯坦的座右铭。但是，具有讽刺意义的是，原子能作为重大的科学成果，第一次运用即被应用于野蛮的战争。不仅如此，原子武器在战后成为超级大国用作争夺世界霸权、威胁人类和平和地球安全的震慑工具，今天，整个世界都处于毁灭性打击的恐怖气氛之中。因此，许多科学家和爱好和平的人士都主张限制使用核武器，将人类从恐怖与威胁状态下摆脱出来。原先积极支持原子弹研制的爱因斯坦，也在1950年发出呼吁：“一旦达到这个目标，大气层的放射性污染以及由此导致的地球上一切生命的灭绝，从技术角度而言将成为可能。这种发展的可怕之处在于它已明显地成为不可遏止的趋势。第一步必然引出第二步。最后，越来越清楚地，必然招致全人类的普遍灭绝。”①

三、天文学的进步

20世纪初，人们还普遍认为宇宙的无限性一直是个定论。但是，随着广义相对论的诞生这个定论已经受到了爱因斯坦的挑战。他石破天惊地提出了宇宙的新模式，认为宇宙是“有限无边”的。以此为开端，天文学家提出了各种各样的假设，有所谓宇宙大爆炸说、稳恒状态论等，这一切均推动了宇宙学研究。同时，关于太阳系的形成，也出现了一些新的学说。1900年，美国地质学家张伯伦(Thomas Chrowder Chamberlain，1843～1928)与天文学家莫尔顿(Forest Ray Moulton，1872～1952)提出关于太阳系起源的星子或微星假说的新理论。他们认为，当太阳和另一恒星一度接近的时候，由于两个恒星之间的引力会从恒星中分出来一些物质，它们形成了太阳系的行星。1942年，瑞典天文学家阿尔文(Hannes Alfven，1908～)提出了俘获说，认为太阳附近的物质云冷却之后被太阳的引力所俘获，从中产生了行星。50年代，随着电子计算机开始运用于天文的分析与计算，英国天文学家霍伊耳(Sir Fred Hoyle，1915～2001)等人最早提出关于天体起源的阶层结构假说，认为恒星演化可以分为形成、相对稳定和死亡三个时期，即从红外星起，经过主序性和红巨星阶段，最后变成白矮星，或者发生超新星爆发。美国的哈勃(Edwin Powell Hubble，

① 爱因斯坦著《原子能时代的和平》，载于《名人演说一百篇》，石幼珊译，香港：商务印书馆，1986年，第493页。

1889～1953)是河外(星系)天文学的奠基人、观测宇宙学的开创者。他于 1924 年证明银河系外存在类似银河系的天体系统，命名为“河外星系”，结束了天文学上的“宇宙岛”之争。同时，他又是提供宇宙膨胀实例证据的第一人。他发现星系光谱中的红移现象，证明星系间正互相远离，这些发现对于当代天文学产生了重要的影响。1990 年，美国将发射的太空望远镜命名为“哈勃”望远镜，它的主要任务是用于研究星系学和宇宙学。

四、合成材料的产生

物理学革命之后，现代化学也获得了长足的发展，各种化学现象开始得到较为圆满的解释，量子化学和高分子化学得以发展起来。1916 年，诺贝尔奖获得者、德国化学家柯塞尔(Albrecht Kossel，1853～1927)提出经典价键理论的电子学说，认为阳离子(金属)和阴离子(非金属)由电荷的引力结合成为化合物，这种结合方式的化学键被他称为电价键。同年，美国人路易斯(Gilbert Newton Lewis，1875～1946)提出了两个原子可以共有一对或多对电子，以使两个原子都处在外层有 8 个电子的稳定状态，这种共同电子对的结合方式叫做共价键。1927 年，美籍德国物理学家海特勒(Walter H. Heitler，1904～1981)和美籍波兰物理学家伦敦(Fritz W. London，1900～1954)运用量子力学理论，进一步阐述了共价键的形成问题。1932 年，美、德科学家又提出分子轨道法，探讨了电子运动规律。

化学理论的突破性进展，不仅为量子化学开创了道路，还为研制高分子聚合物奠定了基础。德国高分子化学家施陶丁格尔(Hermann Staudinger，1881～1965)证明了高分子化合物溶液和分子量之间的关系。1932 年，他发表《高分子有机化合物》一文，标志着高分子化学学科的产生。同时，德、美、英等国的化学家研制出了简单易行的高分子聚合物，使合成橡胶、合成纤维和塑料等合成材料应运而生，从而使社会生活的面貌为之一变。合成橡胶出现于 1910 年前后，最初生产的是甲基橡胶，成本高、耐压性差，主要用于制造轮胎。后来又发展出用酒精做原料制成的丁烯橡胶，其成本太高，性能远不如天然橡胶。30～40 年代，德国和美国分别开发出成本较低、具有耐腐蚀、耐老化、不易燃烧等特殊性能的氯丁橡胶，其性能已接近甚至优于天然橡胶，因而获得了广泛的应用前景。

1929 年，美国杜邦公司的试验室里开始研制出合成纤维，它主要利用石油、煤、天然气等低分子有机化合物，经过化学处理和机械加工而成。1935 年，该公司制造出第一批尼龙丝，代替人造丝用作牙刷、尼龙袜的原料，人们很快喜欢上了弹性好、耐磨的尼龙袜。第二次世界大战期间，英国人发明了涤纶，并很快投入批量生产，成为人类衣着的一大原料。

塑料是化学工业中发展最快的合成材料。1908 年电木开始投入生产，这是第一种塑料产品，它标志着庞大的塑料工业的开端。1930年发明了一种可以代替玻璃的塑料即有机玻璃，1939年制成了一种软性塑料即聚乙烯。此外，还制成了其他一些可用作包装材料和电气绝缘材料的塑料。塑料制品可以用来替代石头、木材和金属，塑料工业发展十分迅猛。50年代，世界塑料产量超过了铝和铜，比钢铁产量的增长快两倍。迄今为止，塑料用品在工业生产和社会生活中的用途十分广泛，整个世界几乎成了塑料世界。

五、生物学和医学的成就

19、20世纪之交，物理学和化学中所取得的重大成就开始向生物学和医学渗透，并引起这两个领域的革命性变化，催生了生物化学、分子生物学等一批新兴科学。生物学突破首先发生在遗传学领域。奥地利神父孟德尔(Gregor Johann Mendel，1822～1884)是现代遗传学的奠基人，他从1857年起就开始研究遗传规律。他认为遗传是由基因引起和控制的，基因是任何人身上都有的一对分别由父母遗传下来的因子，它们存在于细胞的染色体中，并按照分离或自由组合的定律起作用。但是，他的研究成果直到20世纪初才被重新发现和重视。1910年，诺贝尔奖获得者、美国生物学家摩尔根(Thomas Hunt Morgan，1866～1945)发展和完善了孟德尔的遗传学说，他通过研究果蝇发现，染色体是遗传因子的载体，每一条染色体上都有多个基因，它们可以连锁遗传。摩尔根在出版的《孟德尔遗传的原理》、《遗传的物质基础》、《基因论》等书中，详尽地探讨了基因理论。

生物学的另一项突破是分子生物学。研究开始于19世纪末，当时人们已经知道细胞是由蛋白质、核酸等生物大分子组成的；而蛋白质的基本成分是氨基酸，不同种的氨基酸按照不同的排列组合，可以得到不同品种、不同性能的蛋白质。20世纪初，分子生物学关注的重点是核酸。1911年，俄裔美国生物化学家列文(Phoebus A. Levene，1869～1940)从细胞核中发现核糖核酸(RNA)和脱氧核糖核酸(DNA)这两种核酸。1944年，加拿大细菌学家艾弗里(Oswald Theodore Avery，1877～1955)等人经实验证明，脱氧核糖核酸才是真正的遗传基因载体。1953年，美国遗传学家和生物物理学家沃森(James Dewey Watson，1928～)和英国物理学家克里克(Francis Harry Compton Crick，1916～)发现了DNA分子的双螺旋结构，揭开了遗传基因的秘密，他们为此而获得诺贝尔生理学或医学奖。这些发现为50年代遗传工程的兴起和发展开辟了道路。

在广泛吸收物理学、化学、生物学成果的基础上，现代医药技术也取得了很大成就。20世纪初，诺贝尔奖获得者、英国病理学家罗斯(Ronald Ross，1857～1932)发现疟疾是通过曾经叮咬过疟疾患者的蚊虫传染的；1900年，美国军医、病理学家里德上校(Walter Reed，1851～1902)证明致命的黄热病也是通过同样途径传染的。为了预防疟疾、黄热病等传染病，人们开始控制蚊虫的孳生。早在18世纪末，人们就开始制造疫苗，用人工方法产生免疫机能，预防各种传染病的发生。20世纪初，已经有了狂犬疫苗、伤寒疫苗和霍乱疫苗。过去曾吞噬过成千上万将士生命的伤寒所造成的危害，在第一次世界大战中已经变得微不足道了。一战后，医学家发现导致疾病传染的原因在于病毒，它们能引起天花、麻疹、小儿麻痹、流感、狂犬病、黄热病和一般的伤风感冒，这一重大发现促进了免疫学的发展。1921年，法国医生兼细菌学家卡尔麦特(Albert Calmette，1863~1933)和介兰(Camille Guerin，1872~1961)经过多年的潜心研制，终于制造出防治结核病的疫苗——卡介苗(Bacille Calmette-Guerin)。20世纪末，科学家们又成功地研制出预防白喉和破伤风的疫苗。从那时起，白喉的死亡率大为降低。

现代医药技术上的又一重大成就是抗生素的发现，人们从活的有机物(如真菌、海藻)中提取的化学剂，具有抑制或杀死细菌的力量，在临床医学上使用抗生素可以有效地抑制传染病的蔓延。1930年，英国细菌学家弗莱明(Sir Alexander Fleming，1881~1955)发现了第一种抗生素——青霉素，它对治疗肺炎、梅毒、腹膜炎、破伤风和许多其他致命的疾病很有成效。1944年，乌克兰裔美国生化学家、土壤微生物学家瓦克斯曼(Selman Abraham Waksman，1888~1973)提取了另一种抗生素——链霉素，它可以用于治疗结核病和青霉素无法治疗的一些疾病。后来，他还发现了金霉素和氯霉素等抗生素。

现代医药技术上的再一项成就是一些新的药物的研制和新的医疗方法的使用。1922年，诺贝尔奖获得者、加拿大生理学家、外科医生班廷(Ferderick Banting，1891~1941)从胰脏中分离出来胰岛素，它对于治疗糖尿病有显著的效果。1936年，诺贝尔奖获得者、美国肯德尔(Edward Calvin Kendall，1886~1972)从肾上腺分离出来的“可的松”，可以用来治疗风湿性关节炎。同时，人们发现运用放射性疗法可以抑制恶性肿瘤的生长。1940年左右，储存血液和输血的技术均得到了发展，鉴定患者血型的技术得到了改进，输血现象已司空见惯。各种科学发明相继应用于临床医学，其中最重要的是X射线。1933年，苏联医生费拉托夫(Vladimir Petrovich Filatov，1875~1956)移植异体角膜成功，这是人类历史上首次成功地移植人体器官。

六、新工具、新技术

20世纪，交通运输技术有了新的发展，汽车、飞机的出现和普及给交通运输业带来了一场革命。汽车早在19世纪末就已问世，但直到一战后才开始普及。当时，各国均建设了良好的公路网，德国最早铺设了高速公路。出于战争准备的需要，1935年5月，德国开通了从法兰克福到达姆斯塔特的高速公路。美国最大的制造业部门是汽车工业，它是美国20世纪20~30年代繁荣的支柱之一。最著名的福特汽车公司成立于1906年，工业家福特(Henry Ford，

1863～1947)完善了大规模生产的传送带技术，并付给工人足够的工资，使他们能够买得起自己制造的汽车，这一工厂管理原则促进了汽车工业的发展。1900年，美国注册的汽车只有8000辆，而1929年则猛增到2670万辆。1900年出售的私人汽车为4192辆，1929年则高达445.5万辆，这个销售纪录直到20年后才被打破。汽车工业的发展，不仅为人们提供了便捷的交通，也拉动了整个国民经济的发展。

1903年，莱特兄弟(Orville Wright，1871～1948；Wilbur Wright，1867～1912)发明了飞机，并成功地进行了试飞。虽然第一次飞行仅维持了21秒，飞行距离37米，飞行离地不过3米，但是它第一次实现了人类飞天的梦想，宣告了航空时代的来临。1908年，经过改造的飞机已经能够持续飞行2个多小时。法国飞行员布莱里奥(Louis Blério，1872～1936)是人类历史上第一个驾机成功地飞越英吉利海峡的人。1909年7月25日，他驾驶X-1单翼机长途飞行了36小时。两年之后，英国开通国内航班。第一次世界大战大大促进了飞机的发展和设计，1919年阿尔科克上尉(J. W. Alcock)和布朗中尉(A. W. Brown)驾驶“维米”式飞机由西向东，成功地飞越了大西洋。同年，伦敦和巴黎之间开辟了民航航线。第二次世界大战中，战争的形势加速了飞机的发展，直升飞机和喷气式飞机先后研制成功，后者是1939年由德国人首先研制出来的，它取代了用活塞式内燃机做动力的螺旋桨式飞机。战后，飞机工艺获得了更大的提高。1947年超音速飞机试制成功，并于同年完成了环球二万英里的飞行任务。不久，大型客机也制造出来，时至今日，长途飞行早已司空见惯。

同样出于军事的目的，二战期间发明了雷达，尤其导弹和火箭的研制获得了巨大的推动力。从19世纪末起，航天理论奠基者、俄国“火箭之父”齐奥尔科夫斯基(K. E. Tsiolkovsky，1857～1935)为火箭的研制做了大量理论上和技术上的准备。20世纪20年代，美国物理学家戈达德(Robert Hutchings Goddard，1882～1945)成功地制造了世界上第一枚液体火箭。德国火箭专家布劳恩(Wernher Magnus Maximilian Braun，1912～1977)领导下的研究中心研制成功了液体火箭，并用以制成“V-2”导弹，这种导弹可以把一吨炸药送到330公里远的地方。他后来还负责美国第一颗人造卫星的发射工作。1944年，德国发射几千枚“V-2”导弹轰炸伦敦，但命中率不高，平均每枚导弹造成的伤亡不到10人。在俘获了包括布劳恩在内的100多名火箭专家和全部V-2的资料后，美国加紧研制火箭，使战后的火箭技术上了一个台阶，为宇航事业发展奠定了物质基础。

实用技术的另一大成就是电子技术的发展，它是建立在19世纪末电磁理论和无线电技术基础上的，20世纪20年代成为发达国家的支柱产业之一。1920年，美国建立了第一家广播电台，到1929年发展为606家。收音机产量从年的10万台，上升到1929年的443万台。20年代末，电视机被发明出来，1929年英国广播公司(BBC)开始试播电视。二战以后，电视质量大为提高，今天欣赏电视节目已成为日常生活中最不可缺少的消费享受之一。

图9-2　化学家诺贝尔

七、诺贝尔的遗产与精神

瑞典伟大的发明家诺贝尔(Alfred Bernhard Nobel, 1833～1896)生于首都斯德哥尔摩，终身未婚。他一生致力于科学研究，成功研制了由三硝基甘油和硅藻土混合而成的烈性安全炸药、无烟炸药。他在大量的科研成果的基础上，成功地开办了许多工厂，在瑞典、英国、德国、法国等地获得了几百项发明专利。由于他生前没有子女，也未指定任何继承人，他的财产中的一部分(200万克朗)给了他的兄弟们，其余3100万克朗(相当于1.6亿欧元)悉数捐作奖励基金，正如他在遗嘱中所说的："请将我的财产变做基金，每年用这个基金的利息作为奖金，奖励那些在前一年为人类做出卓越贡献的人。" 1901年根据他的愿望，诺贝尔奖分设物理学、化学、生理学或医学三个奖项，不分国籍、肤色、宗教信仰，奖励那些有才华但缺钱的研究人员。1969年增设经济学奖，加上和平奖，总共设有五个奖项，颁发给每个最杰出的时代精英①。每年12月10日(诺贝尔忌日)，隆重的授奖仪式在斯德哥尔摩音乐厅举行。每个获奖者将荣幸地接受诺贝尔奖奖状、金质奖章和约140万欧元的奖金支票，并参加由瑞典国王举办的招待晚宴。今天，诺贝尔奖已成为全世界科学家梦寐以求的最高荣誉，也是迄今影响最大的国际性奖项，其目的在于激励为科学事业而勇于奋斗的人们，促进人类科学和文明的进步。

第三节　视野广阔的社会科学

一、现代主义的哲学

20世纪前半期，哲学分为人本主义(humanism)和科学主义(scientism)两大流派。19世纪末，哲学家叔本华(Arthur Schopenhauer, 1788～1860)、尼采(Friedrich Neitzsche, 1844～1900)关注社会中人的价值和地位、自由和命运等问题，他们是现代人本主义哲学的创始人。"在康德之后，以康德出发，德国哲学沿着两个方向发展：一个是泛理性主义(或泛逻辑主义)的方向，它在黑格

① 《参考消息》2003年12月15日。

图 9-3　唯意志论哲学家尼采

尔哲学中达到极盛状态；另一个是非理性主义(或唯意志主义)的方向，它以叔本华哲学为先驱和标志。”[①] 1818 年，叔本华出版《作为意志与表象的世界》一书，集中讨论了唯意志论和悲观论，奠定了他哲学体系的基础。他认为，哲学回答的是世界和人类的本质、本原问题，而真正的本质、本源应当从人的内心深处去寻找，这就是人的意志或潜意识的生命本能的冲动，或生存(生活)意志。意志是生命和世界一切现象的根源，一切都受意志的支配；人要生存是人具有生存意志的原因，而人的苦难和厌世悲观的根源就在于人的生存意志得不到满足；性欲是生存意志的核心，是一切愿望的集中体现。

尼采是唯意志论和悲观主义的重要代表，他的著作主要有《反基督教徒》、《善与恶的彼岸》、《查拉斯图拉如是说》、《道德的谱系》、《权力意志论》等。他的哲学思想的核心是“生命意志”与“超人”理论，这是对叔本华的发展。尼采将苏格拉底以来的欧洲文化统统视为理性主义文化，提出要“重新评价一切”。在尼采那里，理性或意识是作为主体的人的精神活动的一部分；由于精神活动的复杂性，其中的本能、欲望、意志等活动都是无意识发生的。“理性并不能成为判断人的生活真实与否以及人的行为是善或恶的标准，相反，理性只是为了功利的目的而安排秩序的手段，是实现本能、欲望、意志的工具。”[②]有感于基督教神学对人的禁锢，尼采庄严地宣布“上帝死了”！人死亡并不意味着生存意志的消亡，它只是为了再生而存在；由于意志是苦难之源，生存则由苦难相伴随。解决人的痛苦的办法，除了死亡之外，还有音乐和宗教。生命从根本上来说就是意志，生命意志就是表现生命的力量的意志，就是冲动和创造的意志，归根到底就是为了增长优越权和扩展支配权，即权力意志。他所谓的“超人”，就是能充分体现生命意志的人，就是具有旺盛创造力的人，就是生活中既能自我超越、又能超越他人的强者、英雄、精英。尼采的哲学体现了唯意志论和非理性主义，体现了人本主义和自由主义，体现了乐观主义和社会达尔文主义，体现了唯美主义和浪漫主义，体现了怀疑主义和悲观主义。因此，它不仅是 20 世纪种种人生哲学的先导，而且是一个大杂烩。

19 世纪末，法国实证主义哲学家孔德(Auguste Comte，1798 ~ 1857)出生于天主教家庭，他对政治、宗教、学术都有独立的见解。他撰写了《实证哲学教程》、《实证精神论》、《实证主义教理问答》、《实证政治体系》等一系

---

① (德)叔本华著《爱与生的苦恼》，陈晓南译，北京：中国和平出版社，1986 年，前言。

② (德)尼采著《瞧！这个人》，刘崎译，北京：中国和平出版社，1986 年，前言。

列实证主义的理论著作，创立了科学主义(scientism)。他认为实证的就是可以验证的，就是科学的。实证主义哲学宣称放弃对世界本质之类问题的探索，试图按照经验和自然科学的模式改造哲学。他们相信真正的哲学与价值和理想毫无关联，除非这种价值和理想可以用数学或物理学加以表述；哲学对人类而言仅仅是一种工具，可以用来发现与自然环境中的种种事实和谐一致的真理。逻辑实证主义(logical positivism)是20世纪科学主义的最主要流派，它明显地受到了自然科学的影响，对于现代科学摆脱传统观念的束缚起到了一定作用，但却限制了人文社会科学的发展，这是重理轻文现象产生的重要根源。

1822年，孔德受命于圣西门，在《重组社会所必需的科学工作计划》小册子中提出关于社会改造问题的思想，创立了社会学。他提出科学的排列顺序，就是数学(思想工具)、天文学(天体物理学)、物理学(大地物理学)、化学(原子物理学)、生物学(有机物理学)和社会学(社会物理学)，表明人类知识遵循着从无机到有机、从低级到高级、从自然到社会的发展过程。他认为，社会学产生于科学分类，它“是探讨重组社会的实证主义科学，是用推理和观察相结合的方法研究种种社会现象及其演变和性质的科学。”①

英国哲学家罗素(Bertrand Russell，1872～1970)和德国哲学家维特根斯坦(Ludwig Wittgenstein，1889～1951)是逻辑实证主义的代表人物，再加上奥地利哲学家卡尔纳普(Rudolf Carnap，1891～1970)，他们共同将逻辑实证主义哲学发展成为一大流派。1921年和1927年，罗素先后发表哲学著作《心的分析》、《物的分析》。他继承古老的英国经验论传统，认为通过哲学人们不能解决经验性问题，也不能解决形式问题，但是哲学论证仍然是必要的，因为一切信念都必须在哲学上被证明是合理的。在回答这样或那样的问题时，人们都要断定一些命题，除非他们相信某些类型的实体的存在，否则就没有权利接受这些命题。他还认为逻辑是哲学的本质，为了正确地解决哲学问题，必须运用逻辑技术；人们从最不容怀疑的要素出发，然后看这些要素中可以构造出什么东西来，或从它们推论出什么东西来。罗素的结论说：“科学哲学的研究的最高准则是：在任何可能的地方，都要用逻辑构造来代替推论出来的实体，”以便更大限度地保证论证的真实性。由于罗素所认为的由逻辑构造的实体已经在人们的信念体系中起重要作用，人们构造它们的过程采取的是一种分析的过程，所以他常常被称为分析哲学家。

1922年，维特根斯坦发表《逻辑哲学论》对罗素思想加以发扬。他认为语言反映世界，句子和事态所共有的东西乃是一种形式和结构，因而事态不能用语言加以说明或表述，而只能“显示自己”。所以，正确的哲学方式应当

---

① 王养冲著《西方近代社会学思想的演进》，上海：华东师范大学出版社，1996年，第34页。

是："除了可以说的话，即自然科学的命题，也就是与哲学无关的事物之外，什么也不去说"，"对于不能说的事物就一定要保持沉默"①。维特根斯坦还写成《哲学研究》一书，它对战后西方哲学的发展产生了重大的影响。

存在主义(Existentialism)是20世纪人本主义思潮的最重要表现形式。一战后，德国人海德格尔(Martin Heidegger，1889～1976)和雅斯贝尔斯(Karl Jaspers，1883～1969)最早宣传存在主义哲学。海德格尔是连接现代与后现代的桥梁，他的主要作品有《形而上学导论》、《存在与时间》等。作为对存在的追思，他认为存在始于虚无。他的存在论哲学根源于现实、服务于现实，充满现实的人文关怀精神。他的一生追思"存在"，而且断然宣判整个西方哲学史就是一部"遗忘存在的历史"，传统哲学的根本错误就在于"遗忘了人自身的存在"，误把"存在者当成了存在"，结果造成人的非人道结局。而"生存哲学"(existentphilosophy)是雅斯贝斯哲学思想的核心，体现于《世界观的心理学》、《哲学》、《论真理》、《理性与生存》等代表作中。他认为，人具有无穷的潜能，这是使他追求那完美的、不朽的精神王国；但是，人所具有的智慧超出了上帝对人的期望，而人的智慧之花不免结出愚蠢之果。他的生存哲学主要以关心人的精神生活和价值体验，分析什么是人的自由存在、人自己是什么以及生命是什么为内容。

二战前后，萨特(Jean Paul Sartre，1905～1980)、梅洛-庞蒂(Maurice Merleau-Ponty，1908～1961)等人使法国成为另一个存在主义哲学的中心。萨特最负盛名的哲学著作是《存在与虚无》和《存在主义是什么》，对存在主义概念及思想进行了理论阐述。此外，他还在剧本《苍蝇》、《间隔》和小说《恶心》、《自由之路》等文学作品中宣传他的哲学观点。存在主义者认为，人作为一个自由个体而存在，这是生活的根本事实；在各种可能性中，自由选择的行为构成个人的真实存在；而存在的人类具有能动的特征，就是作为个人的他或她能超越自己。但这种自由对人并无任何帮助，相反，它却是人的痛苦与恐惧的根源。因为现实不能作终极的理解，没有与个人无关的、不受时间限制的、在个人出现之前就已经存在的真理。人不仅是通过分析批判去认识世界的思维的主体，同时也是有感情、有意志的存在，所以单单依靠理性来指导生活是不完全的，还必须全面地参与生活，直接地、积极地、有感情地体验存在，寻求人性的"复归"。人生是有问题的和难于理解的，不是固定不变的，每个人都与别人不同。当个人肯定自己的特征时，他就想要充分发挥自己的才能；当个人把别人加之于自己的思维作为世界观(一系列的规则和价值)、并按

① (英)莫瓦特主编《新编剑桥世界近代史》(第12卷)，中国社会科学院世界历史研究所译，北京：中国社会科学出版社，1987年，第868页。

照这种世界观来决定自己的生活时，在他身上人性的成分就减少了。个人是孤独的，世界并不关心他的期望和需要，于是死亡总是追随着人①。

实用主义(pragmatism)是一种“多元事实的哲学”，它最先产生于世界上最大的移民国度美国，真实地反映了美国社会的多元文化特征，很大程度上影响了西方民主理论的发展。尽管实用主义标榜自己走的是科学主义和人本主义的中间道路，实际上它改变不了作为实证主义的一个分支的本质。实用主义是由哲学家皮尔斯(Charles Sanders Peirce，1839～1914)创立的，经过哲学家詹姆士(William James，1842～1910)、哲学家和教育学家杜威(John Dewey，1859～1952)的大力宣扬，进一步走向系统化，到二战前发展成为美国的官方哲学。詹姆士不仅提出了纯粹自我(认识主体 I)与经验自我(认知对象 me)、物质自我、社会自我、精神自我等多元自我的思想，还认为，在我们的活动中，凡是能够帮助我们获得成功、得到满意效果的观念，就是真理，即有用的就是真理。“你可以说，‘它是有用的，因为它是真的’，也可以说‘它是真的，因为它是有用的’。”杜威则一方面主张人对自然环境与社会环境的依赖，并证明适应是双向的，另一方面要求哲学放弃它对“最终和绝对显示”的探讨，而“在启发能推动人类前进的道德力量方面求得补偿”②。他相信人利用理性和经验所取得的力量，不必借助于任何超自然的力量，就可以解决各种问题。他的“教育即生活”、“学校即社会”等教育观念，对 20 世纪上半叶中国的教育实践和乡村建设运动产生了积极的影响。

二、新兴发展的社会学

社会学是从整体上和从发展机制上对社会进行综合的、具体研究的学科。它奠基于 19 世纪 30 年代至世纪末，形成于 20 世纪 30 年代以前。社会学在创始阶段的主要代表人物是法国的孔德和英国的斯宾塞，形成阶段的主要代表人物是法国的杜克海姆和德国的韦伯。杜克海姆(Emile Dukheim，1858～1917，又译涂尔干)著有《社会学方法规则》、《自杀论》、《宗教生活的基本形式》等名篇，对原始宗教、人口密度、社会分工、道德教育和自杀等诸多问题均有涉及。他的主要观点是：人类社会的存在就像物理、化学和生物的事实一样，可以运用自然科学方法进行研究。他按照理性主义传统，对历史表现出不信任，而偏向于以定义和分析来进行研究。他摒弃历史地研究社会发展的观点，提出了两种新的社会观：一是“机械的”社会。这是一种传统的社会，没有什么分工，人们接受共同的行为准则。二是“有机的”社会。在这个社会

---

① 参见(法)萨特著《存在与虚无》，陈宣良等译，北京：三联书店，1986 年。

② (美)伯恩斯等著《世界文明史》(第 4 卷)，罗经国等译，北京：商务印书馆，1988 年，第 275 页。

图 9-4　社会学家韦伯

中，人的职能开始专门化，工作场所而非家庭场所成为社会的中心。“良心集体”有分崩离析的危险，于是产生了混乱状态，这是现代社会的典型病症，表现在劳资冲突这样的症候之中。如果宗教不能再起到维持共同道德准则的传统作用，那么就需要创造出一种替代的东西。因此，杜克海姆反对个人主义，认为社会先于个人而存在。关于社会学，他认为这是一种探讨研究的现象与社会的各种条件的相互关系的科学。

韦伯(Max Weber，1864～1920)的着眼点和主要观点与杜克海姆截然不同。韦伯主要从事历史上各大宗教的比较研究，例如，印度和中国的宗教、古代的犹太教和基督教新教，以此解释资本主义促进西方文明发展，而没有在亚洲或其他地区得到发展的问题，结论是“新教伦理”促进了资本主义发展。他把宗教理解为一种文化力量，认为它是社会发展中的强有力因素，可以同经济因素互争短长；新教宣扬勤奋、节俭，把工作与赚钱看作上帝为信徒制定的神圣天职，只有勤劳工作、并在生意上获得成功的人才是上帝的选民。他还认为，新教宣扬节俭，反对奢侈浪费，主张把虔诚赚取的钱用于积累，因而成为资本主义在西欧兴盛的重要动力之一。在《新教伦理与资本主义精神》这本所谓资产阶级的“圣经”中，他着重阐明的新教伦理思想对其社会学观点产生了影响。他认为，人类行为丰富而复杂，不能用任何单个因素来解释，不能单从物质生产的角度来解释历史；人类行为需要从一种相对多元化的角度来看待，人类的多种思想，不论是宗教的还是世俗的，都与经济利益和社会利益之间具有相互渗透性。

作为杜克海姆实证主义观点的对立面，韦伯反对用理性化方式研究人类社会，反对给人类社会下定义，而是遵循德国历史主义传统，偏向于根据历史情况来进行理论探讨。韦伯认为，理性化日益加强的趋势使现代社会具有毁灭性的特点，这个过程是资本主义和社会主义的共性现象。具体来说就是“官僚主义的铁的纪律”和从宇宙及人类生活中驱除掉魔术，而个人赋予自己的活动的意义是了解这些活动的必要条件。杜克海姆和韦伯作为同时代的社会学家，代表了社会学的两个不同流派：一个是实证理性科学的观点，竭力要维持社会学超脱于历史学和其他人文学科之上的独立性；另一个则设法使社会学和历史学以及其他社会科学结合起来。由于思想体系的差异，有趣的是他们各自主办理论刊物、著书立说，却从未进行过学术交往。

三、嬗变求新的历史学

历史学是一门传统观念深厚的人文学科，20 世纪以来它发生了巨大的变化，这种变化其实是对自然科学革命以及社会生活变动的反应。正是在革命与变动之中，史学取得了突出的成就，表现之一就是历史哲学的嬗变。意大利历史学家克罗齐(Benedetto Croce，1886～1952)在他的《历史学的理论与实际》一书中提出“一切历史都是当代史”的名言，并认为写任何历史都与史学家的心境、好恶有关，因为他们将自己的意向袈裟般地披在历史之上，历史在本质上与当前的兴趣、意愿有关，而与当前无关的事不会被写入历史之中。所以，历史便是我们脑袋中想到的历史，每一代人都有自己的历史。英国历史学家柯林武德(Robin G. Collingwood，1889～1943)在他的《历史的观念》一文中则提出“一切历史都是思想史”、“历史是过去思想的重演”和历史学是一门研究“人性的科学”的主张。他认为历史学所遵循的方法与物理学的方法是同一的，就是它的“惟一的坚实基础必须置诸于经验和观察的基础之上”；同时，历史学又与自然科学截然不同：自然科学家关注单纯事实，再加以总结、归纳，而史学家必须深入到历史的背后去寻找事件发生、发展的因素。由于历史是过去思想的重演，历史的任务必然是探讨历史事件背后的思想[①]。

史学成就的表现之二就是德国历史学家斯宾格勒(Oswald Spengler，1880～1936)创立了“文化形态史学”。他认为，欧洲传统的西方中心论过于狭隘，理论上缺乏说服力，应把世界历史放在超越时空的境界来认识。1918 年，他在《西方的没落》一书中从宏观角度比较研究历史的方法，将地球上的文化分为八种，认为每种文化自成体系、同时演进，经历了大致相似的从乡村到城市、从文化到文明的过程。这种“文化形态史观”主张“把一种文化的各个部门的表现形式内在地联系起来的形态关系”予以考察和理解[②]。他还以生物有机体比喻历史，认为历史是活生生的有机体，具有产生、生长、成熟、衰败的周期性特征；地球上所有文化都是宿命的，西方文化也不例外。当时，由于第一次世界大战的经历，人们普遍对人类文明持悲观主义的态度。

斯宾格勒的思想引起了震动，很多人步其后尘继续研究“文化形态史观”，其中集大成者当数英国历史学家汤因比(Arnold Joseph Toynbee，1889～1975)。他在 12 卷本巨著《历史研究》中指出，在 6000 年世界史中共存在过 26 个不同的“文明”，各个文明在哲学意义上是平行的、同时代的。在这一

---

① (英)柯林武德著《历史的观念》，何兆武、张文杰译，北京：商务印书馆，1997 年，译序。

② (德)斯宾格勒著《西方的没落》，齐世荣等译，北京：商务印书馆，1963 年，第 18 页。

点上，他与斯宾格勒一样，用大跨度的宏观方法研究历史，不以民族国家作为研究对象，而是把文明作为研究的最小单位。他更以一种大师的手笔，从文化、哲学、心理学、社会学等不同的角度，描述了这些文明的兴衰更替过程，气象十分宏大。不过，由于作者深入到了一个又一个专门的领域，其专业性相对有限，因而《历史研究》遭到了来自各个领域专家的攻击。

尽管如此，本书还是引起了读者异乎寻常的踊跃反应，因为汤因比冲击了“西方中心论”。他提出了著名的“挑战与应战”这一发人深省的观点。他指出：“在我们研究文明的生长的时候，我们发现它的过程是一连串的挑战和应战，这一出戏之所以会一幕接着一幕的演下去，是因为应战不仅解决了挑战所提出来的问题，而且还在它每一次胜利地解决了一个挑战问题以后，又提出了新的挑战。这样，文明生长的性质的最核心的成分便是一种活力，这个活力把那个受到挑战的一方从一个由于应战成功而出现的平衡状态中，又引向了一个出现新挑战的不平衡境界。在解体的概念中也包含着这种不断出现的重复的挑战的成分，但是在这个时候，每一次应战却都是失败的。其结果，非但不是每一次挑战都具有与前不同的性质，每一次应战都战胜挑战，把它交给历史，反而是同一个挑战一次又一次地出现。”①任何文明都会不断遭到来自内部和外部的压力，这些压力构成一种挑战，如果其丧失活力，它就无法应战而逐渐衰亡。这时，文明内部的“无产者”便会推翻统治者，创建一种新的文明；或者，文明外部的敌人会攻入文明的内部，使其整个瓦解。汤因此的“挑战与应战”说始终成为人们关注的话题，因为西方文明如果故步自封，也必将有消亡的一天。

四、应对危机的经济学

20 世纪 30 年代以前，以英国经济学家马歇尔（Alfred Marshall，1842～1924）等学者倡导的古典经济学理论，在西方经济学界一直占统治地位，这种理论认为资本主义经济能够借助于市场供求力量自动达到充分就业的均衡状态。但是，突然爆发的 1929～1933 年世界性经济大危机，不仅使市场经济几乎完全崩溃，也使正统的经济学派失去其支配地位，新的经济学思想应运而生。

凯恩斯（John Maynard Keynes，1883～1946）是 20 世纪最有影响力的经济学家之一。他早年在剑桥大学师从马歇尔，毕业后在剑桥讲坛上一遍遍地讲授马歇尔的经济学理论。但是，他由于日益感到正统的经济学根本无法解决战后英国失业率高涨的状况，不得不另辟蹊径，寻找解决问题的出路。结果，他因 1936 年发表《就业、利息和货币通论》一书而享誉世界。

---

① (英)汤因比著《历史研究》(中册)，曹未风等译，上海：上海人民出版社，1986 年，第 154 页。

传统经济学要么否认具有普遍意义的失业问题，要么将失业说成是“摩擦失业”和“自愿失业”。凯恩斯提出了第三种范畴的失业即非自愿失业，他认为社会就业量取决于有效需求的大小，造成“非自愿失业”的根本原因是有效需求不足。有效需求就是商品的总需求价格与总供给价格相等，即达到均衡状态时的总需求，是一个国家的总需求或总购买力。总供给价格与总需求价格之间关系的变化，决定着社会的总就业量。当总需求价格大于总供给价格时，企业就要扩大生产，增加雇用工人，社会总就业量就会增加；反之，企业就要压缩生产，裁减在岗工人。这种总的、合理的供求关系就是有效需求。有效需求包括消费需求和投资需求，而这两者又受到以下三个基本心理定律的制约：第一，边际消费倾向递减定律。指社会上消费增长速度跟不上收入增长速度，致使生产过剩、消费不足。第二，资本边际效率递减定律。指企业家担心投资越多，利润率越低，导致投资兴趣降低、国民收入水平下降和原料需求与消费品需求下降。第三，灵活偏好定律。指货币具有多种用途的灵活性，出于投资目的的货币持有者在银行利率降低到一定水平时，就会自动保存货币，造成消费需求不足。由于有效需求不足，商品滞销，存货充斥市场，引起生产缩减，这势必造成解雇工人的非自愿失业，使社会就业量达不到充分就业的水平。由于这三个基本心理规律的作用，经济中必然存在着有效需求不足的问题。

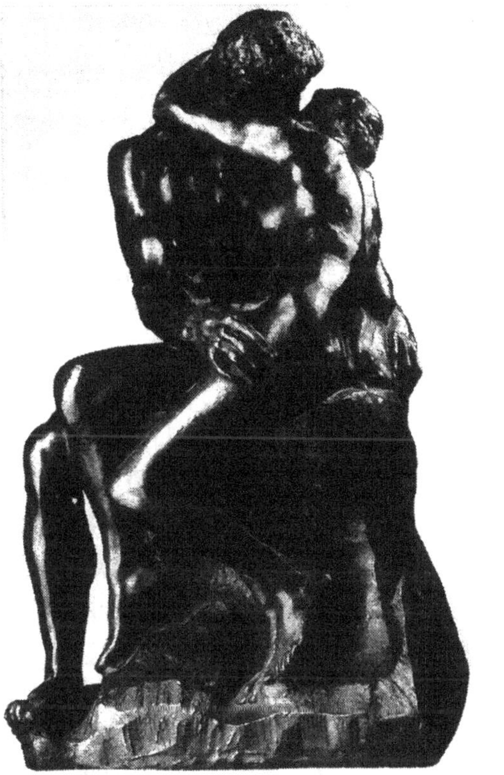

图 9-5 《吻》

作品塑造了一对情侣在幽会中热烈接吻的瞬间，表现了永恒爱情的艺术主题。它取材于但丁《神曲》里所描写的弗朗切斯卡与保罗这一对情侣的爱情悲剧，罗丹以自己的情人克洛黛 (Camille Claudel, 1864 ~1943) 为模特，从而成为这两位雕塑家真挚爱情的象征。

凯恩斯察觉到单纯依靠市场自动调节机制不足以解决困境，在现代资本主义条件下，亚当·斯密“自由放任”的经济政策已经失效。要消除危机和失业，就要消除需求不足，办法则是实行国家干预主义，即由政府运用财政政策和货币政策刺激消费，增加投资，尤其是增加公共开支，降低利率，以弥补消费和投资需求的不足①。凯恩斯主义在西方经济学界引起了巨大的反响，被称之为“凯恩斯革命”。一些经济学家将他的《就业、利息和货币通论》与斯密的《国富论》和马克思的《资本论》合称为经济学史上的三大巨著。此后，凯恩斯主义逐渐成为经济学的正统理论，并在二战后西方各国经济政策中得到了广

① 参见(英)凯恩斯著《就业利息和货币通论》，徐毓丹译，北京：商务印书馆，1994 年，第一章、第二章、第十八章。

泛运用。直到70年代西方经济生活中出现无法解释的“滞胀”局面时，它才逐渐失去其权威性。

五、拓展视域的人类学

人类学最初是研究族群（种族）及其体质形态特点的学科，20世纪初期发生了剧烈的变化，已经拓展为研究不同族群之间“文化”差异的学科，促成这一转变的是波兰裔伦敦大学人类学教授马林诺夫斯基（Bronislaw Malinowski，1884~1942）。他注重实地研究，考察了许多不发达的国家和地区，在提出功能理论（或结构功能理论）的基础上，创立了人类学功能学派（或结构功能学派）。他的著述主要有《原始社会的犯罪与习俗》、《原始的性爱》、《文化论》、《自由与文明》、《巫术、科学与宗教》、《性、文化和神话》等。他认为，人与人之间最重要的差异不是体质而是心灵，这种心灵的差异就是文化的差异。文化的概念包容着、调节着一切社会科学，实质上包括一套传统的器物、思想、习惯及价值。必须对某一特定的文化进行功能的研究，否则就无法解释各要素之间的关系，也无法解释文化的表现形式。从文化功能这个全新的角度出发，他不仅对科学、巫术以及宗教问题提出了许多有说服力的独到见解，而且对文化做出如下定义：“文化是包括一套工具及一套风俗——人体的或心灵的习惯，它们都是直接的或间接地满足人类的需要。一切文化要素，若是我们的看法是对的，一定都是在活动着，发生作用，而且是有效的。文化要素的动态性质指示了人类学的重要工作就是研究文化的功能。”①

除马林诺夫斯基的功能主义人类学之外，从欧洲到美国讲学并定居于美国的德裔人类学家博厄斯（Frans Boas，1858~1942），美国女人类学家本尼迪克特（Ruth Benedict，1887~1948）也对人类学做出了贡献，他们主要是反对白种人优越论，宣扬种族平等理论。博厄斯是普通人类学和美国人类学协会的创始人，1911年出版《原始人的心灵》一书，对20世纪50年代美国人权运动产生重大影响。本尼迪克特是《菊花与刀》一书的作者、博厄斯的学生，她用民族文化差别观念解释了战后德国的“思过”与日本的“不思过”现象，并将他们之间的差别归结为所谓基督教“罪过文化”和儒家“羞耻文化”的区别。她认为，一个社会灌输绝对的道德标准并依靠个人良心而生活便是罪过文化，西方大体如此；而在东方，羞耻往往被作为惩罚的手段。结果，虽然人们会对自己的行为感到懊恼，但并无罪过感，日本人就是这方面的典型。

六、学派分呈的心理学

心理学作为现代的一门独立学科，出现于19世纪70年代，创始人是德国

① (英)马林诺夫斯基著《文化论》，费孝通译，北京：中国民间文艺出版社，1987年，第14页。

实验心理学家冯特（Wilhelm Wundt，1832~1920）。他出生于曼汉市附近巴顿的一个牧师家庭，曾在杜宾根大学、海德堡大学学习医学和哲学，毕业后从事生理学研究，相继取得医学、哲学两个博士学位，并转向心理学研究。1879年，他创建了世界上第一个正式的心理学实验室，德文称之为“心理学研究所”或“心理学院”。他创立了心理学史上的构造主义心理学，他的《生理心理学原理》一书有“科学心理学的独立宣言”之赞誉。

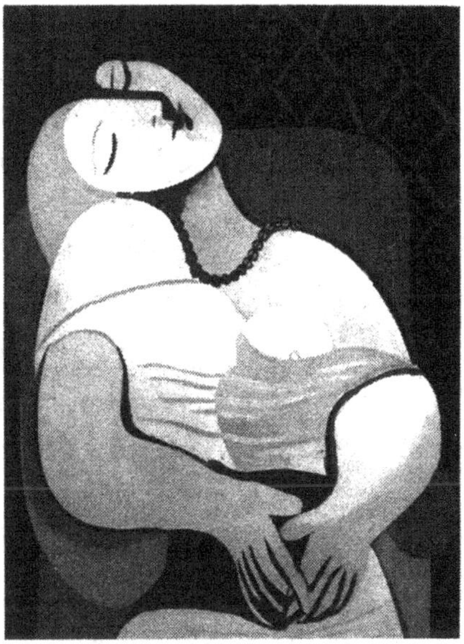

图 9-6
《梦》
这是一幅具有立体主义倾向的作品，表现了西班牙现代绘画大师毕加索对精神与肉体完美结合的追求。

奥地利籍犹太裔心理学家、精神病学家弗洛伊德（Sigmund Freud，1856~1939）是精神分析学派创始人，他对20世纪以来心理学的发展做出了重要贡献。他在《梦的解析》、《精神分析引论》、《自我与本我》等心理学著作中提出了许多有关人类行为的经典性理论，其中之一就是所谓“潜意识”。他认为，人类头脑中存在着巨大的、我们尚不知道的部分，即潜意识。我们的许多过去特别是儿童时期的经历，已被遗忘并被埋藏在潜意识中，虽然我们并没有特意唤醒它们，它们却持续地影响着我们的行为。“意识不是心理的实质，而是心理的一个属性，一个不稳定的属性，因它是旋即消失的，消逝的时间比存在的时间要长”[①]。人类在日常生活中会犯许多失误，所谓的误听和误解根本不是人们犯的错误，而是人类潜意识起作用的结果。

弗洛伊德的经典理论之二是人格结构理论。按照不同的功能，他把人类人格分为三个部分即“本我”（Id）、“自我”（Ego）、“超我”（Superego）。“本我”包含着本能冲动，是人的头脑中的无意识部分，他寻求着立即满足的意愿，表明一个人想做什么。“自我”是理性的、现实的人格，特征是渴望自立、自己指明方向，表明一个人能做什么。“超我”是一个人根据权威和社会压力构建关于他自身的理想形象。“本我”和“超我”之间经常发生冲突，而“自我”的任务就是试图寻找解决冲突的现实途径，即满足“本我”的要求，又不违背“超我”。

弗洛伊德的经典理论之三是性学理论。在分析人类行为时，他最为重视人类的性冲动。他认为性的本能冲动（libido）是人的潜意识的基础，是一切动机、愿望和行动的根源。性欲的障碍和冲突是变态心理和精神疾病的主要原因，反之，性欲的升华则转化为文学、艺术、法律、宗教等成就。在性学理论

① (奥)弗洛伊德著《精神分析引论》，高觉敷译，北京：商务印书馆，1984年，译序。

的基础上，他提出著名的“俄狄浦斯情结”（oedipus complex）说。他认为婴儿具有与生俱来的性欲，到了3至5岁，儿童会自发地与双亲中的同性别者竞争，以获取双亲中的异性的好感，产生所谓的“恋母情结”或“恋父情结”，表现为男孩仇父、女孩仇母的现象。这一切都是潜意识的，无论是双亲还是儿童都没有意识到这一点。

弗洛伊德的精神分析理论，对西方的思想、艺术、文化、社会生活诸方面都产生了不可估量的影响。他的学生阿德勒（Alfred Adler，1870～1937）是奥地利精神病学家和个体心理学创始者。他反对弗洛伊德对性和“俄狄浦斯情结”作用的过度强调，而接受尼采的超人哲学，认为人类的一切行为都受权力意志的支配；性只是表现支配能力的机会，人的侵略本能的关键在于对自卑感的补偿。1912年，瑞士精神病学家荣格（Carl Gustav Jung，1875～1961）发表《无意识心理学》一文，创立了分析心理学。如果说弗洛伊德心理学的重心在于潜意识欲望，尤其是性的欲望的满足，阿德勒心理学的重心在于权力意志的实现，那么，荣格心理学的重心则在于强调性的本能冲动是一种普遍的、先天的生命力①。荣格认为歇斯底里型神经官能症一般都同性紊乱有关，这种性失调起因于一种更为普遍的与外界的不适应，而不是只在性方面与外界现实的不适应。在个人自我主义和超自我主义的背后，潜伏着一种集体无意识，这种“集体潜意识”力量是自发的神话、幻象、某些种类的梦境和宗教思想的基础。

第四节　现代主义文学

20世纪初期，文学由批判现实主义向现代主义转变。批判现实主义虽然已失去其在欧美各国的统治地位，它仍然保持着顽强的生命力，一些19世纪末已享有盛名的大作家继续进行艰苦的艺术探索。英籍爱尔兰裔剧作家萧伯纳②、法国作家罗兰（Romain Rolland，1866～1944）、美国著作家德莱赛（Theodore Herman Albert Dreiser，1871～1945）、德国小说家曼（Thomas Mann，1875～1955）等都是批判现实主义的主要代表人物。其中，美国作家海明威（Ernest Miller Hemingway，1899～1961）在《太阳照样升起》中揭示了

---

① 高觉敷主编《西方心理学史》北京：人民教育出版社，1982年，第395页。

② 萧伯纳(George Bernard Shaw, 1856～1950)是英国社会主义小团体费边社（Fabian Society）的重要成员，主张温和渐进的社会改良，1925年获得诺贝尔文学奖。他的作品主要有《碎心屋》、《苹果车》、《芭芭拉少校》、《皮格玛利翁》、《医生的困境》等，还提出了发人深省的人生悖论：“人生有两大悲剧，一是未得到 想要的，二是得到了想要的。”参见《扬子晚报》2003年12月9日，第9版。

所谓“迷惘的一代”的悲剧本质。他以现实主义艺术手法，真实地描写了战争对人类造成的痛苦与灾难，以及战争对整整一代人所造成的肉体上和精神上无法愈合的创伤，戳穿了所谓战争“光荣、神圣、爱国”之类的欺人之谈。英国小说家和诗人劳伦斯（David Herbert Lawrence，1885～1930）以现实主义手法，再现了资本主义社会的丑恶腐败和资产阶级的冷酷自私，《查泰莱夫人的情人》是他的代表作。

欧美现代主义文学几乎都是表现“现代人的困惑”的，即表现周围世界的荒诞、冷漠和不可理解，以及生活在其中的人的陌生、孤独及痛苦的情绪。其中，象征主义(symbolism)是现代主义文学中最早出现的一个流派，它产生于19世纪中叶的法国，然后传遍整个欧洲，被称为“前期象征主义”。20世纪20年代，象征主义文学获得进一步发展，成为一个具有国际影响的文学流派，被称为“后期象征主义”，代表人物有法国诗人和批评家瓦莱里（Paul Valery，1871～1945）、爱尔兰诗人和剧作家叶芝（William Butler Yeats，1865～1939）、美国诗人和评论家庞德（Ezra Loomis Pound，1885～1972）以及英国作家艾略特（Thomas Stearns Eliot，1888～1965）等。后期象征主义文学主张通过象征暗示、意象比喻、自由联想等艺术手法，表现人的复杂微妙的主观感受。艾略特的长诗《荒原》采用象征隐喻和宗教典故，把现代西方社会表现为荒凉、冷漠、平庸、破败的世界，犹如一片毫无生机的荒原，生活在其中的人们卑劣无耻、自甘堕落，只有皈依宗教才能找到起死回生的神力。他的失望的哲学可以表述为：生命只是一种活着的死亡，它必然地忍受着烦恼和挫折的打击。这个象征主义代表作集中地反映了一次战后西方知识分子的幻灭感和失望情绪，以及他们企图从宗教方面寻找出路的愿望。

表现主义(expressionism)是一战前后流行于欧美各国的一个文学流派，最早起源于德国，继而波及奥地利、瑞典和捷克，最后传入美国，代表人物有奥地利-捷克作家卡夫卡（Franz Kafka，1883～1924）、诺贝尔奖获得者、美国戏剧家奥尼尔（Eugene Gladstone O'Neill，1888～1953）等。表现主义带有不同的社会批判性和强烈的主观性，认为艺术不是再现客观现实，而是表现人的内心活动和精神世界。它的美学基础是弗洛伊德的精神分析心理学和移情学说，通过“自我”、“内在”的形式进入艺术主题，给艺术要素以隐喻内容。作品通常使用抽象的象征性手法，以达到表现具有深刻哲理性问题的目的。卡夫卡的《城堡》着重描绘了人间世态炎凉、人民苦难深重和机构庞杂无度的社会现实，揭露了社会等级森严和官僚腐化荒淫，批判了专制统治。其中，特别是城堡作为一种权利的象征，是整个国家统治机器的缩影，它阴森地窥视着广大黎民百姓，给人们构成致命的威胁。所有这一切，小说都以一种“卡夫卡式”的形象塑造和多层面含义的隐喻加以表现，笼罩着一种神秘的、梦魇般的

图 9-7 《张弓的赫拉克勒斯》 法国雕塑家布代尔（Emile - Antoine Bourdelle, 1861 ~ 1929）把罗马式因素融入到现代趣味之中，使作品具有雄浑的气势，充满了英雄气概和内在力量。

气氛。

现代主义文学还包括超现实主义(surrealism)、存在主义、意识流等流派。超现实主义者、法国诗人兼作家布雷顿（Andre Breton，1896 ~ 1966）著有《超现实主义宣言》，主张“无意识行动”艺术，认为艺术应该脱离理智、审美观或道德的影响。著名诗人艾吕雅（Paul Eluard，1895 ~ 1952）的主要作品有诗集《责任与焦虑》、《痛苦的首都》、《诗与真》等。诗人兼小说家阿拉贡（Louis Aragon，1897 ~ 1982）的主要作品有《艾尔莎》、《断肠集》、《诗人们》等。存在主义文学的代表人物是法国哲学家萨特、著名作家加缪（Albert Camus，1913 ~ 1960）等，后者在这个时期的代表作是《局外人》，初名为《幸福的死亡》。

意识流(stream of consciousness)原来是一个心理学和哲学术语，美国哲学家和心理学家威廉·詹姆士曾把意识比喻为流动的“河流”或“流水”，诺贝尔奖获得者、法国犹太裔哲学家柏格森（Henri Bergson，1859 ~ 1941）认为，“真实”存在于“意识的不可分割的波动之中”①。20 年代，欧美的意识流作家，如法国小说家普鲁斯特（Marcel Proust，1871 ~ 1922）、爱尔兰小说家乔伊斯（James Joyce，1882 ~ 1941）、美国小说家福克纳（William Faulkner，1897 ~ 1962）等都主张文学的目的主要是表现人的意识流动，尤其是表现潜意识的活动。

第五节　超越传统的现代艺术

一、现代主义美术流派

20 世纪是一个急速变化的时代，除了科学、思想、社会生活的巨大变动外，人们的时间感和距离感都在发生着变化，艺术家对迅速变化的世界

① 朱维之、赵澧主编《外国文学史》（欧美部分），天津：南开大学出版社，1985 年，第 613 页、第 614 页。

及时做出了自己的反应。野兽主义(fauvism)起源于20世纪初，他们否认物体是眼睛所看到的客观实物，认为艺术家应当表现自己心目中所产生的物象，而不是客观事物本身。1905年，有作品入选巴黎秋季沙龙的五位新派画家马蒂斯（Henri Matisse，1869～1954）、弗拉敏克（Maurice Vlaminck，1876～1958）、鲁奥特（Georges Rouault，1871～1958）、杜菲（Raoul Dufy，1877～1953）和德朗（Andre Derain，1880～1954）对鲜艳的色彩非常感兴趣，他们在创作中不拘一格，大量使用大色块和豪放不拘的线条。他们关心的并不是画面的处理，而是心灵的寄托，因而作品中的宗教气氛浓厚。由于他们的画风越出常规，奔放狂野，较接近表现主义，被一位批评家诙谐地称作为野兽群（来自法文Fauve）。马蒂斯认为，野兽派所梦想的艺术没有令人不安和引人注目的题材，他们的作品只是带着平衡、纯洁和肃穆。这一流派并无严密的组织和系统的理论，仅存在两三年就销声匿迹了。

在表现艺术家心目中所产生的物象这一点上，表现主义与野兽主义没有什么差别。但是，表现主义更突出地表现画家的主观激情，所以他们的作品就是画家感情爆发的产物。表现主义源于挪威画家蒙克（Edvard Munch，1863～1944），他在油画《呼喊》中表现出了全然绝望的情绪：人物有形而无实，在感情的重压下曲折摇晃；弯曲的天空和水流、粗壮的桥梁斜线，将观众引向画中张开的嘴，它正在那里大声呼喊：生存竟无法逃避，唯有难以忍受的生存痛苦。1905年，表现主义在德累斯顿组织“桥社”(die brücke)，它的寓意是把过去和将来连接起来，代表人物是凯尔希纳（Emst Ludwig Kirchner，1880～1938）、赫克尔（Erich Heckel，1883～1970）、施密特-罗特路夫（Karl Schmidt-Rottluff，1884～1976）。为了用画中的形体来表达自己强烈的感情，他们毫不犹豫地歪曲形体，使其达到所需要的效果。后来，表现主义逐渐走上了“抽象主义”(abstractionism)之路。

1906～1916年，未来主义(futurism)画家在意大利诞生，代表人物有马利奈蒂（Filippo Tomasso Marinetti，1876～1944）、卡拉（Carlo Cara，1881～1966）、波丘尼（Umberto Boccioni，1882～1916）、鲁索洛（Luigi Russolo，1885～1947）、巴拉（Giacomo Balla，1871～1958）、塞弗里尼（Gino Severini，1883～1966）等。1909年2月20日，诗人、剧作家马利奈蒂在《费加罗日报》上发表《未来主义宣言》，他以浮夸煽情的文辞，宣告了过去艺术流派的终点和未来新艺术流派的起点。未来派认为，时代发展千变万化，艺术创造要与时俱进，应当表现前进的、运动的和不断变化的世界。他们是成长于大城市的新一代，他们面向未来，热爱因技术而产生的力量，“要求造型艺术与文学、戏剧、音乐、综合剧、建筑结合起来，不过也表明了挑衅的、沙文主义

图 9-8 毕加索《自画像》

的、法西斯的政治纲领”。① 就绘画而言，他们表现感情的爆发，飞速运动的力和画面上的瞬间连续性②，展示迅速变化的速度之美。他们主张，一直被过去的光荣所拖累的意大利，应该使它步入未来；欧洲文化应当进入他们心目中光辉的现代技术的新世界。

立体主义(cubism)是20世纪的第一个新艺术流派，它用一种新的方法表现绘画中的形体，这是艺术史上的一个转折点。立体派从1907年到1914年风行一时，他们的共同之处在于放弃了传统的透视法，以及由透视法所造成的错觉，然后以浅得多的作画空间取而代之；在他们的画笔下，世界上的一切的事物和现象都被看作是破坏了的碎片的组合，即不完整的事物和形体。立体派创始人之一、法国画家勃拉克（George Braque，1882～1963）主张抛弃过去的一切视觉，恢复绘画的自主，“将一切都简缩在几何图形和立体之中”，使画成为一种建筑，使对象成为某种比现实还要真实之物。

立体派重要创始人毕加索（Pablo Picasso，1881～1973）七岁即开始学画，接受过正规的绘画训练，但他最终还是抛弃了非常娴熟的传统画法。1907年，他创作的《亚威农少女》成为立体主义绘画的最初楷模。画中人物似乎由女性身体上的许多小平面所组成，它们从不同的方向被观察出来。扭曲的人体几乎完全是扁平的，在她们的前后都没有留下应有的空间。1937年，他为巴黎世界博览会西班牙馆所作的绘画《格尔尼卡》，是立体主义艺术的杰作，画面上已将人和物解构成一些碎片、部件；只要经过适当的安装、拼接，就可以把它们组合成新的事物或形体。毕加索还是一位醉心于史前艺术的画家，他认为非洲艺术很有价值，借用异国艺术就可以比较容易地背离传统手法。

达达派（dadaism）兴起于20世纪初期，影响深刻而广泛，可以说现代艺术都是它的变种或发展。一战爆发后，紧张的空气对欧洲艺术家们造成了不同

---

① (法)德比奇等著《西方艺术史》，徐庆平译，海口：海南出版社，2002年，第378页。

② 参见(英)雷诺兹著《剑桥艺术史》(第3卷)，钱乘旦、罗通秀译，北京：中国青年出版社，1994年，第206～237页。

的影响和冲击，他们聚在中立国瑞士，创造了反战、反现代生活、反艺术的作品。达达派起源于苏黎世的一个画家团体，代表人物主要有法国画家皮卡比亚（Francis Picabia，1878～1953）、德国画家阿尔普（Jean Arp，1887～1966）、美籍法裔画家杜象（Marcel Duchamp，1887～1968）等，得名于儿童词汇“达达”（dada），意为“木马”。与其说达达艺术是一种绘画风格，不如说它只是一种创作态度。他们反对严肃的艺术，试图用多种方法着手摧毁现有的艺术，嘲笑几个世纪以来受到尊敬的艺术形象；他们推出日常生活用品，展出它们，说它们是艺术形体。在《卵形的构图》这件作品中，阿尔普把木头、纸板雕塑成类似的一组几何形，将它们拼贴在一起，然后再用不同的颜色分区涂绘，使雕塑、绘画融为一体，造成一种形体排列的秩序感和色彩变化的艺术效果。杜象则将一张印有达·芬奇名画《蒙娜丽莎》的印刷品，在嘴上添了两撇小胡子。他还提交了一个尿壶，说它是一件雕塑品，起了个“泉”的名字。他宣称自己是否亲自制作了这个“泉”并不重要，重要的是他选中了它；现有的艺术不再有意义，机遇同样起作用。战争给人们带来的巨大影响是无法估量的，它从物质上摧毁了日常生活及周围环境，从精神上导致了道德信念的扭曲和崩溃。达达派的口号是“破坏就是创造”，因为，他们认为一个社会既然已经引起了像世界大战这么可怕的东西，它就一定是一个罪恶的社会；既然已经在社会和道德方面彻底破产了，它的哲学和文化也应该被彻底摧毁。

图 9-9 《淋浴》（局部）

瑞士版画家和油画家瓦洛顿（Félix Vallotton，1865～1925）以富有韵味的线条和纯净明快的色彩，采用平涂手法，描绘了一群少女在露天浴池沐浴的情景，具有一种十分简洁的装饰性效果。

二、电影艺术的诞生

电影诞生于19世纪末期，它是涉及文学、摄影、音乐、绘画等艺术门类的综合艺术，被称为第七艺术，这是20世纪西方文化中的一个新因素。1895年，法国人卢米埃尔兄弟（Auguste Lumière，1862～1954；Louis Lumière，1864～1948）在里昂发明了拍摄和放映影片的机器，从而成为“电影之父”。当年12月28日，他们在巴黎卡普辛路14号大咖啡馆地下室，放映了由他们自己拍摄的《工厂的大门》、《拆墙》、《婴儿喝汤》、《火车到站》等几部短片。毫无疑问，世界电影从此诞生了。随后，电影作为一种新的艺术形式飞速发展起来。法国导演梅里爱（Georges Méliès，1861～1938）原是一位舞台魔术师，后在蒙特勒伊建立了一个“照相车间”这就是最早的“摄影棚”。作为世界上第一位电影艺术家，他拍摄的第一部影片就是《德雷福斯案件》，其他作品则有《灰姑娘》、《小红帽》、《海底两万里》等。他还发明了合成摄影和一些“特技”手法，使电影发展为一门综合性艺术。

在电影艺术创作方面，美国后来居上。鲍特（Edwin Stratton Porter, 1869～1941）素有“美国故事电影之父”的美誉，他不仅发明了“全景”和“特写”等拍摄技术，还于1903年摄制了第一部以西部生活为背景的强盗片《火车大劫案》。虽然只有15分钟的长度，但它拉开了美国故事片历史的序幕。一战前夕，导演格里菲思（David Lewelyn Wark Griffith，1880～1948）最先创立了电影演员表演体系和电影艺术的基本表现手法。这一时期，美国电影业确立了“明星制度”的基础；1913年，好莱坞（Hollywood）摄制中心开始在洛杉矶地区建立起来；英斯（Thomas Harper Ince, 1882～1924）的草莽骑士片、范朋克（Douglas Fairbanks，1883～1939）的惊险片和璧克馥（Mary Pickford，1893～1979）的感伤片充斥各国银幕。一战后，人们普遍感到悲观空虚，银幕上到处是幽灵、嗜血鬼、疯子和杀人狂。20年代出现了表现普通人生活的现实主义影片，其中以英国电影演员、导演、无声电影时代喜剧大师卓别林（Charles Spencer Chaplin，1889～1977）主演的《淘金记》、《巴黎一妇人》等最为著名。30年代，随着有声电影的出现，电影表现力得到了进一步增强。好莱坞拍摄了大量的场面豪华的商业片，并日益发展成为世界瞩目的影城。在配合运用画面、对白与音像效果方面，苏联著名导演爱森斯坦（Sergei M. Eisenstein，1898～1948）和苏联电影艺术大师普多夫金（Vesvolod I. Pudovkin，1893～1953）取得了很高的艺术造诣。纳粹德国时期，希特勒（Adolf Hitler，1889～1945）为了加强舆论控制的需要，曾指令最伟大的纪录片女导演里芬斯塔尔（Leni Riefenstahl，1902～2003）摄制了《德意志的胜利》和《柏林奥运会》，竭力美化日耳曼种族和纳粹政权。但是，后者至今仍然是电影史上公认的最好的十部经典纪录片之一。

第十章

全球化背景下的后现代文化

第一节 后现代主义文化：域外与迷惘

自从第二次世界大战结束以来，西方发达国家已进入全球化(globalization)的时代所谓的“后工业社会”，从技术分析到产业结构、社会结构、阶级结构、权力中心、管理体制等方面都发生了巨大的变化。人类社会彼此影响的全球化，既是工业文明发展的一个可预期的结果，也是现代社会必须面对的一个不可逆转的过程。由于现有的社会关系、权力结构和文化价值正在迅速消融，新的意识充满了空幻，而旧的信念已不复存在，全球化时代的文化人宣称“没有任何神圣”、“不反对任何非人性的东西”①。这大概可以看作是后现代主义（postmodernism）文化的根本特征。

战后的科技成就是划时代的，这突出地表现为原子能、空间技术和电子计算机等为代表的高新技术文化的崛起。新科技革命促进着社会政治体制、经济结构、文化教育的变革，孕育着新的思维方式和新的世界观，使社会生活和人的现代化向更高境界发展，大众文化因为传媒业的发展而日益兴盛。同时，新科技革命向文化领域渗透，社会、经济、政治与文化的互动，使得世界文化的发展呈现出全球化与多元化共存的趋势。随着美国综合国力的增强和独霸超强地位的确立，世界文化尤其西方文化的中心从欧洲逐渐转移到了美国。

图 10-1 “9.11”袭击与反全球化浪潮

欧洲在经历了前所未有的战争灾难之后，传统的思想文化面临着空前的严峻挑战，甚至是全面崩溃的危险，文化界在反思、探索中出现了一

① (美)贝尔著《资本主义文化矛盾》，赵一凡等译，北京：三联书店，1989 年，第 31 页。

次较大的发展和演变。战后70年间，西方文化思潮的最主要趋势，就是力图在痛苦的反思中批判过去的价值观、人生观和社会观等，寻求使西方人摆脱精神苦闷的新价值观、新人生观、新社会观等，因此，新思潮层出不穷，在各个文化领域中获得展示机会。

20世纪前半期，欧洲文化界展开了对传统文化的反思，形成“现代主义”的主导性社会思潮。但是，当时的现代主义理论基础很薄弱，在应用上也存在着明显的局限性。现在，战争的硝烟已经散尽，但战争与恐怖的威胁依然存在，经济危机、政治危机、信仰危机以及不安全感，都成为人们无法回避的现实，这一切促使前卫派开始怀疑甚至抛弃“现代主义”。从60年代末期起，这种反思现象变得十分明显；及80年代时，“后现代主义”风气变得更加时髦。它最早出现于建筑业，然后向艺术领域发展，90年代以来，哲学、社会学、人类学、历史学等各个领域均借鉴了这个名词，从而发展成为一种时尚。

对人的自信和对科学技术的自信，这是文艺复兴以来人文精神发展的重要成果。但是，在人文主义思想的支配下，由于人的盲目自大、狂妄自负，人开始凌驾于自然与上帝之上，结果导致人的主体性日益膨胀和主客体之间的严重对立。人的权力和中心地位的过分飙升，超出了人道和人性，人被异化成非人，从而陷入一种非人的生活状态。不仅出现了科学狂人、哲学狂人，也出现了战争狂人，这是人类面临悲剧性结局的根源。其实，人既不是万物的灵长，也不是万物的主宰。“人已死了”，这是后现代主义对人的非人的生存状态的揭示。

“后现代主义”的思想基础是解构主义，主要特征是对客观现实存在有着怀疑，或者说怀疑对以理性方法达成共识的可能性，而倾向于一种激进的“相对观点”；拒绝现有的任何艺术评价标准，对一个建立在相反假定之上的世界的本质采取挑战的姿态。总而言之，作为人们的价值取向和精神观念，后现代主义把这个被以科技发展为出发点和为科技所左右的客观世界，以及反映这个失落人性时代的本质，作为质疑和挑战的对象[①]。所以，马尔库塞指出：“文明的病症就在于人类的两种基本冲动（感性的冲动与形式的冲动）之间的对立，以及对这种对立的‘残暴’解决：以理性压抑的专制既存体制去压倒感性。…… 拯救文明，将包括废除文明强加于感性的那些压抑控制。”[②]

第二节　日新月异的新科技革命

20世纪40年代末，当代新科技革命首先在美国兴起，随后扩大到西

① (英)霍布斯鲍姆著《极端的年代》，郑明萱译，南京：江苏人民出版社，第767~768页。

② (美)马尔库塞著《审美之维》，李小兵译，北京：三联书店，1989年，译序。

欧、日本等国家，进而席卷全球。一般来说，40年代至70年代的新科技革命被称为“第三次技术革命”，而80年代以来的科技新发展则被称为“第四次科技革命”。其间，新科技成果层出不穷，不断得到推广和应用，对世界社会经济发展、人类生活方式变迁、各国政治与军事的演变，都产生了广泛而深刻的影响。

图 10-2　宇宙飞船冲向太空

一、新科技革命发生的原因

科学与技术的发展以一定的客观条件为基础，适宜的社会环境和迫切的现实需要是科技创新与发展的内在动力。随着全球化时代后工业社会的来临，20世纪下半叶以来发生的两次科技革命与以下诸原因密切相关。

第一，科技理论上的准备是科技革命的必备先决条件。20世纪初，物理学率先取得革命性突破，并对其他自然科学的发展起了先导作用。相对论和量子力学的建立，突破了经典物理学的理论框架，使人类对物质世界的认识进入一个新天地。相对论揭示了高速运动状态下的物质规律，以及物质、运动、空间和时间的紧密关系。量子力学不仅打开了微观世界的大门，使人们认识到宏观物质是由微观客体所组成的，而且还建立了描述微观现象的一系列新概念，发现了微观物质运动规律。50年代，英、美科学家发现了DNA大分子的双螺旋结构，更新了整个生物学的基础，标志着分子生物学的建立，促进了生命科学向纵深发展。

第二，国家干预政策有力地促进和保证了新科技革命的发展。各国纷纷不遗余力地对新技术进行研究、开发、利用，政府以补贴、贷款、资助、订合同等形式，对高新科技发展提供了大量的人力、物力和资金的支持。首先，发达国家进行的大规模科技发展计划，如美国的“星球大战”计划、西欧的“尤里卡”计划、日本的“科技政策大纲”等，都是由政府主持、组织或资助的。国家往往承担了一些耗资巨大、意义重大、组织性强、利润不高的科技发展项目，比如美国的“阿波罗登月计划”、“国家导弹防御系统”。其次，为了在数量和质量上储备所需的科技人才，各国大量投资于教育事业，大力发展各类教育，特别是高等教育。1990 年，第 41 任总统布什（George Herbert Walker Bush，1924～）政府决定增加 230 亿美元的追加教育经费，使教育经费的总量高达 3530 亿美元，占国民生产总值的 6.8%，首次超过了国防预算。再次，国家还大量采购技术产品，为企业应用技术生产的产品提供稳定的销路，有力地刺激了各企业竞相采用新技术。如美国防部就是美国政府中进行新科技商品和劳务采购的最大买主，战后美国政府对计算机的大量购买也促进了这一新技术的发展。

第三，战后长期的和平环境和冷战的局面也促进了科学技术的发展。一方面，主要工业发达国家的和平主义运动日益高涨，他们致力于国民经济的恢复和发展，追求以政治民主化、经济安全性和社会公正性为内容的福利国家目标。从 1945 年以来，虽然世界上地区性的军事冲突从来没有停止过，如中、朝与美、韩之间的朝鲜战争、阿拉伯国家与以色列之间的中东战争、美国与越南之间的越南战争、英国与阿根廷之间的马尔维纳斯战争、非洲大陆上的部族战争，为了边界问题而爆发的中印战争、中越战争、中苏战争，以及最近几次由美国主导的海湾战争、阿富汗战争、伊拉克战争等，但是没有发生过像一战、二战那样的全球性战争，这为科技发展创造了相对的和平环境。另一方面，战后出现长达近半个世纪的冷战，形成了两个互相对峙的北约与华约军事集团，加之美、苏之间的争夺世界霸权，苏联瓦解、东欧倒向西方、美国“9.11 恐怖事件”和右翼势力全球化等，这些都成为刺激新技术革命加速发展的重要因素。说到底，现代战争就是各种实力的综合较量，特别是高科技水平的较量。1945 年，美国研制的世界上第一台电子计算机几乎全部为军事部门所掌握。战后，美、苏在激烈的军备竞赛中，都倾力发展军事科学技术，制造出各种高效的新式武器。截至 1982 年止，美国共有 124 位科学家获得诺贝尔奖，同时几乎所有的尖端技术最先装备的也是军事部门。其中 116 人的研究工作与军事有着直接或间接的联系。60 年代，美苏开始谋求缓和，军事技术开始转为民用生产。70 年代后，空间技术重点也转向应用和为科学而进行的活动。尤其是 80～90 年代，通用卫星、资源卫星、气象卫星的应用以及宇航时代的到来，为新科学技术民用和发展提供了广阔的天地。

二、新技术革命的主要内容

（1）发展迅速的电子计算机：电子计算机的发明是新科技革命的主要成就和显著标志。1946 年，世界上第一台命名为“ENIAC”的计算机在美国宾夕法尼亚的费城大学诞生。它共使用了 18 800 个真空管，总重量达 30 吨，占地面积为 1500 平方英尺，这个庞然大物工作时至少需要 200kW 电力。此后，电子计算机作为高科技成果，发展速度之快超乎寻常。按照电子元器件的工艺水平，电子计算机经历了电子管、晶体管、集成电路、大规模集成电路和超大规模集成电路几个不同阶段。

在电子管时代，计算机使用几种不同的存储器，因而结构复杂、体积庞大、造价高昂，不易向社会生产领域推广，而主要应用于军事领域。作为军事装备，现在它广泛用于陆、海、空三军，并在武器装备的设计、研制、试验和生产过程中起着重要作用。1948 年发明了晶体管，1959 年第一台大型通用晶体管计算机研制获得成功。这种计算机的运行速度从每秒钟几千次提高到了十万次。与电子管相比，晶体管计算机体积小、重量轻、造价低、可靠性高，这就为其扩展到民用生产领域创造了有利条件。60 年代集成电路计算机诞生后，计算机采用微程序设计，并向小型机发展，体系结构呈现系列化、兼容性的特点。集成电路时代，计算机运行速度更高，内存容量更大，价格也大幅度下降，为计算机普及创造了条件。也正是在这一时期，计算机逐渐用于指挥生产、设计和制造产品、组织实施大型工程，并用于金融银行业及车、船、飞机的自动驾驶等。

20 世纪 70 年代，随着大型集成电路计算机出现，它的运转速度可达每秒钟几亿次。大规模集成技术的发展，导致了微处理机的产生，这是微型计算机的核心部分。1971 年，美国的英特尔公司首先推出了第一台微型计算机 MCS-4。三年后，以 Intel 8080 微处理机及 MCS-80 为代表的微型计算机投入市场。以此为起点，微型计算机真正成为电子计算机工业的重要支柱，使计算机的大众化成为可能。微型计算机以体积小、价格低廉、使用方便以及功能齐全和可靠性高等优势，赢得了社会的广泛认同。目前，计算机已经作为信息和网络技术而进入社会管理领域，信息管理、办公自动化、辅助教学、医疗过程介入、环境监测、资源分配、交通指挥、大型社会调查、经济发展计划的编制等各方面。

1981 年，日本提出研制超大型集成电路计算机的设想，开始了第五代产品研制的进程。超大型集成电路计算机又叫人工智能计算机，它能模拟人的思维活动，有模式识别、数学定理论证、自然语言理解等功能。1989 年 4 月，日本研制成功每秒钟运算 220 亿次的计算机。两个月后，美国人把运算速度提升到了每秒 270 亿次。同时，各国还加强了光电计算机、神经网络计算机以及“模糊”计算机的研制。例如，2003 年 12 月日本宣布制作世界上最大级超高速计算机运算网，预定于 2004 年 3 月开始运转。电子计算机的使用，部分地代替了人脑，使人类实现了自动化生产，促进了生产、生活、学习等方面的变化，极大地改变了人类社会的面貌，也创造了计算机与信息化时代的文化。

（2）超越地球的空间技术：二战后，美、苏两国出于争霸目的，争先恐后地研制火箭技术和导弹技术，推进了人类向宇宙空间的探索。1954 年苏联研制出中程弹道导弹，1957年首次成功发射洲际导弹，这意味着人类已经具备了摆脱地球引力束缚，发射人造卫星所需要的动力条件。1957年10月4日，苏联向外层空间发射了第一颗人造地球卫星。这颗重达90多公斤的卫星，一直飞射到500英里以上的高空，由此开创了人类控制自然环境的新时代。一个月之后，苏联又把一颗半吨重的卫星送到了大约一千英里外的高空，卫星上面装有科学仪器和实验用活体（一只狗）。1961年4月12日，苏联发射了第一个4.5吨重的“东方-1”号宇宙飞船，将宇航员加加林（Yuri Alexeyvich Gagarin，1934～1968）送入预定地球轨道。他乘坐飞船环绕地球飞行一圈，历时108分钟，开辟了人类航天的新纪元。四个月后，苏联的载人飞船已经能够在太空逗留25小时之多。

为了缩短与苏联的空间差距并取得空间技术优势，1958年美国人也发射了人造卫星。而且，1961年又实施了更宏大的“阿波罗登月计划”，目标是在十年内将地球人送上月球。为了达到这一目标，美国政府动员了120所大学、无数家企业、400万人，耗资240亿美元，进行过多次太空舱试验。1962年2月20日，美国宇航员格伦中尉（Jr. John Herschel Glenn，1921～ ）乘坐“水星-6”号飞船绕地球飞行三圈，历时4小时55分23秒钟，最高速度曾达每小时17 000英里；1998年，77岁高龄的格伦乘坐“发现”号航天飞机，第二次飞入太空。美、苏在空间技术上的竞争相当激烈。1965年3月18日，苏联“上升-2”号宇宙飞船上天，宇航员里昂诺夫（Aleksey Leonov，1934～ ）走出船舱24分钟，完成了人类历史上的首次太空行走。1966年3月16日，美国发射“双子星座-8”号飞船，将宇航员阿姆斯特朗（Neil Alden Armstrong，1930～ ）和斯科特（David R. Scott，1932～ ）送上天空。他们在飞行中让飞船与一个名叫“阿金纳”的对接舱体对接，这是世界航天史上的第一次空间对接。飞船环绕地球飞行6.5圈，历时10小时41分。1969年7月20日，阿姆斯特朗和奥尔德林（Jr. Edwin Eugene Aldrin，1930～ ）乘坐“阿波罗-11”号飞船上天，首次降落在月球上。阿姆斯特朗迈出了具有划时代意义的第一步，正如他所说的：“对于一个人来说这是一小步，对人类来说却是一大步。”

图10-3 “阿波罗15号”宇宙飞船登月

美、苏两国又开始了建立地球轨道空间站和研制航天飞

机的努力。现在，空间技术的发展和用途已经远远超过了建设者的初衷。它从根本上促进了通信广播、资源勘测、气象预报、导航定位以及大地测量等非军事领域技术面貌的改变，并衍生出卫星通讯、卫星气象、卫星导航和航天遥感等技术。2004年1月，美国东部时间1月4日下午5时42分，在火星上日出后不久，地面控制人员用英国著名的“甲壳虫乐队”的歌曲《早安、早安》，“唤醒”了远在火星上的美国“勇气”号火星探测器。“勇气”号果然不负众望，不仅成功登陆火星，而且向地球发回精彩的彩色照片和科学数据。中国的航天事业起步相对较晚，但起点较高，发展较快。2003年10月15日，“神舟5号”载着宇航员杨利伟（1965～）在太空中绕行地球14圈，中国成为第三个把地球人送入太空的国家。

（3）新技术、新材料和新能源：随着各国经济建设、国防建设、科学研究的发展，在新科技革命中，一批新技术、新材料和高能源相继问世。在新技术中，最重要的是激光技术。激光是一种具有特殊性能的光源，亮度胜过太阳光200亿倍，具有单色性、方向性强、加强焦点等特征。1960年，美国物理学家梅曼（Theodore Harold Maiman，1927～）利用受激辐射放大电磁波原理，制成了世界第一台激光器。此后，激光被广泛运用于医疗、测量、通讯、照相、加工、育种、杀虫等众多范围。

在新材料的开发上，首先是各种特殊性能的、高质量的合金钢的大量出现。在目前已有的数千种合金钢中，几乎包括了所有的金属元素，以及一些非金属元素，如炭、氮、硼、硅等。此外，铝、镁、钛及其合金的研制、使用也相当迅速。自20世纪40年代后期、50年代以来，空间技术、半导体、原子能反应堆等新兴技术的蓬勃发展，使稀有金属材料的研究有了快速发展，稀有金属的冶炼成为一个崭新的工业部门。高分子合成材料、玻璃、水泥等无机材料也得到越来越广泛的应用。科学家们也已经研制出半导体材料、超导材料、复合材料、新型功能材料、新型陶瓷材料和新型金属材料等。新材料的研发，为其他高新技术奠定了物质基础。

在新能源方面，最先获得开发的是核能，石油、天然气的发展也很惊人。核能最初运用于军事，后来逐步转向民用工业。美国战后开始研制氢弹，实验在南太平洋的埃尼威托克环礁进行，威力比二战中使用的原子弹大得多。据报道，实验时整个礁岛炽亮燃烧，并在几个小时之后全部消失了。1951年，人类进行了第一次核能发电的尝试。1954年，苏联建成世界上第一座原子能发电站，利用浓缩铀作燃料，采用石墨水冷堆技术，电输出功率为5000千瓦。1956年，英国也建成了原子能电站。1957年，美国建成世界上第一座水堆核电站。目前，在发达国家的能源构成中，核能的利用已经占有越来越重要的地位。石油具有热值高、易运输、炼制方便、价格便宜等优点。50～60年代，中东油田的大量发现导致石油供应量猛增，许多国家的能源结构从以煤炭为主转向以石油为主。1951 年，美国率先完成这一变革，西欧、日本、苏联则紧随其后。至 70 年代，发达国家的石油在能源结构中的比例已达到一半以上。1973 年，第一次世界性“石油危机”爆发。为了解决能源问题，许多国家致力于开发新的能源，包括太阳能、地球热能、生物质能等。

图 10-4 中国航天第一人杨利伟

（4）前景广阔的生物工程：50 年代以来，分子生物学创立以后，以遗传问题为中心的生物工程研究工作取得了很大进展。1959 年，英国生物学家克里克（Sir Francis Harry Compton Crick，1916～）提出了DNA(脱氧核糖核酸)的“中心法则”，他认为 DNA 分子一方面通过自我复制产生新分子，另一方面又把遗传信息转录给信使 RNA(核糖核酸)，用信息指导氨基酸进行蛋白质合成，这一过程是不可逆转的。“中心法则”虽然还缺乏“量”的概念，但解决了 DNA 指导蛋白质合成的方向和途径问题。1961 年，诺贝尔奖获得者、法国分子生物学家雅各布（Francois Jacob，1920～）和莫诺（Jacques Lucien Monod，1910～1976）提出了“操纵子学说”，进一步说明了基因的调控作用。1969 年，科学家们在破解 64 种遗传密码含义的基础上，排出了遗传密码表。1970 年，两位诺贝尔奖获得者、美国分子生物学家特那（Howard Martin Temin，1934～1994）和巴尔的摩（David Baltimore，1938～）发现了逆转录酶（reversetranscriptase）修正、完善了“中心法则”，轰动了整个生物学界。

分子生物学是战后兴起的生物工程的一项重要内容，它深化了人们对生命本质的认识，为人类进一步改造物种和创造新的生物类型奠定了基础。目前，人类已经成功地掌握了克隆(clone)技术，通过基因复制出克隆羊、克隆牛、克隆鼠等新品种。今天，利用基因工程来制造食物(转基因食品)和医治疾病也已成为现实，从而为人类提供更多高质量的食品，使人廷年益寿，提高人类的生活质量。

（5）科学合理的自动化：电子工业的发展导致了自动化的产生。自动化不同于机械化，它是以下列四种因素的紧密综合为特征的，即加工系统、机械处理系统、感觉设备和控制系统。感觉设备所起的作用和人的感官相似，它观察和测量所发生的情况，并把所得到的情报输送到控制系统。它采用光电池、红外电池、高频设备和应用X射线、同位素、共振等设备，操作起来从不疲倦，而且比人的感觉更迅速、更准确。不仅如此，它还可以在对人类没有安全保障或无法接近的地方进行观察。控制系统能够从感觉单位取得情报，把它同程序的要求作对比，然后做出必要的调整。这一系列操作是连续的、不间断的，可以永远保持所要求的状态。自动化最初用于无线电设备，后来又用于铁路转轨的操作、生产装备线的操纵、手术室保持血压等多种范围。

三、新科技革命的深刻影响

第一，新科技革命大大提高了劳动生产率。在1954～1975年经济迅速增长期内，主要发达国家制造业的劳动生产率平均增长速度，美国为3.7%，日本为8.3%，英国为4.4%，联邦德国为5.5%，法国为5.6%。工业部门劳动生产率提高的原因，有60～80%是由于采用了新科技革命的成果。农业劳动生产率在幅度提高方面，1960～1982年日本为5.65%，促进了国民经济的迅猛增长（9.8%）；就国民经济的增长率来看，1953～1973年，美国为3.5%，英国为3%，法国为5.2%，联邦德国为5.9%。

第二，新科技革命使整个经济结构、产业结构，特别是国民经济中各部门的比例关系和联系发生了重大变化。作为直接物质生产部门的第一产业（农业、林业、牧业、渔业）和第二产业（采矿业、制造业、建筑业）的产值和就业人数，在整个国民经济中所占的比重相对下降，而非物质生产领域的第三产业（流通业、服务业）的产值和就业人数急剧上升。据统计，1970～1979年，美国的农业人口由5%下降到3%；制造业和信息服务业的从业人员比重由15%上升到72%。在1980年美国的国民生产总值中，服务业总产值第一次超过产品生产总值。1987年，英国的第一、第二、第三产业在国民经济中的比重分别为2%、38%、60%，法国分别为2%、38%、60%，日本分别为3%、40%、57%。

图10-5 立体高速公路四通八达

第三，新科学技术使人类的劳动方式发生了巨大变化。整个社会中以脑力劳动为职业的人员日益增多，原来主要从事体力劳动的人员从繁重、危险的体力劳动中解放出来。机器大大减轻和取代了体力劳动，电子计算机越来越多地替代了脑力劳动。新科技革命使人类的文化教育水平和社会生活质量不断提高，教育方式和教育内容大为改进，传播工具得以发展，从而满足了人们不同的文化需求。新医药科学技术有效地治疗各种疾病，延长了人类的寿命。人们的食物丰富了，闲暇时间增多了，生活内容多彩了，生活质量提高了。

第四，科技革命也带来了人口暴涨、资源短缺、生态恶化等负面影响。为了发展生产，不少国家大量倾倒废料、废气，污染了海洋、湖泊和河流。人们利用现代技术对森林、土地等自然资源肆意掠夺，破坏了地球的生态平衡，导致了土地沙化、水资源短缺等一系列问题。在科技发展促进人类的生活条件得以改善的同时，人口增长却加快了步伐。今天，全球已经达到 60 多亿人，发展中国家人口增长尤为显著，位列第一、第二的是中国和印度，两国人口总数占到 1/ 3 以上。人口过度增长，必然造成了教育、医疗、住房、就业等各方面的压力；土地过度使用导致土地退化，地力下降，粮食安全问题突出。世界人均耕地，1950 年为 8.4 亩，1960 年减少至 7 亩，1966 年为 6.4 亩，1974 年为 5.5 亩，1980 年仅为 4.6 亩。人类还面临着生态平衡被打破，以及饮水、能源等各种自然资源短缺的严重危机。今天，世界各地的冲突和战争，其背后莫不隐伏着掠夺有限的地球资源的因素。因此，控制人口增长，保护生态平衡，维持经济、社会与自然的协调发展，是人类在追求和平、稳定和可持续发展时必须给予高度关注的现实问题。

第三节　系统科学的兴起

在自然科学获得蓬勃发展的基础上，学科划分愈来愈细，科学分支愈来愈多，学术研究中互相渗透、互相交叉的倾向进一步加强。由于自然科学朝整体化方向发展，在此基础上形成了控制论、信息论和系统论等系统科学。“三论”既相互独立，又互有内在联系。20 世纪 60 ~ 70 年代，“三论”相继深入到社会经济领域，对于国民经济发展和社会管理各个方面的合理设计、正确决策，提供了新思路和新手段。

系统论（system theory）是美籍奥地利理论生物学家贝塔朗菲（Ludwig von Bertalanffy，1902 ~ 1971）创立的，它是关于一切综合系统和子系统的一般模式、原则和规律的理论体系。1945 年他发表《关于一般系统论》一书，之后又写出《一般系统论的基础与应用》、《一般系统论的历史与现状》等论著，全面阐述了系统论思想，引起了普遍的关注。系统论是一种立足整体、统筹全局、使整体与部分有机统一的科学方法，它的显著特点是强调整体性、综合性、最优性。

信息论（information theory）是关于信息的获取、传输、存贮、处理和变幻的一般规律的科学。1948 年，在美国贝尔电话研究所工作的数学家申农（Claude Elwood Shannon，1916 ~ ）发表《通讯的数学理论》的论文，从理论上阐明了信源、信宿、信道、编码等有关通讯方面的基本问题，并用数理统计方法研究信息的交换和传递，进行信息的度量，分析信息的特征。次年，他又发表另一篇名为《在噪声中的通信》的论文，确立了现代信息论的基础。经过多年发展，信息的概念和理论已经超出通信领域，在其他学科得到了普遍的推广、应用。

控制论（cybernetics）是研究系统控制和调节的一般规律的科学，目的在于创造一种语言和技术，促使人类有效地研究一般的控制和通讯问题。1948年，美籍俄裔数学家维纳（Norbert Wiener，1894～1964）出版了控制论的奠基之作《控制论》，揭示了由信息和反馈构成的系统的自动控制规律。50年代，控制论的理论和方法迅速扩展其应用范围，形成了工程控制论、生物控制论、经济控制论等分支领域。控制论提供的信息方法、黑箱系统辨识法、功能模拟法、反馈法等手段，有力地推动了新科技革命的发展。

管理科学涉及数学、工程学、经济学、人类学、心理学等学科，是自然科学与社会科学相结合的产物。20世纪发生的新科技革命和“三论”，大大促进了二战以前兴起的管理科学的发展。现代科学技术通过科学管理大大提高了劳动生产率，而现代管理科学对社会生活和物质生产的作用与日俱增。二战后，西方各国普遍利用计算机等手段，在实施精密计划、组织生产和工艺流程和科学合理地使用人力资源方面，取得了明显的经济效益。今天，计算机技术、信息技术和管理科学在发展中国家的作用也日益突显出来。

第四节　不断拓展的社会科学

第二次世界大战之后，人类社会实践活动越来越复杂，国际经济文化交往越来越密切，不可逆转的全球化趋势进一步加快，全球化与反全球化的矛盾难以调和。在这个大背景下，反映不同利益团体、不同社会群体的意识和思潮应运而生，社会科学再次出现新的发展。

一、痛苦反思的哲学

20世纪上半叶，西方世界经受了两次世界大战的沉重打击，战后知识分子对传统价值观念的怀疑与批判，使西方哲学在痛苦的反思中获得了发展机遇。

（1）分析哲学（analytic philosophy）：这是源于二战前的逻辑实证主义，战后在英、美国家居于主导地位的哲学思想。二战期间，德国的卡尔纳普（Rudolf Carnap，1891～1970）、波兰的塔尔斯基（Alfred Tarski，1902～1983）、德国的亨普尔（Carl Gustav Hempel，1905～1997）等逻辑实证主义者纷纷前往美国，将欧洲的逻辑实证主义与美国的实用主义相结合。在他们的影响下，产生了刘易斯（Clarence Irving Lewis，1883～1964）的“概念实用主义”、诺贝尔奖获得者、物理学家布里奇曼（Percy Williams Bridgman，1882～1961）的“操作主义”、生物学家莫里斯（Charles William Morris，1894～1960）的“科学经验主义”等。在科学哲学方面，这一时期以创立批判理性主义的英国2哲学家波普（Karl Raimund Popper，1902～1994）最为著名。他提出了科学的“证伪性原则”，以此作为科学与非科学的界限，对抗逻辑实证主义的“证实性原则”，从而建立了“问题—假说—证伪”的科学发现逻辑，在西方学术界引起了很大反响。

图 10-6 插图画家罗克韦尔

罗克韦尔(Norman Rockwell，1894～1978)，以绘《星期六晚邮报》的封面画而闻名，其招贴画《四大自由》在二战中广泛散发，曾获美国“总统自由勋章”。

20世纪60年代，美国科学哲学家库恩(Thomas Samuel Kuln, 1922～1996)等人创立历史社会学派，他们强调科学哲学的研究要以科学史和社会学家所收集到的科学生活的观察资料为基础，以阐明科学理论的历史发展过程。库恩认为，以往的科学史研究仅从本学科知识的发展线索进行历史分期、提出并回答学科史问题，忽视了学科在科学系统中的协调发展问题和与之共生的社会、文化现象。为此，他提出，著名的“范式”(paradigm)概念，并把科学史、科学社会学、科学心理学结合起来，对科学发展规律作综合考察。此外，以赖尔（Gilbert Ryle，1900～1976）、奥斯汀（John Langshaw Austin，1911～1960）、史陶生（Peter Frederick Strawson，1919～）为代表的牛津哲学非常注意语言问题，认为一切哲学的形而上学的论争，都是语言的混乱和对语言的不同理解造成的，诸如二元论与一元论、唯心与唯物的对立都是语言混淆所致（赖尔语）；言语行为有表示语意、加强语意和取得效果的功能，正确区分这三种语言行为功能可以避免语言的误用（奥斯汀语）；句子本身无所谓真假，只有在被使用即作为一个断言时才有真假（史陶生语）。

（2）结构主义（constructivism）：这是20世纪60年代以来在法国发生的一场声势浩大的哲学运动，它遍及社会科学的各个领域，取代了存在主义的支配地位，并迅速在西方各国蔓延开来。结构主义的核心是结构性、整体性、中心化等概念。它认为社会现象是杂乱无序的，要达到有序的认识的目的就要掌握现象的结构；但现象的结构不能通过经验的概括获得，而只能通过理论的模式来认识。当我们面临一个对象时，可以提出一个假定的结构，或者从别的学科借用一个模式，看它能否说明所研究的对象；如果能够说明，那么这个模式就说明了现象的结构。它还认为结构由许多成分构成，这些成分之间构成了一种关系；结构既有表层的，它们是现象的外部联系，可以通过感觉来认识；也有深层的，它们是现象的内部联系，只能通过理论的模式来认识。结构主义所强调的结构，主要是指深层结构。结构主义的基本特征是把研究对象或客体符号化，以此作为符号和符号系统以间接的方式表现出来，寻求合适的概念，同时模拟出它们的形式结构，以便寻找它们的规律和本质。

瑞士语言学家索绪尔（Ferdinand de Saussure，1857～1913）在《普通语言学教程》一书中提出语言符号二元论，描述了“纯”语言及其使用而产生的普通言语符号的结构，奠定了现代结构主义语言学。他的语言学理论对结构主义有直接的影响，被视为结构主义的创始人。瑞士儿童心理学家皮亚杰（Jean Piaget，1896～1980）是日内瓦学派即皮亚杰学派的创始人，他兼通哲学、数学、逻辑学、物理学、生物学、社会学、语言学和科学史，对儿童智力发展规律具有创造性研究。他认为任何结构都是自给自足的，具有整体性、转换性和自调性三个特点。这种提法被认为是对“结构”所作的经典定义。

法国犹太裔人类学家列维-施特劳斯（Claude Gustave Levi-Strauss，1908～）把语言学结构主义观点和方法看作研究人类社会普遍有效的哲学观点和方法，而法国哲学家和历史学家福柯（Michel Foucault，1926～1984）则以一种考古学家的态度研究人类社会的“反常”、“离轨”、“变态”的现象，借助于尼采思想批判当代资本主义的“现代性”。福柯是“萨特之后法国最重要的思想家”、“20世纪法兰西的尼采”和极富挑战性的结构主义重要代表人物。法国当代思想家巴尔特（Roland Barthes，1915～1980）的符号学理论集中地体现在《神话集》和《符号学原理》两部著作中，前者主要涉及符号理论的应用，后者侧重于符号理论的建构。

(3)解构主义（deconstruction）：“解构”意为“分解”、“发掘”、“揭示”，是相对于结构主义而言的，目的在于使被消解的东西可以在被怀疑和超越中来把握。在哲学、语言学和文艺批评领域中，deconstruction可以译为消解哲学、解体批评、分解论、解构和解构主义等。这是使整体“震颤”的活动，而且永远是未完成的运动，其结构具有开放性特征。20世纪60年代后期，结构主义开始向后结构主义（post-struction）或解构主义转换，形成为一种思潮。解构主义是结构主义的繁衍物，它兴起于法国而盛行于美国，主要代表人物是巴黎高等师范学校哲学教授德里达（Jacques Derrida，1930～）。1967年他推出的三部重要著作《言语与现象》、《书写与差距》和《书写语法学》破坏了结构主义的自足圆满结构，否定了结构主义把语言当成一个封闭的、稳定的、有明确含义的结构体系的做法。他在攻击结构主义否认文学作品存在着任何内在结构或中心的同时，认为语言的含义不在于语言符号本身，而在于符号与符号之间的比较和差异；既然作品无中心系统，自然也就没有什么确定性意义，或终极意义。

（4）西方马克思主义：这种思潮要求在资本主义发展的条件下重新分析和解释当代资本主义社会，重新发现、解释和发展马克思主义。它最早可以追溯到 1923 年文学批评家及马克思诠释者卢卡奇（Georg Szegedy von Lukacs，1885～1971）发表的《历史与阶级意识》一书，他认为虽然马克思主义随着苏联、东欧社会主义的失败而逐渐衰微，但其理论影响却十分深远。卢卡奇是匈牙利当代国际著名思想家、20 世纪影响最大的马克思主义理论家之一。马克思的《1844 年经济学和哲学手稿》公布后，西马获得了重要的理论武器。1955 年，梅洛-庞蒂在他的《辩证法的历险》一书中，第一次提出了“西方马克思主义”概念。西马试图使马克思主义“现代化”，并建立一种人道主义的社会主义社会。他们反对教条主义，反对僵化和封闭；他们注重马克思早期的人道主义思想，想重新发现一个“新的马克思”，从而在马克思与恩格斯、列宁，早期马克思与后期马克思之间造成一种分裂；他们既不满意西方的资本主义制度，又力图探寻一条不同于俄国十月革命的社会变革道路；他们把当代西方哲学与马克思主义结合起来，较为注重马克思的人道主义和人的异化理论。

除卢卡奇、梅洛-庞蒂外，西马代表人物还有意大利共产党创始人葛兰西（Antonio Gramsci，1891～1931）、法国结构主义者阿尔都塞（Louis Althusser，1918～1990）等。葛兰西是 20 世纪杰出的马克思主义思想家之一，他曾响应列宁“变帝国主义战争为国内战争”的口号，发动都灵工人举行反对第一次世界大战的武装起义。1926 年 11 月，他因积极领导意共开展反对以墨索里尼为首的法西斯统治而被捕。在狱中，他克服艰苦条件与病痛的折磨，写下 32 本《狱中札记》，这是意大利现代思想史上的重要著作，其中提出了著名的文化霸权（cultural hegemony）、文化领导权的理论。阿尔都塞将结构主义符号学与精神分析学结合起来，用于研究马克思主义，主要涉及意识形态在社会中的功能、扮演何种角色，创立了结构马克思主义。他认为社会发展不是一元而是多元决定的，进而提出多元决定的辩证法或结构辩证法。

（5）法兰克福学派（frankfurt school）：这是流行最广、影响最大的一个西马流派，30 年代产生于德国的法兰克福大学社会研究所。他们研究马克思的早期思想，并在吸收黑格尔主义、存在主义和弗洛伊德思想的基础上，提出了自己的社会批判理论，从理论上把西马推上发展的顶峰。他们认为，由于科学技术的发展，有许多马克思主义的原理已经过时；当代资本主义社会的基本矛盾是日益发展的文化和科技对人的本能的压抑，要用“意识革命”、“本能革命”把人的本性从社会压迫下拯救出来，建立一个以爱欲为中心的乌托邦社会，使人类获得真正的自由。法兰克福学派把这种办法说成是马克思主义的现代化，而他们的思想则被60年代以来反对资本主义管理体系为目标的“新左派”奉为经典。

图10-7 《壁炉前的少女》

法国著名画家巴尔蒂斯（Balthus，1908～2001）擅长风景画和人物画，作画讲究光线与色彩。这件作品以明快、简洁的手法，描绘了纯洁、和谐与完美的天使少女，因而被誉为“写实皇帝”，毕加索则称之为“当代最伟大的形象艺术派画家”。

霍克海默(Max Horkheimer, 1895～1973）是法兰克福学派的创始人之一，1922年他以《关于康德的批判力批判》为题的论文获得法兰克福大学博士学位。他于1930年开始担任法兰克福大学社会研究所所长，著有《权威和家庭之研究》、《传统理论和批判理论》、《独裁主义国家》等。他把社会学、心理学、文化研究与政治经济学结合起来，倡导历史、社会与哲学的综合研究方法，对现实社会的经济、文化现象作类似马克思当年在《资本论》中所作的那种以批判为主要工具的考察。为了突出批判理论的“否定”方式，他运用批判理论来挑战包括形而上学与唯物主义在内的所有传统的理论形式。他的著名的批判理论，阐述了关于自由资本主义转变为垄断资本主义和法西斯主义这一学说的各种观点，寄希望于社会主义。他对资本主义扩张时期的“文化工业”的批判，成为大众文化研究的经典文本。

著名心理学家弗洛姆（Erich Fromm 1900～1980）生于德国的法兰克福，1922年获海德堡大学哲学博士学位，1934年流亡美国。他是新精神分析学派（社会文化学派）的代表人物之一，主要作品有《逃避自由》、《自我的追寻》、《爱的艺术》等。他致力于综合马克思和弗洛伊德的思想，对精神分析的发展做出了重要贡献。

美籍德国政治哲学家马尔库塞（Herbert Marcuse，1898～1979）是法兰克福学派中最激进、声誉最高的思想家，也是当代西方社会最有影响的社会理论家之一。20世纪60年代末、70年代初，他曾被戴上一顶顶桂冠，如联邦德国和美国学生运动“精神领袖”、“青年造反之父”等。他因有“发达工业社会最重要的马克思主义理论家”之誉，甚至还与马克思、毛泽东被合称为“三 M”。马尔库塞先后师从胡塞尔和海德格尔，致力于把存在主义同马克思主义结合起来，最早提出了有两个马克思，要求回到作为一个人道主义者的青年马克思的观点。他的主要著述有《历史唯物主义现象概要》、《论具体的哲学》、《哲学与批判理论》、《享乐主义》、《爱欲与文明》、《单向度的人》等。

德国哲学家哈贝马斯（Jüergen Habermas，1929～）是一位学术活动涉及面广泛、具有强烈的时代性特征和百科全书式的理论大家。他的主要著作有《科学技术作为意识形态》、《公共领域的结构转换》、《认识与趣味》、《合法化危机》、《重建历史唯物主义》、《在事实与规范之间》等。他继承法兰克福学派的批判传统，质疑媒介商业化，致力于探讨当代资本主义世界普遍存在的重大理论和现实问题，提出了合理交往的理念和“公共领域”概念。近年来，他非常关注欧洲一体化、经济全球化、后民族国家的政治格局、人权、克隆人、海湾战争、科索沃战争、“9.11”等内政外交方面的热点问题，对当今德国的外交政策发生了直接影响。应中国社会科学院和德国歌德学院北京分院的邀请，哈贝马斯于2001年4月间到中国进行学术访问。在北京和上海访问期间，他作了八场学术报告，讨论的主要问题是：“论人权的文化间性”、“实践语用学”、“民主的三个模式”、“全球化压力下的民族国家”、“重访理论与实践”等，直接对中国学术界产生了一定的影响。

二、紧跟时代的经济学

二战后，西方各国普遍将凯恩斯主义运用于社会实践，试图通过政府干预、宏观调节来促进经济发展。凯恩斯理论与西方经济的繁荣有着密切的关系。但是，自70年代以来，通货膨胀与失业现象交织并发的危机困扰着西方世界，凯恩斯主义对之无法加以解释，当然也就无法提出有效的对策。于是，各经济学理论新流派都开始对凯恩斯主义进行了修正、补充或批评。

（1）货币主义（monetarism）：1956年，诺贝尔奖获得者、美国芝加哥大学经济学教授弗里德曼（Milton Friedman，1912～）发表《货币数量论——一种重新表述》一文，提出现代货币数量说，奠定了现代货币主义理论基础。60年代，他又发表了一系列论文，使这种学说发展成为一个完整的经济学体系。1968年，美国经济学家布伦纳（Karl Brenner）明确把这种学说称之为货币主义。根据货币主义理论，货币数量的变动既影响物价水平的变动，也影响商品与劳务总量或国民收入量的变动。由于货币流通速度比较稳定，货币流通量、物价、总产量三者相互影响。市场会根据货币数量的变化而在价格上做出反应，而价格的调整又会相应地做用于生产，使生产很快做出调整。通货膨胀之所以产生，是因为货币数量的增长快于生产量的增长，具体原因是政府开支过多，而政府收入却远远不能弥补支出，财政赤字使市场上的货币量过大，过多的货币引起了通货膨胀。制止通货膨胀的唯一有效办法是限制货币供应量的增长率，使货币供应量的增长同国民经济中的产量的增长相适应。货币主义由此推论，凯恩斯主义的财政赤字政策不仅不能医治通货膨胀和失业，而且还会使正常的经济活动受到损害。一方面，国家对经济的调节，特别是财政调节是有弊无利的。另一方面，由于经济生活中存在“自然失业率”，失业是不可避免的，靠扩大政府开支来消灭失业是办不到的。只有保证自由市场经济机制的作用，让经济从国家干预造成的破坏中恢复过来，经济本身才能产生自动吸收就业的力量①。

（2）供应学派（school of supply-side economics）：20世纪70年代以后出现于美国，80年代初发展成为向政府经济决策提供重要理论依据的经济学学派，主要代表人物有美国的国民经济研究局行政总裁费尔德斯坦（Martin Feldstein，1939～）、里根政府财政部助理部长、乔治顿大学教授罗伯茨（Paul Craig Roberts）和南加利福尼亚商学研究生院教授拉弗（Arthur B. Laffer，1940～）等。该学派也对凯恩斯主义只注重经济的需求而不重视供应的主张提出了批评。他们认为，生产的增长始终取决于劳动和资本等生产要素的供给和有效利用，而生产要素的供应和利用则取决于自由市场的调节。供应学派特别重视古典经济学中“供给自行创造需求”的原理，认为政府不应该刺激需求，而应该把供应放在首位。凯恩斯主义采取的大规模扩大和紧缩货币流通量的做法，只能使市场受到更大的冲击，难以正常发挥调节经济的作用，从而使通货膨胀和失业现象更加难以控制，因此国家对经济的干预完全没有必要。在具体政策上，供应学派主张发挥市场经济的作用，稳定货币供应量，尤其是通过大规模减税来刺激供给。

（3）新凯恩斯主义（the new keynesian school）：二战后面对现实的压力与挑战，凯恩斯主义继承人将凯恩斯主义推进到新凯恩斯主义阶段。该学派可以区分为两个支系：其一，“新古典综合派”是新凯恩斯主义的主流派，以三位诺贝尔奖获得者和美国经济学家萨缪尔森（Paul Anthony Samuelson，1915～）、托宾（James Tobin，1918～）和索洛（Robert M. Solow，1924～）为代表。他们将古典学派的微观经济理论和凯恩斯学派的宏观理论结合起来，主张政府用财政政策和货币政策，调节总需求，减少失业，消除危机，促进经济的稳定和增长。其二，“新剑桥学派”以女性经济学家罗宾逊夫人（Joan Violet Robinson，1903～1983）、福利经济学家卡尔多（Nicholas Kaldor，1908～1986）等为代表，为新凯恩斯主义的非主流派。他们力图把经济增长理论和收入分配理论结合起来，着重考

① 哈里·G·约翰逊“凯恩斯的革命与对抗革命的货币主义”，载商务印书馆编辑部编《现代国外经济学论文选》，北京：商务印书馆，1979年，第1辑，第91～110页。

察经济增长中劳动收入（主要是工资）和财产收入（主要是利润）在国民经济收入中相对份额的变化。他们认为，经济增长的结果将使工资在国民收入中所占比重下降，工资与利润之比朝着不利于工资的方向变化。这些经济学家曾任教于英国剑桥大学，故称“新剑桥学派”。

除了上述影响较大的经济学派外，还有美国社会经济学家加尔布雷斯（John Kenneth Galbraith，1908～）等人创立的“新制度学派”、美籍奥地利人熊彼特（Joseph Alois Schumpeter，1883～1950）的“创新理论”、美国经济学家兼经济史学家罗斯托（Walt Whitman Rostow，1916～）的“经济成长阶段论”、诺贝尔奖获得者、美国经济学家刘易斯（William Arthur Lewis，1915～1991）的“二元结构论”和发展经济学等。

三、力求创新的历史学

19世纪是“历史学的世纪”，因为西方史学理论与方法渐趋成熟，历史研究出现了前所未有的繁荣局面。20世纪以来，西方史学开始挑战以兰克（Leopold von Ranke，1795～1886）为代表的历史主义史学。当代“新史学”趋势发轫于德国，发展于美国，在今天已经成为历史学的主要潮流。1891～1909年，德国莱比锡大学历史学教授兰布雷希特（Karl Lamprecht，1856～1915）出版《德国史》（19卷），他反对19世纪历史学家把历史学狭隘地理解为“过去的政治”的倾向，提出了扩大历史研究领域的主张。1898年，美国历史学家道（E. W. Dow）在《新史学的特征：评兰布雷希特的〈德国史〉》一文中最先使用“新史学”这个概念。1912年，美国哥伦比亚大学历史学家鲁滨逊（James Harvey Robinson，1863～1936）发表新史学运动的宣言书《新史学：论现代史学观》，明确提出要创立一种不同于历史主义传统的新型历史学的主张①。

图 10-8 当代学术思潮丛书封面

新史学是19世纪末叶以来西方史学

① 杨豫著《西方史学史》，南昌：江西人民出版社，1993年，第349页。

的新思想和新方法。它打破各学科之间的“壁垒”，倡导跨学科的研究，引入其他相关学科的理论和方法，使历史人类学、文化形态史、心态史以及计量史学、比较史学等，在历史研究中得到广泛的发展。这不仅扩大了史学研究的内容，拓展了史学研究的空间，而且也提高了史学研究成果的科学性和真实性。首先，它突破了传统的政治史局限，将研究范围扩大到经济史、社会史、思想史、文化史等领域。新史学对传统史学提出补充和修正，认为任何政治行为都必然要受到经济条件的制约和文化传统的影响。其次，它摆脱了传统史学只关心社会上层活动的精英史观，而将关注的焦点转向普通百姓，研究全社会各个群体的活动。再次，它打破了传统史学囿于民族国家史研究的狭隘空间限制，倡导并实践超越国家界限的大范围研究。又次，它克服了传统史学仅仅把历史档案作为主要史料的局限性，应用其他人文和社会科学方法，开发了如教堂的婚丧、洗礼纪录，绘画、艺术品，口述材料等大量的新史料。史料的范围和来源扩大了，有利于史学家从不同角度进行分析和研究，从而得出更合理、更接近真实的结论。最后，它重视历史中人的主观因素的研究，不仅注重传统史学中“是什么”的问题，更注重“为什么”的问题。因此，历史研究中出现了专门研究历史中人的主观因素的流派，如思想史、心态史、心理史。

法国的年鉴学派（annales school）是战后西方新史学的主流，得名于1929年创办的历史杂志《经济与社会史年鉴》。从发展进程上看，它可分为几个不同的发展阶段：

第一阶段（1929～1945年）：费弗尔（Lucien Febvre，1878～1956）和布洛赫（Marc Bloch，1886～1944）主张吸取其他社会科学领域的理论和方法，提倡扩大史学研究的范围，通过对社会结构和社会生活的全貌的把握，认识“全面的（或整体的）”历史，以反对传统史学那种把历史局限于政治事件和个别人物的做法。

第二阶段（1945～1968年）：1946年《年鉴》杂志易名为《经济·社会·文明年鉴》，反映了历史和各门社会科学不能分隔而必须融合成为“人的科学”的信念。以布罗代尔（Fernand Braudel，1902～1985）和莫拉泽（C. Morazé）为代表的第二代年鉴派史学家，不仅建立了跨学科教学、科研和学术交流机构，还发表了体现整个学派精神——总体史研究的重要著作。在《地中海与腓力二世时代的地中海世界》一书中，布罗代尔把历史事件分为长时段、中时段和短时段，认为历史学就是研究这三种时段及其与之相对应的三种现象之间的辩证关系。他把在数个世纪的“长时段”内对历史起长期作用的社会组织、地理环境、思想传统等现象称为“结构”；把十年、数十年的“中时段”中构成历史事件社会背景的人口消长、物价升降、工资变化、生产增减等现象称为“局势”；把短时段内起短暂作用的“战争”、“革命”等现象称为

“事件”。根据长时段理论，他认为历史研究应从“个别时间”转向“社会时间”和“地理时间”，并由“事件的历史”转向“趋势的历史”和“结构的历史”，从根本上把握总体史。

第三阶段（1968～）：以新成立的社会科学高等研究院为基地，继续出版《年鉴》杂志，并打出“新史学”的旗帜，从此他们就被称为“年鉴—新史学派”。勒戈夫（Jacques Le Goff，1924～）和诺拉（Pierre Nora，1931～）编著的《新史学》和勒戈夫、夏蒂埃（Roger Chartier）、勒韦尔（Jacques Revel）等主编的《创造历史》，集中体现了该派着重研究的理论、方法和领域。他们最感兴趣的研究领域是历史人类学和精神状态史，各种结构和变化缓慢但长期起作用的事物成为研究的重点。此外，他们还出版了有关历史认识论和方法论的专著。

历史学家巴勒克拉夫指出：“就方法论而言，当代史学的突出特征可以毫不夸张地说是所谓的‘计量革命’。”①在战后兴起的重要史学流派中，计量史学（cliometrics）也取得了普遍的进展。计量史学也称“数值史学”或“新经济史”，是由美国一批经济学家在运用计量经济学的理论和方法研究经济史的过程中发展起来的。1958年，哈佛大学经济史学家康拉德（Alfred Conrad）和迈耶尔（John Meyer）发表第一部计量史学代表作《内战前南部奴隶制经济学》。1963年，诺贝尔奖获得者、芝加哥大学经济学家福格尔（Robert William Fogel，1926～）发表题为《‘新经济史学’初释》的论著。60年代，计量史学的概念由几位经济史学家正式提出，它本身使用数学方法研究历史的潮流从经济史扩大到政治史和社会史领域，并在英、法、德、苏等国取得了显著成果。1980年，第15届历史科学大会决定筹建历史计量方法国际委员会。计量史学研究通常使用三种研究方法：一是制作反映模型，即用模拟的历史现象和过程来揭示历史进程的规律性；二是制作反事实模型，即制作没有发生但有可能发生的历史进程模型，用以探寻历史进程的多变性；三是广泛使用计量方法，如平均数、相关和回归分析、趋势计算、随机变量和概率论等。它们的目的都是为了求得历史结论的科学化、精密化，即追求一种简明的量化。计量史学拓展了史学研究领域，弥补了定性分析的不足，促进了史学研究的精密化。

马克思主义史学理论促进了战后西方新史学的发展，其中以英国的马克思主义史学家的成就最为卓著，他们开创了“自下而上看历史”的新型史学。1946年，英国共产党马克思主义历史学家小组成立，一批历史著作也相继出版，如多布（Maurice Dobb，1900～1976）的《资本主义研究》曾引发西方史学

---

① (英)巴勒克拉夫著《当代史学主要趋势》，杨豫译，上海：上海译文出版社，1987年，第131页。

界数十年关于封建社会向资本主义社会过渡问题的激烈论战。此外，还有莫尔顿（A. L. Morton）的《人民的英国史》，希尔顿（Rodney Hilton，1916～）的《中世纪社会》、《中世纪英国农奴制的衰亡》，希尔（Christopher Hill，1912～）的《英国革命的思想起源》、《英国革命：1640年》，霍布斯鲍姆（Eric J. Hobsbawm，1917～）的《原始造反者》、《工业与帝国》和《资本时代》等。

英国马克思主义史学派注重研究普通人民群众的历史，他们把马克思主义史学理论从政治史和经济史领域引入社会史领域，在当代西方史学中独具一格，其中以汤普森（Edward Palmer Thompson，1924～1993）最为著名。他在代表作《英国工人阶级的形成》中提出了一个关于阶级和阶级形成的理论体系，指出工人在创造历史的同时也创造了自己，从而完成了工人阶级"形成"的过程。在他看来，阶级不是社会中预先就有的"东西"，而是"产生"出来的；它不是先验的"存在"，而是一种"关系"。当一个人出生时，他就进入了某种生产关系，这种生产关系决定了其日后的经历；在生产关系中处于相同地位的人，将经过大致相同的经历，这便是阶级经历，但阶级经历并不等于阶级本身。只有一批人从共同经历中得出结论，认为他们都具有共同的利益，这种利益常常与他人不同时，阶级才产生。也就是说，只有当阶级本身意识到自己的存在，即通常所说的有了阶级觉悟时，阶级才算形成。阶级对自我的意识只有在许许多多的历史事件中才能取得，因此，阶级只有在历史的运动中才体现出来。阶级不是个静止的事物，而是运动的、历史的过程①。汤普森的史学理论在史学研究领域的影响是深远的。

与此同时，苏联史学从20世纪50年代下半期开始清除史学领域中的个人崇拜主义的影响，并把研究马克思主义史学方法作为迫切的任务，使研究领域、研究质量和研究手段都有了很大发展，史学队伍、研究机构的数量在世界上名列前茅，而且完成了《世界历史》（13卷）、《苏联历史百科全书》（16卷）、《苏联共产党历史》（6卷）、《第二次世界大战史》（12卷）等大批史学巨著，在史学界产生了很大影响。但不可否认的是，这些著述存在着观点陈旧、教条主义、大国沙文主义等弊端。

从史学大师兰克时代到剑桥大学历史学教授、《剑桥近代史》主编阿克顿（Lord Emerich Edward Dalberg Acton，1834～1902）时代，历史学家对历史学的政治史主线一直深信不移，他们将西欧中心论当作解释人类历史发展进程的参照系，这种史学传统一定程度上限制了他们追求真实可信、科学的历史的可能性。20世纪在新史学意识的影响下，随着对西欧中心论的批判不断

---

① 钱乘旦等著《二十世纪英国》，香港：商务印书馆，1997年，第478～479页。

深入，形成了一种新的历史观，就是全球史观（或整体史观）。在重新进行世界史写作的尝试中，出现了一批在不同程度上体现全球史观（或整体史观）的著作，如斯宾格勒的《西方的没落》、汤因比的《历史研究》以及英国历史学家威尔斯（Herbert George Wells，1866~1946）的《世界史纲》等。自50年代起，尤其80年代以来，全球化趋势进一步加快，从全球的角度认识历史，总结人类社会从分散发展到整体发展的过程，不仅有了可能，而且也成为一种需要。此时，反映“全球历史观”的西方史学著作也层出不穷，最具有代表性的有巴勒克拉夫（Geoffrey Barraclough，1908~1984）的《当代史论纲》、《泰晤士世界历史地图册》、《当代史学主要趋势》、美国历史学家斯塔夫里阿诺斯（Leften Stavros Stavrianos，1913~ ）的《全球通史》、沃伦斯坦（Immanuel Wallerstein，1930~ ）的《现代世界体系》等。

四、面向微观的社会学

二战后，西方社会学改变了传统社会学的特点，由宏观社会学向微观社会学转变。20世纪50~60年代，结构功能主义社会学在学术界居于主导地位，它强调系统范畴，而把社会结构和社会整体作为基本的分析单位，从而发展成一种全新的系统方法。美国社会学家帕森斯（Talcott Parsons，1902~1979）是结构功能主义社会学的主要代表人物，他在《社会学中系统理论的现状和前景》和《社会学理论的现状》两篇论文中首次提出“结构功能主义”的概念。他认为社会是由多个行动者的相互关系构成的，并具有一切必要生存功能的社会系统，包括适应性、目标达成、整合和模式维持等功能；任何一个系统想维持生存都必须解决四个功能问题，即适应能力、达到目的的能力、一体化作用和潜力因素，所以平衡是一个系统的最主要特征。美国社会学家默顿（Robert K. Merton，1910~2003）把结构功能方法应用于实际问题的研究，完善了结构功能主义社会学。

结构功能主义强调社会的稳定与整合，但它对于20世纪60年代西方出现大动荡和各国社会内部冲突加剧的现象无法作出合理的解释，因而受到许多社会学家的批判，于是由此产生了许多新的社会学理论。1958年，年仅29岁的德国社会学家达伦多夫（Ralph Dahrendorf，1929~ ）对帕森斯理论提出批判，他认为后者从总体上把社会看得过于和谐、统一、平衡，忽视了不平等、紧张、冲突的一面，而主张用新的社会冲突模式来取代旧的平衡模式。美国社会学家科塞（Lewis A. Coser，1913~ ）在他的著作《社会冲突的功能》、《社会冲突再探》中探讨了冲突的功能、性质和意义，提出了“安全阀”的概念。此外，美国社会学家霍曼斯（George C. Homans，1910~1989）和布劳（Peter M. Blau，1918~2002）还提出交换理论社会学，这种理论着重研究社会中的个体行为，把人际关系看成一种计算得失进而交换的理性行为。

五、行为主义的政治学

政治学研究的核心问题是国家政权问题，它主要解决的政治现象“是什么”和“为什么”的问题。二战后国际形势发生了天翻地覆的变化，传统的政治学从研究对象到研究方法也随之发生了改变，最重要的是在美国产生了行为主义政治学（Behaviorist Politics）。行为政治学者认为，政治学研究的基本单位不再是政治制度，而是政治现实中可以加以实际观察的个体和团体行为。他们主张尽量运用统计和定量分析的方法观察人的行为和政治现象，提倡通过经验理论和技术来分析、研究政治现象和人的行为，促进政治学科学化，形成为一门“经验科学”。所以，他们强调的是对政治程序的动态研究，而不是对政治性质的静态分析，这就使政治学超出“历史分析”、“制度分析”、“法律分析”的传统课题，扩展到更加广阔的领域。由于行为主义政治学过于注重定量分析，而忽视了对国家和政治制度本质作定性研究，因而存在许多不足。例如，行为主义主张所谓的“纯科学”研究，不关心现实的矛盾和冲突，回避关于政治选择的价值判断和道德评价。20 世纪 70 年代之后，后行为主义政治学对行为主义政治学进行修补，强调规范的政治理论的作用与政治学的社会功能，反对把事实与价值观念截然分开，从而演变成当代西方政治决策的重要依据。

美国政治学家拉斯韦尔（Harold Dwight Lasswell，1902 ~ 1980）是政治传播学的创始人之一，他提出了经典的“拉斯韦尔模式”，又称为“5W 传播模式”，即回答了“Who”（谁是传播者），“Says What”（说了什么信息），“In Which Channel”（通过什么渠道——媒体），“To Whom”（对谁——接收者），“With What Effect”（取得什么效果）五个传播学问题。美国政治学家阿尔蒙德（Gabriel Abraham Almond，1911 ~ 2002）是最早建立理论框架的政治学家，他在《比较政治系统》一书中提出结构功能分析理论，还提出了“政治文化”概念。这是西方政治学界广泛使用的一个政治学的基本范畴，其中涵盖着“政治习俗”、“政治情感”、“政治信念”、“政治意识”、“政治规范”、“政治价值观”、“政治心理”、“政治思想”若干要素。美国政治学家达尔（Robert Alan Dahl，1915 ~ ）则在他的《论民主》一书中提出多元民主理论（Pluralism Democracy），认为政治发展就是建立在一定技术（经济发展）水平上的民主制度，动力则是政治多元化。美国人伊斯顿(David Easton, 1917 ~)是后行为主义政治学倡导人、政治系统论创立者，他认为政治并非是泛泛的社会管理与服务，而是将社会利益在不同的阶级、阶层、集团之间进行分配，“公共政策是对全社会的价值作有权威的分配”。

第五节　现代派文学与艺术

一、后现代主义文学

战后以来，西方文学的发展大致分为四个不同时期：一是战后几年的恢复期（20 世纪 40 年代中后期）；二是高潮迭起、流派众多的发展期（50 年代～60 年代）；三是 20 世纪 60 年代中期到 70 年代的调整期；四是 20 世纪 80 年代至今的新发展期。从战后西方文学流派来看，大体有以法国为中心的存在主义文学和新小说派、以英国为主导的“愤怒的青年”、流行于法、美、德诸国的“荒诞派”，以及以美国为主的“垮掉派”和“黑色幽默”等。他们与战前文学流派具有明显的不同，不但手法、形式不同，更重要的是观念形态也不同，即战后文学深刻地反映了西方社会的剧烈冲突。这种冲突的根源在于，二战沉重地打击了西方传统文化精神，彻底摧毁了“上帝加理性”的传统价值体系。在残酷的战争影响下，人们感到现实世界的混乱和丑恶，感到人的渺小与人生的无望。如果说战前的现代主义是非理性顽强挣扎的结果，那么战后的后现代主义则理直气壮地打出了非理性的旗号。因此，从 20 世纪 60 年代开始，西方兴起了一股后现代之风，它包含着与战前的现代主义有区别的一切派别。

图 10-9 现代女权主义运动

（1）存在主义文学：二战后存在主义风靡一时，影响波及文学、艺术、教育、道德、宗教等各个领域，20 世纪 70 年代后才开始衰退。战后初期，法国存在主义大师萨特创作了《死无葬身之地》、《可尊敬的妓女》、《肮脏的手》等一系列剧作，几乎主导了法国的戏剧舞台，并产生了全欧性影响。加缪的小说《鼠疫》以鼠疫来比喻法西斯统治的荒谬和暴虐，引起世人瞩目。存在主义文学反映了 30 年代世界经济危机和二战浩劫下的西方人的苦闷抑郁，因此能够盛行一时。波伏娃（Simone de Beauvoir，1908～1986）是法国著名作家和哲学家及女权主义者(feminist)，写有《他人的血》、《名士风流》、《人都是要死的》等作品。她的一句名言是：

“妇女不是生成的，而是变成的。”70年代后，存在主义文学逐渐式微。

（2）荒诞派戏剧（the theatre of the absurd）：这是二战后西方戏剧界最有影响的流派之一，最早出现于20世纪50年代巴黎剧坛，后来风靡欧美各国。荒诞派认为，世界是丑恶的、不合理的、虚无的，战争和社会危机使人们的希望和理想全部破灭，现实的动荡令人惊惶不安，人际关系的冷漠使人心灰意冷。荒诞的生存环境导致西方人产生一种强烈的荒谬感，人的生存与宗教、哲学、道德的本质都发生了背离，因而不再具有价值和意义。荒诞派戏剧是在存在主义哲学基础上产生的，基本主题是表现人生的无意义、无价值、无作用、悖理而荒谬。在形式上，它树立起“反戏剧”的旗帜，采用一整套与传统戏剧截然不同的荒诞手法，不仅没有具体的故事情节、完整的戏剧结构和合理的戏剧冲突，也没有合乎逻辑的连贯语言和明显的时空观念，往往通过畸形怪异、滑稽可笑的人物，向传统戏剧发起挑战，以揭示人与世界、人与人、人与自我等各个方面存在状态的荒诞性。

法兰西文学院院士尤奈斯库（Eugene Ionesco，1912～）在他的经典话剧《椅子》中表现了荒诞派的创作理念，由此开创了现代戏剧史上的荒诞派。该剧的主要情节是，一位耄耋老人和他的妻子一生过着机械重复的生活，他们为了“拯救人类”，请职业演说家公开他们的人生信条。但当这对老夫妇离开人世时，他们的遗言也未能被公开宣布，只留下了象征宾客盈门的空椅子。该剧场景新奇，对白怪诞滑稽，巧妙地揭示了一切物质实体都无力填补精神空虚的主题。尤奈斯库还在《秃头歌女》中展示了某些夫妻仅仅能够互相对坐、交流一些几乎毫无意义的陈词滥调，以此揭示现代文明充满了机械的特征。

诺贝尔奖获得者、爱尔兰戏剧家和小说家贝克特（Samuel Beckett，1906～1989）是荒诞派戏剧的另一位重要作家。他的代表作《等待戈多》表现的是两个流浪汉一直在等待戈多时的情景，揭示了“人类在一个荒谬的宇宙中的尴尬处境”的主题。两个流浪汉在难耐的等待中用一些无聊的动作和对白来消磨时光，并十分肯定地认为，戈多会使他们的生活发生改变，虽然戈多始终没有出场。这出戏剧没有传统意义上的情节和角色，甚至没有完整的对白。至于戈多是谁以及为什么要等待戈多，剧本没有作交代，因而引起观众与评论家的争议。作家本人给予的解释是：“我要是知道，早在剧本里就写出来了。”他在这出戏里表现的就是人的“境遇”在荒诞世界中的“不确定性”，因而其作品中的人物形象都是渺小卑贱的，没有身份，没有来历，也没有职业，甚至连姓名都没有。1953年，该剧在巴黎公演时引起全城轰动，连续演出300场而不衰。

（3）新小说派（nouveau roman）：50年代末在法国文坛崛起，得名于葛利叶（Alain Robbe Grillet，1922～）的散文。这个文学流派反对存在主义文学介入政治的做法，主张文学不再关心政治现实，而把关注的视点转向个人，转向形式和风格，转向文学本身。他们还反对传统小说的创作方法，主张纪录生活中的物象和场面，客观地描述现象的自在状态。他们认为小说重要的是形式，而不是内容。并宣称为了时代而写作，他们的作品关注的是“存在于客体、姿态和情势之间的纽带，避免任何对角色行动的心理上的、意识上的评价。”不仅如此，他们还刻意追求技巧，广泛运用各种表现手段，因为情节、行动、描述、思想、分析对他们来说都已不再重要。他们也试图将避免做出好与坏、重要与否的判断，因而角色常常是没有姓名的。

1953年葛利叶发表第一部小说《橡皮》，他几乎是在用摄影师的手法对事物进行了细致的、中性的描述。这部侦探小说曾引起评论界的激烈争论，因为它所表现的世界没有意义、也不荒诞，仅仅是存在而已。1963年，他的重要作品《朝新小说迈进》发表，其中对“新小说”理论做了全面阐述。另一位重要的新小说派作家是萨洛特（Nathalie Sarraute，1900～1999），她不去描写人物的个性特征，不向读者交代任何社会历史的联系，也不对心理描写加以任何逻辑的思考。如她的小说《无名氏的肖像》只表现没有具体情境背景的人们的相互联系，而没有说明这种关系是如何产生的。由于新小说派在反传统的道路上走得太远，也由于人们各自立场的不同，对它的看法也存在巨大的分歧。

（4）愤怒的青年（angry young men）：这是20世纪50年代在英国出现的一个文学流派，他们对社会腐败、丑恶进行猛烈的抨击，反映了战后一代青年对社会现实的愤懑和不满。小说家和诗人艾米斯（Kingsley Amis，1922～）是愤怒的青年的代表人物，他的成名作《幸运的吉姆》的主人公吉姆来自低级中产阶级，他很幸运地得到了一个大学历史讲师的职位。吉姆努力工作，可教授对他漠不关心，而教授感兴趣的事却与历史研究无关。吉姆深感被愚弄，最后被解雇了，但他代表了愤怒的青年的抗议。1956年，奥斯本（John W. Osborne，1930～）以极端现实主义态度创作了剧本《愤怒的回顾》，表现的是出生工人阶级的丈夫和出生中产阶级的妻子之间经常争吵，以及丈夫与妻子最要好的朋友婚外恋的故事。剧作在伦敦、巴黎和纽约上演后均获成功，还被改编成电影。作者认为，他描绘了“我们现在、此刻正生活在其中的时代的真实的绝望、挫败和遭遇”。

（5）垮掉派（beats）：这个文学流派是愤怒的青年的翻版，20世纪50年代中期兴起于美国。当时美国在“红色恐怖”阴影的笼罩下，麦卡锡主义（McCarthyism）的肆虐使人人自危，他们所感受到的只是荒诞与虚无主义。于是，出现了一批以垮掉的一代（beat generation）自称的青年人。他们身着奇装异服，不再做固定工作而是到处流浪；他们吸毒、偷窃、酗酒，崇尚性解放和同性恋；他们读尼采、习禅宗，沉醉于古老的东方文化；他们不愿意遵循为主流美国社会所认可的价值观念和行为准则，而是挑战一切传统的主流文化。

1956年，垮掉派诗人金斯堡（Allen Ginsberg，1926~1997）发表著名长诗《嚎叫》，毫无顾忌地描写了青年人寻求的吸毒、斗殴、同性恋的感官刺激，深刻地批判了拜物主义和享乐主义的丑恶与毒害。他写到："我亲眼看到这一代精英是如何毁于疯狂，他们饥饿、歇斯底里、赤裸着身子，在黎明时拖着沉重的身躯……寻求疯狂吸毒的机会。……追求梦幻，毒品，醒着的噩梦，酒精，性，无穷的寻欢作乐"。另一位垮掉派作家是克鲁亚克（Jack Kerouac，1922~1969），他在小说《在路上》中描写了一群贫穷游走于各地的美国青年，他们憎恨传统的生活方式，热爱爵士乐、性、毒品、速度与疯狂。如果说金斯利表达了垮掉的一代的内心情感，那么克鲁阿克则描写了他们的生活方式。"垮掉派的生活方式影响了整整一代美国青年，成为60年代反叛者的先驱。"①

（6）黑色幽默（black humour）：这个文学流派出现于20世纪60年代的美国，它致力于对社会生活中的阴暗、丑恶和恐怖的东西进行寓言式的嘲笑和讥讽，以表达人民大众对政治现实和主流文化的不满，使读者不得不发出无奈的苦笑。海勒（Joseph Heller，1923~1999）以其最著名作品《第二十二条军规》而异军突起。小说主人公尤索林认为自己受到周围的人的暗算，于是为了保命而寝食不安，他对其上司和战友，乃至对自己身上所有可能染上致命疾病的器官，时刻都持一种高度的戒备心态。当他乘坐一只橡皮筏逃到中立国瑞典后，才得以摆脱困境。"第二十二条军规"象征统治集团疯狂而荒谬的力量。这部小说是当代美国文坛的经典之作，它以这种令人啼笑皆非的经历，展示了官僚权力机构中的人际关系。

二、后现代主义美术

战后，西方美术大体上可以分为"抽象美术"和"具象美术"两派。抽象艺术指艺术形象大幅度偏离或完全抛弃自然对象外观的艺术，而具象艺术指艺术形象与自然对象基本相似或极为相似的艺术。抽象美术在战前还处于少数派地位，战后初期则风靡一时。在形式美感方面，抽象美术比具象美术能激起更动人的心理效应。画家的素养、感受、技巧和画面的形成可以自由发展，他们将印象主义的色彩重新组合成无具形的绘画，追求天真、纯朴和清新的内在品质，造成抽象表现主义的艺术效果。

以法国画家杜布菲（Jean Dubuffet，1901~1985）等人为代表的斑点派(tachisme)，因其画面由不规则的色彩斑点组成而被称为"塌希主义"。他们

① 高芳英著《星条旗下的阴影》，苏州：苏州文学出版社，2001年，第248页。

图 10-10 后现代派的涂鸦作品

用各种被丢弃的污物在画布上涂抹，造成一种复杂而混乱的抽象色彩；涂鸦和儿童艺术也是杜布菲的范例和灵感来源，他在作品中有意造成玩童抟泥巴或黏土时的肮脏和混乱。杜布菲宣告道："艺术的本质便是新奇。唯一切合艺术的体系便是不断地创新！法国人马内西耶（Alfred Manessier，1911～）创立的抒情抽象派，追求一种深邃透明的蔚蓝色，把物体的自然形态竭力夸张为抽象形态。美国人帕洛克（Jackson Pollock，1912～1956）等创立的行动画派，声称他们自己的行为本身就是绘画。

20 世纪 60 年代出现"欧普艺术"（op art），作品无感情，用一种精心计算的形象，加上明亮、对比的色彩，用以造成刺激眼球的效果。如他们利用线条和色块的抽象图形的排列和变化，在灯光的配合下，造成给人造成视觉差的奇景，所以，欧普艺术又称"视觉艺术"。70 年代后，概念艺术形成最彻底的抽象派，它抛弃任何造型，而通过点、线、色彩（概念）来表现对象。由于抽象艺术距离现实越来越远，因而遭到了越来越多的抵制。

具象美术给予人们一个全然不同于抽象美术的感觉，它的美感来自于它所表现的客观事物的美作用于人的心理而引起的意识活动和情感活动。具象艺术可以区分为具象现实主义、批判现实主义、组合艺术和表现艺术等不同类型。在当代具象艺术家看来，一切艺术都没有社会功能，艺术仅仅是表现人人都关心的最普通的东西，应当描绘最真实的东西。这种美术形式被称为"波普艺术"（pop art），它是大众艺术的简称，来自英文 popular（大众化）一词，意为流行的、通俗的、公共的。正如波普艺术奠基者汉密尔顿（Richard Hamilton，1922～）所指出的，它的目的就在于大众化。

在波普美术中，艺术家将日常司空见惯的物品或废品排集起来，或直接陈列出来，宣称他们的灵感就来自于消费社会和流行文化，连环漫画、广告和大批量产品都是艺术的构成要素。因此，艺术家应当从空罐头盒、可口可乐瓶、火柴盒、电话机乃至抽水马桶、街头的废物中发掘它们的艺术价值。波普艺术起源于"达达主义"①，它的宗旨是使艺术更接近普通大众。它既是西方艺术家对抽象主义的一种反动，也是他们对现代都市文明的一种思考。波普艺术首

① 达达主义（dadaism）：第一次世界大战爆发之际，来自于欧洲各地的艺术家聚集在中立国瑞士，掀起了一场反战争、反现代生活、反对严肃艺术的虚无主义艺术运动。

先出现于50年代的英国，60年代在美国获得迅速发展。罗森柏格（Robert Rauschenberg，1925～）是美国波普艺术的先驱和代表，他常把废旧报纸、包装盒、橡皮轮胎、木棍、衣物等拼凑在一起，其中加入适当的绘画手段，构成既有实物又有绘画的混合艺术。约翰斯（Jasper Johns，1930～）被视为战后美国艺术的经典代表，他善于将形象作平面画处理，代表作是一幅复制的《三面美国国旗》。

70年代，正当一些艺术家逃离画室和画廊时，另一些艺术家则重操画笔和画架，以写实手法为表现手段，试图恢复绘画、雕塑的艺术形式。他们的画唯妙唯肖，因而被称为"超级写实主义"（super realism）。如美国的"照相写实主义"（photo-realism）、或"人体艺术"（body art），多被视为波普艺术的变种，不过，它们更多地体现了新科技时代的特征。

三、当代西方的电影与音乐

战后初期，意大利兴起了注重表现社会生活的新现实主义电影运动，主要表现意大利人在二战中所受的苦难和战后重建岁月的艰难，代表性作品有《罗马，不设防的城市》、《偷自行车的人》、《罗马十一点钟》等。到20世纪50年代中期，新现实主义逐渐失去存在的基础，法国的新浪潮电影随着西方的复兴而出现。该运动深受存在主义哲学的影响，力图反映人的"自我表现"，代表作有特吕弗（Francois Truffaut 1932～1984）导演的《四百下》。60年代，新兴的新德国电影学派打破常规，强调影片要面向未来世界。德国作家克鲁格（Alexander Kluge，1932～）认为旧电影已经死掉，相信并渴望新电影的诞生，代表作是《和昨天告别》。60年代以后，美国好莱坞影片的地位更加巩固，大有独占世界电影市场之势。其中不乏一些现实主义题材的作品，如反对越南战争的《现代启示录》和反映普通人生活的《克莱默夫妇》等，但更多的则是以商业赢利为目的的动作片、灾难片、战争片、恐怖片、爱情片、鬼怪片、西部片、卡通片等。80～90年代以来，好莱坞电影大量运用电脑特技，增强了视觉效果。1998年，经典爱情片《泰坦尼克号》获得了全球票房之最。

就音乐领域而言，失去理性精神和浪漫激情的西方人，完全沉醉于混乱、恐怖与毫无安全感的世界。而那些迷失了方向、对社会感到失望的青年人，酷爱一种节奏感强、适宜于发泄内心情感的现代音乐，摇滚乐（Rock and Roll）正是在这种背景下诞生的。摇滚乐起源于美国的黑人音乐蓝调（Blues），所以最初叫做"节奏与蓝调"。蓝调是由最底层的非洲裔美国人创造出来的音乐，发源于20世纪初密西西比河的三角洲地带。50年代，"猫王"普雷斯利（Elvis Presley Elvis Presley，1935～1977）和乡村歌手迪

图 10-11
摇滚乐歌手

伦（Bob Dylan，1941～）为摇滚乐的主要代表人物，他们将乡村音乐与蓝调结合在一起，形成了由电子乐器演奏，以连续的猛烈的敲击、淫秽的歌词为特征的流行音乐。

摇滚乐在美国诞生后，很快风靡全球。在摇滚乐表演方面，1960 年，英国的“甲壳虫乐队”(beatles)由列侬（John Lennon）、卡麦锡（Paul McCartney）、哈里森（George Harrison）、和斯达尔（Ringo Star）组建起来。他们以其反上流社会、反正统艺术的风格，锋利大胆地挑战世俗社会。同一年，滚石乐队(Rolling Stones)由几个 20 岁的年轻人发起组成，主要有贾格尔（Mick Jagger，1943～）、理查德（Keith Richards，1943～）、琼斯（Brian Jones，1942～）、沃茨（Charlie Watts，1941～）等音乐人。2003 年，领队兼主唱歌手贾格尔被英王伊丽莎白二世（1952 年登基至今）封为爵士，以表彰他在音乐方面的杰出贡献。今天，摇滚乐仍然成为年轻人特别喜爱的流行音乐形式。

参考文献

阿伦·布洛克．1997．西方人文主义传统．董东山译．北京：三联书店

艾耶尔．1982．贝特兰·罗素．尹大贻译．上海：上海译文出版社

艾因哈德，圣高尔修道院僧侣．1979．查理大帝传．戚国淦译．北京：商务印书馆

爱德华·麦克诺尔·伯恩斯，菲利普·李·拉尔夫．1987．世界文明史，第2卷．罗经国等译．北京：商务印书馆

爱德华·麦克诺尔·伯恩斯，菲利普·李·拉尔夫．1987．世界文明史，第3卷．罗经国等译．北京：商务印书馆

爱德华·麦克诺尔·伯恩斯，菲利普·李·拉尔夫．1988．世界文明史，第4卷．罗经国等译．北京：商务印书馆

奥西诺夫斯基．1984．托马斯·莫尔传．杨家荣，李不汉译．北京：商务印书馆

巴尔扎克．1989．巴尔扎克选集·中短篇小说选．多人译．人民文学出版社

巴里·尼克拉斯．2000．罗马法概论．黄风译．北京：法律出版社

巴洛．2000．罗马人．黄韬译．上海：上海人民出版社

北京大学哲学系．1986．西方哲学原著选读．北京：商务印书馆

北京大学哲学系外国哲学史教研室．1962．古希腊罗马哲学．北京：商务印书馆

北京师范大学历史系世界史古代史教研室．1991．世界古代及中世纪史资料选集．北京：北京师范大学出版社

贝尔．1989．资本主义文化矛盾．赵一凡等译．北京：三联书店

贝尔．1997．后工业社会的来临．高铦，王宏周，魏章玲译．北京：新华出版社

彼德罗·彭梵得．1992．罗马法教科书．黄风译．北京：中国政法大学出版社

勃里格斯．1991．英国社会史．陈叔平等译．北京：中国人民大学出版社

薄伽丘．1989．十日谈．方平，王科一译．上海：上海译文出版社

布克哈特．1979．意大利文艺复兴时期的文化．何新译．北京：商务印书馆

布瓦松纳．1985．中世纪欧洲生活和劳动．潘源来译．北京：商务印书馆

车铭洲．1982．西欧中世纪哲学概论．天津：天津人民出版社

丹纳．1983．艺术哲学．傅雷译．北京：人民文学出版社

德比奇等．2002．西方艺术史．徐庆平译．海口：海南出版社

杜美．1990．德国文化史．北京：北京大学出版社

范景中．1985．希腊古代雕刻．天津：天津人民出版社

费尔巴哈 . 1959. 费尔巴哈哲学著作选集，上卷 . 荫庭等译 . 北京：三联书店
费尔巴哈 . 1962. 费尔巴哈哲学著作选集，下卷 . 荫庭等译 . 北京：三联书店
弗洛伊德 . 1984. 精神分析引论 . 高觉敷译 . 北京：商务印书馆
伏尔泰 . 1995. 风俗论 . 上册 . 梁守锵译 . 北京：商务印书馆
福楼拜 . 1990. 包法利夫人 . 张道真译 . 北京：外国文学出版社
高芳英 . 2001. 星条旗下的阴影 . 苏州：苏州大学出版社
高觉敷 . 1982. 西方心理学史 . 北京：人民教育出版社
歌德 . 1989. 浮士德 . 钱春绮译 . 上海：上海译文出版社
葛力 . 1991. 十八世纪法国哲学 . 北京：社会科学文献出版社
古斯塔夫・施瓦布 . 1996. 希腊古典神话 . 曹乃之译 . 南京：译林出版社
哈伊 . 1988，意大利文艺复兴的历史背景 . 李玉成译 . 北京：三联书店
海涅 . 1979. 论浪漫派 . 张玉书译 . 北京：人民文学出版社
赫尔岑 . 1962. 赫尔岑论文学 . 辛未艾译 . 上海：上海文艺出版社
黑格尔 . 1976. 逻辑学，上卷 . 杨一之译 . 北京：商务印书馆
黑格尔 . 1978. 哲学史讲演录，第 4 卷 . 贺麟，王太庆译 . 北京：商务印书馆
黑格尔 . 1979. 精神现象学，上卷 . 贺麟，王玖兴译 . 北京：商务印书馆
亨利・托马斯，黛娜・莉・托马斯 . 1982. 世界名画家传 . 黄鹂译 . 南京：江苏人民出版社
霍布豪斯 . 1996. 自由主义 . 朱曾汶译 . 北京：商务印书馆
霍布斯鲍姆 . 1998. 极端的年代 . 郑明萱译 . 南京：江苏人民出版社
霍尔巴赫 . 1981. 袖珍神学 . 单志澄，周以宁译 . 北京：商务印书馆
霍莱斯特 . 1988. 欧洲中世纪简史 . 陶松寿译 . 北京：商务印书馆
加亚尔等 . 2002. 欧洲史 . 蔡鸿滨译 . 海口：海南出版社
蒋承勇 . 2000. 世界文学史纲 . 上海：复旦大学出版社
凯恩斯 . 1994. 就业利息和货币通论 . 徐毓丹译 . 北京：商务印书馆
康德 . 1960. 纯粹理性批判 . 蓝公武译 . 北京：商务印书馆
康德 . 1961. 实践理性批判 . 关文运译 . 北京：商务印书馆
康德 . 1964. 判断力批判，上卷 . 宗白华译 . 北京：商务印书馆
康志杰 . 2000. 基督教的礼仪节日 . 北京：宗教文化出版社
柯林武德 . 1997. 历史的观念 . 何兆武译，张文杰译 . 北京：商务印书馆
克利斯特勒 . 1987. 意大利文艺复兴时期八个哲学家 . 姚鹏，陶建平译 . 上海：上海译文出版社
拉・乔万尼奥里 . 1982. 斯巴达克思 . 易新农节写 . 广州：广东人民出版社
拉伯雷 . 1983. 巨人传 . 鲍文蔚译 . 北京：人民文学出版社
勒纳等 . 2003，西方文明史，第 I 卷 . 王觉非等译 . 北京：中国青年出版社
勒纳等 . 2003. 西方文明史，第 II 卷 . 王觉非等译 . 北京：中国青年出版社
李瑜译 . 2002. 文艺复兴书信集 . 上海：学林出版社
林德宏 . 1985. 科学思想史 . 南京：江苏科学技术出版社
刘城 . 1996. 英国中世纪教会研究 . 北京：首都师范大学出版社
刘金源，洪霞 . 2001. 潮汐英国人 . 成都：四川人民出版社

卢梭．1982. 社会契约论．何兆武译．北京：商务印书馆
卢梭．1989. 忏悔录，第 1 部．黎显译．北京：人民文学出版社
罗曼・罗兰．1989. 巨人三传．傅雷译．合肥：安徽文艺出版社
罗芃，冯棠，孟华．1997. 法国文化史．北京：北京大学出版社
罗素．1996. 西方哲学史，下卷．马元德译．北京：商务印书馆
洛克．1964. 政府论，上篇．叶启芳，瞿菊农译．北京：商务印书馆
洛克．1964. 政府论，下篇．叶启芳，瞿菊农译．北京：商务印书馆
马德林・梅因斯通，罗兰・梅因斯通，斯蒂芬・琼斯．1994. 剑桥艺术史，第 2 卷．钱乘旦译．北京：中国青年出版社
马尔库塞．1989. 审美之维．李小兵译．北京：三联书店
马基雅维里．1985. 君主论．潘汉典译．北京：商务印书馆
马林诺夫斯基．1987. 文化论．费孝通译．北京：中国民间文艺出版社
马世力．1999. 世界上古史纲，上册．上海：上海人民出版社
茅盾．1980. 世界文学名著杂谈．天津：百花文艺出版社
冒从虎，张庆荣，王勤田．1985. 欧洲哲学通史，下册．天津：南开大学出版社
蒙森．1994. 罗马史，第 1 卷．李稼年译．北京：商务印书馆
孟德斯鸠．1961. 论法的精神，上册．张雁深译．北京：商务印书馆
孟德斯鸠．1962. 罗马盛衰原因论．婉玲译．北京：商务印书馆
莫瓦特．1987. 新编剑桥世界近代史，第 12 卷．中国社会科学院世界历史研究所译．北京：中国社会科学出版社
尼采．1986. 瞧! 这个人．刘崎译．北京：中国和平出版社
欧阳英，潘耀昌．1997. 外国美术史．杭州：中国美术学院出版社
培根．1996. 培根论说文集．水天同译．北京：商务印书馆
佩里．1993. 西方文明史，上卷．胡万里等译．北京：商务印书馆
皮埃尔・布吕奈尔．1997. 19 世纪法国文学史．郑克鲁等译．上海：上海人民出版社
普鲁塔克．1995. 希腊罗马名人传，上册．陆永庭等译．北京：商务印书馆
戚美尔曼．1982. 伟大的德国农民战争．上册．北京编译社译．北京：商务印书馆
齐思和．1957. 世界中古史．北京：高等教育出版社
钱乘旦，陈晓律．1991. 在传统与变革之间：英国文化模式溯源．杭州：浙江人民出版社
钱乘旦等．1997. 二十世纪英国．香港：商务印书馆
全国高等师范院校外国文学教学研究会．1986. 欧美文学 200 题．南宁：广西人民出版社
让-保尔・萨特．1987. 存在与虚无，第 4 卷．陈宣良等译．北京：三联书店
萨拜因．1986. 政治学说史，上册．盛葵阳，崔妙因译．北京：商务印书馆
萨拜因．1986. 政治学说史，下册．刘山等译，北京：商务印书馆
萨克雷．1957. 名利场．杨必译．北京：人民文学出版社
塞尔格叶夫．1956. 古希腊史．缪灵珠译．北京：高等教育出版社
塞万提斯．1978. 堂吉诃德．杨绛译．北京：人民文学出版社
桑达克．1986. 西方文化史略．台北：华岗出版社
色诺芬．1986. 回忆苏格拉底．吴永泉译．北京：商务印书馆

莎士比亚 . 1956. 哈姆雷特 . 卞之琳译 . 北京：作家出版社
莎士比亚 . 1978. 莎士比亚全集，第 2 卷 . 梁实秋译 . 北京：人民文学出版社
沈之兴，张幼香 . 1997. 西方文化史 . 广州：中山大学出版社
施皮茨莱 . 1998. 亲吻神学：中世纪修道院情书选 . 李承言译 . 北京：三联书店
世界上古史纲编写组 . 1981. 世界上古史纲 . 北京：人民出版社
司汤达 . 1986. 红与黑 . 郝运译 . 上海：上海译文出版社
斯宾格勒 . 1963. 西方的没落 . 齐世荣等译 . 北京：商务印书馆
斯塔夫里阿诺斯 . 1992. 全球通史：1500 年以后的世界 . 吴象婴，梁赤民译 . 上海：上海社会科学院出版社
斯塔夫里亚诺斯 . 1992. 全球通史：1500 年以前的世界 . 吴象婴，梁赤民译 . 上海：上海社会科学院出版社
宋清茂 . 杨建珍 . 1984. 拉丁语语法 . 长沙：湖南科学技术出版社
苏联艺术科学院美术理论与美术史研究室 . 1985. 文艺复兴欧洲艺术，上册 . 严摩罕等译 . 北京：人民美术出版社
苏维托尼乌斯 . 1995. 罗马十二帝王传 . 张竹明等译 . 北京：商务印书馆
孙义学，王永本 . 2001. 高校世界历史配套教材，古代史卷 . 北京：高等教育出版社
索利 . 1996. 英国哲学史 . 段德智译 . 济南：山东人民出版社
汤因比 . 1986. 历史研究，中册 . 曹未风等译 . 上海：上海人民出版社
唐纳德・雷诺兹，罗斯玛丽・兰伯特，苏珊・伍德福特 . 1994. 剑桥艺术史，第 3 卷，钱乘旦，罗通秀译 . 北京：中国青年出版社
唐斯 . 1986. 影响世界历史的 16 本书 . 缨军译 . 上海：上海文化出版社
梯利 . 1999. 西方哲学史 . 葛力译 . 北京：商务印书馆
瓦西列夫 . 1984. 情爱论 . 赵永穆等译 . 北京：三联书店
王军，徐秀云 . 1997. 意大利文学史：中世纪和文艺复兴时期 . 北京：外语教学与研究出版社
王琦 . 1985. 欧洲美术史 . 上海：上海人民出版社
王养冲 . 1996. 西方近代社会学思想的演进 . 上海：华东师范大学出版社
王佐良，祝珏，李晶伟等 . 1992. 欧洲文化入门 . 北京：外语教学与研究出版社
威尔・杜兰 . 1975. 世界文明史，第 14 册 . 幼狮文化公司译 . 台北：幼狮文化公司
威尔・杜兰 . 1999. 世界文明史，第 2 卷 . 幼狮文化公司译 . 北京：东方出版社
吴于廑，齐世荣 . 1992. 世界史・近代史编，上卷 . 北京：高等教育出版社
希罗多德 . 1959. 历史 . 王以铸译 . 北京：商务印书馆
肖原 . 1983. 拉丁语基础 . 北京：商务印书馆
修昔底德 . 1960. 伯罗奔尼撒战争 . 谢德风译 . 北京：商务印书馆
亚・沃尔夫 . 1997. 十六、十七世纪科学、技术和哲学史，上册 . 周昌忠等译 . 北京：商务印书馆
阎国忠 . 1983. 古希腊罗马美学 . 北京：北京大学出版社
杨共乐，杨俊民 . 1999. 璀璨的古希腊罗马文明 . 北京：中国青年出版社
杨豫 . 1993. 西方史学史 . 南昌：江西人民出版社

裔昭印 . 2000. 世界文化史 . 上海：华东师范大学
裔昭印 . 2001. 古希腊的妇女：文化视域中的研究 . 北京：商务印书馆
于克勤，章惠菁 . 1986. 古代奥运会史话 . 上海：上海人民出版社
雨果 . 1990. 悲惨世界 . 李丹译 . 北京：人民文学出版社
袁珂 . 1960. 中国古代神话 . 北京：中华书局
约翰 · R. 赫伊尔，时代—生活丛书编辑 . 1979. 人类的伟大时代 · 世界各主要文化的历史，文艺复兴卷 . 杨宗翰译 . 纽约时代公司
约翰 · 密尔 . 1959. 论自由 . 程崇华译 . 北京：商务印书馆
约翰 · 密尔 . 1982. 代议制政府 . 汪碹译 . 北京：商务印书馆
约瑟夫 · 韦克斯贝格 . 1999. 西方音乐史 . 王嘉陵译 . 重庆：西南师范大学出版社
张广智 . 1989. 克丽奥之路：历史长河中的西方史学 . 上海：复旦大学出版社
张广智 . 2000. 西方史学史 . 上海：复旦大学出版社
张久宣 . 1982. 圣经故事 . 北京：中国社会科学出版社
张世华 . 1986. 意大利文学史 . 上海：上海外语教育出版社
张绥 . 1987. 中世纪上帝的文化 . 杭州：浙江人民出版社
张月超 . 1957. 西欧经典作家与作品 . 武汉：长江文艺出版社
郑振铎 . 1982. 希腊罗马神话与传说中的恋爱故事 . 北京：外国文学出版社
中央美术学院 . 1990. 外国美术史 . 北京：人民美术出版社
周煦良 . 1979. 外国文学作品选，第 2 卷，近代部分上 . 上海：上海译文出版社
周一良 . 吴于廑 . 1964. 世界通史资料选辑，中古部分 . 北京：商务印书馆
周一良 . 1987. 中外文化交流史 . 郑州：河南人民出版社
朱龙华 . 1993. 罗马文化与古典传统 . 杭州：浙江人民出版社
朱塞佩 · 格罗索 . 1994. 罗马法史 . 黄风译 . 北京：中国政法大学出版社
朱庭光 . 1986. 外国历史大事集，古代部分第 1 分册 . 重庆：重庆出版社
朱维之，赵澧 . 1985. 外国文学史，欧美部分 . 天津：南开大学出版社
左庄伟 . 1988. 西方裸体艺术鉴赏 . 长沙：湖南美术出版社

后　记

全球化是发展中国家实现经济腾飞和走向现代化的必由之路。20世纪80年代以来，国际经济融合过程日益加深，世界文化交流趋势显著，人类正朝着一个相互依存的利益共同体方向发展。在迈向现代化的进程中，任何一个国家都不可能孤立地求存在、图发展，更不可能再回到过去那种与世隔绝的状态。历史的经验告诉我们，对外开放是中华民族走向强盛的必由之路。

然而，严峻的现实是，全球化对发达国家和发展中国家在收益和风险上的机会并不均等，前者在资本、技术、知识和信息等方面占优势，而后者处于相对落后的状态。我国是一个人口众多的发展中国家，对外开放在一定意义上就是向西方国家开放，只有在取得足够的资金、技术和经验的条件下，才能大力推进我国的现代化建设。今天，我们已经清醒地认识到，为了积极稳妥地面对全球化的挑战，我们必须在了解世界、熟悉竞争对手的基础上，强调与国际接轨、与国际竞争。知己知彼，百战不殆。西方的历史传统是通向西方世界的桥梁，了解西方的历史与文化是走进西方社会的捷径。因此，加强西方文化研究不仅具有影响深远的理论价值，而且具有十分重要的现实意义。

本书是一部图文并茂的学术专著，主要对西方文化的起源、发展与走向，西方文化的内涵与特质，西方文化与西方精神，西方文化与东方文化，西方文化与世界潮流等重要问题做了思考和探索。本书的写作分工情况是：姜守明承担了导言、第1~5章，对第6~10章进行了适当修改，并统校了全部书稿；洪霞承担了第6~10章，周婕协助做了图片整理工作。

本书撰写的动力主要来自以下几个方面：首先，江苏作为文化大省重视思想文化建设，省“十五规划”项目为我们提供了从事“西方文化史”课题研究的工作平台。其次，长期在高等学校的研究与教学实践，促使我们关注大学生和公民的素质教育问题。了解西方文化可以改善知识结构，拓展知识视野，换个视角认识世界，从而更好地理解人与自然、人与人的关系，理性地思考人生的目的与意义。南京大学洪霞博士和我都长期坚持为全校学生开设“西方文化史”公共选修课。再次，南京师范大学比较重视文化素质教育，将我开设的这门课评定为优秀课程，这对我的科研与教学工作是个激励。又次，近年来科学出版社突破仅出自然科学著作的限制，开始重视出版人文社会科学类学术著作，这也起到了积极的鼓励作用。最后，我的中学同学黄士忠还专门为出版本书鼎力相助，慷慨解囊，促成了本书尽早与读者见面。

值此，我们诚挚地感谢江苏省社会科学规划办公室、科学出版社、南京大学历史系、南京师范大学教务处的相关部门与领导。我们衷心地感谢中国著名历史学家，南京大学钱乘旦教授，他在百忙之中欣然为本书作序。我们衷心地感谢江苏省社会科学院研究员胡传胜、徐州师范大学教授张秋生、苏州大学教授高芳英、南京晓庄学院历史系主任耿亮、盱眙县人民政府副县长蔡莉、盱眙县苏果超市董事长黄士忠、科学出版社编辑侯俊琳、南京师范大学硕士研究生周婕，他们为本书的出版、发行提供了支持和帮助。在本书撰写过程中，我们参考了国内外的一些相关著述和图片，值此谨向各有关作者表示衷心的感谢。最后，对于未提及姓名者所提供的热诚帮助，一并表示我们的真诚谢意。

由于学识水平、时间的限制，书中难免出现错误与不当之处，敬请广大读者批评指正。

姜守明

2004年7月28日